Daniela C. Szasz

Geld, Erfolg, Karriere, Loslassen, Liebe & Sein

Die Balance

© tao.de in J. Kamphausen Mediengruppe GmbH, Bielefeld

1. Auflage (2016)

Autorin: Daniela Claudia Szasz
Umschlaggestaltung, Illustration: Laura B.
Lektorat, Korrektorat: Peter Gura
Printed in Germany

Verlag: tao.de in J. Kamphausen Mediengruppe GmbH, Bielefeld,
www.tao.de, E-Mail: info@tao.de
Bibliografische Information der Deutschen Nationalbibliothek:
Die Deutsche Nationalbibliothek verzeichnet diese Publikation
in der Deutschen Nationalbibliografie; detaillierte bibliografische
Daten sind im Internet über http://dnb.d-nb.de abrufbar.

ISBN Hardcover: 978-3-96051-338-4
ISBN Paperback: 978-3-96051-337-7
ISBN E-Book: 978-3-96051-339-1

Das Werk, einschließlich seiner Teile, ist urheberrechtlich geschützt.
Jede Verwertung ist ohne Zustimmung des Verlages unzulässig.
Dies gilt insbesondere für die elektronische oder sonstige
Vervielfältigung, Übersetzung, Verbreitung und sonstige Veröffentlichungen.

Inhalt

I Die 7 lebenswerten Faktoren von „Go4Values"   7

II Der bittersüße Erfolg   93

III Geld verstärkt den Charakter   241

IV Liebe, Freiheit, Sein   397

V Tod und Sterben   449

VI Danksagung   461

I Die 7 lebenswerten Faktoren von „Go4Values"

Vor knapp vier Jahren, 2011 und 2012, erschienen meine ersten beiden Bücher, sprich Teil I und Teil II, als Einzelbände. Knapp ein Jahr später erschien dann Band III zum Thema Geld. Da ich die Rechte für meine Bücher behalten wollte, übernahm ich die gesamte Logistik und den damit verbundenen Aufwand selbst – bis vor einigen Monaten, als es mir zum einen einfach zu viel wurde und ich zum anderen gerne gewisse Passagen in meinen Büchern umschreiben wollte. Daher habe ich mich dazu entschlossen, alle drei Bände zu überarbeiten, zu ergänzen und die drei ursprünglich getrennten Werke zu einem einzigen Buch zusammenzufassen. Sollten dir also beim Lesen einige Abschnitte bekannt vorkommen, weißt du nun, warum.

Des Weiteren habe ich jene Ergänzungen, die ursprünglich als ein eigener Band geplant gewesen waren, am Ende dieses Buches als Teil IV und V sowie teilweise bereits zuvor am Ende von Teil I angefügt. Ich hoffe, dass es mir dadurch gelungen ist, den Grundgedanken dessen zu transportieren, was nötig ist, um zu einem erfolgreichen Leben als vollständiges Ganzes zu gelangen. Mein Ansatz ist es nicht, Erfolg oder Geld mit allen Mitteln zu erlangen oder stets nach „haben, mehr haben und noch mehr haben" zu streben. Je mehr du hast, umso mehr musst du tun, um es zu erhalten – und umso leerer wirst du innerlich werden.

Wie Jim Rohn, mein Lehrer, so schön sagte: *„Kümmere dich gut um deine Seele, diese kann nicht mit Fast Food überleben."*

Noch weniger geht es mir aber darum, diesen Wunsch nach „haben wollen" zu ignorieren. Im Gegenteil. Frieden kannst du erst finden, wenn du allen Aspekten von dir Raum gegeben und gelebt, das Beste aus dir gemacht hast und dich auf ALLEN Ebenen weiterentwickelst.

Erfolg bedeutet nicht nur HABEN, Erfolg bedeutet auch SEIN. Oder anders formuliert: HABEN & SEIN = ERFOLG

Um diese beiden Aspekte geht es mir. Erfolg als Ganzes. Das Haben und das Sein gehören zusammen, sonst wäre es einseitig und KEIN wahrhaftiger Erfolg. Auf der Ebene des Habens, der wirtschaftlichen und materiellen Ebene, die wir uns im Detail ansehen werden, musst du tun, was dort zu tun ist. Und auf der Ebene des Seins musst du das tun, was es eben hierfür braucht, um zu wachsen und zu reifen. In nur einem einzigen dieser beiden Bereiche zu handeln reicht allerdings nicht aus und ersetzt niemals die Handlung in dem jeweils anderen Bereich. Und nun wünsche ich dir viel Freude beim Lesen.

„Arbeite härter an dir selbst als an deinem Geschäft."
Jim Rohn
Amerikanischer Unternehmer, Autor und Erfolgstrainer
(1930–2009)

Ein paar Stimmen verschiedener Seminarteilnehmer

Ein intensives, klar durchstrukturiertes Tagesseminar. Daniela ist mit ihrer energievollen und authentischen Art eine Inspiration! Sie macht Mut, selbst klar und straight zu sein und das eigene Geschäft ernsthaft und seriös zum Erfolg zu führen. Ich meine, es ist ein Wahnsinn – in all den Stunden war sie niemals laut oder zerstreut, sondern hochintelligent und voller Feuer. Eine Wahnsinnsfrau. Danke! – Julia

Weiterbildung auf höchstem Niveau [...] Danke, Daniela Claudia Szasz, für dein sensationelles Training! – Andrea

Wenn irgendjemand auf diesem Planeten wissen möchte, wie er oder sie erfolgreich wird, dann kann ich ihm oder ihr nur einen Menschen auf diesem Planeten empfehlen – und das ist Daniela Szasz. Erfolgsorientiertes Arbeiten, Zielstrebigkeit unter Berücksichtigung von Ethik und Werten, Klarheit in der Sprache und sehr viel wertvolles Handwerkszeug habe ich in ihrem Intensiv-Workshop erfahren dürfen. Mit viel Humor, Herzlichkeit und klaren Worten hat mich Daniela durch den Tag begleitet. Ein Tag von unschätzbarem Wert für mich, mit tollen Menschen und einer gehörigen Portion Energie. Ich bin zu einem absoluten Fan von Daniela Szasz geworden. Daniela, wir sehen uns in Kitzbühel! – Margarete

Liebe Dani, von ganzem Herzen DANKE nochmals für das unglaublich inspirierende Führungskräfte-Diamanttraining in Mallorca! Du hast mich zutiefst beeindruckt und hast meine ganze Hochachtung! Danke aus der Schweiz für alles, was Du für unser Team tust! Wir schätzen es unglaublich und freuen uns schon auf November, wenn Du wieder bei uns bist. Herzliche Grüsse aus Mainz. Wir haben gestern unseren dritten Stern gebührend gefeiert. Diesen Erfolg haben wir DIR zu ver-

danken, denn massgeblich daran beteiligt, dass wir so konkret wurden mit unseren Zielen und nun auf Malle leben, bist Du. Wir danken Dir einfach sooo sehr! Sind sooo happy hier! Sei herzlich umärmelt! Wir sind sooo dankbar, Merciiiii!!!! – Elfi, TOP-Führungskraft

Liebe Dani!
Seit Jahren lief es in meinem Leben nicht mehr rund. Alle meine beruflichen sowie geschäftlichen Bemühungen waren ergebnislos. Ich war zunehmend frustriert und ratlos. Also machte ich mich auf die Suche nach der Ursache und suchte Lösungen. Ich nahm an Motivations- und Mentaltraining-Seminaren teil, habe die ganze Palette an einschlägigen Büchern gelesen, doch die gewünschten Resultate blieben aus.
Dann, ziemlich genau vor einem Jahr, hörte ich das erste Mal deinen Namen. Google sei Dank, landete ich auf deiner Homepage. Ich war vom ersten Moment an fasziniert von deiner Person. Ich las und hörte alles, was ich von dir finden konnte, und so beschloss ich, mich für das „Bewusstsein, Werte & Erfolg"-Seminar, das im Mai 2015 stattfand, anzumelden.
Was ich in den drei Tagen erfahren durfte, kann ich mit Worten kaum beschreiben. Es war ganz anders als all die Seminare, die ich bis dahin besucht hatte, und auch anders als erwartet. Du hast mich, milde gesagt, ziemlich durchgerüttelt, sodass ich das Gefühl hatte, nichts von alldem zu wissen, was ich dachte, dass ich weiss.
Nur eines wusste ich in dem Moment, nämlich, dass ich bei dir an der richtigen Adresse angekommen bin. Danach folgten im August das Seminar „Geld, Klarheit & Struktur" und im Oktober das dreieinhalb Tage dauernde Einzelcoaching.
Was seither mit mir geschehen ist und immer noch geschieht, ist kaum zu glauben. Ich fühle mich, als wäre ich neugeboren. Ja, „fühlen" ist das richtige Wort. Fühlen, das ist genau das Verrückte, nämlich, dass ich mich wieder spüren und fühlen kann. Ich war gefühlsmässig völlig abgestumpft. War nur noch eine Hülle.

*Du hast mich im wahrsten Sinne des Wortes wachgerüttelt. Und an dieser Stelle möchte ich mich aus tiefstem Herzen bei dir bedanken, dass du nicht lockergelassen hast. Du hast einen Weg gefunden, meinen Panzer zu durchbrechen. Das war sehr schmerzhaft, doch das, was dadurch entstanden ist, ist das grösste Geschenk. Es ist eine Transformation. Zuerst musste ich durch die Enge hindurch, um ausschlüpfen zu können wie die Raupe zum Schmetterling.
Liebe Dani, deine Arbeit ist unbezahlbar und das grösste Geschenk für die Menschen, die bereit sind, zu erkennen, und die nach Veränderung streben. Hab 1000 Dank! Ich grüsse dich ganz lieb und drücke dich aus der Schweiz. – Barbara*

Habe alle deine Bücher gelesen und deine CDs gehört, aber dich live zu erleben ist wirklich unbezahlbar! Danke dafür. – LG Anke

Ich habe noch nie jemanden kennengelernt, der so klar und voller Liebe ist mit dem, was er tut. Danke, Daniela. – Jochen

Ich widme diesen Teil I in Liebe und Dankbarkeit meiner Oma Dorothea Szasz.

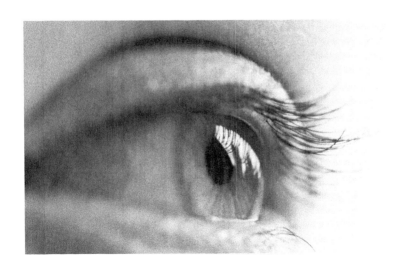

Inhalt

Vorwort 16
Wer will, kann! 20
7 x „Go4Values" 56
»V« aus Values 60
»A« aus Values 64
»L« aus Values 68
»U« aus Values 74
»E« aus Values 78
»S« aus Values 82
»Go 4« Values 88

Vorwort

„Willst du etwas wissen, so frage einen Erfahrenen und keinen Gelehrten."
Chinesisches Sprichwort

Du schlägst die Tageszeitung auf, schaltest das Radio ein, schaust ins Internet oder verfolgst am TV-Bildschirm die Ereignisse des heutigen Tages. Wer sich die Mühe macht und ein Blatt Papier und einen Bleistift zur Hand nimmt, eine Tabelle mit zwei Feldern zeichnet, davon die eine Seite mit einem „+", die andere mit einem „–" versieht, erhält schon bald ein „realistisches" Bild vom Tagesgeschehen. Mit jeder negativen Nachricht wird ein senkrechter Strich in der Spalte mit dem Minus gezogen, jede positive Nachricht wird in der anderen Spalte verbrieft. Schon nach wenigen Minuten häufen sich die Striche unter dem Minus, während unter dem Plus kaum welche auszumachen sind.

Das ist die Realität. Die Berichterstattungen scheinen sich derzeit in Sachen „negative Nachrichtenmeldungen" gegenseitig überbieten zu wollen. Eurokrise, der Brexit, Konflikte, Kriege, Inflation, Flüchtlingskrise oder Arbeitslosigkeit sind nur einige von vielen Themen, mit denen sich die Medien beschäftigen.

Natürlich gibt es sie, die Katastrophen, aber sie sind Teil einer globalen Welt. Es hat sie zu allen Zeiten gegeben und es wird sie auch weiterhin geben. Immer wieder wird auf manchmal fragwürdige Art versucht, die Zahl der tragischen Ereignisse zu relativieren, und vieles erscheint so verwirrend, dass man kaum noch durchblickt. Doch der Fokus des Einzelnen darf nicht nur auf das Elend der Welt gerichtet sein, sondern – und vor allem – auf sich selbst. Das ist weder egoistisch noch überheblich. Wenn jeder für sich das Beste gibt, was er für sich tun kann, dann geht es ihm gut. Wenn es ihm gut geht, kann er anderen Menschen eine große Hilfe sein, damit es auch ihnen gut geht.

Deshalb ist es so wichtig, mit sich im Reinen zu sein und sofort für ein besseres Leben einzustehen. Wir haben nur dieses eine „bewusste" Leben und somit das Recht und die

Verantwortung, es lebenswert zu gestalten. Viele Menschen sind damit überfordert, weil sie glauben, dem Schicksal hoffnungslos ausgeliefert zu sein. Je mehr „Schläge" sie haben einstecken müssen, desto größer ist ihre Resignation, bis hin zur persönlichen Selbstaufgabe.

Es gibt viele Beispiele im Universum, dass es auch anders geht. Die Art und Weise, wie wir unser Schicksal betrachten, sagt viel darüber aus, wie wir damit umgehen. Man kann sich ärgern und verkriechen. Man kann darin aber auch die Chance sehen, etwas zu verändern.

Genau darum geht es mir in diesem Buch. Es ist alles andere als ein Selbstbeweihräucherungsbuch nach dem Motto: „Seht her, wie toll ich bin!" Mitnichten. Darum geht es mir nicht. Es soll Mut machen und Hoffnung verbreiten, doch auch realitätsnah sein und dir nicht noch mehr Märchen erzählen. Es soll dir zeigen, dass du auf dieser Welt mit all deinen Sorgen, Ängsten, Problemen und Schicksalsschlägen nicht allein bist. Tausende, ja Millionen von Menschen erleben Ähnliches. So wie ich. Wenn du bereit bist, dich für kurze Zeit auf mein Leben einzulassen, dann wirst du sehen, welche Steine mir das Schicksal immer wieder in den Weg gelegt hat und wie ich es doch geschafft habe, diese beiseitezuräumen.

Ich möchte dir Mut machen, deinen Weg selbst dann zu gehen, wenn du noch kein Licht am Ende des Tunnels siehst. Habe eine klare Vorstellung von dem, was du willst, und mache dich auf den Weg. So wie ich. Es kann auch sein, dass du deinen Weg derzeit noch gar nicht kennst. Dann lasse dich von diesem Buch inspirieren, vielleicht bekommst du ein paar Ideen.

Ich wünsche dir nun viele Inspirationen beim Lesen meiner Vita. Ich wünsche mir auch, dass sie dich dazu anspornt, durchzustarten und für dich einzustehen, egal, was immer du in den Medien liest und hörst. Persönlich lebe ich am liebsten nach folgendem Grundsatz: **Wenn morgen die Welt untergehen sollte, habe ich heute mein Bestes gegeben.**

Du hast nur dieses eine bewusste Leben. Verschenke keinen einzigen Tag davon.

In diesem Sinne schöne Grüße aus der Sonne.

Herzlichst

Daniela C. Szasz

Wer will, kann!

„Sage es mir, und ich werde es vergessen.
Zeige es mir, und ich werde es vielleicht behalten.
Lass es mich tun, und ich werde es können."
Johann Wolfgang v. Goethe

Es gibt Menschen, die werden mit dem sprichwörtlichen goldenen Löffel geboren, wohingegen andere als Säugling verarmter Eltern das Licht der Welt erblicken. Ihnen gemeinsam ist, bei gleichem Geschlecht, nur der Umstand, dass sie nackt zur Welt kommen. Danach könnten die Unterschiede nicht größer sein. Da ist zum einen die Kronprinzessin, die eines Tages die Thronnachfolge als Königin antreten wird. Zum anderen ist da das verarmte Kind, das unter vielen Entbehrungen aufwächst. Während das Königspaar aus dem Vollen schöpfen kann, fehlt es der armen Familie oft an allem. Die Tochter des Königs genießt die beste Schul- und sonstige Ausbildung, das in ärmlichen Verhältnissen aufwachsende Kind besucht hingegen nur die gesetzlich vorgeschriebene Schule, weil es nach Schulschluss den Eltern zur Hand gehen muss. Gemeinsam müssen sie das Geld verdienen. Der einen fällt alles in den Schoß, während die andere arbeitet, bis die Kräfte nachlassen, und doch reicht es nicht.

Die Prinzessin lebt in diesem Schloss.

Das verarmte Kind verbringt hier seine Zeit.

Vor dem Schloss stehen mehrere Luxuskarossen. Vor dem Haus mit der Wohnung des verarmten Kindes kämpfen Schrottlauben um den besten Parkplatz. Selbst eine solche zu besitzen, stellt bereits einen Luxus dar – ein „Luxusproblem" für den Fahrer des betagten Wagens, schließlich besitzt er im Gegensatz zu vielen anderen Leidensgenossen immerhin ein Auto.

Die Aufmerksamkeit der Weltöffentlichkeit ist der Prinzessin sicher. Wohin sie auch geht, die Fotografen sind ihre ständigen Begleiter. Und so schmückt sie Woche für Woche die Titelseiten namhafter Illustrierter rund um den Globus. Kleine Mädchen sind vollkommen fasziniert von ihr und träumen sich mit den Bildern aus diesen Zeitschriften in den Schlaf. Sie hoffen auf den Prinzen, der sie eines Tages zur Prinzessin macht.

Von Prinzessinnen träumte ich im Laufe meines Lebens nie, sehr wohl aber von einem besseren Leben in einem besseren Land.

Ich war gerade 6 Monate alt, als mich meine Eltern aus verschiedenen Gründen, darunter auch aus finanziellen, in ein rumänisches Waisenhaus geben mussten. Dort verbrachte ich die ersten zwei bis drei Jahre meines Lebens, eine Zeit, an die ich bewusst allerdings keinerlei Erinnerungen habe. Das Waisenhaus verließ ich, weil meine Großeltern mich zu sich holten. Obwohl sie Teil meiner Familie waren, sprach ich in den ersten Tagen unserer Begegnung kein Wort mit ihnen. Anfangs dachten alle, ich sei stumm, doch das Waisenhaus hatte mich so sehr geprägt, dass ich zu anderen

Menschen kein Vertrauen mehr hatte. Ich brauchte Zeit, um mich meiner neuen Umwelt öffnen zu können. Meine Oma erzählte mir später, dass auch sie sehr viel Geduld mit mir aufbringen musste, bis ich wieder Vertrauen fasste und zu sprechen anfing.

Nun lebte ich also mit meinen Großeltern und meinem Bruder in einem kleinen Haus in einem rumänisch-sächsischen Dorf. In diesem Haus teilten wir uns gemeinsam ein Zimmer. Tagsüber war es Wohnzimmer und Küche, nachts übernahm es die Funktion des Schlafzimmers – für uns alle! Während meine Großeltern in ihrem eigenen Bett schliefen, teilte ich „meines" mit meinem jüngeren Bruder.

Als Kind, das aus einer Mischfamilie mit einem deutsch-ungarischen Vater und einer rumänischen Mutter stammte und zudem noch die ersten Jahre nicht an diesem Ort zugebracht hatte, war ich in der Schule lange Zeit eine typische Außenseiterin. Familien mit einer solchen Lebensgeschichte waren in diesem sächsischen Dorf nicht gerne gesehen.

Somit hatte ich auch nicht viele Freunde und noch weniger Spielsachen. Aber dieses Wenige war oft meine ganze Freude und mein einziger Trost. In jenen Momenten, in denen es mir nicht besonders gut ging, klammerte ich mich an meine Puppe, die ich Hilde getauft hatte.

Natürlich gab es auch viele wundervolle Momente in meinem jungen Leben, insbesondere durch meine Oma. Ihr habe ich sehr viel zu verdanken. Sie war immer für mich da, auch dann, wenn ich wieder einmal am „Pendeln" war. Bis zu meinem achten Lebensjahr lebte ich abwechselnd bei meinen Eltern und bei meiner Oma. Erst als meine Eltern aus dem Dorf wegzogen, verbrachte ich die darauffolgenden Jahre durchgehend bei meiner Oma. Von ihr lernte ich sogar mehrere Sprachen, u. a. Rumänisch, Ungarisch und

Sächsisch. „Richtiges" Deutsch lernte ich mit ihrer Hilfe in der Grundschule.

Meinen allerersten großen Traum hatte ich im Alter von etwa sieben Jahren. Ich sah die ESC-Gewinnerin Nicole mit ihrem Lied „Ein bisschen Frieden" – und es war entschieden. Im Laufe der Jahre bei meiner Oma durfte ich dieses Lied des Öfteren in der Schule vorsingen. Immer wieder wurde ich von den Lehrern zum Singen aufgefordert, immer wieder dieses Lied, das ich so liebte. In späteren Jahren, als ich zu meinen Eltern kam, wurde dieser Traum allerdings im Keim erstickt.

Als ich acht Jahre alt war, entdeckte ich meine Leidenschaft fürs Künstlerische. Ich war in der Lage, Bilder nach Vorlagen freihändig nachzumalen. Das tat ich reichlich, obwohl es nur wenige Farben gab, die man kaufen konnte. In Rumänien war das zur damaligen Zeit ein echtes Problem, weil man nicht einfach in ein Geschäft gehen konnte, um sich neue zu besorgen. Also beschaffte mir meine Oma über Umwege die dringend benötigten Farben. Sie kannte sächsisch-deutsche Auswandererfamilien, die ihren Hausstand auflösten, bevor sie das Land verließen. Von ihnen erhielt meine Oma Secondhand-Wasserfarben. Somit war es mir möglich, weiterhin meiner Liebe zum Malen nachzugehen.

Überhaupt war es meine Oma, die mich in jeglicher Hinsicht unterstützte. Erkannte sie ein neues Talent an mir, ließ sie nichts unversucht, dieses mit Leben zu füllen. Keine Herausforderung war ihr zu groß, kein Weg zu lang, um mich zu fördern. Das erfüllte mich mit Stolz und großer Freude, zumal unsere Eltern meinen Bruder und mich später (als ich mit 10 Jahren zu ihnen zog) überhaupt nicht unterstützten. Selbst meine Leidenschaft für Sport und Musik teilten sie nicht. Als ich ihnen erzählte, dass alle Kinder in meiner Schulklasse Blockflöte spielten und ich die Einzige war, die keine besaß, hielten sie an ihrer ablehnenden Haltung fest. So wurde ich erneut in meiner Rolle als Außenseiterin bestätigt, die mit anderen nicht mithalten konnte. Und wieder war es meine Oma, die sich auf den Weg machte und mir eine gebrauchte Blockflöte besorgte.

Als ich 10 Jahre alt war, hörte mit einem Schlag „mein altes Leben" auf. Bisher hatte ich mit meiner Oma in dem Dorf gelebt, das meine Eltern Jahre zuvor verlassen hatten. Sie waren in die alte Heimat meiner Mutter gezogen, ebenfalls ein kleineres Dorf, und dorthin holten sie mich nun, während meine Oma in ihrem Haus blieb. Fortan trennten uns etwa 200 Kilometer – in Rumänien, einem Land, das ohne Autobahnen auskommen musste, eine schier unendliche Strecke. Ich ließ nicht nur meine  Freunde und Bekannten zurück, sondern auch den Bruder, der weitere zwei Jahre bei unserer Oma blieb. Sie litt genau wie ich unter dieser Trennung, nicht zuletzt deshalb, weil sie sich nun langsam auch mehr Hilfe durch mich erhofft hatte. Aufgrund ihres Alters ging ihr die Arbeit nicht mehr so leicht von der Hand, und ich war ihr eine große Stütze gewesen, auf die sie nun verzichten musste. Ich hingegen hatte mich zum wiederholten Male an eine neue Umgebung zu gewöhnen, nicht nur räumlich, geografisch, sondern auch familiär und kulturell. Schließlich war ich nicht nur jahrelang von den Eltern getrennt gewesen, sondern zudem in einer überwiegend sächsischen Kultur aufgewachsen. Darauf war ich sehr stolz, weil ich damals „dazugehörte", wohingegen das neue Dorf zu einhundert Prozent rumänisch war.

In den folgenden drei Jahren lebte ich in diesem Haus mit meinen Eltern unter einem Dach. In dieser Zeit wechselte ich in eine rumänische Schule, weil meine Mutter kein Deutsch bzw. Sächsisch sprach oder verstand. Erneut war ich als „sächsisch aufgewachsenes" Mädchen eine Außenseiterin. Die Sachsen bei meiner Oma hatten in mir die Rumänin gesehen, während ich nun für die Rumänen eine Sächsin war.

Mit den Jahren reifte aufgrund dieser Erfahrungen in mir der tiefe Wunsch nach einer durchgreifenden Veränderung, was in einem kommunistischen Land nicht so einfach möglich ist. Ohne gute Verbindungen und Kontakte – und selbst dann war es äußerst gefährlich – war es schwierig, gehört zu werden, vor allem in meinem jungen Alter. Auch wenn ich keine klare Vorstellung von dem hatte, was ich eigentlich wollte, spürte ich doch, dass ich etwas verändern musste, um dieser Tristesse zu entfliehen. Nur eines wusste ich: Ich wollte raus aus Rumänien und nach Deutschland zu unserer Tante oder in die USA. Für ein Mädchen im zarten Alter von zehn bis elf Jahren schon eine gewagte Vorstellung angesichts der politischen Situation in diesem Land. Doch ich hielt in den kommenden Jahren eisern an meinem Wunsch fest.

Nach drei Jahren ließen wir auch dieses Haus hinter uns und zogen in die Stadt in eine Art Plattenbau (siehe Bild weiter vorne). Die neue Wohnung war zwar nicht größer als das Haus mit insgesamt knapp 50 m², verfügte aber über einen

Luxus, über den man heute nur lachen kann, weil er inzwischen Normalität ist: Wir hatten hier fließendes Warm- und Kaltwasser, das noch dazu aus dem Hahn kam. Das kannten wir von unserem ländlichen Haus nicht, denn dort musste das Wasser zu allen Jahreszeiten bei Wind und Wetter von uns aus dem Brunnen gezogen werden. Auch hatte es in unserem Haus keine Heizung gegeben und gekocht wurde mit einem einfachen Holzfeuer.

In unserer Stadtwohnung besaßen wir nicht nur eine Zentralheizung, sondern sogar ein eigenes Bad mit Toilette. Für jemanden, der es gewohnt gewesen war, hierzu Räumlichkeiten außerhalb der eigenen vier Wände aufsuchen zu müssen, eine wunderbare Erfahrung. Einen Wermutstropfen gab es dann aber doch noch: Warmes Wasser floss nur zweimal pro Woche, und auch Strom und Heizung waren nicht den ganzen Tag über verfügbar. Die Zuteilung erfolgte am Vor- und am Nachmittag jeweils für wenige Stunden. Das war aber allemal besser, als durchgehend ohne Strom und Heizung auskommen zu müssen. Nachts war es allerdings besonders für mich ein Problem, weil ich noch für die Schule lernen musste. Mir blieb dann nur das Kerzenlicht, und während ich bei Kerzenschein las und schrieb, schlief der Rest der Familie.

Mit dem Umzug in die neue Wohnung „wuchs" die Familie. Neben meinem Bruder zog auch der Großvater zu uns. Nun lebten wir mit fünf Personen in einer beengten Wohnung unter einem Dach. Als pubertierendes Kind stand mir der Sinn nach Ruhe und nach einem eigenen Bereich für mich allein, doch daran fehlte es komplett. Weil der Großvater nun fortan im Bett schlief und mit der Zeit sogar bettlägerig wurde, teilte er sich dieses mit meinem Bruder. Ich dagegen schlief im selben Zimmer auf einem Klappbett. Eine solche Situation ist wirklich nicht immer leicht auszuhalten.

Obwohl wir uns einiger technischer Verbesserungen erfreuten, war meine persönliche Situation durch den Umzug in die Stadt keinesfalls besser geworden. Hier wie auf dem Land schienen Widerstände das Leben auszumachen. Mit vielen Menschen auf engem Raum zu wohnen war noch trister als auf dem Land. An jeder Ecke in dem Stadtviertel hörte man Streitereien, Betrunkene oder Ähnliches, und einfach eine größere Wohnung in einem besseren Stadtviertel zu mieten war nicht möglich. Dafür benötigte man extrem gute Beziehungen. Obwohl meine Eltern nichts unversucht ließen, um die räumliche Situation zu verändern, gelang es ihnen trotz aller Bemühungen nicht. Wir wurden auf eine staatliche Warteliste gesetzt.

Während wir auf dem Land weite Wege in Kauf nehmen mussten, hatten wir es hier in der Stadt schon etwas besser. Vieles war schnell erreichbar, selbst die Schule. Auf dem Land hatten wir Kinder rund zwei Kilometer zu Fuß zur Bushaltestelle laufen müssen. Im Sommer kein Problem, im Winter dagegen ein großes. Schuhe nach heutigem Standard besaßen wir nicht, und so froren wir uns oftmals fast die Füße ab, wenn wir durch dicken Schnee und Frost die Strecke zur Bushaltestelle liefen. Hinzu kam, dass man, wenn sich der Bus einmal eine Stunde verspätete (was im Winter häufig vorkam), eben etwas länger fror. Sommer wie Winter können in Rumänien sehr extrem ausfallen, doch darauf wurde keinerlei Rücksicht genommen. In allem, was wir taten, mussten wir uns beeilen, denn der Bus für die Schule kam morgens nur ein einziges Mal. Wer ihn verpasste, hatte keine Chance mehr, zum Unterricht zu kommen. Der nächste Bus fuhr erst wieder am Nachmittag.

Für die Rückfahrt gab es ein ähnlich enges Zeitfenster. Uns blieb keinerlei Zeit für Trödeleien oder irgendwelche anderen Dinge. Wer den Bus verpasste, hatte ein Problem, nach Hause zu kommen. Pünktliches Erscheinen, darauf bestanden meine Eltern energisch; schließlich musste ich ihnen im Haushalt zur Hand gehen, weshalb sie, wie bereits erwähnt, für meine künstlerische Ader keinerlei Verständnis zeigten. „Arbeit vor Vergnügen" schien eine Art Lebensmotto von ihnen zu sein, das insbesondere für uns Kinder galt. Aus diesem Grund versagten sie uns jegliche Unterstützung. Meinen Wunsch, Gitarre spielen zu dürfen, verwarfen sie genauso wie eine Mitgliedschaft im Chor. Selbst fürs Tanzen in der Schule oder für Handball, den ich gerne spielte, brachten sie keinerlei Verständnis auf.

Ich erinnere mich noch sehr gut an den Tag, als ich in der Schule eine Art Gedichtwettbewerb gewann und gebeten wurde, mein selbst verfasstes Werk bei einer Aufführung vorzutragen. Leider war ich schon nach Hause gefahren, da ich nie einen späteren Bus nehmen durfte; somit ging die Anerkennung an jemand anderen. Schreiben war und ist meine große Leidenschaft, die sich nicht nur auf Gedichte reduzierte. In stillen Momenten und ganz allein schrieb ich sogar Märchen.

Heute würde ich sagen, dass man meinen Eltern ihr Verhalten nachsehen muss, auch wenn es mir einige Jahre schwerfiel. Beide waren noch sehr jung, als wir Kinder geboren wurden. Sie hatten in dieser Zeit auch ihre eigenen Pläne und Wünsche gehabt, die sie erfüllt sehen wollten. Zudem waren die Verhältnisse im damaligen Rumänien alles andere als einfach. Vielleicht war das einer der Gründe, warum meine Eltern, wie viele andere auch, glaubten, Kinder hätten wie Erwachsene zu denken und zu handeln, damit sie mit den Widrigkeiten und Umständen besser zurechtkämen. In jedem Fall erwarteten mein Vater und meine Mutter, dass ich eigenständig und erwachsen dachte und handelte, um sie weniger zu belasten. Also tat ich wie befohlen und war immer darauf bedacht, alles richtig zu machen. An Spielen mit anderen Kindern war deshalb gar nicht zu denken. Das war eher die Ausnahme als die Regel, fast schon ein seltenes Privileg, wenn es doch einmal dazu kam.

Über diese Sätze liest es sich schnell hinweg, wenn man selbst nicht betroffen ist. Das ist gut so, schließlich möchte ich kein Mitleid erregen, sondern nur meinen Weg ins Leben darstellen. Wenn selbst Goethe schreibt: *„Auch aus Steinen, die einem in den Weg gelegt werden, kann man Schönes bauen"*, dann zeigt das, dass es auch andere in ihrem Leben nicht immer einfach hatten. Bei mir war es am Ende so, dass die fehlende emotionale Unterstützung durch meine Eltern, ihr mangelndes Verständnis für die Bedürfnisse eines heranwachsenden Kindes und mein innigster Wunsch nach einer persönlichen Veränderung in einer „Flucht" gipfelten. Darin sah ich als frühreifes Kind die einzige Lösung. Gerade einmal 15 Jahre alt, lief ich also von zu Hause weg, um anderswo mein Glück zu finden. Drei Monate später (und dreihundert Kilometer vom elterlichen Haus entfernt) lebte ich in der Nähe der Grenze zu Ungarn. Hier schloss ich mich Erwachsenen an, die teilweise sogar aus meiner Heimatstadt kamen. Gemeinsam warteten wir auf den richtigen Zeitpunkt für die Flucht über die Grenze.

Dazu kam es dann aber nicht. Leider! Mein Wunsch, endlich dieses Land verlassen zu können und in eine neue Welt zu gelangen, ging nicht auf. Grenzposten schnappten einige von uns, und während die Erwachsenen sofort verhaftet und verhört wurden, kam ich als Minderjährige mit einem blauen Auge davon. Die Reaktion meiner Eltern, als sie mich von der Wache abholen mussten, war keine sonderlich gute, um es einmal milde auszudrücken.

Kein Wunder also, dass danach der Ton zu Hause rauer wurde, als er ohnehin schon gewesen war. An einen weiterführenden Schulabschluss war nicht mehr zu denken. Meine Eltern, insbesondere mein Vater, nahmen mich von der Schule und schickten mich mit 15 Jahren zur Arbeit, damit ich Geld verdiente. Sie bezeichneten das als „Erziehungsmaßnahme zum Wohle des Kindes". Und so landete ich als ungelernte Arbeiterin in einer Möbelfabrik; an sich ein normaler Vorgang, denn so etwas wie einen Ausbildungsplatz, wie man es von anderen Ländern kannte, gab es zu jener Zeit in Rumänien nicht. Und die wenigen freien Plätze, die vereinzelt zur Verfügung standen, wurden nur an diejenigen vergeben, die über die richtigen „Connections" verfügten. Aus diesem Grund fanden sich rund 90 Prozent der Schulabgänger als Arbeiter in Fabriken wieder, die Waren unterschiedlichster Art für die westdeutschen Märkte herstellten.

Trotz dieser schweren und gesundheitsgefährdenden Arbeit ließ ich mich nicht davon abhalten, meinen Schulabschluss, die Mittlere Reife, in der Abendschule nachzuholen. Kein leichtes Unterfangen, in jeder Hinsicht. Während beispielsweise in Deutschland feste Arbeitszeiten galten, wurde in Rumänien nach einem völlig anderen System gearbeitet, und zwar nach 8/8 oder 12/12. Arbeiter arbeiteten 8 Stunden, dann hatten sie 8 Stunden frei. Danach arbeiteten sie wieder 8 Stunden usw. Beim System 12/12 waren es zwei Schichten: 12 Stunden arbeiten, 12 frei. Ein solches Zeitkonto war nur schwer mit einer Abendschule zu vereinbaren.

Tagein, tagaus immer wieder dieselbe stupide Arbeit, die nicht nur auf die Knochen ging, sondern auch auf die Haut, insbesondere die meiner Hände, die durch das raue Schmirgelpapier stark in Mitleidenschaft gezogen wurden. In schöner Regelmäßigkeit erlitt ich Verwundungen und Blutungen an den Händen. Das machte mir so sehr zu schaffen, dass ich eines Tages all meinen Mut zusammennahm und kündigte. Mein Chef wollte mich behalten und versuchte noch, ein Gespräch mit mir zu führen; er wollte, dass ich mich dort im Unternehmen weiterentwickelte und lernte. Doch ich ging.

Mit 16 Jahren wechselte ich zu einem Obst- und Gemüsehändler, der seine Ware in Körben transportierte, die aus Weide hergestellt wurden, und zwar von den Angestellten des Unternehmens selbst. Man lernte mich an, und so flocht ich fortan Körbe. Ebenfalls ein schwieriges Unterfangen, und es dauerte eine Weile, bis ich mit der Flechttechnik vertraut war. Hinzu kam, dass die Weide zuvor mit Wasser bearbeitet wurde. Im Sommer kein Problem, aber im Winter ein großes. Das Wasser gefror an den Weiden, die wir mit bloßen Händen verarbeiten mussten. Ich hatte oft schon nach wenigen Minuten das Gefühl, als seien mir selbige abgefroren. Dennoch biss ich im wahrsten Sinne des Wortes die Zähne zusammen und konzentrierte mich auf die angenehme Seite dieser Arbeit, denn aufgrund der besseren Arbeitszeiten war es mir möglich, weiter die Abendschule zu besuchen.

Geduld zahlt sich mitunter aus. Womit niemand hatte rechnen können, passierte plötzlich und unerwartet. Politische Unruhen überzogen das Land, und während die Jugendlichen und Studenten, mich eingeschlossen, demonstrierend auf den Straßen marschierten, verließ mein Vater das Land in Richtung Deutschland. Er hatte eine offizielle Einladung von seiner Cousine erhalten, weshalb ihm die Ausreise genehmigt worden war. Einige Monate später folgten, nicht ganz so offiziell, meine Mutter, mein Bruder und ich.

Wir ließen Haus, Hof und Abendschule zurück und machten uns auf den Weg nach Westdeutschland. Die Kleider an unseren Körpern waren alles, was wir mitnehmen konnten. Als wir nach Tagen und über Umwege endlich in Deutschland ankamen, gab es bei unserer Tante ein Wiedersehen mit dem Vater. Wir hatten gerade einmal zwei Tage Zeit, um uns dort zu erholen, dann ging es in Richtung Osnabrück weiter. Hier wurden wir in einem Flüchtlingsheim einquartiert, das in einer ehemaligen Kaserne untergebracht war. Dieser Schritt war notwendig, um die behördlichen Auflagen zu erfüllen, damit wir in den Besitz der für uns so wichtigen deutschen Papiere kamen. Zwei Wochen später hielten wir nicht nur die Aufenthaltserlaubnis in unseren Händen, sondern auch die Bestätigung über die deutsche Staatsbürgerschaft. Nun konnte es weitergehen. Man vermittelte uns an ein Übergangsheim, dessen Ort wir selbst auswählen durften. Weil wir eine Tante in der Nähe von Stuttgart hatten, entschieden sich meine Eltern für diese Stadt.

Auch wenn wir mehr als überglücklich waren, endlich am Ziel unserer Träume angekommen zu sein, haderte ich insbesondere mit der Unterbringung. Alles war sehr spartanisch eingerichtet und man teilte sich mit anderen Dusche, Toilette und Küche auf dem Flur. Zu viert lebten wir in einem ca. 18–20 Quadratmeter kleinen Raum, doch trotz allem waren wir voller Freude, endlich in Deutschland zu sein. Für gewöhnlich blieb man hier nur so lange, bis man einen bezahlten Job gefunden hatte, um davon die Wohnungsmiete bezahlen zu können. Darüber hinaus wurden diejenigen, die der deutschen Sprache nicht mächtig waren, in die Sprachschule geschickt, um diese nicht einfache Sprache zu erlernen. Konnten Flüchtlinge die Auflagen nicht erfüllen, mussten sie im schlechtesten Fall mehrere Jahre in solchen Lagern verbringen.

Das war eine Vorstellung, vor der mir graute. Ich wollte vieles, aber keinesfalls wieder ein Leben in einem Heim. Deshalb handelte ich umgehend. Noch am selben Tag, als wir in Stuttgart ankamen, rief ich eine deutsche Freundin an, die ich in Rumänien kennengelernt hatte. Sie gehörte der Gruppe „Hilfe für Rumänien" an, die das Land mit lebenswichtigen Dingen versorgte, die zuvor in Deutschland gespendet worden waren. Bei einer dieser Hilfslieferungen nach Rumänien war sie dabei gewesen. Und weil sie wissen wollten, wie die Menschen dort lebten, übernachteten die Mitglieder dieser Gruppe bei einheimischen Familien. So kam Gerlinde zu uns.

Ich schlief mit ihr gemeinsam in einem Bett. An Schlaf war für mich in jener Nacht allerdings nicht zu denken, weil wir uns beide ungemein viel zu erzählen hatten und ich so vieles von ihr wissen wollte. Natürlich sprach ich von all meinen Wünschen und Träumen und vertraute ihr an, dass ich so gerne nach Deutschland wollte. Gerlinde fragte mich, welchen Beruf ich denn dort ausüben wolle, wenn es eines Tages dazu käme.

Die Ausbildung zur Krankenschwester hatte in Rumänien einen sehr hohen Stellenwert, es war ein echter Prestigeberuf. Hätte ich einen Wunsch frei, sagte ich ihr daher, ich würde mich für diese Ausbildung entscheiden.

An dieses Gespräch erinnerte ich mich, nachdem ich in Stuttgart angekommen war. Ich zögerte keinen Moment und rief Gerlinde an. Sie wohnte nur ca. 40 Kilometer vom Stuttgarter Flüchtlingslager entfernt.

Schicksal oder Glück? – Egal. Hauptsache, das Leben meinte es an dieser Stelle gut mit mir. Ich war überglücklich, am anderen Ende der Leitung ihre vertraute Stimme zu hören, und sie war überrascht, dass ich endlich deutschen Boden unter meinen Füßen hatte. War es wiederum Zufall oder Glück, dass sie in diesem Gespräch einen Brief erwähnte, an dem sie gerade schrieb, um mir mitzuteilen, dass sie einen Ausbildungsplatz für mich gefunden hätte?

Am selben Nachmittag kam Gerlinde zu uns ins Lager, um meinen Eltern zu erklären, dass es für mich nur von Vorteil wäre, wenn ich sogleich mit ihr ginge, anstatt weiterhin im Lager auszuharren. Somit verlöre ich keine wertvolle Zeit, weil ich auch sofort etwas Neues anfangen würde. Meine Eltern stimmten zu, und so packte ich schnell meine Siebensachen zusammen und verabschiedete mich noch am selben Tag von meiner Familie. Im Nachhinein weiß ich, dass ich meine Eltern damit überrumpelt habe, aber ich wollte ein neues Leben – und das sofort.

Natürlich schmerzt ein solch rigoroser Schritt, aber ich musste dabei an mich selbst denken. Solange ich zurückdenken konnte, war mein größter und einziger Wunsch gewesen, frei zu sein. (Dass Freiheit viel mehr mit einem inneren Prozess als nur mit äußeren Faktoren zu tun hat, verstand ich erst viele Jahre später.) Endlich tun und lassen können, wonach mir der Sinn stand! Deshalb wollte ich die Veränderung in meinem Leben. Ich wollte ein selbstbestimmtes und kein fremdbestimmtes Leben. An Karriere und Erfolg hatte ich da noch gar nicht gedacht. Das war für mich noch so weit weg, dass es mir gar nicht in den Sinn kam, über größere Pläne nachzudenken.

Gerlinde besorgte mir innerhalb weniger Tage einen Ausbildungsplatz zur Altenpflegerin in einem Altenheim. Von diesem Beruf hatte ich zuvor noch nie gehört, allerdings dachte ich, es sei nur eine andere Bezeichnung für Krankenschwester, und nahm das Angebot sofort an. Ich wollte durchstarten und fortan mein eigenes Geld verdienen. Das war ein erhabener Moment. Endlich etwas Geld zu besitzen, über das ich allein verfügen konnte. Zudem besaß ich nun mein erstes eigenes Zimmer, das mir das Altenheim, in dem ich während der Praxiszeit arbeitete, im obersten Stock zur Verfügung stellte. Hier wohnten noch einige andere Zivis, mit denen wir uns – ähnlich wie im Übergangsheim in Stuttgart – Bad und Küche auf dem Flur teilten.

Leider währte meine anfängliche Freude über diese Entwicklung nicht lange. Der Beruf einer Altenpflegerin hatte so gar nichts mit dem einer Krankenschwester zu tun, und so fiel es mir mit der Zeit immer schwerer, meine ursprüngliche Begeisterung für diese Arbeit täglich neu zu entfachen. Ich war in der Altenpflegeabteilung und damit in einem Bereich tätig, in dem die mit Abstand schwierigste Arbeit verrichtet werden musste. Hier wurden Menschen in der Altersgruppe ab 80 Jahren versorgt, die überwiegend bettlägerig und sehr pflegebedürftig waren. Das war alles andere als eine leichte Aufgabe für eine 17-Jährige.

Hinzu kam, dass ich in der Berufsschule die jüngste Schülerin war; das Durchschnittsalter der anderen Auszubildenden lag zwischen 35 und 56 Jahren. Zu allem Überfluss verstand ich kein einziges Wort, denn die Klassenlehrerin sprach mit einem mir völlig unverständlichen schwäbischen Akzent. Ich war davon überzeugt gewesen, Deutsch sprechen und verstehen zu können, immerhin hatte ich seit meinem achten Lebensjahr fast ausschließlich Romane in deutscher Sprache gelesen. Ihr Dialekt erinnerte jedoch nur noch entfernt an die Sprache, die ich einst erlernt hatte, weshalb ich ihren Ausführungen schlichtweg nicht folgen konnte. Und so kam es, dass ich eines Tages nicht mehr an mich halten konnte und weinend aus dem Klassenraum rannte.

Die Arbeit, die ich nicht mochte, die Sprache, die ich nun doch nicht so gut beherrschte, wie ich gedacht hatte, die Lehrerin und all die medizinischen Begriffe, die ich nicht verstand, die älteren Klassenkameraden, das alles setzte mir ungeheuer zu. Hinzu kam die Einsamkeit in diesem fremden Land. Meine Freunde und Bekannten waren in Rumänien, und obwohl meine Eltern und mein Bruder am anderen Ende der Stadt lebten, sah ich sie nur sehr selten.

Also besorgte ich mir ein Telefon. Ich war total froh, endlich im Besitz eines eigenen zu sein. In Rumänien konnten wir uns so etwas nicht leisten. Ein Telefon besaßen dort nur Menschen mit guten Beziehungen und viel Geld.

Fortan telefonierte ich mit meinen Bekannten in Rumänien. Nachts – weil es da etwas günstiger war – oft stundenlang.

Schnell ließ sich dieses Unterfangen an der Telefonrechnung ablesen. Damals gab es keine billigen Vorwahlnummern oder eine Flatrate wie heute. Im ersten Monat waren es „nur" 200 DM an Telefongebühren, dann 400, 600 und am Ende sogar mehr als 3.100 DM.

Mit meinem kleinen Verdienst (etwa 500 bis 600 Deutsche Mark pro Monat) war diese Summe niemals aufzubringen. Ich musste das Geld anderweitig beschaffen. So putzte ich nach Feierabend einmal in der Woche bei einer Journalistenfamilie, und weil selbst dieser Zusatzverdienst nicht ausreichte, fing ich zu kellnern an. Letzteres wuchs sich mit der Zeit zu einer lukrativen Einnahme für mich aus, und ich erhielt häufig gutes Trinkgeld.

Ich, das Mädchen aus der Plattenbauwohnung, war zwar im Land meiner Träume angekommen, nicht aber bei der Erfüllung meines Traumes. Ich träumte nicht nur von einer eigenen Wohnung, sondern auch von einem tollen Job, wobei ich allerdings keine Ahnung hatte, wie dieser aussehen sollte. Als Au-pair für ein Jahr in die USA zu gehen, hätte mich auch gereizt. Ich bewarb mich und wurde auch gleich angenommen, musste dafür aber sofort den Führerschein machen, den ich leider noch nicht hatte. Dieser wiederum kostete nicht nur viel Geld, sondern bescherte mir einen Fahrlehrer, der mich so gerne als Kundin hatte, dass sich mein Führerschein immer weiter in die Länge zog und mich mehr Geld als geplant kostete. Hinzu kam, dass ich die Theorie auf die leichte Schulter nahm und beim ersten Mal bei der Prüfung durchflog, was das Ganze noch weiter verzögerte.

Als Kellnerin arbeitete ich sehr gut und zur Zufriedenheit aller, und zu den Kunden pflegte ich stets ein gutes Verhältnis. Aus diesem Grund sprach mich eines Tages ein Unternehmer an und fragte mich, ob ich mir einen Job in seinem Büro vorstellen könne. Dort sollte ich mit den Kunden der

Firma telefonieren. Ich erklärte ihm, dass ich von Büroarbeit keine Ahnung hätte, doch das hielt ihn nicht davon ab, mich einzustellen. Schnell sammelte ich erste Erfahrungen im Umgang mit Kunden am Telefon. Ich muss gestehen, dass mir die Arbeit im Büro wesentlich mehr Spaß machte als die Arbeit im Altenheim.

Mein Verdienst hielt sich allerdings in Grenzen, sodass ich noch etwas dazuverdienen musste. Also kellnerte ich nebenbei weiter, und auch wenn die Arbeitszeiten mitunter alles andere als freizeitfreundlich waren, hatte ich trotz der Mehrarbeit sogar großen Spaß dabei. Schließlich geht einem vieles bei Weitem leichter von der Hand, wenn man mit Freude dabei ist. Diese Freude ist mitunter so ansteckend, dass man dadurch neue Freunde kennenlernt, was auch bei mir der Fall war.

Über das Kellnern und eine Freundin lernte ich einen Mann, Ömer Bulut, kennen und lieben. Ich zog zu ihm. Einige Zeit später stieg ich kurzerhand in seinen Verlag ein, nachdem seine Sekretärin Hals über Kopf ihren Dienst quittiert hatte und Ömer mit der Herausgabe seines Magazins in Verzug zu geraten drohte. Es war der sprichwörtliche Sprung ins kalte Wasser, weil ich von der ersten Sekunde an ziemlich auf mich allein gestellt war; die Sekretärin konnte mich ja schließlich nicht mehr einweisen. Aber ich erwies mich rasch als gute Schwimmerin. Mein Chef war zufrieden mit mir. Und ich erst! In den darauffolgenden Jahren konnte ich ihm über die Schulter schauen und lernte, was Selbstständigkeit bedeutet. An dieser Stelle möchte ich von ganzem Herzen mein tiefes Dankeschön an diesen immer noch wunderbaren Freund in meinem Leben ausdrücken. Ömer, du bist für mich ein ganz besonderer Mensch.

Heute weiß ich, dass theoretisches Wissen sehr wichtig ist. Weitaus wichtiger ist jedoch die Praxis. Hier zeigt sich, wer der Meister ist. Da gibt es Situationen, die finden sich in keinem Lehrbuch. Da muss man dann handeln, ohne lange zu überlegen. Das ist für mich das wahre Leben. Ich, das Mädchen, das davor noch nicht einmal von einem Faxgerät oder einem Kopierer gehört, geschweige denn ein solches Gerät gesehen hatte, fing an, immer selbstverständlicher damit umzugehen. Doch ich wollte stets mehr tun. Ich wünschte mir, dass Ömer mir mehr Aufgaben und Verantwortung übertragen würde.

Der Anzeigenverkauf für das Magazin lief zu jener Zeit nicht sehr gut. Die Anzeigenverkäufer kamen häufig ohne Abschlüsse in die Firma zurück oder sie hatten Anzeigen weit unter Preis verkauft. Das wollte ich ändern. Täglich bettelte ich meinen Chef an, mich doch bitte hinausgehen zu lassen, um unsere Kunden direkt vor Ort zu beraten. Ich dachte mir, dass es doch nicht so schwer sein könne, Anzeigen zum normalen Preis zu verkaufen. Ömers Sorge aber war, dass mich die Kunden, weil ich mit meinen rund 19 Jahren – aus seiner Sicht – noch zu jung war, nicht ernst nehmen würden.

Eines Tages schließlich, als er wieder einmal von seinen Anzeigenverkäufern enttäuscht war, erlaubte er mir, es auch zu versuchen. Ich war glücklich und aufgeregt zugleich! Da ich mich in der neuen Umgebung noch nicht so gut auskannte und den Führerschein erst kürzlich geschafft hatte, fuhr mich Ömer am nächsten Tag persönlich bis vor die Tür eines kleinen Autohauses. Bevor ich ausstieg, ermahnte er mich noch, ich solle mir keine allzu großen Hoffnungen machen. Erfahrungsgemäß würden 90 Prozent der potenziellen Kunden nicht kaufen. Ich machte mich auf den Weg. Nach etwa einer Stunde verließ ich das Autohaus – in der Aktentasche einen Vertrag über eine verkaufte Anzeige zu unserem Normalpreis. Ömer freute sich natürlich, meinte aber im selben Atemzug, dass ich hier nur vom sprichwörtlichen Anfängerglück profitiert hätte.

Von wegen Glück! Ich war begeistert und wollte sogleich den nächsten Kunden aufsuchen. Wieder fuhr er mich zu der Adresse, nachdem ich zuvor den Termin vereinbart hatte, und auch hier kehrte ich mit einer verkauften Anzeige zurück. Nach dem dritten erfolgreichen Termin ließ mich Ömer schließlich alleine fahren. Zuvor erklärte er mir die Anfahrtswege, für die ich mehr Zeit brauchte als andere, denn ich war nicht in Deutschland aufgewachsen. Auf die ersten drei Besuche folgte eine rund zweijährige berufliche Tätigkeit als Anzeigenverkäuferin. Nach Angaben meines Chefs lag meine Abschlussquote bei sagenhaften 100 Prozent. Ömer erzählte das damals jedem und konnte es gar nicht fassen. Immer wieder fragte er mich, wie ich das mache. Für mich waren es „nur" 95 Prozent, weil ich nicht jeden von unseren Leistungen überzeugen konnte oder weil es bei dem ein oder anderen Kunden etwas länger dauerte, bis ich einen Abschluss erreichte. Doch ich hatte immer die nötige Geduld. So mancher Kunde vertraute mir im Nachhinein an, dass er nur bereit gewesen war, mich zu empfangen, weil ich nie lockerließ und trotzdem stets freundlich blieb.

Ich liebte, was ich tat. Neben dem Verkauf von Anzeigen tippte ich das Magazin in Türkisch. Immerhin war es ein kleiner Verlag, da musste jeder mit anpacken. Für mich ein großer Vorteil, denn ich heimste nicht nur Erfolge ein, sondern lernte jetzt sogar noch Türkisch und damit eine weitere Sprache. Ich vertiefte dieses Wissen durch Kurse an der Volkshochschule. Tagsüber aber hielt ich Kontakt zu den Kunden, betreute sie am Telefon und erledigte die administrativen Aufgaben im Büro. Das alles tat ich sehr gerne, weil mir der Beruf viel Freude bereitete und ich das alles stets wie meine eigene Firma ansah.

Am Ende war ich nicht nur die beste Anzeigenverkäuferin, sondern auch die Geschäftsführerin des Verlages. Ein unglaublicher Karrieresprung für mich, schließlich hatte ich in dieser Richtung keine Ausbildung absolviert und davor von Computern nicht die geringste Ahnung gehabt. Alles, was für die erfolgreiche Arbeit wichtig war, eignete ich mir durch „Learning by Doing" an, und zwar direkt am Ort des Geschehens, im Büro. So lernte ich von der Pike auf, was im Geschäftsleben wichtig ist.

Mein Chef und damaliger Lebenspartner Ömer konzentrierte sich durch die gewonnene Zeit auf seine andere Firma, ein Bauunternehmen. Ich arbeitete im Verlag oft zwölf Stunden und mehr am Tag, einfach nur, weil es mir Spaß machte. In der Folge wurde der Verlag leider verkauft und ich verlor meine Anstellung als Geschäftsführerin. Kurze Zeit später trennten sich Ömer und ich auch noch als Paar. Doch bis heute, 24 Jahre später, verbindet uns eine tiefe Freundschaft.

Der italienische Großindustrielle Giovanni Agnelli sagte: *„Jede Katastrophe wird von einem Lichtblick begleitet."* Natürlich traf mich der Verlust des Arbeitsplatzes sehr hart. Ich befand mich wieder dort, wo ich schon einmal gestanden war – vor dem Nichts. Ich hatte dieses Magazin geliebt, es war wie mein Baby gewesen. Deshalb hatte ich auch immer das Gefühl gehabt, als ob ich in meiner eigenen Firma arbeitete. Entsprechend war mein Engagement gewesen.

Die veränderte Situation zeigte mir aber auch, dass ich etwas ändern musste, damit mir so etwas nie wieder passieren würde. Also traf ich die Entscheidung, künftig nur noch eigene Firmen oder eigene Geschäfte aufzubauen, die allein mir gehören sollten, auch wenn ich noch keine Ahnung hatte, was genau ich machen wollte. Nur eines stand für mich fest: Niemand sollte je wieder das Recht haben, mir etwas wegnehmen zu können.

Sofort setzte ich diese Entscheidung in die Tat um. Es folgten viele Aktivitäten, die nicht immer ohne Blessuren blieben.

Zwischendurch kellnerte ich in einem italienischen Restaurant, um einem guten Bekannten unter die Arme zu greifen. In diesem Familienbetrieb sprachen die Mitglieder kein oder nur sehr wenig Deutsch – und ich verstand kein Italienisch. Also lernte ich, wieder einmal, weniger mithilfe der Theorie als vielmehr durch die Praxis diese Sprache immerhin so gut, dass ich mich mit ihnen unterhalten konnte.

Einige Zeit später wechselte ich in eine Art Callcenter eines Unternehmens. Ich warb Menschen für eine Außendiensttätigkeit an, die ich heute als „Drückerkolonne" bezeichnen würde. Damals hatte ich davon keine Ahnung. Es war ein Job, der mir Spaß machte, und damit eine Arbeit wie jede andere auch. Entsprechend groß war wiederum mein Engagement, und zwar so groß, dass ich selbst mit der Anfahrt kein Problem hatte. Immerhin fuhr ich jeden Tag, von Montag bis Freitag, von meiner Wohnung in Esslingen nach Nürnberg ins Büro und wieder retour. Das waren rund 400 Kilometer für Hin- und Rückfahrt – und das täglich!

„Wer arbeitet, macht Fehler. Wer nicht arbeitet, macht keine Fehler", heißt es so schön, dies wusste ich damals jedoch noch nicht. Ich versuchte, möglichst niemals Fehler zu machen, aber ich machte viele. Einer war so massiv, dass ich bereits mit 22 Jahren mit einem Familienbetrieb im Bereich Möbelgroßhandel Insolvenz anmelden musste. Die unangenehmen Einzelheiten erspare ich dir.

Das ist die Kehrseite der Selbstständigkeit, weil man in solchen Momenten das Ganze allein durchstehen muss. Ich war früher sehr froh darüber gewesen, in gewissen Situationen Ömer fragen zu können, was man machen kann und soll; dennoch musste ich manchmal vieles allein aushalten und überstehen. Heute weiß ich, dass auch das Teil des Lebens ist. Es gibt gute wie schlechte Zeiten. Wichtig ist, niemals aufzugeben und immer an sich zu glauben, ganz egal, wie schwierig das mitunter auch sein mag. Also musste ich „weiterziehen", immer weiter, schließlich wollte ich ein besseres Leben. Im übertragenen Sinne wollte ich eine Prinzessin sein, die es aus eigener Kraft und ohne die Gnade einer „reichen Geburt" geschafft hat, einfach höher anzukommen.

Auf weitere Details aus meinem Leben werde ich im Verlauf dieses Buches immer wieder eingehen, an dieser Stelle belasse ich es jedoch dabei.

Ich war mir nun sicher, dass man es schaffen kann, weil diejenigen, die in Reichtum und Luxus zur Welt kommen, häufig „Siebverkäufer" sind. Die Menschen unterhalten sich lieber mit den Reichen dieser Welt als mit den mittellosen und weniger wohlhabenden Persönlichkeiten. Dabei vergessen viele, dass nicht jeder, der seinen Reichtum offen zur Schau stellt, deswegen auch Ahnung von Erfolg und Geld haben muss. Nur weil manchen der Reichtum mit ihrer Geburt zu Füßen gelegt wurde, befähigt es sie noch lange nicht, kompetent darüber zu sprechen. Und doch werden diese Menschen von unserer Gesellschaft oftmals hofiert, als hätten sie ihren Reichtum eigenständig erarbeitet.

Im 19. Jahrhundert brach in Alaska das Goldfieber aus, nachdem einige harte Burschen im Klondike, einem kleinen Fluss, der bei Dawson City in den Yukon mündet, Gold gefunden hatten. Rasch machte diese Meldung die Runde und Tausende von Wagemutigen brachen auf, um nach Gold zu schürfen. Für die beschwerliche Reise nahmen sie nur das Nötigste mit und ließen ihr gesamtes Hab und Gut hinter sich, weil sie fest entschlossen waren, eines Tages als reiche Goldbesitzer nach Hause zurückzukehren.

Am Klondike angekommen, mussten sie feststellen, dass die Arbeit alles andere als leicht und schon gar nicht mit bloßen Händen zu verrichten war. Also gingen sie zu dem örtlichen

Verkaufsladen, um sich mit dem notwendigen Werkzeug auszustatten. Der hiesige Ladenbetreiber war ein ganz Pfiffiger. Er hörte stets genau zu, wenn die Goldschürfer von ihren Erlebnissen und Abenteuern erzählten. Er erfuhr, dass diese oftmals mit bloßen Händen nach dem Gold gruben, dabei häufig knietief in den morastigen Boden des Flusses einsanken und sich Blasen, Hornhäute und Schürfwunden holten. Entschädigt wurden sie, wenn sie Glück hatten, mit ein wenig Gold, das sie nachts um den Schlaf brachte, weil sie nicht wussten, wie sie es sicher lagern konnten.

Einige dieser Goldschürfer gaben nicht auf. Sie nahmen alles auf sich, um nicht mit leeren Händen nach Hause zu kommen. Aus ihnen wurden echte Experten, die um die wahren Geheimnisse des Schürfens wussten und das richtige Gespür entwickelten, um an den richtigen Stellen zu suchen. Der Ladenbesitzer hingegen war nie vor Ort gewesen, er war nie bis zur Halskrause im brackigen Flusswasser gestanden, hatte sich keine Schürfwunden geholt und wusste auch nicht um das Gefühl der Armut. Sein Einkommen generierte er ausschließlich aufgrund der Bereitschaft anderer, die die Strapazen der Goldsuche auf sich nahmen.

Unerfahrene Goldschürfer, die keine Ahnung davon hatten, was auf sie zukommen sollte, versorgte der Ladenbetreiber mit wertvollen Informationen. Diese Greenhorns waren ganz angetan von dem „fachkundigen" Verkäufer und ließen sich alles aufschwatzen, was aus Sicht des Anbieters für eine erfolgreiche Goldsuche notwendig war. Dann zogen die Käufer mit Axt, Spaten, Schippe, Pickel und natürlich auch mit einem Sieb von dannen, um ihr Glück im Yukon zu finden.

Tief war ihre Enttäuschung, wenn sie trotz größter Anstrengungen nicht ein einziges Nugget fanden, obwohl ihnen der „Siebverkäufer" bis ins Detail beschrieben hatte, wie sie vorzugehen hätten. Dass dieses Wissen jedoch nur theoretischer Natur gewesen war und von anderen stammte, die darüber erzählten, hatte er wohlweislich verschwiegen. Und so kamen letzten Endes nur diejenigen Goldschürfer zu Reichtum und Ehren, die selbst mühevoll im Morast des Flusses nach dem Edelmetall schürften. Sie wussten um die echten Geheimnisse, die am Ende den Unterschied ausmachten.

Diese Gesetzmäßigkeit gilt heute genau wie damals. Du lernst am besten von den Besten, und die Besten sind nicht diejenigen, die über das umfangreichste theoretische Wissen verfügen, sondern jene, die ausreichend persönliche Erfahrungen und Erfolg gesammelt haben. Die selbst all die Dinge getan haben und nicht nur blanke Theorie verbreiten. Wenn du bereit bist, dich nicht vom Glamour selbst ernannter „Experten" beeinflussen zu lassen, ...

... sondern von den wahren Experten, die buchstäblich von ganz unten nach ganz oben diesen Weg gegangen sind, ...

von hier *über hier* *nach hierher*

... dann wird dir dieses Buch eine große Hilfe sein.

Ich zeige und erkläre dir, wie es möglich ist, quasi aus jeder Lebenssituation heraus das Ziel deiner Träume zu erreichen. Das ist keine Anmaßung, sondern gelebte Erfahrung. Ich bin meinen Weg gegangen, den du auf den Bildern oben siehst. Dein Weg wird ziemlich sicher ein anderer sein, und das ist gut so, weil du eine eigenständige Persönlichkeit bist. Du allein entscheidest, wohin deine Lebensreise geht, die dich jeden Tag vor neue Herausforderungen stellen wird. In diesen Momenten tut es gut, einen Reisebegleiter an seiner Seite zu haben, der einem professionell und mit dem nötigen rigorosen Mitgefühl unter die Arme greift.

Im übertragenen Sinne sehe ich mich in dieser Funktion. Nachdem ich in zwei international tätigen Unternehmen mit die höchsten Führungspositionen erreicht und ein fünfstelliges monatliches Einkommen erzielt hatte, habe ich mich nach 20-jähriger Praxiserfahrung und 25 Jahren Selbstständigkeit dafür entschieden, diesen reichhaltigen Erfahrungsschatz mit anderen ernsthaft interessierten Menschen zu teilen.

Nun sehe ich meine Aufgabe darin, Menschen, die dies möchten – und dich zähle ich dazu –, zu zeigen, wie auch sie einen erfolgreichen Lebensweg, der zu ihrer Persönlichkeit passt, gehen können. Du bringst die besten Voraussetzungen mit, weil du dich dafür interessierst, ansonsten würdest du wohl kaum dieses Buch bis hierher gelesen haben. Diese Offenheit, deine Neugierde und dein Interesse sind der erste Schritt auf dem Weg zu neuen Ufern.

Sei versichert, dass du es um einiges leichter haben wirst als ich. Nicht nur deshalb, weil ich meine ersten Jahre in meiner Heimat Rumänien verbracht habe, bevor ich mit 17 Jahren nach Deutschland kam. Sondern auch deshalb, weil ich dir manche Erfolgsgeheimnisse aufzeigen werde, damit du deinen Lebensweg klarer, sicherer und vor allen Dingen zielsicherer und erfüllter gehen kannst, sowohl auf beruflicher wie auch auf privater Ebene.

Du wirst die vielen Fehler, die ich selbst aufgrund meiner Unkenntnis gemacht habe, nicht wiederholen müssen. Das spart dir Zeit und Geld, sodass du viel schneller nach oben gelangen kannst als ich. Wichtig ist einzig und allein, dass du bereit bist, dich auf mich einzulassen, und meine Ratschläge 1:1 umsetzt. Sei offen für deinen neuen Weg und in der Umsetzung konsequent, dann verfügst du über ausreichende Energien, um deine selbst gesteckten Ziele zu erreichen. *„Ohne Begeisterung, welche die Seele mit einer gesunden Wärme erfüllt, wird nie etwas Großes zustande gebracht",* war sich der deutsche Schriftsteller Adolph Freiherr von Knigge (1752–1796) sicher.

Du magst meine Worte vielleicht als überheblich empfinden. Das sind sie nicht. Sie sind gelebte Erfahrung. Wenn du erfolgreiche Firmen auf der Welt näher betrachtest, wirst du sehr schnell feststellen, dass sie alle nach festen Regeln arbeiten. Das beste Beispiel ist McDonalds. Obwohl ich Vegetarierin bin und daher selbst so gut wie nie dort hingehe, komme ich nicht umhin, dieses Erfolgsmodell zu erwähnen, weil es nichts Vergleichbares gibt. Egal, welche Filiale du aufsuchst, ob in Hamburg, Berlin, München, Mailand oder Peking, der Hamburger sieht immer gleich aus, hat die gleiche Größe und wird auf die gleiche Art und Weise zubereitet. Bei den Pommes frites verhält es sich genauso. Überall sind die Packungsgrößen identisch. Eine kleine Portion Pommes ist überall gleich klein und eine große überall gleich groß. Genauso wie die Packung Ketchup oder Mayonnaise.

Stell dir das Chaos vor, wenn McDonalds seinen Geschäftsführern in den einzelnen Restaurants erlauben würde, die Produkte nach eigenen Vorstellungen und Gutdünken zu kreieren. Dann würde der eine auf die Gurke verzichten, während der andere noch drei Scheiben Speck auf den Hamburger legt. Die Pommes wären nicht nur unterschiedlich abgepackt, sie hätten auch unterschiedliche Längen, weil jeder Geschäftsführer selbige woanders einkaufen würde. Glaubst du, dass dieses Konzept Erfolg hätte?

Heute zählt McDonalds allein in Deutschland weit mehr als 1200 Restaurants. Dieser Erfolg ist nur dadurch möglich, dass sich deren Betreiber an feste – weil erprobte – Regeln halten. Fast schon bedingungslos gehorchen sie der Firmenzentrale, die ihnen exakt vorschreibt, wie sie ihren Weg zu gehen haben, damit sich der berufliche und geschäftliche Erfolg einstellt.

Nichts anderes will ich für dich. Wenn du bereit bist, mir aufgrund meiner gelebten Erfolge zu vertrauen, und das Gelernte so und nicht anders umsetzt, dann kannst und wirst du deinen Erfolg im Leben nicht verhindern.

Dafür steht mein

Dieses Konzept ist für mich das *„Ei des Kolumbus"*. Diesen Ausdruck hast du sicherlich schon einmal gehört. Im Internet geistern viele Geschichten herum, woher er stammen könnte. Natürlich kann ich dir darauf keine verbindliche Antwort geben, sondern nur eine Anekdote erzählen, die mir von den vielen Versionen am besten gefällt.

Der Seefahrer und Entdecker Christoph Kolumbus saß nach seiner Rückkehr aus Amerika im Jahre 1493 mit Spaniern von Rang und Namen zu Tisch, darunter auch Kardinal Mendoza. Die Herren hielten dem unerschrockenen Seefahrer vor, dass es ein Leichtes gewesen sei, die Neue Welt zu entdecken. Das, so der allgemeine Tenor, hätte auch jeder andere geschafft. Daraufhin soll Kolumbus von den anwesenden Personen verlangt haben, ein gekochtes Ei auf die Spitze zu stellen. Man nahm die Herausforderung an, doch alle Versuche blieben erfolglos – das Ei wollte einfach nicht stehen bleiben. Schließlich gaben die Herausgeforderten zermürbt auf. Sie waren davon überzeugt, dass diese Aufgabe nicht zu erfüllen sei.

Nun aber wollten sie natürlich wissen, ob Kolumbus selbst das Kunststück fertigbringen würde, und forderten ihn auf, dies zu beweisen. Er tat, wie ihm aufgetragen, nahm das Ei, schlug es mit der Spitze auf den Tisch, sodass es leicht eingedrückt wurde, stellte es auf diese Stelle und – oh Wunder! – das Ei blieb stehen. Sofort protestierten die Anwesenden, dass sie das so auch gekonnt hätten, worauf Kolumbus entgegnete: „Der Unterschied ist, meine Herren, dass Sie es hätten tun können. Ich hingegen habe es getan!"

Diese Anekdote bringt auf den Punkt, wofür das „Go 4" in meinem „Go4Values" steht: „Geh dafür." Gehe los und tue die Dinge, die zu tun sind. Im Leben geht es nie darum, etwas tun zu können, sondern, wie Kolumbus beweist, es tatsächlich zu tun. Nur dann kommen wir voran.

Oft höre ich Menschen sagen, dass sie ja gerne dieses oder jenes erreichen wollen, aber nicht können. Sie sind Meister im Erfinden von Ausreden, und diese Ausreden langweilen mich nach über 20 Jahren zutiefst:

Ich habe keine Zeit.
Ich habe Kinder.
Ich habe kein vernünftiges Schulzeugnis.
Ich bin zweimal sitzen geblieben.
Ich kann das nicht, weil ich zwei linke Daumen habe.
Ich muss mich um meine Familie kümmern.
Ich habe niemanden.
Ich habe Eltern, die mich nicht unterstützen.
Ich habe kein Geld.
Ich bin verheiratet und mein Partner will nicht, dass ich dies tue.
Ich habe keinen Freundeskreis.

Viele Menschen sind extrem bequem. Sie wollen ALLES – aber NICHTS dafür tun. Zumindest nicht das Richtige. Mit diesen Ausreden verhält es sich so, wie es einst der Autopionier Henry Ford (1863–1947) formulierte:

> *„Ob du denkst, du kannst es, oder ob du denkst,*
> *du kannst es nicht –*
> *du wirst auf jeden Fall recht behalten."*

In diesem Sinne muss auch die Entwicklung zweier Zwillingsschwestern verstanden werden, um die es in der folgenden Geschichte geht.

Eine alleinerziehende Mutter hatte eineiige Zwillingstöchter. Das Geld war knapp, es fehlten der Mann im Haus und eine gut bezahlte Arbeit. So kam es, dass die Umstände der Frau über den Kopf wuchsen. Sie fing an zu trinken. Zuerst wenig, später mehr, und noch viel später endete jeder Tag im Vollrausch. Die beiden Mädchen waren auf sich allein gestellt. Sie gingen allein zur Schule, kümmerten sich um den Haushalt und erledigten die Einkäufe.

Nach der vierten Klasse besuchte das eine Mädchen die Sonderschule, das andere ging auf ein Gymnasium und studierte nach dem Abitur Jus, während die Sonderschülerin nur mit Ach und Krach einen Abschluss hinbekam, später ihre Ausbildung vorzeitig abbrach und sich einer Jugendgang anschloss. Dort sprach sie, wie ihre Mutter, dem Alkohol zu. Weil sie zudem des Öfteren mit dem Gesetz in Konflikt kam, landete sie mehr als einmal im Gefängnis, wo sie viele Monate allein verbrachte. Während dieser Zeit starb die Mutter infolge ihrer Alkoholsucht. Die studierte Schwester unterhielt eine erfolgreiche Kanzlei in einer fernen Stadt, sodass sie keine Zeit fand, ihre verwahrloste Zwillingsschwester zu besuchen. Am Ende brach der Kontakt vollkommen ab.

Die Zeit verging, und erst nach 25 Jahren sahen sich die Schwestern zum ersten Mal wieder. Sie hatten einen Termin beim Friedhofsvorsteher, der mit ihnen über die Auflösung des Grabes ihrer Mutter sprechen wollte. Die Rechtsanwältin erschien in einem teuren Outfit, während ihre Schwester einen verwahrlosten Eindruck machte.

„Seltsam", wunderte sich der Vorsteher des Büros. „Sie sind doch Zwillingsschwestern. Wie kann es denn sein, dass Sie sich so unterschiedlich entwickelt haben?" Wie aus der Pistole geschossen antworteten beide: „Kein Wunder – bei *der* Mutter!"

Zwei Seelen und ein Gedanke, der sich hier ausdrückt. Weil die Akademikerin nicht so enden wollte wie ihre Mutter, ging sie den beschwerlichen Weg von Schule, Universität und Examen. Das einstige Verhalten ihrer Mutter spornte sie zu Höchstleistungen an. Anders hingegen ihre Schwester, die sich dem Schicksal der Mutter fügte. Sie ging fest davon aus, dass sie als Kind einer alkoholkranken Frau ebenfalls zur Alkoholikerin werden musste. Und mit ihrem Verhalten bewies sie genau das.

Hier zeigt sich einmal mehr, dass wir es immer selbst in der Hand haben, was wir sehen wollen. Du kannst deinen Erfolg genauso sehen wie deinen Misserfolg, Letzterer macht nur weniger Spaß. Also entscheide dich für den Erfolg, den du wirklich möchtest, und deine Träume werden Füße bekommen. Das sind keine leeren Worthülsen, sondern Tatsachen.

Du hast in einem früheren Abschnitt dieses Buches darüber gelesen, wie ich aufgewachsen bin: in einem kommunistischen Land, in dem Freiheit ein Fremdwort war. Zu jenen Zeiten war es fast unmöglich, das Land zu verlassen, ohne einen Aufenthalt im Gefängnis und Torturen zu riskieren. Aber eben nur fast.

Martin Luther schreibt in seiner Übersetzung: *„Alle Dinge sind möglich dem, der da glaubt."*

... oder will, füge ich an dieser Stelle sehr gerne hinzu. Ich habe stets geglaubt, gehofft, gewollt und damit schließlich das erreicht, was ich wollte: heraus aus dem Land hinter dem Eisernen Vorhang, hinein in die Freiheit. Zunächst nach Deutschland, später in die USA. Diese Erfahrung spornte mich an, und so erreichte ich Großes in meinem Beruf. So Großes, dass es einer Zeitung eine Titelstory wert war und mein Bild sogar die Titelseite zierte. Ich, das kleine Mädchen aus dem Osten, aufgewachsen in fremden Häusern,

ohne Ausbildung und Studium, war in der Welt der Reichen und Schönen angekommen – und das aus eigener Kraft und nicht mit dem sprichwörtlichen goldenen Löffel in der Hand.

Sei sicher: Wenn ich es geschafft habe, dann kannst auch du das erreichen, was dir wirklich wichtig ist. Du musst es aber nicht nur wollen UND gewisse Regeln befolgen, sondern auch wirklich ALLES dafür tun. Versuche, die in diesem Buch vorgestellten Regeln zu verstehen, zu vertiefen und umzusetzen.

Wende diese Regeln danach in der richtigen Reihenfolge an. Das ist besonders wichtig, denn nur so stimmt die Harmonie. Nie den zweiten Schritt vor dem ersten setzen. Das würde kein Musiker tun. Er spielt die Noten in der richtigen Reihenfolge, weil ansonsten das Musikstück seine Harmonie verliert.

Das „kleine Mädchen" aus diesem Dorf in Rumänien ...

... fand sich plötzlich auf den Titelseiten internationaler Magazine wieder.

Ich machte sogar jahrelang als Kolumnistin Schlagzeilen. Du siehst, was alles möglich ist, wenn zwei Bedingungen erfüllt werden:

1. Du hast einen starken Willen. Schon Goethe schrieb: „Das Wort ‚ich will' ist mächtig, sagt's einer leis' und still. Die Sterne reißt's vom Himmel, das kleine Wort ‚ich will'."

2. Du kennst das Erfolgsgeheimnis, das ich dir nun auf den nächsten Seiten vorstellen werde.

Beenden möchte ich dieses Kapitel mit einem Zitat von Jim Rohn, der in wenigen Worten sagte, warum wir unseren Erfolg nicht verhindern können, sobald wir uns etwas fest vorgenommen haben:

*„Die Motivation ist das, was dich starten lässt.
Die Gewohnheit ist das, was dich durchhalten lässt."*

Ich habe zahlreiche Menschen erlebt, die sehr gerne die Aussage „Das geht nicht!" verwenden. So etwas wollte ich niemals hören. Zumindest wollte ich die Dinge ausprobieren und selbst herausfinden, was für mich möglich war und was nicht, bevor ich so etwas sagte.

Wenn du bereit bist, dich einzulassen und tiefer in diese Themen einzusteigen, dann empfehle ich dir von Herzen, das „Go4Values"-Basisseminar „Bewusstsein, Werte & Erfolg" zu besuchen. Für über 95 Prozent meiner Teilnehmer macht es einen Unterschied. Lies dir ein paar ihrer Feedbacks am Anfang und am Ende dieses Buches durch.

Dies ist die Initialzündung für dein persönliches Vorhaben. Ich habe mich wirklich – und das ist keine Übertreibung – in jeder neuen Aufgabe stets buchstäblich mit Haut und Haaren dem verschrieben, was wichtig war. Du kannst nur dann Erfolg haben, wenn du dich, in welchem Bereich auch immer, ganz klar **für deinen Erfolg** entscheidest.

So, wie eine Frau nicht nur „ein bisschen schwanger" sein kann, so kann man auch nicht nur „ein bisschen erfolgreich" sein wollen. Entweder du willst erfolgreich sein oder du willst es nicht, dazwischen gibt es nichts. Diese Erkenntnis ist so alt wie die Menschheit selbst. Bereits der griechische Philosoph Sokrates lehrte vor mehr als 2500 Jahren seine Schüler den Erfolg, wie eine Anekdote eindrucksvoll beschreibt.

7 x „Go4Values"

„Die Dinge haben nur den Wert, den man ihnen verleiht."
Molière

Meine Wortschöpfung in englischer Sprache „Go4Values" (= „Geh für Werte"), die ich zu meiner Marke gemacht habe, setzt sich aus sieben Säulen zusammen (sechs Säulen aus den Buchstaben des Begriffes „Values" und eine Säule aus „Go4"). Bei genauerem Hinsehen erkennst du, dass beim Begriff „Values" hinter jedem einzelnen Buchstaben mindestens eine wesentliche Information steckt. Diese essenziellen Botschaften verkörpern aus meiner Sicht die wichtigsten Erfolgsgeheimnisse, die du kennen musst, damit du im Leben wie im Beruf erfolgreicher wirst. Dafür braucht es allerdings eine grundlegende Voraussetzung, nämlich:

***Das brennende Verlangen,
in deinem Geschäft oder in dem, was du tust,
Erfolg zu haben!***

Eines Tages kam ein Schüler zu Sokrates und bat ihn: „Meister, sage mir: Wie werde ich erfolgreich?" Sokrates war kein Mann vieler Worte. Er nahm den Schüler an der Hand und ging mit ihm wortlos ans Meer. Sie zogen ihre Schuhe aus und Sokrates forderte seinen Schüler auf, ins Wasser zu gehen und Richtung Meer zu blicken. Sokrates blieb hinter ihm.

Die beiden gingen so weit ins Wasser, bis ihnen dieses sprichwörtlich bis zum Hals stand. Dann packte Sokrates ohne jede Vorwarnung seinen Schüler von hinten an den Schultern und drückte ihn mit aller Kraft unter Wasser. Der Schüler wehrte sich, strampelte, verschluckte sich und versuchte mit aller Kraft, nach oben zu kommen, doch Sokrates war stärker. Nach einer halben Minute ließ er den Schüler kurz Luft schnappen und drückte ihn abermals unter Wasser. Dies wiederholte er so lange, bis die Kräfte des Schülers nachließen. Dann schleppte er ihn zurück ans Ufer.

Der Schüler legte sich auf den Bauch, prustete und spuckte, bis er endlich wieder zu Kräften kam, und sagte zu Sokrates:

„Meister, ich habe dich gefragt, wie ich erfolgreich werde, aber die einzige Antwort, die ich von dir erhalten habe, ist rohe Gewalt. Fast wäre ich ertrunken." Sokrates erwiderte: *„Wenn du so um den Erfolg kämpfst, wie du eben um dein Leben gekämpft hast, dann wirst du erfolgreich."*

Gott sei Dank geht es im heutigen Berufsleben nicht um Leben oder Tod. Dennoch beschreibt Sokrates' Verhalten eindrucksvoll, wie wichtig klare Entscheidungen sind. Wer erfolgreicher sein will als andere, muss den Mut haben, bis an seine Grenzen zu gehen. Ich bin sehr oft bis an meine Grenzen gegangen, sogar darüber hinaus, wenn es erforderlich war, auch wenn ich manchmal keine Ahnung hatte, wie es weitergehen sollte. Heute, Jahre später, weiß ich, dass ich es auf andere Weise niemals geschafft hätte.

Hab keine Angst vor Veränderungen, die zwangsläufig mit deiner Entscheidung verbunden sind. Tue es! Es ist notwendig, ansonsten ergeht es dir so, wie Henry Ford es einst ausdrückte: *„Wer immer nur das tut, was er schon kann, wird immer das bleiben, was er schon ist."*

Solche Zitate habe ich stets sehr wörtlich genommen. Einer meiner wichtigsten Lehrer nach Ömer Bulut im geschäftlichen Bereich war Jim Rohn. Ich lernte ihn mit 23 Jahren in der Stuttgarter Liederhalle kennen, wo er gerade ein spezielles Training für Führungskräfte abhielt. Zwölf Jahre lang hatte ich die Ehre, ihm persönlich ein- bis zweimal im Jahr für ein paar Stunden oder gar ein ganzes Wochenende lang zuhören zu dürfen. Seine Sätze und sein sogenanntes „Sein" begleiten mich häufig noch bis heute.

Eines seiner berühmtesten Zitate lautete: *„Arbeite härter an dir selbst als an deinem Geschäft."* Genau das habe ich viele Jahre lang auch so gemacht. Viele Führungskräfte und Firmen, die zu mir kommen, um mehr Umsatz zu generieren oder mehr Geld zu verdienen, können oder wollen diesen Satz in seiner ganzen Tiefe nicht verstehen. Sie denken, ein Buch zu lesen oder hier und da mal ein Training oder Seminar zu besuchen, das war es. Damit hätten sie ausreichend an sich gearbeitet. Viele denken, theoretisch angesammeltes Wissen würde genügen, um ein vollständig erfülltes Leben führen zu können. Ich sage in meinen Fortgeschrittenen-Trainings immer wieder, dass das einfach nur ein guter Scherz ist. Das ist nichts anderes als ein Flirten mit der Idee, an dir arbeiten zu wollen. Und entsprechend werden auch die Ergebnisse sein. Nie wirst du in die Tiefe dieser Worte kommen können, wenn du dich mit der Oberfläche zufriedengibst.

Deine Entscheidung, Neues zu wagen und es zu tun, muss von Herzen kommen. Du musst dich dieser Herausforderung mit Leib und Seele verschreiben. Du musst deine Gedanken „spüren". Sagen allein reicht nicht. Sagen, Wissen und Tun sind unterschiedliche Paare von Schuhen. Wenn du dir immer wieder vorsagst, morgen noch erfolgreicher sein zu wollen als heute, im gleichen Augenblick aber das genaue Gegenteil dessen spürst, wirst du morgen noch weniger Erfolg haben. Nicht, was wir sagen und denken, gibt den Ausschlag, sondern das Gefühl dahinter, das dir häufig gar nicht bewusst ist. Wenn Denken, Wissen und Gefühle aufeinander abgestimmt sind, steht dem Erfolg bereits deutlicher weniger im Weg.

»V« aus Values

*„Wahrlich, wir leben in goldener Zeit,
dem Geld wird die Ehre stets übertragen,
dem Geld wird auch die Liebe zuteil."*
Ovid

Das V in dem Begriff „Values" steht für das Wort „values" selbst, also das englische Pendant für „Werte". Es ist ein sehr vielfältiger Begriff, der insbesondere in der Finanzwelt beinahe schon inflationär eingesetzt wird, beispielsweise in verschiedenen Fachtermini wie „Shareholder Value" (= Aktionärswert), „Value Investing" (= wertorientiertes Anlegen) oder „Fair Value" (= üblicher Marktpreis), um nur einige zu nennen. In deiner Firma oder in deinem Vertrieb geht es auch um Werte, und zwar um deine „inneren", die zunächst gar nichts mit Finanzen und Geld zu tun haben. Das ist nur das Ergebnis, das sich einstellt, wenn du nach deinen inneren Werten lebst.

Wer selbst keine Werte hat, verhält sich wie ein Blatt im Wind, das sich immer nur nach der Windrichtung ausrichtet. Wer so agiert, folgt häufig blindlings irgendwelchen Trends, Empfehlungen oder Tipps. Groß ist dann allerdings oftmals die Enttäuschung, wenn er nicht wirklich vorankommt. Resigniert fragt er sich, warum er zum Scheitern verurteilt ist.

Diese Frage ist Ausdruck seiner Hilflosigkeit. Im übertragenen Sinne sitzt er in einem Segelboot und lässt sich vom Wind treiben, der ihn in irgendeine Richtung vorwärtsschiebt, nicht aber in die vom Segler gewollte. Hilflos beobachtet er einen anderen Segler, der es sogar schafft, gegen den Wind in die gewünschte Richtung zu segeln. Dieser andere Segler weiß, welchen Hafen er ansteuern möchte und was er dafür tun muss, und genau deshalb gelingt es ihm auch, sich den Wind zum Partner anstatt zum Gegner zu machen. Er lebt im Bewusstsein des griechischen Philosophen Aristoteles (384–322), der sagte: *„Wir können den Wind nicht ändern, aber die Segel anders setzen."*

So viel Wahrheit liegt in diesem Zitat, dass es sich lohnt, tiefgründig darüber nachzudenken. In dieser Analogie musst du dir die Frage stellen, wie du deine Segel setzen willst. Eine

Antwort erhältst du nur, wenn du um deine Werte weißt, sie dir also bewusstmachst.

Was sind deine Werte?
Sind sie dir bewusst?
Lebst du bereits danach?

Fast 99 Prozent der Teilnehmer, die mein „Go4Values"-Basisseminar „Bewusstsein, Werte & Erfolg" besuchen, sind davon überzeugt, ihre Werte zu kennen und danach zu leben – zumindest bis zum Sonntag. Spätestens am dritten Tag jedoch erkennen sie, wie falsch sie damit lagen. Wenn du zu den Menschen gehörst, die tagein, tagaus das Gefühl haben, Erfolg habe nur etwas mit Glück zu tun und nicht mit der richtigen Einstellung, der richtigen Handlung und den richtigen Menschen, irrst du. „Glück" hat die gleiche Sprachwurzel wie „gelingen". Mit anderen Worten: Nur, wenn du in dem, was du tust, sprichwörtlich aufgehst, bist du nicht nur glücklicher, sondern erreichst auch schneller oder erfüllter deine Ziele. Dir gelingt einfach alles. Zudem lässt du dich von den Stürmen des Lebens nicht so schnell aus der Bahn werfen oder überrollen. Fast schon wie ein Fels in der Brandung überstehst du selbst stärkste Winde.

Prof. Dr. Mihály Csíkszentmihályi, Glücksforscher von der Universität Chicago und Direktor des Quality of Life Research Center, fand in aufwendigen Studien heraus, was den erfolgreichen Menschen von dem weniger erfolgreichen unterscheidet. Seinen jahrzehntelangen Beobachtungen zufolge erleben alle Menschen am zuverlässigsten Glück, wenn sie in einer Tätigkeit sprichwörtlich aufgehen. Er nannte diesen Zustand selbstvergessener Aktivität „Flow" (= Fluss). Wenn wir im Flow sind, kommen Fühlen, Wollen und Denken in Harmonie. Typisch für diesen Zustand ist: Wir vergessen die Zeit; wir hinterfragen nicht, was wir tun; wir fühlen uns nicht unter Zwang oder Druck; wir grübeln nicht, sondern vergessen alles um uns herum; die Tätigkeit erfordert Konzentration, ist aber mit einem Gefühl von Mühelosigkeit verbunden.

Diesen Flow bzw. ein „Einverstanden-Sein" erleben erfolgreiche Menschen, die sich ihrer Werte bewusst sind, deutlich öfter. Sie leben nicht nur ihre Tätigkeit, sie lieben sie. Und selbst wenn sie ihre Alltagstätigkeit nicht immer lieben, so lieben sie dennoch das Ziel. Leben ist Lieben, kurzum:

L(i)eben

Es gibt Menschen, die selbst mit größtmöglicher Anstrengung in Sachen Werte, Bewusstsein, Talent, Erfolg u. dgl. nicht fündig werden. In solchen Momenten ist es gut, sich Hilfe von außen zu holen. Ein Coach leistet hier manchmal wertvolle Unterstützung und führt den Ratsuchenden schnell und effizient zu seinen Möglichkeiten.

»A« aus Values

„Erkenne dich selbst."
Sokrates

Das A in „Values" steht für „authenticity", zu Deutsch: Authentizität. „Sein oder Nichtsein, das ist hier die Frage", lautet eine berühmte Zeile aus dem „Hamlet" von William Shakespeare. Authentische Menschen sind sich ihrer selbst deutlich stärker bewusst als nichtauthentische Menschen. Sie können „sein". Weniger authentische Menschen spielen eine Rolle und damit ein „Nicht-Sein". Sie geben vor, jemand zu sein, der sie nicht sind, und passen sich an, häufig deshalb, weil die Umstände sie dazu zwingen. Genügend Menschen glauben, sie seien authentisch, bis sie erkennen, wie wenig sie es in Wirklichkeit sind.

Ein verschuldeter Mann benötigte dringend Geld, um seine Außenstände zu begleichen. Er wählte den Beruf des Verkäufers, weil er gehört hatte, dass man hiermit sehr viel Geld verdienen kann. Viel mehr als in anderen Berufen. Also startete er und scheiterte schon kurze Zeit später. Nach außen gab er den erfolgreichen Verkäufer, doch innerlich war er zerrissen. Er mochte diesen Beruf nicht. Trotz aller Bemühungen, in Kundengesprächen seine innere Ablehnung zu verbergen, blieben die Erfolge aus.

Jeder Gesprächspartner erkennt unbewusst, wenn äußeres Verhalten und innere Einstellung nicht übereinstimmen. Dann vertraut er seinem Gegenüber nicht. Es kommt somit zu keinen Abschlüssen oder Vereinbarungen. Der besagte Verkäufer vergaß, dass man das Leben nicht belügen kann. Wer sich Dingen zuwendet, die innerlich abgelehnt werden, wird trotz größter Anstrengungen scheitern, denn wir Menschen kommunizieren zu allen Zeiten. „Man kann nicht nicht kommunizieren", stellte der österreichische Kommunikationswissenschaftler Paul Watzlawick fest. Auch wenn wir nichts sagen, kommunizieren wir doch über unsere Körpersprache, weshalb Experten gerne behaupten: *„Deine Zunge kann lügen, dein Körper nie."*

Dass es auch Menschen gibt, die erfolgreich werden und sogar sehr viel Geld verdienen, obwohl sie einem das Blaue vom Himmel herunterlügen und ihre Mitmenschen ausnutzen, möchte ich keineswegs in Abrede stellen. Selbstverständlich gibt es diese. Wie du etwas erreichen willst, bleibt allein dir überlassen – diese Entscheidung kannst nur du selbst für dich treffen.

Vor mehr als 40 Jahren führte der Sozialpsychologe Dr. Albert Mehrabian, Professor an der University of California, hierzu interessante Experimente durch. So untersuchte er z. B. die Ausdrucksbereiche Wort, Tonfall und Gesichtsausdruck in ihrer relativen Wirkung. Zur klaren Trennung wurde der Gesichtsausdruck des Probanden über stumme Videos übertragen. Durch einen Bandfilter konnte der Tonfall untersucht werden. So war der Inhalt der gesprochenen Worte unverständlich, der Klang und die Sprachmelodie blieben erhalten. Das Ergebnis: Die beiden nonverbalen Signale hatten eine viel stärkere Wirkung als der verbale Inhalt. Dr. Mehrabian fasste seine Forschungen wie folgt zusammen: *„55 Prozent der Wirkung werden durch die Körpersprache bestimmt, also durch Körperhaltung, Gestik und Mimik. 38 Prozent erzielen wir durch unsere Stimmlage und Betonung und nur 7 Prozent durch den Inhalt."*

Somit wird deutlich, dass es nicht darauf ankommt, was du sagst, sondern wie du es sagst. **Wenn du innerlich von dem überzeugt bist, was du sagst, erreichst du fast alles.** Immer wieder treffe ich auf Menschen, die von ihrem Vorhaben nicht überzeugt sind, jedoch mit aller Gewalt damit Geld machen wollen.

„Erkenne dich selbst", lehrte der griechische Philosoph Sokrates vor mehr als 2500 Jahren. Dann, so füge ich hinzu, bist du authentisch. Dann weißt du um deine Stärken, aber auch um deine Schwächen. Dadurch bist du viel eher in der

Lage, dein Handeln bewusster zu erleben, weil du es direkt beeinflussen kannst.

Authentische Menschen verschreiben sich ihrer Aufgabe mit Haut und Haar. Sie leben ihre Aufgabe, was ihnen leichtfällt, weil sie keine Rollen spielen müssen. Sie verwirklichen sich in dem, was sie gerade tun. Authentische Menschen leben im Hier und Jetzt, weshalb man sich gerne mit ihnen umgibt. Sie negieren zu keiner Zeit die Wirklichkeit, sondern stellen sich mutig und entschlossen den Herausforderungen. Sie handeln nach ihren Werten, um die sie Bescheid wissen. Sogar, wenn dadurch Nachteile entstehen könnten, bleiben sie sich selbst treu. Deshalb haben sie auch kein Problem damit, ihre negativen Seiten anzunehmen, statt sie zu leugnen.

Authentische Menschen stehen zu ihrer Meinung und akzeptieren die der anderen. Sie verleugnen sich nicht, sind aber bereit, andere Meinungen, anderes Denken und anderes Handeln wertzuschätzen. Diese tiefe und offene Lebenseinstellung durchdringt jede einzelne Körperzelle. Wenn, wie wir nun wissen, 93 Prozent unserer Wirkung auf andere von der Körpersprache und der Stimmlage abhängen und lediglich 7 Prozent von dem Gesagten, dann erklärt sich der Erfolg authentischer Menschen von selbst.

»L« aus Values

„Das Außerordentliche geschieht nicht auf glattem, gewöhnlichem Wege."
Goethe

L, die Erste

Das L in „Values" steht für „loyalty", also Loyalität, die ich auch gerne mit dem Wort „Treue" verbinde. Ein vielschichtiger Begriff. Wer eine Liebesbeziehung eingeht, verspricht Treue. Wir sprechen von einem Hund, der seinem Herrchen oder Frauchen treu ergeben ist. Katzen tun so etwas seltener, aber es gibt natürlich auch hier Ausnahmen. Stammkunden sind treue Kunden, weil sie stets wiederkommen. Langjährige Mitarbeiter sind ihrem Chef treu ergeben. Diese allgemeinen Feststellungen dürfen nicht darüber hinwegtäuschen, dass es neben der äußeren Treue, also der Treue anderen gegenüber, auch die innere Treue gibt, nämlich die Treue zu sich selbst, von der William Shakespeare schrieb: *„Dies über alles: Sei dir selber treu. Und daraus folgt so wie die Nacht dem Tage, du kannst nicht falsch sein gegen irgendwen."*

Was nicht bedeutet, dass du damit automatisch jedem gefällst. Im Gegenteil. Eine wichtige Erkenntnis, gerade in heutiger Zeit. Die vielfältigen Möglichkeiten verlangen von uns jeden Tag neue Entscheidungen, oft innerhalb von Sekunden. Dann machen wir Fehler und werden dafür getadelt. Wichtig ist, trotzdem stets dein Bestes zu geben und – so gut es geht – dir selbst treu zu bleiben und nicht aufgrund dieser Fehler zu sehr an dir zu zweifeln.

Gleiches gilt, wenn du einer Arbeit nachgehst, die dir Spaß macht. Der Job an sich, aber auch deine Kollegen erfüllen dich mit Freude. Dann triffst du jemanden, der dir von einer Möglichkeit erzählt, in einem anderen Unternehmen noch mehr Geld zu verdienen. Weil du dich rundum gut fühlst, lehnst du sein Angebot ab. Er ist darüber verstimmt und macht dir Vorhaltungen. Lasse dich von solch negativem Gebaren nicht nach unten ziehen. Lass die anderen reden. Mach du das, was für dich richtig ist.

Du musst dein eigenes Leben leben und nicht das Leben der anderen. Wenn du nicht auf dein Gefühl hörst und jedem Angebot hinterherläufst, weil man dir das Blaue vom Himmel verspricht, bist du dir selbst schon lange nicht mehr treu. Du gehst dann vielleicht einen falschen Weg, und so folgt die Reue (also „Treue" ohne T). Tatsächlich liegt beides sehr nah beieinander. Wenn du weniger auf dein Herz und damit in geringerem Maße auf dein innerstes Gefühl hörst – wobei der Begriff „Herz" hier nicht mit wechselhaften Emotionen verwechselt werden sollte –, sondern mehr auf deinen Verstand, der dir sagt, dass der sprichwörtliche Rasen des Nachbarn grüner ist, läufst du Gefahr, das Gute gegen das Schlechte einzutauschen. Dann folgt die Reue, das Jammern über deine Entscheidung. Und das nur, weil du nicht wach genug warst, um zu unterscheiden.

Was bedeutet für dich Treue?

L, die Zweite

Der Buchstabe L steht in diesem Zusammenhang für einen weiteren Begriff, und zwar für „love", für die Liebe. Mehr als zwei Drittel der Bevölkerung Deutschlands fühlen sich nach einer Umfrage des Instituts für Demoskopie Allensbach relativ glücklich. Mit 77 Prozent haben sich die meisten der Befragten für „lieben und geliebt werden" als individuelle Glücksdefinition entschieden, dicht gefolgt von der Zufriedenheit (72 Prozent). Allerdings darf man hier Zufriedenheit nicht mit dem Erfüllt-Sein oder Glücklich-Sein verwechseln, denn dazwischen liegen Welten. An die dritte Stelle reihte sich die Fähigkeit, sich über die kleinen Dinge des Lebens zu freuen (62 Prozent). Letzteres wiederum ist sehr wertvoll.

Von dieser Liebe spreche ich nicht. Es geht mir um die tiefe Liebe zum Leben und damit auch zu sich selbst, worüber ich noch mehr im Teil IV dieses Buches schreiben werde. Jeder

Mensch (und damit seine Seele) trägt die Verantwortung für die Liebe in sich selbst. Handeln wir nicht in Eigenverantwortung, so verlieren wir den Frieden in jenem Lebensbereich, für den wir keine Verantwortung übernehmen (z. B. Ehe, Beruf, Arbeitsplatz usw.). Die Opferrolle lässt uns glauben, wir seien nicht in der Lage, alle Konflikte, die uns begegnen, in Liebe zu lösen. Leider wird Liebe allzu oft mit Schwäche verwechselt. Oder mit Mitleid. Gewaltiger könnte der Unterschied gar nicht sein.

Erfolgreiche Menschen wissen, dass jeden Tag die Sonne scheint, auch wenn sie an manchen Tagen von Wolken verdeckt wird. Menschen, die so denken, handeln so, wie es die Umstände erfordern, ohne Wenn und Aber. Deshalb können sie auch mit Widrigkeiten jederzeit gut umgehen, ohne sich in Wehklagen zu verlieren. Sie arrangieren sich mit der Situation, indem sie gelernt haben, diese zu lieben, selbst wenn es nicht immer ganz einfach ist. Wer das annehmen kann, was ihn täglich umgibt oder herausfordert, steht deutlich stärker auf der Sonnenseite des Lebens.

Liebe ist für vieles der Schlüssel, wird jedoch am häufigsten missverstanden. Zahlreiche Menschen, die in meinen dreieinhalb Tage dauernden Intensiv-Einzelcoachings damit in Berührung kommen, sind überwältigt, weil sie es noch nie gespürt haben. Wie willst du über etwas sprechen, das du gar nicht kennst? Es ist unmöglich. Allerdings ist es nicht unmöglich, dieses Vorhaben zu verfolgen und dich auf die Suche danach zu machen. Ein Kunde sagte neulich zu mir: „Ich habe so viele Bücher zum Thema Liebe gelesen. Immer las ich: Du musst lieben ... bla, bla ... Oder: Folge deinem Herzen ... bla, bla ... Und jedes Mal dachte ich: Ja, toll – und weiter? Wie komme ich dahin? Jetzt habe ich endlich einen Zugang dazu und ich verstehe *wirklich*, was es bedeutet. Danke dafür."

Das ist ein unschätzbares Geschenk. **Liebe – bewusste, bedingungslose, unendliche Liebe –** ist das größte Geschenk, das wir als Menschen erleben können. **Eintauchen in dieses unendliche Sein.** Alles ändert sich in diesem einen Augenblick. Das sage ich dir als jemand, der Erfolg in allen Facetten, wirtschaftlich und finanziell, erlebt hat.

Zurück zu dem anderen Aspekt von Erfolg. Erfolgreiche Menschen halten es wie die meisten Millionäre, die alle etwas gemeinsam haben: Sie lieben ihre Arbeit. Diesen Menschen ist auch gemeinsam, dass sie wissen, dass der Schlüssel zum Erfolg in einer Aufgabe liegt, die positiv auf andere wirkt und die größer ist als sie selbst. Daraus folgt, dass eine der Hauptursachen für fehlenden Reichtum in der täglichen Arbeit liegt, die es zu verrichten gilt. Wer liebt, gewinnt in jeder Hinsicht. *„Liebe ist die stärkste Macht der Welt, und doch ist sie die demütigste, die man sich vorstellen kann"*, sagte einst Mahatma Gandhi.

»U« aus Values

*„Der ist groß, der von Natur aus ist, was er ist,
und der uns nie an andere erinnert."*
Ralph W. Emerson

U = „unique" – dieser englische Begriff steht nicht nur für „einzigartig", sondern auch für „Unikat". Du bist ein Unikat, so wie jeder auf diesem Planeten. Kein Fingerabdruck gleicht dem anderen. Eine großartige Leistung der Natur und des Lebens, wenn man bedenkt, dass es über 7,3 Milliarden Menschen gibt.

Diese Einzigartigkeit ist wichtig, gerade in der heutigen Zeit, da Produkte, Dienstleistungen, Freundschaften usw. einander immer ähnlicher werden. Abheben von der Masse kann sich der Einzelne nur durch seine einzigartige gelebte Persönlichkeit.

Es gab sie, die Zeit, in der Verkäufer die Märkte bestimmten. Sie saßen buchstäblich auf dem hohen Ross und verteilten Waren nach ihren Vorstellungen. Die Kunden hatten sich zu fügen. Wer einen blauen VW-Käfer haben wollte, musste sich mit einem roten zufriedengeben, wenn es der Verkäufer so wollte. So etwas ist heute undenkbar. Die Zeiten haben sich geändert, und zwar so sehr verändert, dass viele den Überblick verloren haben. So habe ich einmal von einem Müsli-Lieferanten gelesen, der seine Kreationen über das Internet verkauft. Die Käufer können aus einigen Dutzend Zutaten ihr ganz persönliches Müsli zusammenstellen lassen. Obwohl es nur einige wenige Zutaten sind, können daraus über 500 Billionen Kreationen erstellt werden. Es bräuchte mehrere Leben, wollte ein Einzelner sie alle ausprobieren.

Wir haben die Qual der Wahl. Noch immer glauben viele, dass heute nur über den Preis verkauft wird. Wäre dem tatsächlich so, gäbe es kaum Verkäufer. Davon gibt es aber Tausende, die jeden Tag einer Mission nachgehen: beraten und verkaufen.

Hinter jedem Geschäft steht ein Mensch. Es ist so, wie es einst Henry Ford formulierte: „Autos kaufen keine Autos."

Menschen kaufen von Menschen, und so kommt es immer auf den Menschen hinter dem Produkt an. Alles wird irgendwo verkauft. Befreie dich davon, hier ausschließlich den negativen Aspekt zu sehen, wenn doch alles auf dieser Welt und in unserer Wirtschaft mit Verkauf zu tun hat. Es kommt eher auf das Wie an. In den Details liegt der Erfolg, das betone ich in meinen Firmenseminaren immer wieder.

Wie eingangs in diesem Kapitel erwähnt, bist du einzigartig auf die Welt gekommen. Du bist das Original, es gibt keine Kopie von dir. Und doch bist du in deinem Beruf einer unter vielen. Wenn du dich abheben willst, musst du noch einzigartiger sein. Was macht dich aus? Was sind deine Talente? Was können Menschen von dir erwarten, wenn sie mit dir gesprochen haben? Wie sehen dich andere? Diese Fragen kannst du schnell beantworten, wenn du deine Werte lebst, denn dann bist du authentisch.

Der amerikanische Philosoph Ralph Waldo Emerson hat es sehr schön beschrieben: *„Jeder Mensch hat seine Berufung, die ihn aufwärts weist. Sein Talent ist der Ruf, nach seiner Richtung hin stehen ihm alle Wege offen. Seine Fähigkeiten sind eine schweigende Aufforderung, sich in deren Richtung immer wieder zu bewähren. Er kann sich ihnen nicht entziehen. Er gleicht einem Schiff auf einem Fluss, er stößt auf beiden Seiten auf Hindernisse, nur auf einer einzigen nicht: der Richtung seiner Talente. Auf dieser ist jedes Hindernis hinweggeräumt, und er gleitet ruhig über göttliche Tiefen hinaus ins Meer."*

Ich füge hinzu:

„Du bist ein Original, wenn du deine Talente, Werte und Fähigkeiten lebst."

»E« aus Values

„*Begeisterungsfähigkeit ist die bestbezahlte Eigenschaft der Welt.*"
Frank Bettger

Kommen wir nun zum E aus „Values". Es steht für „excitement" und ist das englische Wort für Begeisterung, von dem Henry Ford sagte: *„Wenn du begeisterungsfähig bist, kannst du alles schaffen. Begeisterung ist die Hefe, die deine Hoffnung himmelwärts treibt. Begeisterung ist das Blitzen in deinen Augen, der Schwung deines Schrittes, der Griff deiner Hand, die unwiderstehliche Willenskraft und Energie zur Ausführung deiner Ideen. Begeisterte sind Kämpfer. Sie haben Seelenkräfte. Sie besitzen Standfestigkeit. Begeisterung ist die Grundlage allen Fortschritts. Mit ihr gelingen Leistungen, ohne sie höchstens Ausreden."*

Was begeistert dich? Und vor allen Dingen: Wann lässt du dich begeistern?

Wichtig ist auch hier, innere Begeisterung nicht mit Launenhaftigkeit zu verwechseln nach dem Motto: „Heute begeistert mich dies und in zwei Wochen jenes", denn auch so kann man ständig vor eine Wand laufen und nirgendwo ankommen.

Im Jahr meiner Geburt feierte die Schweizer Sängerin Monika Morell einen großen Hit, in dem sie nach dem Später fragte:

„‚Später – wann ist das?', hab' ich ihn gefragt. Er hat nur gelacht und hat ‚Später' gesagt. Obwohl ich ihn liebe, ließ ich ihn allein. Später, da kann es zu spät für mich sein ... Später, wenn er reich ist, will er leben, dann will er auch noch den Armen was geben. Später, da wollte er glücklich sein, später, da wollte er vieles verzeih'n ... Nun hab' ich es in der Zeitung gelesen: Später, das ist für ihn gestern gewesen. Später, das ist zu spät gewesen."

So ergeht es vielen. Sie arbeiten hart, tüchtig und zielorientiert. Erfolg ist ihnen wichtig – ihn zu feiern, weniger. Statt sich einmal eine Auszeit zu nehmen, ein paar Tage Urlaub auf einer Mittelmeerinsel zu verbringen und hier mit einer gecharterten Yacht die See kennenzulernen, verschieben sie die Freude darüber auf später. Später! Wann ist das?

Erfolgreiche Menschen begeistern sich zu allen Zeiten. Im Beruf wie im Privaten. Sie nehmen sich dafür die Zeit, weil sie wissen, dass es später zu spät sein kann.

Stell dir vor, eine Bank würde dir jedes Mal exakt um Mitternacht einen Betrag in Höhe von 86.400 Euro auf dein Konto überweisen.

Die Überweisung dieser Summe ist allerdings mit einer gewissen Auflage verknüpft: Das Geld wird mit jeder Minute weniger, und am Ende des Tages, also um 23:59:59 Uhr, wird der Betrag auf null gestellt. Und, wie fühlst du dich jetzt? Schlechter? Klugerweise würdest du das Geld nehmen, um es zu deinem Vorteil zu nutzen. Du würdest es nicht verschwenden wollen. Dieses Szenario ist jedoch keine Fiktion! Du bekommst jeden Tag 86.400 Anteile gutgeschrieben, allerdings nicht als Geldbetrag, sondern in Form von Sekunden. Jeden Tag hast du exakt 86.400 Sekunden lang Zeit, um deine Begeisterung zu leben. Sobald du nichts tust oder den Tag nutzlos verstreichen lässt, verlierst du deine Lebensfreude.

Die Frage ist nun: Weißt du noch, was dich erfreut? Was dich vor Freude tanzen lässt? Was deine Seele erfüllt?

Oder haben dich dein Alltag und dein Leben schon resignieren lassen, und du hast es erlaubt, ohne es zu bemerken? Bist du bereit, auf diese essenziellen Fragen die dazugehörigen Antworten zu finden?

»S« aus Values

„Der Wille öffnet die Türen zum Erfolg."
Louis Pasteur

„Success", dafür steht unter anderem das S in Values. Der englische Begriff für „Erfolg" ist inzwischen so weit eingedeutscht, dass er gar nicht mehr übersetzt zu werden braucht. Hingegen muss immer öfter erklärt werden, wofür er wirklich steht, denn er wird von vielen Menschen schlichtweg falsch verstanden.

Es gibt Menschen, die träumen von einem erfolgreichen Leben. Dabei belassen sie es dann aber auch schon wieder. Sie hoffen, dass sich ihre Träume irgendwann irgendwie von allein erfüllen. Dass sie damit in eklatanter Weise gegen ein Naturgesetz verstoßen, übersehen sie nur allzu gerne.

„Wir ernten, was wir säen."

Wer im Herbst Mohrrüben ernten möchte, muss im Frühjahr das Saatgut für Mohrrüben aussäen – und keine Bohnensamen. In der Analogie dazu muss der Mensch das Richtige zum richtigen Zeitpunkt mit den richtigen Menschen tun (säen), um später seinen Erfolg genießen zu können (ernten).

Es macht einen enormen Unterschied, ob ich von einem Sportwagen träume, den ich schon bald mein Eigen nennen möchte, oder ob ich tatsächlich einen Sportwagen fahre. Daraus ist das Leben gemacht. Es geht darum, seinen Erfolg zu spüren, zu leben und zu genießen. Das lässt sich nur in der Realität umsetzen und nie im Kopfkino. Dort bleibt es, was es ist: ein fiktives Bild. Im Kopf aber beginne ich, meine Gedanken in Richtung Erfolg auszurichten. Das ist wichtig. Ich muss wissen, wohin ich will. Erst wenn ich das weiß, kann ich die richtigen Schritte setzen.

Der deutsche Schriftsteller Theodor Fontane sagte in wenigen Worten, wodurch Erfolg möglich wird: *„Am Mut hängt der Erfolg."* Wenn du Träume hast, die du dir erfüllen möchtest, dann musst du auch den Mut haben, sie zu leben.

Nur das Handeln bringt den Wandel in dein Leben. Deshalb komme sofort ins Handeln.

Wenn du davon träumst, einen schnittigen Sportwagen zu fahren, dann leihe dir ein solches Auto für ein paar Stunden. Statt Jahre darauf zu warten, ein solches dein Eigen zu nennen, solltest du dich zwischendurch in das Auto deiner Träume setzen. Das wird dir guttun, weil es dir einen positiven Schub gibt, noch schneller deinen Traum zu materialisieren.

Was sind deine Träume? Ich meine damit nicht nur die wirtschaftlichen. Wann fängst du an, sie zu leben, sie zu realisieren? Wenn nicht jetzt, wann dann? Denke immer daran: Du hast genau 86.400 Sekunden pro Tag Zeit zum Handeln. Verschwende keine einzige davon.

S wie „success". Du kennst jetzt die Bedeutung. Doch das S steht auch noch für etwas anderes, ohne das unser Erfolg nicht möglich ist: „Spiritualität". Im Duden wird dieser Begriff definiert mit Geistigkeit, geistiges Wesen und **inneres Leben.** Letzteres ist für deinen Erfolg immens wichtig. Du kannst im „Außen" nicht bekommen, wovon du im „Inneren" schlichtweg nicht hast. Im weitesten Sinne muss jede Art Erfolg zunächst in deinem Herzen und in deinem Kopf stattfinden, bevor er sich in deiner Außenwelt manifestieren kann. Je intensiver du von deinem Erfolg überzeugt bist, desto größer wird die Belohnung für dich sein.

Für mich persönlich lautet die Gleichung für Erfolg:

$$\text{Erfolg} = \text{Haben} + \text{Sein}$$

Dies ist die Balance, nach der ich in den letzten 20 Jahren stets gestrebt habe, die ich immer bewusster lebe und zu vertiefen wünsche.

Geld, Erfüllung und Liebe sind das Ergebnis richtiger Gedanken und der daraus folgenden Handlungen. Je konzentrierter du dich den Situationen hingibst, desto eher wirst du die gewünschten Ergebnisse erreichen.

Ich will dir von einem Experiment erzählen, das diese These deutlich unterstreicht. US-amerikanische Studenten, die allesamt gute Basketballspieler waren, wurden in drei Gruppen eingeteilt. Die erste Gruppe trainierte jeden Tag wie gewohnt auf dem Platz. Die zweite Gruppe absolvierte täglich ein mentales Training sowie ein halbstündiges gezieltes Zusatztraining im Körbewerfen. Die dritte Gruppe übte das Körbewerfen ausschließlich in ihrer Vorstellung. Nach einem Monat traten alle drei Gruppen zum Körbewerfen an. Die Ergebnisse riefen großes Erstaunen hervor und ließen jeden Zweifel verblassen.

Die erste Gruppe hatte sich nicht verbessert. Die zweite Gruppe traf den Korb um ein Viertel häufiger als zuvor. Die dritte Gruppe mit jenen Studenten, die das Körbewerfen ausschließlich mental trainiert hatten, traf den Korb um 23 Prozent öfter als vorher. Die dritte Gruppe hatte sich damit fast genauso stark verbessert wie die zweite Gruppe, die zusätzlich ein intensives Praxistraining absolviert hatte. Damit wurde bewiesen, dass die gedankliche Vorwegnahme eines Ereignisses den gleichen Effekt hat wie das Tun selbst.

Hier zeigt sich, wie stark unser „inneres Leben" Einfluss auf äußere Umstände nehmen kann. Das Gleiche gilt für die Geistigkeit, mit der Spiritualität manchmal auch übersetzt wird. Der Begriff ist leider ein wenig stereotyp bzw. phrasenhaft, und „man" meint zu verstehen, was damit ausgedrückt werden soll. Ich denke nicht gerne in diesen Kategorien und vergebe ungern Namen.

Was ich wirklich damit meine, ist so viel tiefgründiger und wertvoller, dass jeder Begriff nicht mehr als eine oberflächliche Bezeichnung wäre. Es ist mehr ein **tiefes Verbunden-Sein** als eine Spiritualität. Ich spreche hier nicht von oberflächlicher Esoterik und auch nicht von einer bestimmten Religion.

Ich mag hier niemandem zu nahe treten. Jeder findet seinen Weg auf seine Weise, ungeachtet der äußeren Bezeichnung, wobei auch die Begriffe „Religion" und „Esoterik" und das, was daraus gemacht wurde, häufig missverstanden werden. Aus dem Lateinischen übersetzt, hat Religion etwas mit Bedenken und Achtgeben zu tun. Oder wie es aus der lateinischen Übersetzung des Wortes „religio" heißt, wird „Religion" in der christlichen Theologie häufig gedeutet als „Zurückbindung an Gott" (lat. religare = zurückbinden). Wenn wir uns aber an etwas „zurückbinden" müssen, bedeutet dies wohl, dass wir scheinbar irgendwie irgendwo irgendwann etwas, das natürlicherweise zu uns gehört hatte, verloren haben.

„Es ist ein Sammelbegriff für eine Vielzahl unterschiedlicher Weltanschauungen, deren Grundlage der jeweilige Glaube an bestimmte transzendente (überirdische, übernatürliche, übersinnliche) Kräfte und damit verbundene heilige Objekte ist, die nicht im Sinne der Wissenschaftstheorie bewiesen werden können, sondern nur im Wege individueller intuitiver Erfahrung." (Wikipedia)

Auf Wikipedia fand ich hierzu einen weiteren spannenden Satz: *„Es gibt jedoch keine eindeutige Definition von Religion, sondern nur verschiedene Definitionsversuche."*

Esoterik wiederum, ebenfalls interessant, ist laut Wikipedia *„dem inneren Bereich zugehörig"*. Gar nicht so anders wie die Religion auch. Eine Rückverbindung vielleicht an etwas, das zu uns gehört hat? Und doch wird der jeweilige Begriff in der Szene der anderen belächelt. Schade eigentlich. Unwissenheit kann zu vielen Missverständnissen, Vorverurteilungen und zu Unglück führen. Suche dir aus, was dir gefällt.

Wir werden auch auf diese Aspekte in Teil IV verstärkt eingehen und sie daher hier nur kurz streifen. Spiritualität heißt nichts anderes, als in unsere **innere Welt** einzudringen auf einer Ebene, die der rationale Verstand nicht erreicht. Ob Spiritualität, Religion oder Esoterik – letztendlich geht es darum, das **Nach-innen-Gehen** oder **In-sich-Gehen** zu beachten und zu bedenken.

Und dies wiederum sehe ich nicht als ein Verbrechen an oder als etwas, das „Unwissende" belächeln, sondern als ein MUSS in unserer heutigen von Stress geplagten, hektischen Zeit. Wie sehr du dich in der jeweiligen Szene dogmatisch in deinem Denken eingrenzen lässt und nur das Deine als wahr oder richtig und alles andere auf der Welt als falsch ansiehst, nun, das musst du selbst wissen. Das Leben grenzt uns nicht ein. Das tut nur der Mensch. **Das Leben liebt – wir urteilen und verurteilen.**

Zurück zum Sein, zurück zur Spiritualität. Hier finden wir unsere Intuition, unsere Verbindung, unser Bauchgefühl, aufrichtige Liebe und inneres Erfüllt-Sein – **Grundvoraussetzungen für ein wahrhaftig erfolgreiches Leben.** Wer in sich ruht, hat die Kraft, alle Höhen und Tiefen des Lebens zu meistern, sich den Herausforderungen zu stellen und gleichzeitig seinen Weg nach innen zu gehen, um seine Spiritualität zu leben. So, wie erfolgreiche Menschen dies tun.

„Go 4" Values

„Mehr als die Vergangenheit interessiert mich die Zukunft, denn in ihr gedenke ich zu leben."
Albert Einstein

Nun weißt du, wofür die einzelnen Buchstaben der Marke „Go4Values" stehen. Bleibt nur noch, das „Go4" zu erklären. All das Wissen aus dem ersten Teil dieses Buches nützt dir nichts, wenn du nicht bereit bist, es anzuwenden. Eben dafür steht das „Go4": „Geh dafür." Mit anderen Worten: Tue das, was für dich wichtig ist – aber tue es stets mit ganzem Herzen und höre dir zuliebe endlich auf, dich hinter Ausreden zu verstecken. Das entspricht nicht deiner Größe als Mensch.

Fange mit kleinen Schritten an und bedenke, dass nicht alles immer sofort Spaß macht. **Fange an, für etwas zu brennen.**

Dies erreichst du, wenn du genau das tust, was bereits der griechische Philosoph Aristoteles seine Schüler lehrte:

„Zuerst wähle eine klare, eine realisierbare Idee – ein Ziel. Als Zweites versehe dich mit den Mitteln, die zur Erreichung dieses Zieles notwendig sind: Wissen, Geld, Rohstoffe und Methoden.
Im dritten Schritt setze alle deine Mittel im Hinblick auf das zu erreichende Ziel ein."

Wenn du nicht weißt, wofür du brennen willst, **dann brenne dafür, dies auf jeden Fall herausfinden zu wollen.**

Sich Ziele zu setzen ist eine Sache. Anzukommen eine andere. Leider muss ich teilweise beobachten, dass es bei vielen nur bei Lippenbekenntnissen bleibt. Sie wollen alles und schaffen doch gar nichts. Wichtig ist zunächst, ein Ziel anzusteuern. Wenn du dann noch jemanden zur Seite hast, also einen Coach, der dich unterstützt, ist die Chance, dein Leben mehr und mehr zu verändern, am größten.

Einen solchen Coach suchst du dir am besten aus deinem näheren Umfeld. Es kann der Arbeits- oder Geschäftskollege sein, der Freund, die Freundin, der Partner, die Ehefrau oder jemand anderer. Du kannst natürlich auch auf einen externen Coach zugreifen, zum Beispiel auf mich. Völlig unbelastet kann ich so mit dir gemeinsam von außen auf dich blicken und dahingehend auf dich einwirken, dass du noch schneller zum Ziel kommst. Meine direkte Art solltest du allerdings ertragen können. ;)

95 Prozent unseres Verhaltens bestehen aus Gewohnheiten. Einige davon sind sehr nützlich und hilfreich, weil sie uns helfen, den Alltag leichter zu meistern. Viele andere hindern uns daran, uns weiterzuentwickeln. Schlimmer noch: Sie pressen uns in eine Art Schablone, die vorgibt, wie wir uns innerhalb einer Gesellschaft zu verhalten haben. Doch alles in der Welt ist auf Wachstum und Veränderungen ausgelegt. Was heute noch gilt, kann morgen bereits überholt sein.

Wie sagte schon Kaiser Wilhelm II.: *"**Ich glaube nicht an das Auto, ich setze weiterhin auf das Pferd.**"*

Wir Menschen hören ab einem bestimmten Alter auf, körperlich zu wachsen. Gleiches gilt bedauerlicherweise bei vielen auch für den Geist. Manche Menschen sind ignorant und in ihrer Meinung so unbeweglich, dass es nicht verwundert, wo sie stehen. Die Beweglichkeit des Geistes ist wichtig. Man kann nur persönlich wachsen, erfolgreicher, erfüllter und selbstbewusster werden, wenn man bereit ist, den berühmt-berüchtigten „Blick über den Tellerrand" zu wagen und sich den Veränderungen des Lebens zu stellen. Das kostet allerdings nicht nur viel Kraft, es ist auch sehr schmerzhaft. Neues zu wagen und Altes hinter sich zu lassen, das ist alles andere als einfach – aber eben nicht unmöglich. Ich weiß wirklich, wovon ich spreche. Alles das, worüber ich schreibe, habe ich selbst mehrfach erlebt. Es ist nie zu spät.

Das muss sich wohl auch die Italienerin Edith Linke gesagt haben, nachdem sie mit stolzen 86 Jahren ihr Abitur gemacht hatte. Aufgrund ihres fortgeschrittenen Alters hätte man durchaus annehmen können, dass sie ihren Fokus auf Geschichte oder Philosophie legen würde. Doch sie wählte bei ihrer ersten Prüfung einen Aufsatz zum Thema „Kommunikation in Zeiten von SMS und E-Mail". Edith Linke beweist, dass unser Alter niemals eine Rolle spielt, wenn wir von dem Geist beseelt sind, etwas wirklich schaffen zu wollen.

Wofür gehst du im Leben? Lass uns darüber sprechen. Ich freue mich darauf.

Nun wünsche ich dir viel Freude beim Lesen des zweiten Teils dieses Buches – „Der bittersüße Erfolg".

II Der bittersüße Erfolg

Inhalt

Die totale Verantwortung gegenüber dem eigenen Leben und dem eigenen Erfolg	110
Die Bereitschaft, Risiken einzugehen	116
Durchhaltevermögen, Disziplin und Geduld	122
Innere Stärke und Kraft	128
Der tiefe Wunsch und der Wille, Erfolg erreichen zu wollen	134
Ein klarer Verstand, gepaart mit Liebe und Leidenschaft zum Tun	138
Lernbereitschaft und Mut	142
Die Bereitschaft, den Preis für den Erfolg zu bezahlen & Die Fähigkeit, Entscheidungen zu treffen	150

Tun – das „rechte Handeln" und Fleiß	*156*
Selbstvertrauen und Geisteshaltung	*160*
Kompromisslos für seine Werte einstehen	*168*
Die Fähigkeit, Vereinbarungen einzuhalten	*172*
Die Fähigkeit zur Flexibilität	*178*
Die Fähigkeit, innere Lebensfreude zu empfinden	*184*
Ein Bewusstsein für den eigenen Wert	*188*
Die bittere Seite des Erfolgs	*192*
Erfolg und zufriedene Menschen	*214*
Die vier verschiedenen Arten des Erfolgs	*232*
Zusammenfassung	*236*

Auf zum Erfolg – herzlich gern!

„*Wenn sich deine Wahrnehmung verändert, verändert sich dein ganzes Leben und Wunder sind möglich.*"

Daniela C. Szasz

Und damit heiße ich dich herzlich willkommen zu Teil II der „Go4Values"-Serie. Hier geht es nicht nur um irgendeine oberflächliche Art von Erfolg, der eine Säule meiner Marke „Go4Values" bildet, sondern zum einen auch um den Mut, die richtigen Entscheidungen zu treffen, sowie zum anderen um die Authentizität deines Seins.

Wir müssen den Mut entwickeln, Entscheidungen, die vom Leben täglich gefordert werden, zu treffen, ohne uns dabei „selbst aufzugeben". Wer sich dem widersetzt, verhält sich häufig wie der Mann, der eines Nachts auf dem Gehsteig im Schein einer Straßenlaterne auf den Knien herumrutscht. Ein Fremder kommt vorbei und fragt: „Suchen Sie etwas?" „Ja", erwidert der Suchende, „ich habe meinen Haustürschlüssel verloren und nun komme ich nicht ins Haus." „Ich helfe Ihnen beim Suchen", bietet sich der Fremde an. „Bekanntlich sehen zwei Augenpaare mehr als eines." Nun rutschen beide auf Knien im grellen Schein der Straßenlaterne, fündig werden sie jedoch nicht. Nach einer Weile steht der Fremde auf und fragt nach: „Wo genau haben Sie den Schlüssel denn verloren?" „Dahinten, vor meiner Garage", antwortet der Befragte. „Wie, dahinten?", hakt der Fremde irritiert nach. „Wenn Sie Ihren Schlüssel dort verloren haben, warum suchen Sie ihn dann hier?" Darauf erklärt der Mann, der noch immer auf Knien hockt: „Ganz einfach: Hier im Schein der Laterne kann ich ihn doch leichter finden."

Du weißt, wie lächerlich ein solches Verhalten ist, und doch steht diese Anekdote exemplarisch für vieles. Statt an den richtigen Stellen die Fragen rund um das Leben zu stellen, bewegen wir uns weit abseits in der Hoffnung, der „helle oder laute Schein" werde es schon richten. Und so fragen wir in schwierigen Situationen ausgerechnet Menschen aus unserem direkten Umfeld, weil sie uns vertraut sind, nicht aber, weil sie über das richtige Wissen verfügen. Auf die Idee, diejenigen Personen zu befragen, die aufgrund ihrer eigenen Erfahrungen geradezu berufen sind, unsere Fragen qualifiziert zu beantworten, kommen die wenigsten.

In der Theorie sind wir fast alle Experten. Da sind wir theoretisch in der Lage, auf den Mond zu fliegen, auf den tiefsten Grund des Meeresbodens zu tauchen und auf die höchsten Berge zu klettern. Zudem haben wir auf alles eine Antwort. **Theoretisch eben.** Doch zwischen Theorie und Praxis liegt die Realität, die – so wie zu allen Zeiten – viele nicht erkennen.

Als im Jahre 1866 der Bau der Eisenbahn quer durch den amerikanischen Kontinent fertiggestellt worden war, betrachteten einige Bauern in Iowa, wie dampfende Ungetüme über ihre Felder fuhren und Waggons voller städtisch gekleideter Herrschaften hinter sich herzogen. Die einen ärgerten sich, dass sie ihr Land viel zu billig abgegeben hatten, nachdem die Eisenbahnen ja offensichtlich ein riesiges Geschäft waren. Die anderen bedauerten neidvoll, dass die Trasse nicht über ihr eigenes Land gelegt worden war und sie daher leer ausgegangen waren. Wieder andere betrachteten die Schienen und Züge und dachten: „Was soll diese ganze Aufregung um die Eisenbahn?" Was die wenigsten von ihnen sahen, war, dass sie ihren Mais und alles, was sie sonst noch produzierten, nun um ein Vielfaches schneller auf weit entfernte Märkte liefern konnten. Viele scheuten vor dieser Möglichkeit zurück, weil sie die Konkurrenz fürchteten, auf die sie dort treffen würden. Dass die Möglichkeit, den Kontinent in weniger als einer Woche zu durchqueren, den Handel insgesamt ankurbelte, dass sich Menschen in nie gekannter Weise begegnen und Ideen austauschen konnten und so der riesige Kontinent allmählich zu einer Nation zusammenwuchs – das erkannten viele erst im Laufe der Zeit.

Wer wissen will, wie man ein Brot backt, fragt einen guten Bäcker. Wer eine Suppe kochen möchte, obwohl ihm das

Wissen dazu fehlt, fragt einen guten Koch. Wer wissen will, wie man Kinder richtig erzieht, fragt eine leidenschaftliche und hingebungsvolle, liebevolle Mutter. Darin sind beispielsweise meine Oma und meine Schwägerin Laura, die ich beide sehr liebe und schätze, Expertinnen. Wer wissen will, wie man Erfolg aufbaut, fragt einen erfolgreichen Menschen. Wer das Leben in all seinen Facetten – von äußerem Erfolg, richtigem Handeln, Umsatzwachstum und Finanzen bis hin zu stark verbesserter Lebensqualität und innerem Sein – verstehen und auch für sich selbst haben will, fragt zum Beispiel mich.

Ich gehe davon aus, dass du den ersten Teil dieses Buches gelesen hast. Wenn nicht, kannst du noch einmal zurückblättern. Teil I kannst du übrigens, falls du ihn weiterempfehlen möchtest, auch gratis von meiner Webseite herunterladen:

www.danielaszasz.com

Falls du lieber zuhören als lesen magst, kannst du Teil I und Teil II (zurzeit noch in der alten Version) als kostenpflichtiges Hörbuch bestellen. Diese beiden Abschnitte sind derzeit noch als Einzelteile zu haben, aber zu einem späteren Zeitpunkt wird es sicherlich auch ein vollständiges Hörbuch geben. Gehe dazu einfach auf meine Internetseite, dort erfährst du mehr. Auf diese Weise bekommst du bereits einen ersten Eindruck von mir und meinen Erfahrungen, an denen ich dich ein wenig teilhaben lassen möchte.

Ein Zitat, das ich in seiner Aussage sehr wertvoll und äußerst passend finde, weil es auch meine eigene Überzeugung widerspiegelt, stammt von dem chinesischen Philosophen Konfuzius, der vor mehr als 2500 Jahren lebte:

*„Der wahrhaft Edle predigt nicht, was er tut,
bevor er nicht getan hat, was er predigt."*

Alles, was ich dir hier erzähle und niederschreibe, ist das Ergebnis meiner persönlichen Erfahrungen und Beobachtungen. Ich erhebe keineswegs den Anspruch auf vollständige oder ausschließliche Wahrheit. Definitiv ist es aber zu dieser Zeit ein großer Aspekt meiner Wahrheit (sofern man jemals in ein einfaches Buch alles hineinzupacken vermag), der die „Go4Values"-Serie gestaltet. Der Inhalt wird vielleicht zum Teil deine aktuelle Sicht auf gewisse Dinge verändern oder sie zumindest infrage stellen. Vertrau dir selbst in diesen Momenten, denn es sind wichtige Aspekte auf deinem eigenen Weg.

Ich hoffe sehr, dass du die vielen Anregungen und Tipps sowie die wertvollen Informationen und neuen Ideen aus der „Go4Values"-Serie anwenden kannst. Das ist wichtig, denn sie alle stehen für das, was ein erfülltes und erfolgreiches Leben ausmacht. Mir ist dein persönlicher Erfolg wichtig, und sofern dir dieser auch selbst wichtig ist, begleite ich dich gerne ein Stück deines Weges. Du kannst diesen Erfolg schneller erreichen als ich damals, weil du all jene Fehler, die ich selbst aus Unwissenheit begangen habe, nicht zu machen brauchst. Der Inhalt dieses Buches kann dir vielleicht dabei helfen, das eine oder andere zu vermeiden – was allerdings nicht heißt, dass du gar keine Fehler machen wirst.

Sieh darin jedoch nicht nur einen „Fehler" im engeren Sinn dieses Wortes, denn dieser negativ besetzte Begriff trifft die Sache nicht ganz. Aus sogenannten Fehlern habe ich selbst sehr viel gelernt. Ich würde es daher eher als eine wertvolle Erfahrung sehen, anstatt es auf simple Fehler zu reduzieren. Sieh darin lediglich Stolpersteine auf dem Weg zu deinem Ziel. Auch ich ging manchmal aus Unwissenheit zwei Schritte vorwärts und einen zurück, und doch kam ich immer wieder ans Ziel. Es hat nur manchmal länger gedauert und war auch anstrengender. Genau diese Erfahrungen möchte ich mit dir teilen. Du wirst deine eigenen machen, doch durch diese Zeilen kannst du die eine oder andere „überflüssige" Erfahrung vermeiden. Das erspart dir nicht nur Zeit und Geld, sondern auch so manche Enttäuschung. Zudem kletterst du auf der Erfolgsleiter des Lebens vielleicht schneller oder zumindest bewusster nach oben. Jim Rohn, einer meiner wichtigsten Lehrer, wie du bereits weißt, pflegte häufig zu sagen:

„Wenn du noch nicht dort angekommen bist, wo du gerne wärst, dann deshalb, weil du noch nicht der Mensch bist, der es verdient, dort zu stehen."

Auf gut Deutsch: Du bist noch nicht an deinem Ziel angelangt, weil du noch nicht genug gelernt oder dich weit genug entwickelt hast, um dort zu sein, wo du gerne wärst. Das bedeutet, du darfst noch lernen, ein wenig tiefer zu sehen, und kannst dir tiefgründige Gedanken machen, anstatt alles stets nur auf die sogenannten „Umstände" zu schieben.

Wenn du nun also bereit bist, dich auf das Thema „Erfolg" (im wirtschaftlichen Sinne) einzulassen, kann es losgehen mit dieser ersten Lektion.

Verehrte Leserin, verehrter Leser, bitte seht es mir nach, dass ich in diesem Buch aus Gründen der besseren Lesbarkeit entgegen dem Gender-Mainstreaming ausschließlich männliche Substantivformen verwende. Ansonsten hat diese „Einschränkung" keinerlei Bedeutung.

In diesem Sinne freue ich mich auf die gemeinsame Zeit mit dir.

Herzliche Grüße aus dem sonnigen Spanien!

Deine Daniela

Die 16 Erfolgsfaktoren

Im Anschluss an Teil I, den ich, wie bereits erwähnt, auf meiner Webseite auch als kostenloses E-Book zur Verfügung stelle, habe ich mich bewusst für das Thema „Erfolg" entschieden – auch oder gerade weil es schon unzählige Erfolgsbücher gibt, von denen ich viele gelesen habe. Nach mehr als zwanzig Jahren Erfahrung mit „Lernen, Lesen und Tun" kann ich heute mit Fug und Recht sagen, dass der Inhalt einiger Erfolgsbücher unvollständig ist und zum Teil nichtssagend verfasst wurde.

Das vorliegende „Erfolgsbuch" ist nicht als ein Werk einer weiteren Mainstream-Bücherreihe gedacht. Es wird dir daher auch nicht noch mehr darüber erzählen, wie easy es doch ist, Erfolg zu erreichen. Ebenso wenig wirst du hier Aussagen finden, dass im Grunde genommen eigentlich jeder, der erfolgreich sein will und es sich nur genügend vorstellen kann, dies auch erreichen wird. Auf diese Illusion sind schon viel zu viele Rat suchende Leser hereingefallen, die nach der Lektüre solcher Bücher deprimiert in ihrem Kämmerlein saßen und sich von Selbstvorwürfen zerfressen ließen.

Ich selbst habe jahrelang diese Art von Erfolgsbüchern geradezu verschlungen. Angefangen hat es, als ich 22 Jahre alt war. Die Autoren schrieben ausnahmslos in Superlativen, aber kein Einziger von ihnen erwähnte auch nur einmal ansatzweise die negative Seite, die gleichfalls zum Erfolg gehört. Genau aus diesem Grund schreibe ich dieses Buch, um dir auch diese andere Seite des Erfolgs zu zeigen, die nicht verschleiert werden darf, denn sie ist ebenso Teil der Wirklichkeit wie der positive Teil des Erfolgs an sich.

Würden wir in einer Welt der Giganten, Genies und Göttermenschen leben, die mit ihrem Herzen in Verbindung wären, gäbe es diese andere Seite wohl nicht. Dann könnte nämlich jeder das tun, was er am besten kann, beziehungsweise könnte er seine einzigartigen Fähigkeiten ausleben. Weil wir aber in einer polaren Welt leben, also in einer Welt der Gegensätze, gibt es neben den wirklich erfolgreichen Menschen auch diejenigen, die voll Angst, Neid, Gier, Machtbesessenheit und Schuldgefühle stecken, was den Erfolg für viele stark erschwert. Deshalb wäre es äußerst dumm, diese andere Seite zu ignorieren.

Solange wir in dieser Welt leben, die so ist, wie sie ist, gehören zum Erfolg beide Seiten. Aus diesem Grund möchte ich dir gleich zu Beginn Folgendes sagen:

Erfolg kann und wird nicht jeder erreichen.

Ich wiederhole:

Nicht jeder kann und nicht jeder wird Erfolg erreichen.

Sollte dir diese Feststellung wie ein Schlag ins Gesicht vorkommen, weil du bisher etwas anderes geglaubt hast, so muss ich dir offen sagen, dass genau das meine Absicht war. Nicht, um dir wehzutun, sondern um dich wachzurütteln. So bringe ich dich nämlich dazu, zum einen (anstelle der rosaroten Wolke) die Realität zu erkennen und zum anderen zukünftig noch gründlicher über deinen Erfolg nachzudenken. Auf den folgenden Seiten werde ich dir meine Sicht der Dinge darlegen, sodass du die Möglichkeit hast, dir noch einmal selbst – vielleicht auf eine vollständig neue Art – über das, was du wirklich erreichen willst, Gedanken zu machen.

In aller Bescheidenheit: Ich bin geradezu prädestiniert, darüber zu schreiben, weil ich nicht nur mehr Erfolge aufgebaut habe als viele andere in meinem Alter, sondern im Besonderen, weil diese Erfolge unter sehr schwierigen Umständen zustande gekommen sind. Deshalb werde ich dir nicht nur die schönen Seiten des Erfolgs beschreiben und zeigen, sondern auch seine hässlichen und traurigen.

Trotzdem stehe ich für Erfolg und Verwirklichung im Leben ein, weil es etwas Wunderschönes und Erfüllendes ist, wenn du verstehst, was um dich herum geschieht.

Vor vielen Jahren, als ich mich selbstständig machte, hatte ich nichts anderes als den inneren Wunsch, Erfolg zu haben. Ich war bereit, **alles dafür zu geben** und immer wieder ein Risiko einzugehen. Es hat viele Jahre gedauert, bis ich das, was um mich herum geschehen ist, vollständig verstand. In meiner Naivität sah ich damals jeden gutverdienenden, erfolgreichen Menschen als eine Art Halbgott an, ohne unterscheiden zu können, ob es ein wirklich erfolgreicher Mensch war oder ob er einfach nur irgendwie viel Geld verdiente, egal ob es durch seine eigene Leistung war oder nicht, egal ob er dabei log und betrog oder nicht. Heute weiß ich es. Ich habe herausgefunden, dass es zumindest eines starken Charakters und eines sehr klaren und wachen Verstandes bedarf, um wirklich erfolgreich zu werden und zu bleiben.

Ich unterscheide **vier Arten von Erfolg:**

1. Erfolg, der aus eigener Kraft, reiner Willensstärke, Mut und unabhängig von Widrigkeiten aufgebaut wurde

2. ererbter Erfolg, der aber durch Wachsen und Vermehren weitergeführt wurde

3. manipulierter, kopierter und bewusst gestohlener Erfolg

4. unbewusster „Zufallserfolg"

Zu Punkt 1 dieser Aufzählung ist zu ergänzen, dass es hier bei den erfolgreichen Menschen zudem folgende Unterschiede gibt:

1. Menschen, die Erfolg immer wieder generieren können, selbst wenn sie zwischendurch einmal alles verloren haben.

2. Menschen, die den Erfolg nicht halten bzw. wiederaufbauen können. Das trifft häufig auf jene zu, die zu schnell zu großem Erfolg gekommen sind und dann unter dem Druck, diesen Erfolg zu wiederholen oder fortzusetzen, „kaputtgehen". Sie haben nicht gelernt, damit umzugehen, weil es ihnen an der notwendigen Reife gefehlt hat. So ist es beispielsweise einigen bekannten Stars ergangen.

Bei Punkt 1 möchte ich wiederum folgende zwei Varianten unterscheiden:

a. Menschen, die lügen und betrügen und dabei über Leichen zu gehen bereit sind,

b. Menschen, denen ein gewisses Maß an Ethik und ein reines Gewissen wichtig ist.

Du siehst also, Erfolg ist nicht unbedingt gleich Erfolg – zumindest nicht für mich.

Ohne dem kommenden Inhalt vorgreifen zu wollen, möchte ich schon an dieser Stelle erwähnen, was ich unter wirklichem, wahrhaftigem Erfolg **nicht** verstehe: den manipulierten, gestohlenen Erfolg (siehe oben Punkt 3 der vier Arten von Erfolg). Das ist für mich **kein wahrer** Erfolg! Trotzdem gibt es ihn viel häufiger, als du es vielleicht wahrhaben willst. Wir werden im späteren Verlauf darauf zurückkommen.

Nun wollen wir uns anschauen, wessen es für den **wahren Erfolg** wirklich bedarf. Die hier aufgelistete Reihenfolge spielt keine übergeordnete Rolle, denn alle Punkte sind gleich wichtig. Nach meiner Erfahrung sind es die folgenden:

1. die totale Verantwortung gegenüber dem eigenen Leben und dem eigenen Erfolg

2. die Bereitschaft, Risiken einzugehen

3. Durchhaltevermögen, Disziplin und Geduld

4. innere Stärke und Kraft

5. der Wunsch und der Wille, Erfolg erreichen zu wollen

6. ein klarer Verstand, gepaart mit Liebe und Leidenschaft zum Tun

7. Lernbereitschaft und Mut

8. die Bereitschaft, den Preis für den Erfolg zu bezahlen

9. die Fähigkeit, Entscheidungen zu treffen

10. Tun – das rechte Handeln und Fleiß

11. Selbstvertrauen und Geisteshaltung

12. kompromisslos für sich und seine Werte einstehen

13. die Fähigkeit, Vereinbarungen einzuhalten

14. die Fähigkeit zur Flexibilität

15. die Fähigkeit, innere Lebensfreude zu empfinden.

16. ein Bewusstsein für den eigenen Wert und die Fähigkeit, dies einzufordern

1

Die totale Verantwortung gegenüber dem eigenen Leben und dem eigenen Erfolg

Was genau ist mit dieser Forderung gemeint?

Es bedeutet zuallererst, dass du deine aktuelle Lebenssituation einmal gründlich betrachtest. Sieh genau hin, ohne sie dir schönzureden.

Beispiel 1

Du lebst in einer Ein- bis Zwei-Zimmer-Wohnung in einer sehr lauten Umgebung, die Nachbarn streiten ständig. Langsam färbt dieses Umfeld auch auf deine eigene Beziehung ab. Du hast keine Ruhe, und zu allem Überfluss erwartet ihr beide demnächst Nachwuchs, was für deinen Partner deutlich zu früh kommt. Du verdienst gerade mal 680 Euro pro Monat, bräuchtest aber fast das Eineinhalbfache, um alle eure Kosten decken zu können. Innerlich bist du ausgelaugt, du sehnst dich nach Ruhe, nach mehr Liebe und mehr Verständnis, nach Geborgenheit. Du würdest dir gerne das eine oder andere leisten können. Vor allem aber würdest du lieber in der Natur leben und morgens die Vögel zwitschern hören, anstatt das Knallen von Türen in der Nachbarschaft oder den Straßenlärm.

Beispiel 2

Schon wieder ist deine Beziehung gescheitert. Du hast alles gegeben, alles getan, hast selbst immer wieder Spagate gemacht und bist Kompromisse eingegangen. Einen Tag oder eine Woche zuvor schien alles noch in Ordnung zu sein. Ihr habt gelacht, wart noch einkaufen, hattet vielleicht sogar Sex. Ihr habt über gemeinsame Kinder gesprochen, er oder sie ist schon bei dir eingezogen. Du dachtest, dass endlich dein Traum wahr werden würde. Jetzt, einen Tag oder eine Woche später, ist er oder sie ausgezogen. Du verstehst die Welt nicht mehr. Es war doch alles klar, es lief doch alles so super. Du wünschst dir von Herzen eine gute Beziehung, eine Familie, aber was du fortwährend bekommst, sind nur Enttäuschungen. Und dies, obwohl du immer wieder dein Bestes gibst und alles tust.

Beispiel 3

Deine Ehe ist schon lange nicht mehr das, was du gerne hättest oder dir jemals gewünscht hast, sodass du gar nicht mehr weißt, wie sich eine glückliche Beziehung anfühlt. Was genau ist überhaupt „Glück"? Die Streitereien sind zur Tagesordnung geworden, alles ist mühsam und schwierig. Die Kinder bekommen es inzwischen auch mit, geraten manchmal zwischen die Fronten, und du merkst schon gar nicht mehr, wie sehr du sie mit beeinflusst und was für ein Bild sie in Sachen Beziehung, Liebe und Partnerschaft vermittelt bekommen. Du weißt aber auch nicht, wie du von dort rauskommen sollst. Du schiebst die Situation auf den Partner, dieser wiederum auf dich. Eure Ehe ist ein permanenter Kampf, jeder wünscht sich in der Tiefe seiner Seele etwas ganz anderes: endlich mal wieder wahrgenommen und so geliebt zu werden, wie man ist; mal wieder Anerkennung bekommen für Kleinigkeiten und einfach nur mal wieder zusammen Spaß haben, ohne Probleme zu wälzen. Doch keiner von euch beiden ist bereit, von seinem hohen Ross herunterzusteigen und zu erkennen, worin sein Anteil an eurer verfahrenen Situation liegt.

Egal, welches der oben genannten Beispiele auf dich zutrifft – und selbst, wenn es ein ganz anderes ist –, die Reihenfolge bleibt stets dieselbe:

Fange DU JETZT an und werde dir deines Istzustandes so deutlich bewusst wie noch nie in deinem Leben zuvor. **Schreibe alles ganz genau so auf, wie es zurzeit ist. Gehe ins Detail.** Je mehr Details, umso besser.

Als Nächstes musst du diesen Istzustand akzeptieren, und zwar völlig egal, wie deine aktuellen Umstände und deine Ausgangssituation auch sein mögen, **ob gut, weniger gut oder sogar katastrophal.** Akzeptiere, was und wie es ist. Weine, wenn du weinen musst. Aber tue es.

Noch einmal: Es bedeutet keinesfalls, dir die Dinge schönzureden oder zu hadern und in Selbstmitleid zu verfallen. Auch darfst du dich nicht selbst bedauern, wie schwer du es hast. Wenn doch – und falls du der Meinung bist, dass dich das erleichtert –, dann kannst du es gerne eine Zeit lang tun. Anschließend jedoch sieh zu, dass du die Situation so akzeptierst, wie sie ist – für den Moment. Anders ausgedrückt: **Nimm sie an.**

Akzeptieren bedeutet in diesem Fall keinesfalls, aufzugeben oder zu resignieren! Es bedeutet, dir **vollständig bewusst** zu werden, wo du gerade stehst, ohne zu versuchen, es positiver (oder auch negativer) zu sehen, als es tatsächlich ist. Nicht mehr und nicht weniger.

Nachdem du dir über deine Situation klargeworden bist und diese für den Moment vollständig akzeptierst, geht es im nächsten Schritt nunmehr darum, die hundertprozentige Verantwortung dafür zu übernehmen, dass du dich zum gegenwärtigen Zeitpunkt genau da befindest, wo du jetzt gerade stehst.

Die volle Verantwortung zu übernehmen bedeutet, anzuerkennen, **was DU alles getan hast,** um jetzt hier und nicht woanders zu stehen, wo du möglicherweise viel lieber wärst. **Welche der getroffenen Entscheidungen haben DICH HIERHER geführt, zu genau dieser Situation?** Um das herauszufinden, musst du eventuell weiter zurückgehen, als dir lieb ist.

Auch, wenn du das jetzt vielleicht nicht gerne hörst: Es liegt **in deiner Verantwortung,** dass du genau dort bist, wo du gerade bist.

Nun gehen wir noch einen Schritt weiter:

Versuche jetzt einmal für die nächste Zeit – selbst wenn es dir schwerfällt –, zu 100 Prozent die Verantwortung für deine Situation zu übernehmen. Genau so, als ob niemand anderer auf dieser Welt dafür zuständig wäre. **Ganz so, als ob alle anderen alles richtig gemacht hätten und nur du alles falsch.** Und jetzt achte einmal darauf, was diese Vorstellung in dir bewirkt ...

Wenn dir dies ebenfalls gelingt, kannst bzw. musst du dich im nächsten Schritt dafür entscheiden, **die volle Verantwortung für deinen weiteren Erfolg zu übernehmen – mit allen Konsequenzen.**

2
Die Bereitschaft, Risiken einzugehen

Nun geht es darum, bereit zu sein, für deinen Erfolg bzw. für das, was du dir wünschst, Risiken einzugehen. Du willst zum Beispiel zunächst in einem bestimmten Bereich deines Lebens Erfolg haben. Dabei ist es egal, ob es sich um deine Partnerschaft, deine berufliche Karriere oder innere Erfüllung und Lebenssinn handelt. Dann ist es wichtig, sich für genau diesen Bereich mit dem „richtigen Werkzeug", gleich welcher Art, auszustatten.

Wenn du zum Beispiel eine Bäckerei eröffnen willst und du hast die nötige Ausbildung, dann suchst du dafür die passenden Räumlichkeiten und kaufst die erforderlichen Gerätschaften ein, damit du unter anderem Brot backen kannst.

Oder suchst du nach mehr Inhalt und Verbindung zum Leben selbst? Dann achte darauf, wo es dich hinzieht, wo du das Gefühl hast, einen Zugang bekommen zu können. Möchtest du dich vielleicht auf einer bewussteren Ebene mit deinen Mustern, Automatismen und Schattenseiten auseinandersetzen und stellst fest, dass du alleine nicht weiterkommst, dann suche nach Antworten. Tu nicht so, als hättest du keine Wahl, denn diese hast du immer! Manchmal sehen wir den Wald vor lauter Bäumen nicht. Die richtige Antwort oder die nötige Hilfe kann direkt vor unseren Augen herumspazieren, aber unser Verstand und unsere Wahrnehmung sind so blockiert, dass wir die Möglichkeiten gar nicht erkennen. ;-)

Falls du einen höheren Posten in deiner Firma anstrebst, dann fange damit an, hier jeden Tag eine Stunde länger zu arbeiten. Du kannst dir aber auch Verbesserungsvorschläge einfallen lassen, die für deine Firma von großem Nutzen sind. Ergibt sich die Gelegenheit dazu, stellst du diese deinem Chef vor. Mit diesem Verhalten zeigst du deinem Vorgesetzten a) Interesse und b) deine Bereitschaft, mehr Verantwortung zu übernehmen.

An dieser Stelle fällt mir das Beispiel meines Bruders Ricky ein. Er war inklusive seiner dreijährigen Ausbildungszeit 14 Jahre lang in derselben Firma tätig. Leider hatte er, so wie ich, die Schule „nur" mit der mittleren Reife abgeschlossen, zusätzlich konnte er aber auch noch eine abgeschlossene Ausbildung als Mechaniker vorweisen. Seiner Firma war er in all den Jahren loyal und treu ergeben. Schließlich wollte er gerne zum Meister aufsteigen. Teamleiter war er bereits, und der Meister ließ ihn in seiner Abwesenheit ohnehin alles machen, denn er wusste, dass er sich auf Ricky verlassen konnte. Über die Jahre hinweg äußerte mein Bruder immer wieder technische Verbesserungsvorschläge, die von der Firma auch dankend angenommen und umgesetzt wurden. Als Gegenleistung dafür erhielt Ricky lediglich einen Geldbonus.

Als sein unmittelbarer Vorgesetzter befördert werden sollte, sprach Ricky bereits zum dritten oder vierten Mal bei den höheren Chefs mit der Bitte vor, doch ihn selbst an dessen Stelle zu setzen – schließlich hatte er seine Befähigung für diesen Posten schon oft genug unter Beweis gestellt. Doch er wurde auch diesmal übergangen, und die Chefs nahmen jemand gänzlich Neuen von außen, während mein Bruder frustriert zurückblieb. Er durfte zwar weiterhin die Arbeit eines Meisters verrichten und die damit verbundene Verantwortung übernehmen und tragen, bekam aber nicht den Titel und nicht das Mehr an Gehalt, das diese Position mit sich gebracht hätte. Begründet wurde diese Entscheidung erneut mit dem fehlenden Abitur.

Nach 14 Jahren ergab sich aus einer völlig unerwarteten Richtung eine interessante Möglichkeit, und zwar von der Firma seines Schwagers Daniel. Dieser hatte Ricky jahrelang beobachtet. Ihm war aufgefallen, dass mein Bruder nie krank gewesen war, zuverlässig arbeitete und sehr gut mit anderen Menschen auskam. Ricky bekam eine Position angeboten, die jener des Meisters einer Abteilung in der alten Firma um einiges überlegen war. In der neuen Firma wurde mein Bruder zum Standortleiter berufen und verdiente zusätzlich von einem Tag auf den anderen deutlich mehr als vorher.

Nun könnte man sagen: Ja, klar, Ricky hatte einfach nur Glück. Vielleicht war er gerade zur richtigen Zeit am richtigen Ort, als sein Schwager für diese Firma jemanden suchte. Vielleicht hat sich mein Bruder dieses Glück aber auch über die Jahre hinweg hart erarbeitet. Mit dem sprichwörtlichen Glück des Tüchtigen wurde dieses Engagement von anderer Seite zunächst registriert und später wurde reagiert. Mit seiner Entscheidung, die Firma zu wechseln, ging mein Bruder natürlich ein großes Risiko ein. Er wusste nicht, wie er und die Firma seines Schwagers sich entwickeln würden. Die Sicherheit beim Ausbildungsbetrieb kannte er. Ricky bemühte sich und schaffte es vom ersten Monat an. Er gab und gibt immer noch stets 100 Prozent und beweist damit, dass das in ihn gesetzte Vertrauen gerechtfertigt war.

Mittlerweile bekommt Ricky sehr gute Angebote von Headhuntern und der Konkurrenz. Wenn er wollte, könnte er jetzt noch mehr Geld verdienen und gleichzeitig sogar die Karriereleiter weiter nach oben erklimmen – und das alles ohne Abitur! Er gehört aber zur loyalen Sorte, deshalb bleibt er in der Firma seines Schwagers. Dort wissen alle, was sie an ihm haben. Ich möchte an dieser Stelle erwähnen, wie unglaublich stolz ich auf meinen „kleinen" Bruder bin und wie sehr ich ihn liebe. Er ist jemand, der, wenn es hart auf hart kommen sollte, sofort alles liegen und stehen lassen würde und ohne nachzudenken für mich da wäre. Umgekehrt verhält es sich genauso. Ricky bringt mich zum Lachen, und hinter seiner manchmal scheinbar oberflächlichen Art schlägt ein Riesenherz. Er verfügt über eine Sensibilität, die man ihm auf den ersten Blick niemals zutrauen würde.

Doch zurück zum Thema. Ein Risiko einzugehen, kann vieles bedeuten. Für mich war es damals, im Alter von 23 Jahren, ein Risiko, im Vertrieb zu starten. Obwohl ich, bedingt durch die Insolvenz, in die ich zuvor geschlittert war, mit nichts dastand, machte ich Schulden, um in meinem neuen Geschäft starten zu können.

Ein Risiko ist immer etwas, bei dem du im Vorhinein nicht wirklich abschätzen kannst, was später aus deiner Entscheidung werden wird und ob du Erfolg haben wirst oder nicht. Ich sage dir auch, was ein Risiko nicht ist: Wenn du zum Beispiel eine Bäckerei besitzt, schon verschiedene Produkte im Angebot führst und dich dafür entscheidest, eine neue Brotsorte zu backen, und diese deinen Kunden anbietest, dann ist das kein Risiko, weil du ohnehin bereits über den dafür erforderlichen Rahmen verfügst und kein wirkliches Risiko eingehen musst, um etwas Neues zu wagen. Du hast vielleicht nur das Problem, dass deine neue Brotsorte eventuell keine Abnehmer findet, aber in diesem Fall produzierst du diese Sorte eben nicht mehr. Der mögliche Schaden hält sich also in Grenzen.

Ein Risiko ist etwas, bei dem du deine Komfortzone wirklich verlassen und dich auf neues Terrain begeben musst, von dem du nicht weißt, was dich dort erwartet. Das Einzige, was dich trägt, sind deine Hoffnung und der Glaube daran, dass das Gewünschte erfolgreich sein wird. Daher mein Tipp: Gehe im Rahmen deiner Möglichkeiten – und sogar darüber hinaus – Risiken ein. Du hast die Kraft dafür! Je länger du damit wartest, umso schwerer wird es dir fallen.

Es gibt eine spannende Studie, die ich dir in diesem Zusammenhang vorstellen möchte. Eine der zentralen Aussagen dieser im *Journal of the European Economic Association* veröffentlichten Studie, an der Wissenschaftler des DIW, der Universität Bonn, der Universität Maastricht, der Universität von St. Gallen und des Swarthmore College in den USA beteiligt waren, lautet:

> *„Jeder Mensch hat eine grundlegende Neigung zur Risikobereitschaft, die sein Verhalten in nahezu allen Lebensbereichen beeinflusst."*

Die Langzeiterhebung, die unter dem Namen „Sozioökonomisches Panel" geführt wird, zeigt, dass die Risikobereitschaft von uns Menschen von vielen unterschiedlichen Faktoren abhängt. Wie viel wir bereit sind zu riskieren, hängt unter anderem vom Geschlecht, von der Körpergröße und vom Bildungsgrad der Eltern ab.

Ein weiteres Ergebnis dieser Studie hat mich sehr gefreut, weil ich es oft selbst erlebt habe:

> *„Risikobereite Menschen sind zufriedener als andere."*

Ach ja, noch einmal: Warte damit nicht zu lange! Die Wissenschaftler sagen nämlich auch noch Folgendes: „Im Laufe des Lebens lässt die individuelle Bereitschaft, Risiken einzugehen, immer mehr nach." Mit anderen Worten: **Früher starten statt warten!**

Eine häufig auftauchende Illusion will ich an dieser Stelle gleich klären: Nur, weil du irgendwann ein einziges Mal ein kleineres Risiko eingegangen bist, brauchst du nicht sofort mit Geldregen, Karrieresprüngen, einer perfekten Beziehung oder gar vollständiger Erfüllung rechnen. Manchmal lässt das gewünschte Resultat jahrelang auf sich warten. Bei einer Beziehung beispielsweise müssten viele Menschen erst einmal lernen, eine gesunde Beziehung zu sich selbst aufzubauen, bevor sie sich selbst jemand anderem antun. Leider verstehen genau das die wenigsten.

3

Durchhaltevermögen, Disziplin und Geduld

Lass uns nun über Durchhaltevermögen sprechen. Dieser Punkt, so konnte ich es in den letzten zwanzig Jahren beobachten, wird stark vernachlässigt. Wenn du ein neues Geschäft anfängst, darfst du nicht erwarten, dass es bereits innerhalb der ersten sechs oder zwölf Monate floriert. Sollte es so sein, ist das toll für dich. Dann freue dich. Gehe aber lieber davon aus, dass ein so schneller Erfolg die Ausnahme darstellt.

Ein realistischer Zeitraum, um das Gewünschte zu erreichen, sind eher drei bis fünf Jahre. Das erste Jahr in einem neuen Business, in einem neuen Geschäft, nenne ich das „Lehrjahr". Am Ende dieses Lehrjahres hast du gerade einmal verstanden, wie alles funktioniert, doch zumindest bist du mit diesem Wissen nun in der Lage, besser zu erkennen, was du alles tun und was du besser unterlassen solltest. Meinen Anfängern und Neulingen in meinem damaligen Team habe ich immer gesagt, dass das erste Jahr das schwierigste ist. „Wenn ihr das durchhaltet", gab ich ihnen zu verstehen, „habt ihr eine Chance."

Ich habe beobachtet, wie die meisten in den ersten zwölf Monaten wieder aufhörten, vor allem im Vertrieb. Ihre Erwartungen waren so hoch gewesen und ihre Enttäuschungen dadurch noch größer, sodass sie schließlich einfach resigniert aufgaben. Welch einer Illusion sie doch erlegen waren, zu glauben, dass man ein Geschäft innerhalb von wenigen Monaten zum Florieren bringen kann. Das war nicht nur naiv, das war äußerst dumm. Es zeigt nur, dass jemand von Selbstständigkeit keine Ahnung hat. Sogar das Finanzamt, unser aller „Freund", erwartet bei einer Neugründung eines Unternehmens in den ersten drei Jahren – wenn überhaupt – keine großen Gewinne.

Nach drei Jahren aber sollte es mit der Entwicklung langsam null auf null gehen, damit das Geschäft Schritt für Schritt in die Gewinnzone gesteuert werden kann. Nach fünf Jahren werden Gewinne erwartet. Das ist eine realistische Einschätzung – doch viele Menschen im Vertrieb erwarten dies bereits nach sechs Monaten! Sie haben es vorher beruflich in keinem Zweig wirklich zu etwas gebracht und hoffen nun, im Vertrieb in wenigen Monaten zu erreichen, was ihnen vorher verwehrt gewesen war. Und wenn dies nicht der Fall ist, ist die Firma nichts. „Was für ein Unsinn!", sage ich da nur.

Selbstverständlich gibt es leider auch zu viele Menschen und Führungskräfte in diesen Firmen, die nicht die Wahrheit sagen und stattdessen stets erzählen, wie einfach doch alles ist. Also, bitte ruhig auch mal selbst das Gehirn einschalten. Habe eine realistische Einstellung dazu und gehe durchdacht daran und nicht wie ein dummer Naivling, der gerade gehört hat, dass es auf dem Marktplatz 500-Euro-Scheine regnet. Ich habe nirgendwo so viel Naivität erlebt wie im Vertrieb. Immer wieder bekommen diese Menschen in meinen Businesstrainings eine kalte Dusche verpasst, die sie aber auch dringend nötig haben. Sie stellen mich dann gerne als „knallhart" hin, weil sie selbst nicht in der Lage sind, unternehmerisch zu denken, geschweige denn so zu handeln. Und genauso werden auch ihre Resultate sein, nämlich weit unter dem, was sie gerne hätten.

Bitte achte auch darauf, dass du dir ein realistisches Zeitlimit setzt, ab wann du die ersten (kleineren) Gewinne einfahren kannst. Dabei ist es völlig unwichtig, in welchem Bereich sich dein Business oder dein Erfolgswunsch bewegt. Nach meinen Beobachtungen sind die größten unrealistischen Träumer im Vertrieb, in der Versicherungs- und in der Immobilienbranche sowie im Network Marketing zu finden. Das ist einer der Gründe, warum sie haufenweise scheitern und die Branche nach außen einen derart schlechten Ruf genießt. Obwohl für viele Menschen darin auch ein riesiges Potenzial steckt, nämlich die unglaubliche Chance, sich nach etwa fünf

Jahren konzentrierter Arbeit sein Leben freier gestalten zu können. Doch diese Chance gibt es auch in anderen Selbstständigkeiten.

Dabei sind es eher viele Menschen in dieser Branche, die schlichtweg nicht in der Lage sind, ein Geschäft realistisch zu planen und abzuwägen. Das bestätigen auch die Zahlen, die von verschiedenen Instituten vorgelegt werden. So sank beispielsweise im Jahr 2011 deutschlandweit die Zahl der Firmeninsolvenzen – mit einer Ausnahme: Unternehmen bzw. Unternehmer, die nicht länger als zwei Jahre am Markt gewesen waren, waren konkursgefährdet! So war im Jahr 2011 rund ein Viertel aller insolventen Unternehmen erst zwölf bis vierundzwanzig Monate zuvor gegründet worden. Nach Angaben der Wirtschaftsauskunftei Bürgel kletterte die Pleitenquote dieser jungen Unternehmen im Vergleich zum Jahr davor um 34,5 Prozent.

Als Gründe für diese hohe Zahl an Insolvenzen führten die Statistiker nicht nur eine schwierige Startphase, mangelnde Kapitalausstattung und Finanzierungsschwierigkeiten an, sondern auch **strategische Fehlentscheidungen.** Mit anderen Worten: Die gescheiterten Existenzen hatten häufig keinen adäquaten Plan, wie sie ihr Unternehmen erfolgreich aufbauen konnten. Im Vertrieb und in meinen Trainings habe ich selbiges im Verlauf von zwei Jahrzehnten bei Tausenden von Menschen beobachten können.

Insolvenzentwicklung in Deutschland von 1991 bis 2011:

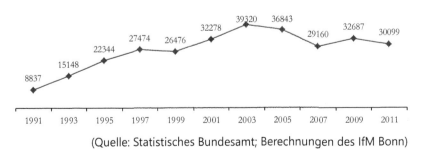

(Quelle: Statistisches Bundesamt; Berechnungen des IfM Bonn)

Zudem fällt auf, dass es besonders die Kleinunternehmer ohne Angestellte oder Arbeiter sind, die wirtschaftlich nicht überleben.

Insolvenzen von Unternehmen nach der Anzahl der Beschäftigten:

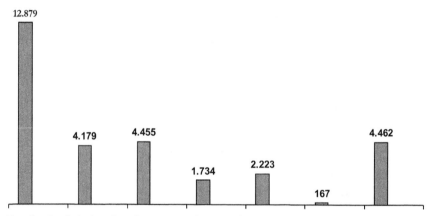

(Quelle: Statistisches Bundesamt; Insolvenzverfahren, Umsatzsteuerstatistik, Berechnungen auf Basis des Jahres 2011; durchgeführt durch IfM Bonn)

Deshalb lautet an dieser Stelle mein Tipp an dich: Beginne ein neues Geschäft nur, indem du dir vornimmst, es in den kommenden drei Jahren auf jeden Fall durchzuziehen. Beginne mit einem handfesten und strukturierten Plan. Gehe keine Schritte planlos. Alles andere ist zum Scheitern verurteilt.

Wenn du nun aber eher den Wunsch nach einer glücklichen Beziehung hast, dann setze dir als Zeitlimit ebenfalls drei Jahre. Wichtig ist hier, dein Augenmerk vorrangig darauf zu legen, was du gerne noch alles erleben möchtest, anstatt nach passenden Partnern Ausschau zu halten. Erstelle dir einen Plan, wie du dies alles realisieren willst – und zwar OHNE Partner, indem du beispielsweise beginnst, diese Dinge allein zu unternehmen. Ich sehe immer wieder Menschen, die sich ohne Partner derart unvollständig und unselbstständig fühlen, dass es schon fast erschreckend ist. Ständig auf der Suche nach dem Retter – dem perfekten Partner –, der sie dann glücklich machen wird. Was für eine Illusion! Und was für ein Druck für eine neue Partnerschaft! Der Partner kann dir niemals gerecht werden!!! Er wird fliehen, entweder innerlich oder äußerlich, denn es ist zu viel. Da ist keine Liebe, keine Freiheit – nur eine immense Erwartungshaltung. Werde auch hier etwas verantwortungsbewusster, und zwar zuerst dir selbst gegenüber, und habe die Bereitschaft und die Geduld, zu lernen, was es bedeuten könnte, Liebe zu leben.

4
Innere Stärke und Kraft

Wenn du einen realistischen Zeitrahmen für den Aufbau deines Geschäftes gesetzt hast, dann kannst du dich jetzt diesem nächsten Schritt widmen. Es ist ein immens wichtiger, weil du davon ausgehen musst, dass du öfter einmal scheitern wirst, bevor du deinen Durchbruch erreichst. Das hat keineswegs mit negativem Denken zu tun, sondern mit der Realität und einer Portion gesundem Menschenverstand.

Genauer ausgedrückt heißt das, dass du möglicherweise das eine oder andere Mal einen Schlag versetzt bekommen wirst, mit dem du nicht gerechnet hast. Das sind jene Momente, in denen du an dir und an dem, was du tust, mal mehr und mal weniger zweifeln wirst. Was dir in solchen Situationen dann dabei helfen kann, trotzdem nicht aufzugeben, ist deine innere Stärke und Kraft. Wenn du diese Kraft und Zuversicht bislang in dir noch nicht entwickeln konntest, halte nach jemandem in deiner Umgebung Ausschau, der an dich glaubt und dir immer wieder Hoffnung macht. Solltest du nicht fündig werden, gönne dir einen guten Coach, der in deinem Bereich bereits ausreichend Erfahrungen gesammelt und Erfolg aufgebaut hat.

Wie gefestigt bist du? Wie sehr willst du es? Wie sehr bist du bereit, dem Misserfolg zu trotzen? Ich denke hier zum Beispiel an die vielen Musiker, die allesamt sehr arm wären, hätten sie einfach aufgegeben, als ihr erstes Album keinen Erfolg hatte oder die neue Single bei ihren Fans und bei solchen, die es noch werden wollten, nicht ankam. Wir als ihr Publikum hätten weniger gute Musik. Mach dir ein Bild davon, wie lange die ganz großen Persönlichkeiten gebraucht haben, um als Genie auf ihrem Gebiet wahrgenommen und anerkannt zu werden. Manche mussten sogar sterben, bevor ihre einzigartigen Leistungen von zuvor ignoranten Menschen anerkannt und gewürdigt wurden. Sie alle hatten die innere Kraft und/oder gute Partner bzw. Freunde, trotzdem weiterzumachen, obwohl niemand ihr Werk schätzte.

Doch selbst, wenn wir nicht so weit gehen, zu jenen Größen der Vergangenheit, und einfach hier in unserer Zeit bleiben, dann kann ich aus meinem eigenen Leben auch nichts Einfaches berichten. Beim ersten Mal war es so, dass alles, was ich in den ersten anderthalb Jahren aufgebaut hatte, von einem Monat auf den anderen dahin war. Ich verlor alles: das gesamte Team, das ich aufgebaut hatte, all die Schulungen, all die Rennerei, all das Geld, das ich investiert hatte … das alles war auf einmal nicht mehr da. All die Arbeit, all die Mühe war umsonst gewesen – es war einfach weg. Ich stand vor dem Nichts, allein und ohne jede Unterstützung. Und mit Schulden, die ich zuvor nicht gehabt hatte. Ich war am Boden und tief deprimiert.

Weil ich ständig – ja fast schon tagtäglich – mit größeren und kleineren Enttäuschungen leben musste, konnte ich zumindest einigermaßen damit umgehen. Ständig hatten mir Menschen und Freunde erzählt, welchen Blödsinn ich machen würde. Einige von ihnen hatten sich sogar von mir abgewandt. Immer wieder hörte ich, dass in meinem Bereich nur „die Oberen" verdienen würden, indem sie Menschen wie mich ausbeuteten, und dass ich es nicht schaffen würde. Ich sollte es doch endlich lassen. Ich lebte auch damit, dass viele meiner Aktionen von größeren wie kleineren Misserfolgen begleitet wurden. Trotz dieser Widrigkeiten baute ich meinen Vertrieb auf und freute mich über das von mir aufgestellte Team. Zugegeben, ich machte nicht viel Umsatz. Doch in Anbetracht der Zeit, die damals vorherrschte, in Verbindung mit dem unglaublich schlechten Ruf der Firma in den deutschsprachigen Ländern damals schaffte ich dennoch um einiges mehr als das, was meine Kollegen auf die Beine stellten.

Als ich all das jedoch mit einem Schlag verlor, weil meine Vertriebspartner zu einem anderen Unternehmen wechselten, das ihnen einen **schnelleren Erfolg** versprach, war auch ich erst einmal am Boden. Ich war knapp 24 Jahre alt und zweifelte stark an mir. Ich fragte mich die ganze Zeit, was ich falsch gemacht haben könnte und warum sie zu der neuen Firma gegangen waren. Heute weiß ich es: Ich konnte ihnen nicht das schnelle Geld geben und keinen schnellen Erfolg versprechen. Doch genau das hatten sie von mir erwartet. Ich sollte ihre finanziellen Probleme, die sie im Laufe von mehreren Jahren angehäuft hatten, in wenigen Monaten lösen. In ihren Augen hatte ich versagt. Ein weiterer Fehler, den ich begangen hatte, war, dass ich viel zu „nett" gewesen war und meinen Vertriebspartnern zu viel an Arbeit und Verantwortung abgenommen hatte. Ich stand kurz davor, alles hinzuwerfen, und hatte den Eindruck, jeder andere könne etwas auf die Beine bekommen – nur ich nicht.

Der eine oder andere Kollege sprach mir Mut zu. Ich buchte einen Last-Minute-Urlaub für eine Woche nach Tunesien und wollte dort eine Entscheidung treffen. Als ich zurückkam, raffte ich mich wenige Tagen später wieder auf. Weil ich ohnehin nichts zu verlieren hatte, konnte ich genauso gut noch einmal neu starten und alles geben. Ich nahm meine Kraft zusammen und sagte mir: „Ich gebe noch einmal alles, egal, was kommt." Wenn ich schon untergehen sollte, dachte ich, dann wenigstens mit Pauken und Trompeten!

Diese Entscheidung war essenziell, obwohl sie mich große innere Kraft kostete. Wenn dich alle Menschen verlassen, die zuvor gesagt haben, dass sie an deine Sache glauben und es mit dir zusammen aufbauen wollen, und dir deine Bank im Nacken sitzt, dann ist es schwierig, noch an den eigenen Erfolg zu glauben. Doch ich fing erneut an. Nur zwei Monate nach dieser Entscheidung verbuchte ich plötzlich Erfolge, die ich in der ganzen Zeit davor nicht gehabt hatte. Plötzlich fing mein Business, mein Geschäft an zu wachsen, und von da an ging es stetig bergauf, bis ich mit 27 Jahren meinen Traum erreichte. Das war nicht nur die höchste Position in einem Unternehmen innerhalb Europas, sondern auch das erste Mal, dass eine solche in einem amerikanischen internationalen Multimilliarden-Konzern von einer Frau erreicht wurde. Eine großartige Erfahrung für mich, bei der es nicht bleiben sollte.

Ich habe in einem früheren Abschnitt betont, dass ich keine „Predigerin" bin, die ihr Wissen aus bereits vorhandenen Büchern zusammenklaubt, um dann – lediglich in andere Worte verpackt – ein „neues" Buch daraus zu machen. Alles, worüber ich schreibe, lebe ich oder habe ich gelebt. Wenn ich hier also Behauptungen aufstelle, dann aus dem einen Grund, weil ich sie nicht nur beweisen kann, sondern selbst mehrfach erlebt habe.

Du hast soeben erfahren, dass ich von ganz unten nach ganz oben aufgestiegen bin. Das war nicht das Ergebnis von Glück oder Zufall oder „günstigen Umständen", sondern von Mut und Entschlossenheit, die aus der inneren Kraft gespeist werden. Und genau darauf kommt es an, wie Prof. Dr. Waldemar Pelz vom Institut für Management-Innovation schreibt.

In einer Studie wurde das, was ich erst viele Jahre später erfahren habe, indirekt bestätigt: Wenn besonders erfolgreiche Manager, Führungskräfte und Unternehmen etwas gemeinsam haben, so die Studie, dann sind es nicht „charismatische" oder „visionäre" Eigenschaften, sondern

„die Fähigkeit, die Dinge, die sie sich vornehmen, tatsächlich in messbare Resultate umzusetzen".

Deswegen, so schreibt Prof. Dr. Pelz, erzielen sie mit eher bescheidenen Mitteln – häufig sogar unter eher ungünstigen Umständen – überzeugende Ergebnisse. Du siehst, was ich warum so erlebt habe. Egal, was um dich herum geschieht, du bist nicht allein. Was du für dein Vorhaben benötigst, sind innere Kraft, Vertrauen und Stärke.

Es werden Zeiten kommen, da wirst du deine gesamte Energie brauchen, um weitermachen zu können, obwohl alle anderen dich verlassen haben und du vielleicht alles verloren hast.

Diese innere Kraft, Vertrauen und Stärke sind essenziell bei allem, was du dir vornimmst. Wenn du dich zum Beispiel dem Lebenssinn widmen willst, kannst du nicht erwarten, dass du nur, weil du gerade einmal drei Wochen meditiert hast und bereit warst, ein wenig still zu sein oder nach innen zu gehen (denn nichts anderes ist Meditation), plötzlich sämtliche Antworten kennst oder alles in deinem Leben rund läuft. Du wirst auch in diesem Bereich – wie im Geschäft – mit Rückschlägen und Frustrationen umzugehen haben. Und immer wieder wirst du auf dich selbst zurückgeworfen sein, wo du dich deinen Schattenseiten noch ein wenig mehr stellen darfst.

5

Der tiefe Wunsch und der Wille, Erfolg erreichen zu wollen

Du hast im vorangegangenen Kapitel sicherlich erkannt, was es – unabhängig von der inneren Kraft – noch braucht, um nach vorne zu kommen: Es ist das sogenannte letzte Aufbäumen, mit dem man trotz aller Widrigkeiten noch einmal alles gibt und versucht, den eigenen Traum Wirklichkeit werden zu lassen.

Ich selbst wollte damals etwas erreichen, was bis zu jenem Zeitpunkt in dieser Firma, in diesem Alter und als Single, noch keiner erreicht hatte, weder Mann noch Frau. Mich hat schon immer das Außergewöhnliche angezogen. Etwas, das ohnedies jedermann machen konnte, war für mich uninteressant und langweilig. Und genau deshalb war es mir immer wieder möglich, mit meinen oftmals letzten Kraftreserven alles zu geben für meinen Erfolg bzw. für das, was ich mir wünschte. Wie man sieht, ist mir das gelungen.

Für dich bedeutet das: Wenn du dir etwas vornimmst, dann sorge dafür, dass dieses Ziel groß genug ist, damit dir der Gedanke daran genügend Kraft verleiht, es auch wirklich erreichen zu wollen. Es sollte ein lohnenswertes Ziel sein. Etwas Machbares natürlich, aber unbedingt lohnenswert! Andernfalls wirst du die dafür erforderliche Kraft nicht aufbringen können.

Davon zu träumen, z. B. in einem Jahr auf den Mars zu fliegen, wird dir ohne Geld und ohne die richtigen Verbindungen, ohne die dafür notwendige Ausbildung und ohne die dazugehörigen Möglichkeiten nichts bringen. Da kannst du noch so viel darüber nachdenken und es noch so sehr wollen. Also achte darauf, dass das von dir angestrebte Ziel etwas für dich Machbares ist. Machbar wäre es zum Beispiel, wenn du mit einer entsprechenden Ausbildung beginnen würdest und bereit wärst, dich in den nächsten fünf bis zehn Jahren hineinzuknien und zu lernen, für die erforderliche körperliche Fitness zu sorgen, dir parallel dazu Verbindungen in diversen Bereichen aufzubauen usw. usf. Es heißt, diese Kraft aufzubringen würde sich lohnen.

„Erfolgreiche Menschen werden älter",

schrieben die Wissenschaftler Howard Friedman und Leslie Martin in einer Studie, die vor beinahe einem Jahrhundert in Kalifornien begann. Der Psychologe Lewis Terman startete im Jahr 1921 sein Projekt. Er war auf der Suche nach begabten Kindern und bat deshalb Lehrer, die intelligentesten Schüler auszuwählen. Sein Ziel war es, die Ursachen intellektueller Begabung zu entschlüsseln und frühe Anzeichen für ein hohes intellektuelles Potenzial zu erkennen. An dieser Langzeitstudie nahmen 1528 Mädchen und Jungen teil, die um das Jahr 1910 geboren worden waren. Über mehr als acht Jahrzehnte hinweg befragten zunächst Terman und nach seinem Tod weitere Wissenschaftler die Teilnehmer dieser Studie. Die Ergebnisse dieser gewaltigen Datenansammlung sind mit obiger Aussage zum Teil zusammengefasst. Weitere interessante Erkenntnisse aus dieser Studie haben die Psychologen Friedman und Martin in einem Buch veröffentlicht.

Ich behaupte, erfolgreiche Menschen werden nicht nur älter, sondern sie bleiben auch gesünder und sind glücklicher. Mit „erfolgreich" meine ich, wie immer, nicht nur im beruflichen oder wirtschaftlichen Kontext, sondern erfolgreicher und erfüllter in ihrem Leben.

So sind Menschen, die eine glückliche und erfolgreiche Beziehung führen, deutlich entspannter als Paare, bei denen stets alles unter Spannung steht. Solchen „gestressten" Paaren würde es bei Weitem bessergehen und sie könnten viel lernen, wenn sie sich selbst und auch ihrer Partnerschaft sechs bis zwölf Monate Beziehungspause verschaffen würden, anstatt immer nur am anderen herumzunörgeln. Doch genau diejenigen, die es am nötigsten bräuchten, wollen von so etwas nichts wissen, sondern lieber ein Leben lang am anderen herumkritisieren und gemeinsam zu zweit unglücklich sein. Auch hier muss der Wunsch, eine entspannte, lebensbejahende und glückliche Beziehung führen zu wollen, stark genug sein – der Wunsch, den Partner eventuell auch auf eine andere Art sehen zu wollen, als man es bislang getan hat.

Die Mehrzahl der Singles zum Beispiel, die über ein gesundes soziales Umfeld verfügen, sind glücklich, obwohl sie nicht in einer Partnerschaft leben. Ich selbst habe viele Jahre, während ich mir meine Karrieren aufgebaut habe, und auch danach als Single gelebt. Ich war mit meinen äußeren und inneren Zielen so ausgelastet, dass kaum Raum für einen Partner blieb. Ich konnte mich vollständig und ohne Ablenkung zu 100 Prozent auf das konzentrieren, was ich wollte. Es war eine sehr bereichernde Zeit, in der ich viel über mich selbst gelernt habe und die ich nicht missen möchte. Diejenigen, die nie eine Zeit lang ohne Partner gelebt haben, können sich manchmal gar nicht vorstellen, wie man auch allein glücklich sein kann.

Vielleicht war es auch mein Glück, dass ich oft nicht bereit war, faule Kompromisse in einer Beziehung zu leben. Ich war offen für eine Partnerschaft, aber es war kein Muss für mein Leben. Meine Umgebung hingegen hatte da schon eher manchmal ihre liebe Mühe damit, mich quasi unter der Haube und mit Kindern auf meinem Schoß sehen zu wollen.

Schau mal genauer hin: Vielleicht hast auch du in dir den tiefen Wunsch zu lernen, wie man mit sich alleine glücklich werden kann. Falls ja, dann setze dich dafür ein.

6

Ein klarer Verstand, gepaart mit Liebe und Leidenschaft zum Tun

Unabhängig von deinen inneren Qualitäten benötigst du für dein Vorhaben auch einen guten, klaren und wachen Verstand. Du musst in der Lage sein, strukturiert zu denken und zu handeln.

Es bringt nichts, die tollsten Ziele zu haben, aber nicht in der Lage zu sein, strukturiert und auch diszipliniert zu arbeiten. Frauen sind hier gegenüber Männern ein wenig im Nachteil, doch ich habe auch genügend Männer kennengelernt, die hierin ein starkes Defizit hatten. Es ist kein Widerspruch, wenn ich sage, dass du für das, was immer du vorhast und erreichen willst, eine gewisse Leidenschaft brauchst. Du musst das Ziel lieben und trotzdem in der Lage sein, wie ein nüchterner Unternehmer zu denken. Viele Menschen können entweder das eine oder das andere, aber die wenigsten können beides. Dennoch sind, wie ich finde, beide Seiten besonders wichtig.

Ich liebe, was ich jeweils gerade tue, und dafür gebe ich stets alles, was ich kann. Es beflügelt mich, und trotzdem bin ich so klar und realistisch, dass ich immer genau darauf schaue, wie ich etwas am besten koordiniere und strukturiere. Mein Alltag ist vollgepackt mit vielen Dingen, die konzentriert und effektiv erledigt werden wollen.

Ein langjähriger Freund von mir, den ich schon seit beinahe zwei Jahrzehnten kenne, schrieb vor einigen Jahren auf meiner Webseite unter eines meiner Videos diesen Kommentar:

„Hi Dani, wir kennen uns ja schon sehr lange, und wenn ich mir gerade deinen Werdegang im Video anschaue, fällt mir auf, du gehst schon immer deinen Weg! Du erreichst deine Ziele, weil du immer daran glaubst, was du gerade tust! Leider geben viel zu viele Menschen auf, bevor sie ihr Ziel erreicht haben, und ich denke, das liegt unter anderem daran, dass sie aufhören, an sich zu glauben – vielleicht,

weil sie nicht gleich auf Anhieb viel Geld verdienen. Man muss nicht immer ein guter Verkäufer sein, um erfolgreich zu sein, sondern man muss an sich glauben und auf jeden Fall Spaß dabei haben! LG Oli"

Über diesen Kommentar habe ich lange nachgedacht. Es stimmt, was Oliver schreibt: Ich habe mich niemals als „Verkäuferin" gesehen und ich behaupte auch nicht, eine zu sein. Es gibt wirklich sehr gute Verkäufer da draußen (die ich hier allerdings namentlich nicht erwähnen möchte), die an einem Wochenende locker eine Million Umsatz machen – und dies nicht nur einmal im Jahr. Das muss man erst einmal können und zustande bringen. Hut ab so weit.

Ich persönlich möchte trotzdem nicht so arbeiten. Auch wenn alles, was ich anpackte – ob es nun mit Verkaufen zu tun hatte oder mit anderen Tätigkeiten (Werbung, Vertrieb etc.) –, erfolgreich war, so hatte das nichts damit zu tun, dass ich besonders gut verkaufen kann, sondern dass ich es bei den Menschen immer **ernst** angegangen bin und nicht einfach nur etwas loswerden wollte. Und weil ich immer von dem **überzeugt** war, was ich gerade tat. Insofern ist Olivers Sichtweise richtig.

Hier habe ich sehr häufig gesehen, wie Fehler geschehen. Genügend Menschen lieben das, was sie sich vornehmen. Sie können auch irgendwelche Vision Boards damit füllen, die Bilder visualisieren und wochen- oder monatelang davon träumen – leider fehlt es ihnen aber dafür am zweiten Teil umso mehr: die Träume wach, effektiv und ernsthaft in die Realität umzusetzen. Ihre Gespräche gleichen dem Smalltalk auf einem Marktplatz: null Verbindlichkeit, null Möglichkeiten und null Ernsthaftigkeit.

Genauso sieht es in ihrem Büro aus, wo sich offene Rechnungen stapeln und die unerledigte Buchhaltung auftürmt und sie keinerlei Plan haben, wie ihr Business aussieht. Aber davon ist ALLES wichtig! Denn was du nicht wahrhaben, was du vermeiden willst, weil es aus deiner Sicht sinnlos oder gar unnütz erscheint, wird eben genau das sein, was dich am Ende einholen und dir den Erfolg verwehren wird.

Du kannst dich nicht über die Gesetze der Materie oder die Gesetze der Wirtschaft stellen, auch wenn du dies noch so sehr glaubst und davon überzeugt bist. Sei also nicht so naiv, das anzunehmen oder es gar zu ignorieren. Es ist auf jeden Fall stärker als du und es wird dich früher oder später einholen, ganz egal, um welche Art von Projekt es sich dabei handelt. So kann es beispielsweise bei deiner Finanzplanung beginnen und bei der mangelhaften Kommunikation mit jenen Menschen aufhören, mit denen du arbeitest.

Nichts ist unwichtig in deinem Vorhaben – mit Ausnahme deiner Ignoranz.

7
Lernbereitschaft und Mut

Um etwas Neues zu beginnen, braucht es Mut. Um trotz Widrigkeiten bis zum gewünschten Erfolg durchzuhalten, braucht es Durchhaltevermögen. Doch all das oben Genannte wäre sinnlos und vergeudete Energie, wenn es dir an Lernwilligkeit fehlt. Sei lernbereit.

„Ab und an", so habe ich in Märchen gelesen, „fallen auch mal Meister vom Himmel." Ab und an ist man bereits ein Meister, bevor man erwachsen wird, einfach deshalb, weil die Familie über ein immenses Wissen, über Geld und Verbindungen verfügt und all das an die Kinder weitergegeben wird. Für außenstehende Erwachsene erscheinen diese Kinder dann wie Meister. Trotzdem haben auch diese Kinder einen Lernprozess durchlaufen, nur eben deutlich schneller und früher. Das nenne ich eine begnadete Erziehung, die den meisten Menschen unserer Zeit und vor allem der Masse verwehrt bleibt.

Da ich dich nicht dazuzähle – denn in diesem Fall würdest du wohl kaum mein Buch lesen –, kann ich nur sagen: Bewahre dir deine innere Bereitschaft, zu lernen.

Ich finde nichts trostloser, als Menschen kennenzulernen, die meinen, alles zu wissen, obwohl es ihnen in dem jeweiligen Bereich an Erfahrung fehlt. Die zudem keinerlei Bereitschaft zeigen, in eine neue Richtung zu denken oder etwas Neues aufzunehmen. Alles, was nicht in ihre gewohnten Raster hineinpasst, ist grundsätzlich nichts (wert). Was für ein armes, trostloses und ignorantes Leben! Du beraubst dich deiner eigenen Möglichkeiten, wenn du so unterwegs bist. Es wird dich garantiert nicht glücklich machen. Dazu kann ich nur sagen:

Wenn sich deine Wahrnehmung verändert,
verändert sich dein ganzes Leben und
Wunder sind möglich!

Dies sind meine Erfahrungen. Doch was sind „Wunder"? Wunder sind Ereignisse, die dir wie ein plötzliches und unerwartetes Geschenk vorkommen, nachdem du deinen Teil erbracht hast. Das bedeutet, du hast alles dir Mögliche getan, um das Gewünschte zu erreichen, oder alles gegeben, um Situationen und Dinge zu verändern – und plötzlich stellen sich Resultate ein, die dich vor Freude weinen lassen. Oder du könntest vor Freude die ganze Welt umarmen.

***Wenn du deinen Teil tust,
schenkt dir das Leben den Rest.***

Deine Wahrnehmung kann sich allerdings nicht verändern, wenn keine Lernbereitschaft vorhanden ist. Um eine neue Wahrnehmung zu bekommen, musst du bereit sein, in eine andere Richtung zu schauen.

Ich möchte dir über eine kleine Erfahrung aus meinem Leben erzählen, die ich vor einigen Jahren gemacht und später in einem Newsletter verarbeitet habe. Hier nun der damalige Text, für den ich den Titel **Der Schatten** gewählt habe:

Der Schatten

Neulich sagte jemand, den ich übrigens sehr schätze und mag, über das Thema „an sich arbeiten" zu mir: „Ich weiß nicht, ob ich bereit bin, so über meinen Schatten zu springen." Das sind solche Momente, in denen man sich wie bei einem Schachspiel fühlt, bei dem der Gegner mit einem Zug beide patt setzt. Also nicht matt, sondern, wenn er bei seinem Zug bleibt, eher patt. Keiner hat gewonnen. Da ich kein großer Freund von weiterbohren bin, ließ ich das Gesagte so stehen und wechselte nach einer Weile das Thema.

Einige Tage später tauchte während eines Spaziergangs wieder dieser Satz zwischen meinen Gedanken auf: *„Ich weiß* *nicht, ob ich bereit bin, so über meinen Schatten zu springen."* Mir ist schon des Öfteren aufgefallen, dass viele Menschen – bewusst oder unbewusst – genauso denken. Und während ich über den Satz nachdachte und darüber, was es wohl bräuchte, um über seinen eigenen Schatten springen zu können, bemerkte ich, dass ich (durch das Licht von hinten) gerade selbst einen riesigen Schatten nach vorne warf.

Der Schatten wurde immer größer – über 10 Meter lang. In diesem Moment wurde mir sehr deutlich bewusst, wie wenig realistisch es wäre, über meinen Schatten springen zu wollen. Ein Ding der Unmöglichkeit. Selbst als Leichtathletin würde ich es nicht schaffen. Nach jedem Sprung wäre der Schatten immer noch da. Wie sehr ich mich auch anstrengen würde, der Schatten vor mir würde seine Größe bewahren, selbst wenn er etwas kleiner wäre.

Da erkannte ich, dass es nicht nötig war, über meinen Schatten zu springen. Das Einzige, was erforderlich war, lag in meiner Entscheidung, mich einer neuen Richtung zuzuwenden. Ich tat genau dies, und siehe da – der Schatten war nicht mehr in meinem Blickfeld. Ich hatte genau vier Möglichkeiten:

1. Ich blickte in dieselbe Richtung wie eben und würde mir weiterhin erzählen, dass ich nicht über meinen Schatten springen könne. Doch der Schatten würde mich weiterhin beschäftigen, weil er sich stets direkt vor mir befand.

2. Ich drehte mich um 90 Grad nach rechts, und der Schatten wäre plötzlich nicht mehr so wichtig, da ich eine neue Richtung vor mir hätte und andere Perspektiven, während der Schatten zwar seitlich noch immer zu sehen war, aber nun eher am Rande.

3. Ich drehte mich um 90 Grad nach links, und auch hier wären plötzlich ganz andere Möglichkeiten zu sehen.

4. Ich drehte mich um 180 Grad und ging in eine komplett neue Richtung. Der Schatten war vollständig aus meinem Blickfeld verschwunden!

Egal also, in welche Richtung ich gehen würde, der Schatten wäre nicht wirklich weg. Doch meine Energie würde mehr auf meine neue Richtung ausgerichtet sein als auf den Schatten. Ich entschied mich, mich dem Licht – sprich den neuen Möglichkeiten – zuzuwenden, buchstäblich der Sonne entgegenzugehen. Und siehe da, der Schatten war plötzlich nur noch eine Geschichte in meinem Verstand. Würde ich mich jedoch wieder umdrehen, wäre er erneut in voller Größe präsent.

Was ist also nötig?

Manchmal reicht es, sich einfach in eine neue Richtung zu drehen und sich für einen neuen Weg zu entscheiden, weil du dann den Schatten nicht mehr als etwas Unüberwindbares siehst, sondern als einen Teil von dir, der auch sein darf, dem du aber nicht unnötig viel Energie zukommen lassen musst.

Was würde ich nun also antworten, wenn das wieder jemand zu mir sagte? Vielleicht würde ich erwidern: „Über deinen Schatten zu springen, ist völlig unnötig. Außerdem kannst du dich dabei verletzen. Und gegen das Licht hast du sowieso keine Chance. Also lass uns gemeinsam versuchen, lieber in eine neue Richtung zu schauen. Der Schatten läuft dir deshalb nicht weg. Du kannst dich ihm jederzeit wieder zuwenden."

In welche Richtung magst du weiterschauen?

(So weit dieser Newsletter.)

Ich selbst habe mich, Gott sei Dank, immer wieder für die Richtung mit den Möglichkeiten entschieden und niemals für das Sichere und Gewohnte. Was Jim Rohn damals sagte, habe ich mir immer wieder vor Augen gehalten: **„Arbeite härter an dir selbst ..."** Aus diesem Grund hätte es für mich auch niemals eine andere Möglichkeit gegeben, als diesen Weg so zu gehen.

Du siehst, dein Schatten kann dir helfen, Dinge anders wahrzunehmen. **Wie lernbereit bist du wirklich?**

Wie sehr hörst du hin, wenn dir jemand etwas Neues zu deinem Vorhaben sagen will, dir eventuell eine neue Idee aufzeigen möchte? Hörst du innerlich weg, weil du meinst, es nicht zu brauchen? Vielleicht hat der andere etwas, was dich in deinen Bemühungen nach vorne bringen könnte? Dies wirst du aber nicht herausfinden, wenn du stets glaubst, bereits alles zu wissen. Überlege dir einmal, was es dich kosten könnte, so zu denken. Wie willst du dein Leben verbringen? Oder meinst du vielleicht, dass dein Leben niemals zu Ende sein wird und es völlig egal ist, wie du es verbringst oder was du daraus machst?

Ich behaupte, dass du es dir schlichtweg nicht leisten kannst, so zu denken, wenn du – egal in welchem Bereich – wirklich erfolgreich werden willst! Erst die Bereitschaft, deinen Blickwinkel und deine Wahrnehmung zu verändern, kann dich in neue Dimensionen führen. Eine Dimension der verschiedenen Erfolge! Eine Dimension der Wunder! Entscheiden musst du allerdings selbst.

Übrigens sind einer Studie der Deutschen Universität für Weiterbildung (DUW) zufolge für 43 Prozent der Berufseinsteiger von heute, die sogenannte Generation Y, Weiterbildungsangebote sehr wichtig. 60 Prozent dieser Altersgruppe der 25- bis 35-Jährigen halten sie sogar für ausschlaggebend bei der Entscheidung für ihren Arbeitgeber. Daraus schließe ich, dass sich niemand mehr leisten kann, auf Weiterbildung zu verzichten. Ein heute 50-Jähriger wird beruflich nur überleben können, wenn er eben dazu bereit ist. Ansonsten dürften ihn die heute 25- bis 35-Jährigen bald schon überholt haben, wenn es darum geht, begehrte Posten zu besetzen.

Viel wichtiger, als einfach nur theoretischen Weiterbildungen und Zertifikaten nachzujagen, empfinde ich die Arbeit an sich als Ganzes.

Ich kann es nicht oft genug betonen, wie wichtig dies für mich und mein Leben war. Unterschätze niemals deine eigene Lernbereitschaft, die dir die Möglichkeit eröffnen wird, bei der eigenen Persönlichkeit, bei alldem, was dir im Weg steht und dich bewusst wie unbewusst hindert, den Durchbruch zu schaffen.

8 & 9

Die Bereitschaft, den Preis für den Erfolg zu bezahlen

&

Die Fähigkeit, Entscheidungen zu treffen

Nun kommen wir zu einem aus meiner Erfahrung kritischen und besonders gehassten Punkt im Zusammenhang mit dem Thema „Erfolg". Es geht für dich darum, dich zu entscheiden. Was von deinem jetzigen Leben bist du bereit, vorübergehend für deinen Erfolg aufzugeben? Was ist der Preis dafür, den du zu bezahlen bereit bist?

Spätestens bei diesem Punkt verliere ich mindestens die Hälfte der Teilnehmer. Anders ausgedrückt: **Ich verliere nicht weniger als 50 Prozent der zuvor noch ernsthaft interessierten „Anwärter auf Erfolg".** Ich kann angeblich alles von ihnen verlangen – aber auf keinen Fall, dass sie für das, was sie erreichen wollen, auch einen entsprechenden Preis bezahlen.

Liebe Leute, ich sage es hier ganz klar und deutlich:

Wenn du nicht bereit bist, einen Preis zu bezahlen,
wirst du auch niemals
etwas Außergewöhnliches erreichen.

Ob dir diese Aussage gefällt oder nicht, ist völlig gleichgültig – sie ist eine Tatsache! Für jeden meiner Erfolge, egal welcher Art, musste ich einen Preis bezahlen. Für absolut jeden. Immer wieder. Jedes Mal und ohne Ausnahme. Wenn du hierzu nicht bereit bist, dann bleib im Mittelmaß des Alltags trostlos stecken und träume nicht weiter von irgendwelchen Höhen, denn ich sage dir klipp und klar: **Mit einer solchen Einstellung wirst du sie niemals erreichen.**

Versteh mich bitte nicht falsch: Es ist keineswegs schlimm, im Mittelmaß stecken zu bleiben – wenn dies tatsächlich das ist, was du dir für dich wünschst. Träume dann aber bitte nicht von Idealen und Höhen, denn diese werden für dich immer ein unerreichbarer Traum bleiben.

Ich gebe dir hierzu ein Beispiel aus meinem eigenen wirtschaftlichen Leben. Die ersten viereinhalb Jahre in meinem Geschäft (ich war damals im Vertrieb tätig) war ich bereit, auf eine private Beziehung und auch auf Freunde zu verzichten. Mit anderen Worten: Während alle anderen auf Grillabende, in Diskotheken und auf Hochzeiten gingen, Weihnachten, Ostern und Pfingsten etc. feierten, saß ich entweder alleine in meinem kleinen Wohnzimmer und arbeitete oder aber ich war außerhalb auf Geschäftsseminaren unterwegs.

Während die anderen ihre freien Wochenenden hatten, arbeitete ich. Während andere einer Fünf-Tage-Woche nachgingen, hatte ich eine Sieben-Tage-Woche. Während andere nach acht Stunden am Arbeitsplatz nach Hause gingen, arbeitete ich von morgens, wenn mich mein Telefon weckte, bis nach Mitternacht. Während andere drei Wochen am Stück Urlaub machten, hatte ich nicht einmal eine Woche. Während andere ihr Geld ausgaben, um sich zu vergnügen, also die Disco besuchten, schöne Sachen zum Anziehen kauften oder gut essen gingen, investierte ich alles Geld nur in mich selbst und mein Geschäft. Buchstäblich jeden Cent. Selbst den Wunsch meiner Familie, sie zu besuchen, damit sie mich nach langer Zeit endlich wiedersah, schlug ich aus. Ich ging stattdessen lieber auf Geschäftsreise. Einmal vergaß ich sogar, meine Mutter anzurufen und ihr zum Geburtstag zu gratulieren. Das hat ihr damals nicht so gut gefallen.

Ich will dir hier einfach nur verdeutlichen, dass es keineswegs immer leicht war, diese Entscheidungen so zu treffen. Es war der Preis für meinen angestrebten Erfolg. Trotz meines jungen Alters war ich mir im Klaren darüber, dass ich nur so das Gewünschte auch tatsächlich würde erreichen können. Wenn du dich an den Inhalt aus dem ersten Teil meines Buches erinnerst, dann weißt du, welchen Preis ich dafür zahlte, um nach Deutschland, in das Land meiner Träume, zu gelangen. In all den Jahren nach meiner Ankunft änderte sich nichts an meinem Verhalten. In jeden Erfolg, ob innerlich oder äußerlich, musste ich zunächst investieren. Mit anderen Worten: den Preis bezahlen – und zwar im Vorhinein.

Deshalb wiederhole ich an dieser Stelle die fast schon existenzentscheidenden Fragen an dich:

1. Was bist du bereit, zu bezahlen?
2. Was bist du bereit, für deinen Erfolg zu investieren?
3. Was bist du bereit, in dich zu investieren?

Mache dir die Antworten bewusst und behalte sie im Gedächtnis. Antworte so ehrlich, wie du nur kannst. Ich sage mit Nachdruck: **„So ehrlich, wie du nur kannst",** weil vielen Menschen nicht bewusst ist, dass sie sich selbst belügen und sich etwas vormachen. Wenn sie es dann erkennen, sind sie völlig aufgelöst. Sie fangen an, zu sehen und zu erkennen, und nicht immer gefällt ihnen das. Das schaffst du aber selten allein.

Unsere individuellen wie auch kollektiven anerzogenen Muster sind sehr vielfältig und nicht immer leicht zu durchbrechen. Sonst hättest du es bereits längst geschafft. Versuche also, dir nichts vorzumachen.

Mit der Einstellung „Ach, ich werde sicher das Gleiche erreichen, auch wenn ich etwas langsamer mache und weniger gebe" wirst du scheitern. Gehe die totale Verpflichtung für deinen Erfolg ein. Sage klipp und klar Ja zum Erfolg, Ja zum Preis, Ja zu den Herausforderungen. **Schau genau hin und finde heraus, was dich bisher davon abgehalten hat, alles zu geben.**

Der zweite Teil dieses Punktes besteht also in deiner Fähigkeit, Entscheidungen zu treffen. Ich sage dir: Es ist leicht, dich für oder gegen etwas zu entscheiden, wenn du unmittelbar danach messbare Ergebnisse erhältst. Es ist jedoch viel schwieriger, eine Entscheidung zu treffen, bei der im Vorhinein nicht absehbar ist, wie das Ergebnis aussehen wird. Letzteres ist allerdings sowohl für den erfolgreichen Alltag wie auch für ein erfolgreiches Leben relevant. Deshalb musst auch du dich darin üben, Entscheidungen zu treffen.

Natürlich wirst du dich, so wie auch ich, unweigerlich so manches Mal für das Falsche entscheiden. Doch es werden auch gute Entscheidungen dabei sein, und auf ebendiese kommt es an. Und alle deine Entscheidungen werden dich früher oder später voranbringen. Zudem lernst du mit jedem Mal dazu.

Dies alles sind sehr heikle Punkte, insbesondere die letzten beiden. Manchmal, wenn ich als Gastreferentin zu Firmenveranstaltungen eingeladen bin, empfinden mich gewisse Menschen als zu hart. Darüber kann ich nur lachen. Ich sehe mich nicht so – nicht als hart, sondern als sehr direkt, klar und deutlich. Letztendlich habe ich den Mut, über alles offen zu sprechen. Das unterscheiden zu können, ist eine Kunst. Menschen, die nicht wissen, was sie wollen, sind auch nicht in der Lage, die richtige Unterscheidung vorzunehmen, also legen sie mein Verhalten als Härte aus. Zudem bin ich nicht bereit, unbewusste Lügen gutzuheißen und mitzuspielen, indem ich mich bemühe, sanfter zu sein.

Dass ich an dieser Stelle überhaupt auf diese Situation zu sprechen kommen muss, ist mit Blick auf Deutschland bedauerlich. Von Vorgesetzten sollte man meinen, dass sie eines ganz besonders gut können: Entscheidungen treffen. Doch weit gefehlt! Immer mehr Arbeitnehmer sind von ihren Chefs genervt, weil sich diese eben **nicht entscheiden** können. 41 Prozent der Befragten finden ein solches Verhalten völlig inakzeptabel (mal ganz unabhängig davon, ob sie selbst es besser machen könnten). Zu diesem Ergebnis kommt eine internationale Studie von Rundstedt HR Partners in Zusammenarbeit mit der BPI Group. Dabei handelt es sich übrigens um ein Phänomen, das in vielen Ländern zu finden ist.

Zudem gibt es noch eine weitere „Spezialität" in Deutschland: Im Jahr 2007 hätten rund 28 Prozent der Arbeitnehmer ihren Vorgesetzten die Bestnote gegeben. 2011 lag dieser Anteil nur noch bei 17 Prozent. Zufriedenheit sieht anders aus. Bei den Insolvenzen waren es, du erinnerst dich, die kleineren Unternehmen, die davon stärker betroffen waren. In Sachen Zufriedenheit ist es genau umgekehrt: Je kleiner die Unternehmen, desto zufriedener sind die Mitarbeiter mit ihren Chefs. Klein, aber oho!

10
Tun – das „rechte Handeln" und Fleiß

Ohne mich wiederholen zu wollen, weil es sich zum einen von selbst erklärt und zum anderen durch die vorangegangenen Punkte ziemlich deutlich hervorsticht: Alle Bemühungen sind nichts wert, wenn es am Fleiß fehlt.

Du kannst alles wissen, alles können – und es gibt viele Menschen, die das von sich behaupten –, doch wenn du dein Wissen und dein Können nicht in die Tat, ins Handeln umsetzt, ist alles umsonst. Hier bestätigt sich einmal mehr die berühmte Feststellung aus Japan:

Wenn du etwas wissen willst, frage einen Erfahrenen und keinen Gelehrten.

Gelehrte – oder anders ausgedrückt: wissende Theoretiker – sind sie fast alle. **Aber Erfahrene, solche, die ihr Wissen in die Praxis umgesetzt und bewiesen haben, sind nur die wenigsten.** Selbst wenn du weniger weißt als andere, aber bereit bist, zu handeln und das Richtige zu tun, und dabei fleißig bleibst, wirst du mit der Zeit an das Wissen kommen. Wenn du jedoch alles weißt und nichts davon umsetzt, wäre alles sinnlos und vergebens.

Um einmal ein anderes Beispiel aus einem anderen Lebensbereich zu nehmen: Theoretisch weißt du, was du tun müsstest, damit deine Partnerschaft besser wird. Wenn du dich jedoch nicht wirklich dafür einsetzt, nicht von deinem hohen Ross herabsteigst, auch den anderen siehst, ihn verstehst, Tag für Tag dein Bestes gibst und bereit bist, dich selbst immer wieder zu hinterfragen, nützt dir all dein theoretisch angesammeltes Wissen gar nichts. Gleiches gilt für den wirtschaftlichen Erfolg.

Noch ein weiteres Beispiel: Du besitzt eine Bäckerei, bist sehr fleißig, arbeitest jeden Tag zwölf Stunden oder mehr und bist bereit, den Preis für deinen Erfolg zu bezahlen. Du bist das Risiko eingegangen, das es gebraucht hat, um starten zu können. Du hast die nötige Geduld aufgebracht, denn immerhin backst du seit drei Jahren Tag für Tag dieselben tollen Brötchen mit Speck darin. Und obwohl du alles – *wirklich alles* – tust, was ich in diesem Buch bisher gesagt habe, will sich der gewünschte Durchbruch nicht und nicht einstellen.

In einem solchen Fall solltest du schnellstens überprüfen, ob du auch **das Richtige** tust. Es könnte nämlich durchaus sein, dass deine Kunden nicht wirklich auf Speckbrötchen stehen, obwohl du selbst diese so sehr magst, dass du sie Tag und Nacht essen könntest. **Es ist niemals gesund, allzu selbstverliebt in seine eigene Kreation zu sein.** Das, was für dich passt, passt nicht immer auch zu jemand anderem. Wie du also unschwer erkennen kannst, ist es der Fleiß allein auch nicht. Dennoch wird dir diese Erfahrung, jahrelang Speckbrötchen gebacken zu haben, niemand mehr nehmen können. Hier bist du demjenigen, der das lediglich hört oder liest, um Lichtjahre voraus. Und genau diese Details machen sehr häufig den Unterschied aus.

Oft höre ich Menschen sagen: „Ja, das ist doch alles klar. Das weiß ja ohnehin jeder." Genau das stimmt aber nicht. Denn angenommen, es würde sich tatsächlich so verhalten – warum haben es selbige dann nicht geschafft, all dies umzusetzen und mehr aus ihrem Leben zu machen? Vielleicht, *weil sie es nur in der Theorie wissen?*

Erfahrung zahlt sich immer aus. Nur beispielhaft erwähne ich im Folgenden einige Daten aus anderen Bereichen. Das monatliche Einkommen eines Energieanlagenelektronikers mit weniger als fünf Jahren Berufserfahrung liegt im Durchschnitt bei 2.286 Euro. Verfügt aber jemand in diesem Beruf über mehr als zehn Jahre Erfahrung, so steigt sein Gehalt um fast 30 Prozent (!) auf durchschnittlich 2.897 Euro.

Ähnlich ergeht es den Akademikern. Toparbeitgeber zahlen ihnen drei Jahre nach ihrem Abschluss rund 25 Prozent höhere Gehälter. Damit honorieren sie insbesondere bei jungen Akademikern die Berufserfahrung. Diese erhalten direkt nach ihrem Universitätsabschluss und ohne jede Berufspraxis rund 44.661 Euro im Jahr. Nach dreijähriger Berufserfahrung steigt ihr Gehalt auf fast 57.000 Euro. Noch „dramatischer" steigt es nach weiteren drei Jahren auf durchschnittlich 70.000 Euro.

Von diesen tollen Gehältern brauchst du aber nicht nur zu träumen. Auch ohne Diplom oder akademischen Abschluss gibt es heute Branchen und Bereiche, in denen du sogar noch deutlich mehr verdienen kannst.

11
Selbstvertrauen und Geisteshaltung

Die meisten Menschen glauben zu wissen, was mit diesen beiden Begriffen gemeint ist, weshalb sie sich hierzu keine weiteren tiefergehenden Gedanken machen. In der heutigen Zeit, in welcher der Hype um positives Denken unverändert stark boomt, ist es sehr schwierig, mit weniger positiven Aussagen angenommen zu werden. Sofort wird einem der Satz „Hey, denk positiv!" um die Ohren geschleudert. Genau darüber habe ich in einer Zeitung einmal eine Kolumne geschrieben, aus der ich einige Teile wiedergeben möchte:

Hey, Baby, denk positiv.

In Zeiten von immens vielen Büchern, Hörbüchern, Seminaren und dergleichen zum Thema „positives Denken" wird eine andere Ansicht, die diese nicht komplett teilt, eher für Kritik sorgen. Wahrscheinlich ist das so ähnlich wie im Mittelalter. Wenn man damals sagte, man lindere Magenschmerzen mit Zwieback und Kamillentee, wurde man als Hexe entweder verbrannt, in einem zugebundenen Sack ins Wasser geworfen und ertränkt oder gesteinigt. So ähnlich, wenn auch sicher nicht ganz so schlimm, fühlt man sich heute, wenn man es wagt, die Ansicht des positiven Denkens nicht vollständig zu teilen.

In den letzten Jahren habe ich persönlich im Vertrieb zunehmend erlebt, dass man kaum noch etwas zu sagen wagt, was nicht ganz so positiv klingt, weil man sogleich ein forsches „Denk positiv!" um die Ohren gehauen bekommt. Es breitet sich so etwas wie eine generelle Oberflächlichkeit aus, in der es anscheinend reicht, „Denk positiv!" zu sagen, und damit ist schon alles klar. Tatsächlich sind manche sogar fest davon überzeugt, dass sich alles gegen sie wenden wird, wenn sie nicht positiv denken. Also kämpfen sie von frühmorgens bis spätabends um jeden Gedanken, und sobald sie den leisesten Zweifel an dem Ganzen verspüren, ist die Antwort auch schon da, denn sie haben – wieder mal – nicht positiv gedacht. Die Quittung bekommen sie auch gleich zu spüren: Irgendetwas Negatives passiert, sie werden „bestraft".

Wenn positives Denken allein tatsächlich reicht, dies doch angeblich so einfach ist und wir in den letzten drei Jahren dank vieler „positiver" Bücher das alles so genau gelernt haben – dann frage ich mich zunehmend, wieso wir uns jetzt in einer weltweiten Wirtschaftskrise befinden und wieso gerade auch die Mittelschicht von dieser Krise betroffen ist. Wenn positives Denken genügt – wieso treffen wir dann nicht massenweise auf wohlhabendere Menschen, seit es, ohne Namen zu nennen, „positive" Bücher und Ähnliches auf dem Markt gibt? Ich spreche von denjenigen, die diese gesamte Literatur verschlungen und auch angefangen haben, das Gelesene umzusetzen.

Wenn positives Denken allein genügt, dann frag ich dich jetzt ganz konkret: Hast du damit deine Ziele und Träume erreicht, die du in den letzten drei Jahren erreichen wolltest?

Nun, vielleicht verlange ich ein wenig zu viel, also werde ich anders fragen: Wenn wir von Geld, Status, Karriere etc. einmal absehen – bist du dank deines positiven Denkens wirklich erfüllter und glücklicher geworden? Du musst jetzt schon genauer hinsehen und darfst keine leichtfertige Antwort geben. Hast du dich schon einmal gefragt, woran es letztendlich wirklich gelegen hat, wenn du in deinem Leben etwas für dich Wichtiges erreicht hast? Hast du dir die Mühe gemacht, dies zu untersuchen?

Wir haben seit dem Boom des positiven Denkens zu viele Lehrer, die sich, weil sie es selbst nicht besser wissen, ihrer Verantwortung bedauerlicherweise nicht bewusst sind, und viele Suchende, die meinen, dass nun, nur weil sie mal über Scherben gehüpft sind, alles klar sei und sie alles verstanden hätten. Für den Anfang mag das ja in Ordnung sein, eine nette Abwechslung – aber bitte nicht mit Verwirklichung verwechseln!

Ich bin dankbar und sehr froh, dass ich tiefgründige Lehrer hatte, so wie beispielsweise Jim Rohn. Dass ich selbst erst einmal 16 Jahre lang Schülerin war, bevor ich anfing, Dinge weiterzugeben. Heutzutage gibt es zu viele, die meinen, ein oder zwei Wochenendseminare zu besuchen reiche aus, um sich Heiler, Trainer, Coach oder Ähnliches nennen zu können.

Nuno, ein Freund von mir, hat ebenfalls mehr als 15 Jahre lang Erfahrungen und Erfolge aufgebaut – und nicht unbedingt nur schöne –, bevor er anfing, sein Wissen in klassischen Firmen und bei Führungskräften einzubringen. Sich immer wieder einmal einen Coach zuzugestehen, hat sicherlich auch ein wenig mit Demut zu tun. Es ist das Eingeständnis, eben nicht alles allein tun zu können und nicht alles zu wissen. Ich selbst würde zu niemandem gehen, der nicht mindestens zehn Jahre Erfahrung und Erfolg in dem hat, was er lehrt. Meiner Meinung nach ist er unter zehn Jahren selbst noch ein Schüler!

Aber zurück zum positiven Denken. Vor einiger Zeit las ich auf Facebook einen Spruch, in dem es darum ging, dass sich alle deine Ziele erfüllen würden, wenn du nur genug positiv denkst. Ich konnte es mir nicht verkneifen, hierzu einen Kommentar zu schreiben. Doch nicht nur bei Facebook, sondern auch auf vielen anderen Seiten und Diensten wie Twitter, XING usw. – wohin ich auch schaue, werde ich geradezu überrannt von zahllosen (sicherlich gut gemeinten) Tipps zum positiven Denken.

Machen wir es uns da nicht etwas zu einfach? Rutschen wir damit nicht in eine Oberflächlichkeit des Seins – oder besser gesagt: des Denkens (weil das Sein selbst alles andere als oberflächlich ist) – ab, die uns innerlich unglücklicher und leerer hinterlässt als vorher? Hast du schon einmal selbst erlebt, dass du hochmotiviert warst und vor lauter positivem Denken nur so geschwebt bist, nur um bereits nach wenigen Tagen im übertragenen Sinne im tiefsten Keller zu liegen? Hast du dir nie die Frage gestellt, ob wir mit dem positiven Denken vielleicht doch etwas zu leichtfertig und vor allem viel zu oberflächlich umgehen?

Hast du dir schon einmal die Frage gestellt, welchen Einfluss du auf dein Denken hast? Ob du diesen überhaupt hast? Wenn du die letzte Frage bejahst, wieso funktioniert es dann nicht immer und auch nicht in jedem Bereich deines Lebens? Wenn es funktionieren würde, wärst du dann nicht in jeglicher Hinsicht erfüllt und glücklich? Wenn es nicht funktioniert, woran kann es liegen? Was meinst du? Möglicherweise daran, dass du dir das Positive nicht intensiv und oft genug in Bildern vorgestellt hast?

Die Frage ist doch, worum es wirklich geht. Meiner Erfahrung nach ist das „Denken" (ob positiv oder negativ, lassen wir mal dahingestellt) nur einer der Schritte in einer Reihe aufeinanderfolgender Ereignisse. Das Denken passiert, das ist richtig. Doch wann? Kommt eventuell noch etwas vor dem Denken? Oder danach? Wenn ja – was? Hast du dir diese Frage schon einmal gestellt und darüber nachgedacht bzw. nachgeforscht? Hast du dich schon ein- oder mehrmals still hingesetzt und über ein paar Stunden versucht, zu ergründen, was da eigentlich genau passiert? Diesen Prozess empfinde ich als wichtig, weil erkenntnisreich, denn so wirst du mir nicht nur glauben müssen, was ich über das positive Denken schreibe.

Ich sehe die Gefahr, dass wir nichts mehr überprüfen, sondern nur das konsumieren, was uns geboten wird. Man kann auch die „Weisheiten" des positiven Denkens einfach nur konsumieren, ohne sie für sich selbst zu überprüfen! Wieso verhalten wir uns so? Haben wir vor etwas Angst?

Wir tendieren dazu, dafür zu bezahlen, dass uns jemand anderer die Antwort gibt, die wir nur noch umsetzen müssen, ohne selbst tiefgründiger darüber nachzudenken und uns wirklich mit uns selbst auseinanderzusetzen. Das ist schade. Wir versäumen dabei das Wesentliche von allem – die Erfahrung selbst.

Unsere Sinne sind durch die zahlreichen Ablenkungen des Alltags (TV, Internet, Handy, Werbung, Pflichten, Arbeit, Konsum u. v. a. m.) derart abgestumpft, dass es sehr vielen Menschen nicht einmal mehr auffällt, dass es nicht nur das Denken ist, das das Leben steuert, sondern dass vorher noch andere Prozesse stattfinden. Prozesse, von denen das Denken nur eines der Ergebnisse sein kann.

Um an dieser Stelle eines klarzustellen: Ich finde gewisse Bücher zum Thema „positives Denken" ebenfalls großartig, aber es geht um so viel mehr. Auch ich lernte mit 22 Jahren schon früh über die Macht der positiven Gedanken. Doch welche Missverständnisse in dem Ganzen liegen, entdeckte ich insbesondere in den Jahren 2004 bis 2006. Während meines Aufenthaltes in Asien schaute ich mir zufällig eine DVD an, die alle über die Maßen großartig fanden. Sie setzte sich sehr intensiv mit positivem Denken auseinander und stellte dieses über alles.

Ich wusste damals schon, dass positives Denken nur der Anfang oder das Ende eines Prozesses sein kann (je nachdem, wo man anfängt), niemals jedoch das Ganze, weil es dafür doch zu oberflächlich ist. Es kann ein Beginn sein, wenn du anfängst, dich mit diesem Thema zu beschäftigen, aber nicht das Ziel, niemals das Ende. Doch genau das glaubten die meisten Menschen, die sich die besagte DVD ansahen. Sie hielten deren Aussagen für die ultimative Wahrheit. Ich kann mich an kein einziges Mal in zwölf Jahren erinnern, dass Jim Rohn gesagt hätte: „Denk positiv!"

Sind wir, bist du und bin ich als Mensch und Wesen nicht viel komplexer und vielschichtiger, als dass wir alles ausschließlich auf unser tolles Denken und unseren großartigen Verstand herunterschrauben? Ohne Zweifel ist unser Denken sehr wichtig, doch alles auf das Denken zu reduzieren kann eine Gefahr sein. Es gibt tatsächlich Unternehmer, die von sich behaupten, sie hätten kein Ego. Da bekomme ich stets einen Lachanfall. Hätten sie kein Ego, würden sie nicht denken. Wer denkt, hat auch in gewissem Maße ein Ego. Wer als Mensch hier auf dieser Erde lebt, besitzt ein Ego! Ob klein oder groß, ist unwichtig – du, ich, jeder hat eines. Was kein Problem ist, weil man es zum Denken nutzen kann und sollte, denn dafür ist es schlussendlich da. Auch ich verwende es täglich. Ich sage nur, schau hin, ob das wirklich alles ist.

Was genau ist denn aber nun dieses „Ego"? Das Ego ist jener Teil in uns, der alles kontrollieren will, der sammeln und horten will, der auf Nummer sicher gehen möchte, der sich ständig sorgt und eine Riesenpanik davor hat, etwas zu verlieren. **Jener Teil in uns, für den der Begriff „Vertrauen" nach einem chinesischen Fremdwort klingt.**

Ich möchte dich noch etwas fragen: Angenommen, bei jemandem aus deinem Freundeskreis passiert in der Familie ein Unglück und deinem Freund geht es deswegen miserabel. Er ist traurig, weil er jemanden, den er liebte, verloren hat. Was sagst du ihm dann? Vielleicht etwas in der Art: „Hey, sieh es positiv. Alles halb so wild, die Welt dreht sich weiter. Ändere deine Einstellung und lass uns einen trinken gehen." Oder gehst du ihm möglichst aus dem Weg, weil dich die Situation überfordert? Hast du den Mut, auf gut geübte Parolen zu verzichten und dich mit ihm einfach nur hinzusetzen und für ihn da zu sein? Bist du in der Lage, zuzugeben, dass dich diese Situation überfordert, weil du erkannt hast, wie wenig wir noch immer vom Mysterium Leben verstehen?

Manchmal erweisen sich Denken und Reden als überflüssig. Dann sind echte Teilnahme und echtes Mitgefühl ohne viele Worte gefordert. Da sind Parolen fehl am Platz und zeigen höchstens die Unsicherheit des Sprücheklopfers. Es gibt Situationen, in denen Demut und Mitgefühl erfüllender sind als tausendmal „Denke positiv!" zu sagen. Demut ist übrigens kein Zeichen von Schwäche, sondern eher ein Zeichen, das dir bewusstmacht, wie wenig du noch von allem begriffen hast.

Zum positiven Denken möchte ich Folgendes sagen: **Positives Denken ist nur bei jenen Menschen das richtige „Instrument", die es in seiner komplexen Ganzheit verstehen.** Alle anderen plappern unüberlegt etwas nach, was sie noch lange nicht begriffen und verstanden haben.

Und noch etwas: Bleib authentisch. Verstelle dich nicht, nur um anderen zu gefallen. Du bist, wie du bist. **Ein Original. Einzigartig. Einmalig mit all deinen Stärken und Schwächen.** Denn wer sich nach außen hin sehr selbstsicher gibt, ohne es tatsächlich zu sein, macht sich das Leben unnötig schwer.

Ich frage dich: Willst du das? Wenn nicht, dann **sei du selbst!**

12
Kompromisslos für seine Werte einstehen

Um diesen Punkt vollständig verstehen zu können, muss man in diesem Zusammenhang um den Begriff „Werte" Bescheid wissen. Viele werfen hier einfach alles hinein, was sie für einen Wert halten, und heraus kommt ein gemischter Salat, der nach nichts schmeckt.

Auch aus diesem Grund habe ich mein „Go4Values"-Live-Seminar „Bewusstsein, Werte & Erfolg" ins Leben gerufen. Es geht hier um Bewusstmachung, Unterscheidung und Klarheit. Die meisten meiner Teilnehmer, die zum Seminar kommen, sind total überzeugt, ihre Werte zu kennen. Der erste Tag ist immer gleich. Interessant zu beobachten ist, dass nach den knapp drei Seminartagen, die ich als Referentin abhalte, 99,9 Prozent der Teilnehmer entdecken, dass sie wider Erwarten ihre Werte gar nicht oder nur zum Teil kennen. Sie sind teilweise erschüttert und überrascht, wie weit weg sie von ihren Werten tatsächlich sind und wie wenig sie diese leben. Man kann nicht kompromisslos für etwas einstehen, was man nicht kennt! Niemand kann das, du auch nicht.

Die vollen zweieinhalb Tage dieses Seminars hier in dieses Buch packen zu wollen, würde

a) nichts bringen,

b) dazu führen, dass man schnell etwas überliest, was von Bedeutung ist, und

c) dich um die Erfahrung und das Erleben bringen, das erst einen bleibenden Unterschied ausmacht – und nicht das Wissen allein.

Ich mache es kurz. Meine Empfehlung an dich: Finde deine Werte heraus! Vieles wird sich daraus ergeben.

Für seine Werte einzustehen bedeutet, sie zu verteidigen. Das schaffst du nur, wenn du davon überzeugt bist. Wenn es hart auf hart kommt und dir jemand gegenteilige Argumente liefert, darfst du nicht einknicken, sondern musst ihm aufrecht begegnen. Das gelingt dir allerdings nur dann, wenn du ganz genau weißt, was du verteidigst. Wenn dich jemand davon abhalten kann, für deine eigenen Werte einzustehen, dann nur, weil du nicht um diese weißt oder von deinen persönlichen Werten nicht ernsthaft überzeugt bist.

Was es auch immer ist – finde deine Werte heraus und stehe dafür ein, getreu dem Motto: „No matter what!" Egal, was auch immer kommen mag. Das ist deine Kraft! Das und nichts anderes!

Was du davon hast?

Bewusstsein + Werte + Erfolg = Erfüllung

Das ist das Versprechen meines Seminars.

13

Die Fähigkeit, Vereinbarungen einzuhalten

Auf diesen Punkt werde ich nur kurz eingehen, weil er in einem späteren Abschnitt in Teil III dieses Buches ausführlicher behandelt werden wird.

Du solltest wissen, dass Menschen, die Erfolg aufbauen, keine Schwätzer sind. Das bedeutet konkret, dass es keine Menschen sind, die etwas versprechen, ihre Zusage dann aber nicht einhalten. Es sind Menschen, auf die du dich stets zu 100 Prozent verlassen kannst, weil das, was sie sagen, so sein wird. Ihr Wort hat Gewicht! Sie treffen auch keine Vereinbarungen, die sie nicht einhalten können. Sollte sich für sie herausstellen, dass sie wider Erwarten ein Versprechen doch nicht einhalten können, weil sich z. B. die Umstände geändert haben, dann schweigen diese Menschen nicht. Sie reden auch nicht um den heißen Brei herum, sondern kommen direkt zur Sache und besprechen die Entwicklung mit dem bzw. den Betroffenen.

Diese Art der Aufrichtigkeit ist leider sehr selten geworden. Unzählige Male, besonders in den letzten Jahren, habe ich erlebt, wie Menschen, die erfolgreich sein wollten, Großes versprachen und anschließend nichts einhielten. Ich sah mir dann jeweils an, wo sie in ihrem Leben standen, und verstand, warum sie genau dort standen. Deshalb konnten sie auch nicht das haben, wovon sie träumten.

Ich gehe in meiner Behauptung sogar so weit, dass meiner Ansicht nach über 60 Prozent der Menschen nicht in der Lage sind, das, was sie versprechen, termingerecht und absprachegemäß einzuhalten. Es ist ein Phänomen, das mich in der Häufigkeit, in der es vorkommt, selbst immer wieder verwundert, obwohl ich es mir oft genug angesehen habe. Aufgrund der Tausenden von Menschen, die ich in meinen Teams hatte, kann ich das ziemlich gut beurteilen. Sie alle erinnerten sich nicht an dieses bekannte Sprichwort:

Versprochen ist versprochen und wird auch nicht gebrochen.

Die meisten unter ihnen waren dann noch nicht einmal in der Lage, zum Hörer zu greifen, um die Situation – hier das gegebene Versprechen – zu korrigieren, alles einfach zur Sprache zu bringen, unabhängig von den Konsequenzen. Sie verschwanden in der Unendlichkeit der Apathie. Sie verhielten sich wie ein kleines Kind, das sich eine Decke vors Gesicht hält, um nicht erkannt zu werden. Sie, die Wortbrecher, hofften, dass der andere vergessen, nicht nachfragen und nicht reklamieren würde. Sie hofften, dass auch wir vergaßen, weil sie selbst gerne vergaßen.

Sie sind derart in sich, in ihren Ängsten und ihren Mustern gefangen, dass sie es oft gar nicht bemerken. Selbst klassischen Unternehmern geschieht das sehr häufig. Letztens sagte ich zu einem Unternehmer, der sich immer wieder darüber beklagt, wie schlecht es ihm doch gehe, dass ich, wäre ich so unzuverlässig wie er, längst pleite wäre. Natürlich hat ihm das nicht gefallen. Wir sprechen seither auch nur das Nötigste miteinander. Aber jedes Mal ist es dasselbe Thema. Er muss mir vielleicht etwas senden oder etwas, das er mir versprochen hat, erledigen, beispielsweise eine Abrechnung, und jedes Mal geschieht dies erst, nachdem ich unzählige Male bei ihm nachgehakt habe und mir schon seltsam vorkomme. Anfangs habe ich noch höflich und nett versucht, ihm sein ineffektives Verhalten aufzuzeigen, aber nachdem das nicht ankam, formulierte ich es etwas deutlicher. Manche lernen es sonst nie. Selbst so kann es sein, dass sich jemand, bevor er wirklich bereit ist zu lernen, lieber entrüstet abwendet.

Ein solches Verhalten ist doch lächerlich, oder? Ja, es ist lächerlich – aber Realität, und von dieser unerklärlichen Feigheit sind mehr Menschen betroffen, als es auf den ersten

Blick den Anschein hat. Deshalb stelle ich jetzt eine grundsätzliche Frage:

Sind wir eine überwiegende Gesellschaft von Feiglingen?

Ich sage es dir ganz klar: Wenn du nicht jemand bist, auf den man sich verlassen kann und der sein Wort termingerecht hält, wirst du es schwer haben, deinen Traum vom Erfolg zu erreichen. Schlichtweg deshalb, weil dir erfolgreiche Menschen gerne eine Chance geben – aber nur, wenn du die getroffenen Vereinbarungen einhältst. Kommst du deinen Abmachungen mehrfach nicht nach, werden sich diese Menschen von dir zurückziehen. Sie haben weder die Zeit noch die Nerven, sich mit dir abzugeben. Sie wollen ihre Energien sinnvoller einsetzen und sie nicht verschwenden.

Auch ich trenne mich von unzuverlässigen, gleichgültigen Menschen, und das sehr häufig. Weil viele vieles versprechen, aber nur wenige sich auch daran halten. Sei du immer ein Mensch, der einhält, was er verspricht. Dadurch unterscheidest du dich von der breiten Masse da draußen. Solltest du einmal in die Bredouille kommen und du kannst eine getroffene Vereinbarung nicht einhalten – was jedem mal passieren kann –, warte nicht darauf, dass die Zeit vergeht in der Hoffnung, alles wird sich schon von alleine regeln. Nein, setze dich mit der anderen Person in Verbindung und sprich KLARTEXT! Folge dem Motto:

Ein Mann – ein Wort!

Das sage ich dir als Frau, die trotz des oben genannten Mottos genug Männer im Geschäft kennengelernt hat, die eben nicht danach handelten. Nichts raubt dir mehr Kraft und Energie, als auf Menschen warten zu müssen, denen ständig irgendetwas dazwischenkommt, weswegen sie ihre Vereinbarungen nicht einhalten können. Schuld darin sind dann natürlich immer nur die äußeren Umstände – Nachbarn, Arbeit, Kinder, Familie etc. –, nie aber sie selbst und ihre mangelnde Fähigkeit, sich zu organisieren und zu strukturieren. Genau betrachtet, handelt es sich dabei um eine große Respektlosigkeit anderen gegenüber. Doch diese Personen sind selten ehrlich genug, um dies auch zugeben zu können, und sicherlich ist es manchen leider auch ziemlich egal. Sie nehmen sich selbst zu wichtig, während die Betroffenen, die auf sie warten müssen, dann wohl die Unwichtigen sind. Ich selbst kann und mag mit solchen Menschen nicht lange geschäftlich etwas zu tun haben, weil es mich a) zu viel kostet und b) nach einer Weile langweilt.

Sei du anders – egal, ob Mann oder Frau – und denke immer daran: Erfolgreiche Menschen handeln und entscheiden schnell und durchdacht. Erfolglose brauchen für ihre Dinge stets eine Ewigkeit, weil sie alles tausendmal überdenken und letzten Endes dennoch zu keinem effektiven Ergebnis kommen.

14
Die Fähigkeit zur Flexibilität

Diese Fähigkeit, die leider viel zu oft stiefmütterlich behandelt wird, ist für deinen Erfolg immens wichtig. Du hast zum Beispiel ein großes Ziel vor Augen und den Plan, wie du es erreichen willst, bereits erarbeitet. Du gehst in der Folgezeit sehr konsequent nach diesem Plan vor, merkst aber irgendwann, dass du einfach nicht mehr so recht vorankommst. Oder aber du bist abhängig von Menschen, die einen Teil dessen, was sie mitgestalten wollten, nur sehr langsam und zäh angehen.

Nun ist es wichtig, innezuhalten und den Kurs zu überprüfen. In einer solchen Situation kann es passieren, dass dir Menschen aus deinem Umfeld, die von dieser Entwicklung nicht persönlich betroffen sind, Tipps geben oder Vorschläge unterbreiten, wie du dein Ziel wieder schneller oder sogar besser erreichen kannst. Wenn du jetzt aber stur deinem ursprünglichen Plan folgst, wirst du jedem solcher Impulse gegenüber taub sein. Nicht zuletzt deshalb, weil du der Meinung bist, dass das Ganze einst so besprochen und ausgemacht wurde und daher eben auch genauso umgesetzt werden soll – koste es, was es wolle!

Eine derart festgefahrene Einstellung kann fatale Folgen nach sich ziehen. Du weißt nicht immer, welcher der beste Weg ist, um etwas zu erreichen. Deshalb ist es gut, hinzuhören, wenn jemand etwas sagt – allerdings nicht immer und nicht zu jeder Zeit! Wenn du jedoch in deinem Vorhaben ins Stocken gerätst, kann es von Vorteil sein.

Solche Impulse kommen nicht immer nur über andere Menschen. Es kann auch sein, dass sie dich über irgendwelche Nachrichten oder Botschaften erreichen. So könntest du beispielsweise einen spontanen Einfall haben, an dem du erkennst, dass dahinter mehr steckt als nur ein Gedanke. Oder du läufst an einem Geschäft vorbei und hast eine spontane Eingebung. Selbige kann auch z. B. durch eine Äußerung oder durch einen Blickfang kommen. Selbst, wenn du unter der Dusche stehst, kann dich ein solcher Impuls erreichen.

Egal, wann immer es passiert: **Höre darauf!**

Du verlierst deshalb nicht dein großes Ziel aus den Augen, aber du passt es deiner jeweils neu gewonnenen Erkenntnis an und korrigierst nötigenfalls deinen Kurs, was ich an dem folgenden Beispiel gerne verdeutlichen möchte.

Du trägst dich mit dem Gedanken, durch Unterstützung von außen ein System oder einen Onlineshop programmieren oder ein Auto reparieren zu lassen (oder was auch immer), weil du selbst nicht über die erforderlichen Fähigkeiten verfügst. Nun kann es sein, dass die Menschen, mit denen du vereinbart hast, dieses Projekt umzusetzen, für deine Begriffe zu langsam arbeiten. Ihr habt ausgemacht, dass das Projekt innerhalb von zwei bis drei Wochen fertiggestellt sein soll, doch nach vier bis sechs Wochen merkst du, dass die Dinge noch immer nicht vorankommen. Ein erfolgreicher Mensch hält sich, wie du gelesen hast, an seine Abmachungen. Falls nicht, dann geht er zumindest von sich aus ins Gespräch und klärt die Situation mit seinem Auftraggeber. **Er wartet nicht ab, bis sich der Kunde immer und immer wieder meldet und ihn an die getroffene Vereinbarung erinnert.**

Wenn der Auftragnehmer nicht hält, was er versprochen hat, nimmst du als Betroffener Kontakt zu ihm auf. Du fragst nach dem Stand der Dinge. Immer und immer wieder erhältst du nur unbefriedigende oder unverbindliche Antworten, mit denen du nichts anfangen kannst. Vielleicht gibt er dir auch zu verstehen, dass die ganze Sache nur deshalb so langwierig ist, weil … Gut, das mag vielleicht eine Ursache für die Verzögerung sein, entschuldigt aber niemals das Verhalten selbst.

Begründungen sind völlig unwichtig. Egal, wie gut ein Grund ist – es ist und bleibt nur ein Grund und damit eine billige Ausrede, die dich an den Rand der Verzweiflung treibt, wenn dem anderen der Mut fehlt, dich wahrhaftig darüber in Kenntnis zu setzen. Dann merkst du schnell, wie dich eine solche Situation immer mehr Energie und Kraft kostet, schlichtweg deshalb, weil du bestimmte Erwartungen an das Projekt hattest und es für dich sogar eine Art Meilenstein auf dem Weg zu deinem Ziel bedeutete.

Du musst nunmehr erkennen, dass man dich mehr oder weniger im Stich gelassen hat. Im weitesten Sinne bist du deinen Auftragnehmern scheinbar gleichgültig. Zumindest dieses oder ein ähnliches Gefühl dürfte sich bei dir einstellen. Es kostet dich sehr viel Kraft, je öfter du wegen dieser Situation nachhaken musst, und natürlich wächst deine Enttäuschung mit jedem „Es geht nicht so schnell, weil ..." ein bisschen mehr.

Wenn du an diesem Punkt angekommen bist, halte inne!!!

Es ist nicht leicht, das weiß ich aus eigener Erfahrung. Es ist wie eine Spirale, die dich nach unten zieht. Versuche, dies möglichst früh zu erkennen, und stoppe diesen Prozess. Ziehe dich zurück. **Wenn jemand Abmachungen nicht einhält, kannst du jederzeit zurücktreten!** Wenn du nicht zurücktreten magst, dann überlege dir andere Möglichkeiten und höre auf die Impulse, die dir neue Wege aufzeigen, um ein ähnliches Ergebnis zu erreichen. Halte nicht stur an diesem einen Projekt fest. Lasse los! Lass die Menschen los, die damit zu tun haben und die dich nur Energie kosten. Wenn sie langsam sind, sollen sie mit langsamen Menschen arbeiten. Wenn sie unverbindlich sind, dann sollen sie mit unverbindlichen Menschen arbeiten. Dieses Recht haben sie ebenso, wie du das Recht hast, dir deine Partner selbst auszusuchen.

Konzentriere du dich wieder auf dich selbst, auf dein eigenes Tempo. Verlange von anderen nicht, dass sie sich deiner Geschwindigkeit anpassen, **aber verlange auch nicht von dir, dich ihrem langsamen Tempo anzugleichen!** Wer nicht mit dir Schritt halten kann oder will, hat es auch nicht verdient, mit dir zusammenzuarbeiten. Das kostet dich in jeder Hinsicht zu viel. Und wert ist es allemal nichts.

Ein weiteres Beispiel, mit dem ich mich immer wieder konfrontiert sehe, ist der Umstand, dass mir viele Teilnehmer meiner Seminare erzählen, sie seien auf der Suche nach dem richtigen Partner oder dem passenden Job. Ich frage dann auch manchmal nach, was sie denn alles so tun würden, um jemanden kennenzulernen oder um eine geeignete Arbeit zu finden. Es ist unglaublich, wie sehr sich Menschen eingrenzen können und wie unflexibel sie darin sind, etwas Neues auszuprobieren. Es muss unbedingt so gehen, wie sie es vielleicht schon immer gemacht haben und daher auch weiterhin für richtig halten. Bei so viel Mangel an Flexibilität wundert mich gar nichts.

Halte an deinem Ziel fest – nicht aber an dem Weg, wie du dieses erreichen kannst.

15
Die Fähigkeit, innere Lebensfreude zu empfinden

Was mich seit meinen frühen Kindheitstagen (trotz der schweren Zeiten) stets begleitet hat, ist eine immer wiederkehrende grundlose Freude. Vielleicht erinnerst auch du dich noch daran. Das zu erleben, war und ist für mich das ganz große Glück.

Diese Freude überfiel mich damals wie heute häufig spontan, und das auch ohne jeglichen ersichtlichen Grund. Selbst in Zeiten, in denen ich ca. 14 bis 16 Stunden pro Tag arbeitete, befiel sie mich manchmal aus heiterem Himmel. In Situationen, in denen ich eigentlich hätte „erledigt" sein müssen, war ich plötzlich voller Glückseligkeit, Freude und Energie. Dadurch ging mir die Arbeit beschwingter von der Hand, und ich hatte dabei auch immer das Gefühl, noch ein Mehrfaches von dem erledigen zu können, womit ich in solchen besonderen Momenten beschäftigt war. Mit den Jahren erkannte ich, dass sich diese grundlose Freude immer dann einstellte, wenn ich genau das tat, was meinen innersten Werten entsprach. Also das, was ich gerne tat.

Es konnte aus heiterem Himmel während eines Spaziergangs passieren, dass ich plötzlich vor Freude am liebsten gehüpft wäre wie ein Kind. Genauso habe ich auch den Druck und die unglaubliche Schwere kennengelernt, die einen fast zu erdrücken scheint, und zwar immer dann, wenn ich Dinge tat, von denen ich wusste, dass sie meinen Werten entgegenstanden, oder wenn ich über mich selbst hinauswachsen musste und es in diesem Augenblick oder in einer bestimmten Situation nicht unbedingt wollte. Ja, auch ich kam in der Wirtschaft in Situationen, in denen das von mir verlangt wurde. Manchmal hat man eben zu einem bestimmten Zeitpunkt keine Wahl, wie man gehen will. (Man hat ja eigentlich immer die Wahl, aber die Alternative willst du nicht nehmen.)

Keine andere Option, um ein Ziel zu erreichen – das ist wohl vergleichbar mit einer Vernunftehe, die manche einzugehen bereit sind. Beide wissen, dass es sie nicht wirklich glücklich machen wird, doch die Betroffenen sind in ihrem Innersten davon überzeugt, dass es sein muss, um dadurch das größere Ziel zu erreichen, beispielsweise ein Kind zu beschützen. Wir tun oftmals Dinge, weil wir sie vorübergehend wegen einer größeren Sache tun wollen oder tun müssen. Insofern ist auch dies eine Wahl.

Ich kann dir sagen, dass du diese Lebensfreude, wenn du einem Weg folgst, den du gerne gehst, immer wieder erleben wirst. Du kannst sie nicht kontrollieren oder willentlich herbeirufen, solange du nicht reif dafür bist. Sie wird einfach da sein, wenn du ihr Raum gibst. Bei mir war sie in wichtigen Momenten da, wenn ich einen meiner großen Träume verwirklicht hatte. Ich hatte sie auch, als ich jahrelang für einen Konzern ein Projekt leitete, welches ich über alle Maßen liebte. Doch darauf werde ich an anderer Stelle noch näher eingehen.

Für den Augenblick rate ich dir: Achte auf diese Freude! **Es ist der Moment, wenn du dir selbst aus tiefster Überzeugung sagen kannst, dass du mit dir und deinem Tun glücklich bist.** Warte nicht darauf, dass andere es dir bestätigen. Dies geschieht vielleicht – meistens aber nicht. Wenn dieser Moment präsent ist, entschädigt er dich für mindestens hundert Menschen, die es vielleicht hätten sagen können. Übrigens, nicht jeder, der so etwas zu dir sagen würde, meint es auch so. Deshalb nimm diese Freude in solchen Momenten deines inneren Überflusses bedingungslos an, denn ich sage dir:

Du darfst stolz auf dich sein, wenn du
dein Bestes gegeben hast!
Und du darfst nicht nur – sei es!

Wenn es dir schwerfällt oder du es nicht kannst, dann schau einfach einmal hin. Warum nicht? Kann es sein, dass du schon viel zu lange nicht im Einklang mit deinen Werten handelst? Vielleicht gelingt es dir in den nächsten Tagen. Trachte nicht danach, es bewusst zu spüren, denn es kommt, wann es will. :) Doch wenn es da ist, genieße es. **Genieße dich und deine Welt!**

Sei achtsam! Anfangs kann es vielleicht nur in kurzen Augenblicken da sein, bevor es wieder verschwindet. Rede es nicht klein. Das können wir Menschen sehr gut: wenn uns etwas Gutes wiederfährt, es sofort wieder klein machen. Wenn es also da ist – **genieße es!**

- *Dein Schaffen!*
- *Dein Tun!*
- *Dein Sein!*

Erinnere dich daran: Sich klein, unbedeutend und als Versager zu fühlen bringt niemandem etwas. Auch nicht dir selbst. **Es bewirkt einzig und allein, dass du es als Grund benutzen kannst, um dein Potenzial nicht auszuleben.** Also, sieh hin!

Wohin sollst du sehen? Und warum? Ist das ein Trick? **Ja, es ist ein Trick, der dich davon abhalten soll, dein Bestes zu geben.** Falle nicht darauf herein! Es ist ein Trick, um deine Komfortzone nicht verlassen zu müssen! **Wenn du dir also selbst erzählst, wie unbedeutend, klein und schwach du bist, kommst du gar nicht erst auf die Idee, dich deiner Größe zu stellen und dein Potenzial zu leben.** Es wird dann aber auch schwieriger, deine natürliche Lebensfreude bewusst wahrzunehmen. Diese erscheint häufig erst, nachdem wir bereit waren, über unsere Grenzen zu gehen und etwas zu riskieren oder etwas Neues auszuprobieren.

16

Ein Bewusstsein für den eigenen Wert und die Fähigkeit, dies einzufordern

Der letzte Punkt meiner Aufzählung hört sich ein wenig nach Punkt 12 an. Das ist Absicht. Im Kern ist er ähnlich, jedoch mit einem ganz klaren Unterschied, auf den ich hier eingehen möchte. Dadurch, dass du dir deiner Werte, deines Schaffens und deines Potenzials bewusstgeworden bist, bist du bereits einen sehr großen Schritt weitergekommen. Dieses Bewusstsein wird dir immer häufiger helfen, die richtigen Entscheidungen für dich und dein Leben zu treffen, anstatt dich einfach nur vom Strom des Tages ziellos treiben zu lassen.

Allerdings ist ein weiterer Aspekt sehr wichtig. Wenn du dir zum einen deines Wertes, deines Potenzials und damit deines Schaffens bewusstgeworden bist und zum anderen all dies nun der Welt präsentieren willst, solltest du Beweise dafür sammeln. Das tust du, indem du deinen Wert, dein Werk, den Menschen vorstellst. Bitte dann um ein ehrliches Feedback und höre auf die Antworten, die du bekommst. Wenn diese Rückmeldungen dem entsprechen, was auch du glaubst, dann ist es wichtig, diesen Wert festzulegen. Lege fest, wofür du ihn zur Verfügung stellen, also „eintauschen" möchtest.

Im Tausch gegen was? Ist es Geld, das du möchtest, oder etwas anderes? Es ist völlig egal, wofür du dich entscheidest. Habe den Mut, dies festzulegen und ab sofort diesen von dir festgesetzten Wert bzw. Preis einzufordern.

Jim Rohn sagte immer: *„Wenn du noch nicht genug Geld verdienst, dann deshalb, weil du noch nicht wertvoll genug für den Markt bist. Werde wertvoller für den Markt, und du verdienst mehr Geld."*

Es war für mich nicht leicht, mir mit 23 Jahren so einen Satz anzuhören und nicht zu wissen, ob ich dem Markt überhaupt einen Wert bringen würde. Anderseits ist es besser, sich mehrfach zu hinterfragen, ob man auf dem richtigen Weg ist, anstatt mit aller Gewalt etwas tun zu wollen, was einem nicht entspricht und wofür man nicht bestimmt ist, weil die eigenen Fähigkeiten ganz woanders liegen.

Ich treffe manchmal in meinen Seminaren auf Teilnehmer, die so verbissen etwas erreichen wollen, obwohl sie das seit 15 Jahren oder länger machen und nichts weitergeht. Sie wollen nicht hören, dass sie in diesem Punkt völlig danebenliegen. Sei konzentriert, aber nicht verbissen, und sei dir deines Wertes und des Wertes dessen, was du dem Markt bringst, bewusst.

Darüber, wie ich selbst einmal gegen diese Regel verstoßen habe, liest du im nächsten Kapitel. Deshalb warne ich dich davor, diesen Punkt außer Acht zu lassen.

Im nächsten Teil werde ich ausführlicher auf dieses Thema eingehen, doch so viel für den Moment: Wenn du mit deinen Erwartungen oder deinen Einschätzungen über dich zu hoch liegst, werden dich die Menschen dies spüren lassen. Genauso wirst du es spüren, wenn du tiefstapelst, weil es dich unter Umständen unzufrieden macht.

Erwarte nicht, dass du sofort alles zu 100 Prozent weißt. Auch dies ist ein Prozess in deiner Entwicklung – wer wüsste darüber besser Bescheid als ich. ;-)

Die bittere Seite des Erfolgs

Nachdem wir uns detailliert damit auseinandergesetzt haben, was es braucht, um Erfolg aufzubauen, möchte ich nun auf die andere Seite der Medaille zu sprechen kommen. Die Seite, über die kaum jemand laut spricht, weil es ja sein könnte, dass dann der Wunsch nach Erfolg zerfällt und dieser von Einzelnen nicht mehr angestrebt wird.

Persönlich ist es mir immer lieber, vorher alles zu wissen und insbesondere die negative Seite einer Situation zu kennen, da ich mich dann besser darauf einstellen kann. Wie bereits in einem früheren Abschnitt dieses Buches erwähnt, hat mich das Leben darauf nicht vorbereitet. Ich sah stets nur das Gute im Menschen und glaubte daran. In der Wirtschaft kann es da das eine oder andere böse Erwachen geben. Ich wurde quasi wie ein Nichtschwimmer ins tiefe Becken gestoßen und musste nun unverzüglich schwimmen lernen, wollte ich nicht untergehen. Darüber möchte ich schreiben. Nicht, damit du resigniert aufgibst, sondern damit du im übertragenen Sinne schwimmen lernst.

Vergiss nie, dass mit dem Erfolg häufig auch der Neid kommt, und zwar meistens vonseiten derjenigen, die es selbst nicht geschafft haben, erfolgreich zu werden, oder die nicht ganz so weit gekommen sind wie du. Und natürlich auch von jenen, die in dir einen Konkurrenten sehen, eine Gefahr, die man unten halten muss, um eventuell nicht seine Macht zu verlieren, völlig unabhängig davon, ob diese Angst begründet ist oder nicht.

Neid ist eine der größten Geißeln der Menschheit und Ursache für viel Unglück. Selbst in unserer doch so aufgeklärten Welt gönnt der eine dem anderen nicht das Schwarze unter den Fingernägeln. Zwei Drittel der Deutschen sind laut einer Umfrage neidisch auf andere, doch mehr als jeder Zweite versucht, das Gefühl der Missgunst zu unterdrücken. Das ist das Ergebnis einer repräsentativen Befragung, die die Gesellschaft für Konsumforschung (GfK) durchführte. Jeder Vierte, so fanden die Meinungsforscher heraus, vergleicht seine Lebenssituation häufig mit der von anderen Menschen. Bei mehr als 40 Prozent richten sich die Neidgefühle gegen Freunde und Bekannte. Dagegen missgönnen nur 12 Prozent den Prominenten ihren luxuriösen Lebensstil.

Zu ähnlichen Ergebnissen kommt auch eine Umfrage von TNS Emnid Mediaforschung. Danach missgönnen Männer anderen vor allem deren „unverschämtes Glück", während sich die Missgunst der Frauen besonders gegen Jugend und Schönheit richtet. 61 Prozent der männlichen Befragten gaben zu, auf das Glück anderer Menschen neidisch zu sein, bei den Frauen waren es 42 Prozent. Jede Zweite sagte, beim Anblick einer jüngeren oder attraktiveren Geschlechtsgenossin Missgunst zu verspüren, bei den Männern waren es 35 Prozent. Jeder dritte Mann ist laut dieser Umfrage neidisch auf den beruflichen Erfolg von anderen, während er selbst nicht weiterkommt oder weniger verdient. Bei den Frauen waren es 23 Prozent. Knapp ein Drittel aller Befragten missgönnte anderen ihr Auto, ihr Haus und andere Besitztümer, weil sie sich selbst mit weniger begnügen mussten. Zu diesem Ergebnis kommt auch eine repräsentative Umfrage von polis/Usuma für die Zeitschrift *FOCUS*.

Sind Sie persönlich zumindest manchmal neidisch?

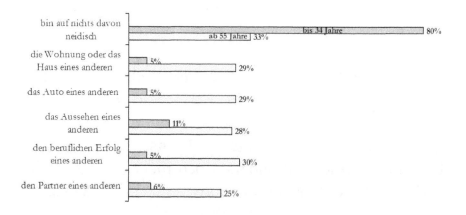

Doch nicht nur Neid nagt am Selbstwertgefühl der Deutschen, sondern ebenso die vielen Lügen. Laut dem Ergebnis einer Umfrage des Gewis-Instituts im Auftrag der Zeitschrift *Freundin* stellen 94 Prozent der Männer und 86 Prozent der Frauen ihre finanziellen Verhältnisse nicht ehrlich dar. Auch bei anderen Themen sind Mogeleien alltäglich. 64 Prozent der Männer und 49 Prozent der Frauen gaben zu, ihre Geschichten gerne etwas auszuschmücken. Auch sogenannte „Harmonielügen" finden viele Deutsche normal. 69 Prozent der Männer und 64 Prozent der Frauen haben schon einmal gelogen, um Streit mit dem Partner zu vermeiden. Nach dem eigenen Sexleben befragt, seien die Deutschen hingegen ehrlicher, so die Zeitschrift. Nur drei Prozent der Frauen flunkerten, während jeder siebte Mann seine erotischen Abenteuer aufbausche. Befragt wurden mehr als 1000 Männer und Frauen im Alter zwischen 20 und 60 Jahren.

Vor einiger Zeit habe ich in Österreich im Radio Innsbruck eine Umfrage gehört, die mich umgehauen hat. Angeblich lügt der Mensch im Schnitt bis zu 200 Mal pro Tag. Zweihundert Mal!? Ich war entsetzt! Wann sprechen denn die Menschen dann überhaupt noch die Wahrheit? Es hieß, dass die meisten Menschen wohl in den E-Mails lügen, dass sie, wenn sie zum Beispiel Termine absagen, oft nicht ganz ehrlich sind usw. Ich fing an nachzudenken, wie man es wohl schafft, 200 Mal am Tag zu lügen. Es geht ja nicht nur um das Lügen nach außen, sprich den Chef zu belügen, dass du krank bist, obwohl du in Wirklichkeit keinen Bock auf die Arbeit hast. Deinen Coach zu belügen, dass du den Eindruck hast, keine weiteren Termine zu benötigen, obwohl du in Wahrheit Angst vor dem hast, was du wieder über dich erkennen musst. Das mögen ja „vielleicht" nachvollziehbarere Lügen sein. Doch wie oft belügen wir uns selbst in unserem eigenen Inneren? Ich glaube, das passiert immens häufig, und ich bin mir nicht sicher, ob da die Zahl von 200 Mal am Tag ausreicht.

Ob Lügen oder Neid, diese Charaktere machen eines deutlich: Die Mehrzahl der Bundesbürger hat ein extremes Mangel- und Armutsbewusstsein. **Wer anderen Menschen die Butter auf dem Brot missgönnt, kann mit sich und der Welt nicht zufrieden sein.**

Auch wenn sehr gerne das Gegenteil behauptet wird: Neidisch ist der Mensch, der das, was er gerne hätte, mit einem Gefühl des Missfallens bei einem anderen entdeckt. Mit anderen Worten: Ein neidischer Mensch lebt ständig in dem Bewusstsein, irgendetwas nicht zu haben, und erzeugt dadurch immer wieder aufs Neue ein **Mangelbewusstsein.** Wenn es dir an allen Ecken und Enden fehlt, dein Geld vorne und hinten nicht reicht und du nicht weißt, wie du die restlichen Tage bis zum nächsten Zahlungseingang überleben kannst, solltest du zumindest einmal auch ernsthaft darüber nachdenken, ob du möglicherweise anderen ihren Erfolg missgönnst.

Als ich mit Anfang zwanzig damit begann, meine Karriere aufzubauen, durchlebte ich ziemlich harte Zeiten. Und wenn ich dann mehrfach sah, wie andere Kollegen an mir vorbeirauschten, war das ebenfalls alles andere als leicht für mich. Ich war nicht neidisch auf diejenigen, die diese Erfolge für sich verbuchen konnten, die sie sich durch harte Arbeit verdient hatten, doch ich dachte mehr als nur einmal, dass wohl jeder das hinbekommen würde – nur ich nicht. Oft sinnierte ich lange darüber, was ich selbst wohl falsch machte. Ich wurde solchen Kollegen gegenüber niemals bösartig, arrogant oder abweisend; es war eher so, dass ich mir diesen Erfolg auch sehr, sehr gerne für mich selbst gewünscht hätte.

Schon des Öfteren habe ich den Spruch gehört: „Neid musst du dir verdienen, Mitleid bekommst du umsonst." Vielleicht ist da etwas Wahres dran, zumindest solange es sich um den „gesunden Neid" handelt. Ein gesunder Neid – sofern so etwas überhaupt existiert – kann sich beispielsweise dahingehend äußern, dass du sagst: „Hey, der hat aber viel erreicht und geleistet. Ich wünschte, ich wäre auch so tüchtig." Ein ungesunder Neid beginnt für mich dort, wo er zerstörerisch und krankmachend wirkt. Dem kann ich nichts Gutes abgewinnen und verzichte gerne darauf.

Auch ich habe Zeiten in Firmen erlebt, in denen mir mehr Neid und Missgunst entgegengebracht wurde als Anerkennung. Du wirst beim Lesen dieses Buches festgestellt haben, dass ich ziemlich konsequent denke und handle. Auch wenn die Umstände nicht immer optimal sind, wie in diesem Fall, wo Erfolg auf Neid trifft, zahlt es sich aus, durchzuhalten.

Um einmal ein Beispiel aus meinem Leben zu schildern: Es ergab sich, dass ich gebeten wurde, ein besonderes Projekt für die junge Generation auf den Weg zu bringen. Man suchte für diesen Unternehmensbereich einen jungen Leader, also eine Topführungskraft, die es selbst bereits an die Spitze geschafft hatte. Ich hatte mich nicht darum gerissen oder für den Posten beworben, und als ich für den europäischen Raum angefragt wurde, erfüllte mich das zwar einerseits mit Freude, andererseits war ich unsicher. Der Grund dafür lag auf der Hand: Ich war die Jüngste in der Riege der höchsten Positionen im europäischen Raum und somit ein gutes Vorbild – nicht nur für Europa, sondern auch für dieses weltweite Projekt.

Ich zögerte zunächst deshalb, weil zu viele in dieser Position gerne mitreden wollten. Sie waren allesamt teilweise mehr als zwanzig Jahre älter als ich, aber ich ließ sie nach einigen Wochen wissen, dass ich dieses Projekt nur unter der Voraussetzung übernehmen und meine Zeit dafür investieren würde, wenn sich die anderen heraushielten. Bekanntlich verderben zu viele Köche den Brei. Ich wusste, dass viel Arbeit damit verbunden sein würde, und war nicht scharf darauf, diese Aufgabe – vor allem auch noch ehrenamtlich – zu übernehmen. Schon gar nicht, wenn jeder mitreden konnte und damit quasi unkontrolliert seinen Senf dazugeben durfte, während ich die Arbeit machen sollte. Zudem sollte das Projekt nicht nur für mein Team allein, sondern für die Firma als Ganzes stehen, also etwas, von dem alle profitieren sollten, weil es jeder seinem Team zur Verfügung stellen konnte. Meine Forderung wurde, wenn auch teilweise widerwillig, akzeptiert und die anderen Kollegen wurden angewiesen, sich aus meinen Agenden herauszuhalten. Ich konnte loslegen.

Was auch für mich zögernd anfing, entwickelte sich sehr schnell zu einem Projekt, das ich mehr liebte als alles andere. Ich liebte es, mit den jungen Kollegen zu arbeiten, die noch nicht so viel erreicht hatten wie ich, die aber das Ziel hatten, genau dahin zu kommen. Wir hatten in unseren Gruppen einen großartigen Spirit, und das in allen Ländern Europas. Neid und Missgunst waren hier kein Thema, es war ein vollkommen anderes Denken.

Ich stand in Kontakt mit zahlreichen anderen jungen Leadern sowie mit den Führungskräften aus den USA, machte Konferenz-Calls für Australien usw. Für dieses Projekt arbeitete ich Tag und Nacht. Ich ging sogar damit schlafen und oftmals träumte ich nachts davon. Nach dem Aufstehen ging es gleich weiter. Immer wieder hatte ich noch mehr Ideen, wie ich Weiteres umsetzen konnte. Die Firma vertraute mir und überantwortete mir entsprechende Budgets für das Marketing, um z. B. DVDs, Broschüren etc. zu produzieren. Sie sahen, dass ihr Geld in guten Händen war und ich keinen Cent unnötig ausgab.

Während ich meine Gedanken ausschließlich in das Projekt investierte und mit ranghöheren Kollegen bzw. Firmenchefs nur dann sprach, wenn sie mich dazu befragten, bemerkte ich nicht, was sich hinter meinem Rücken abspielte. Etwas mehr als ein Jahr nach Übernahme des Projekts rief mich ein lieber Freund und ranghöherer Kollege an, um mir von einer internationalen Telefonkonferenz zu erzählen. Er berichtete mir, wie er dort für mich Partei ergriffen hatte, weil jemand anderer mit meinen Leistungen glänzen wollte. Mein Freund stellte in diesem Gespräch, an dem auch die Geschäftsleitung teilnahm, klar, wer eigentlich im Hintergrund all die Arbeit machte.

Die Verantwortlichen der Firma verlangten daraufhin ein Gespräch mit mir, das einige Wochen später in den USA stattfand. Es war eine sehr schöne Erfahrung für mich. Investoren wie Geschäftsleitung wollten einfach nur weitere Details über meine Arbeit erfahren. Nach diesem Ereignis machte ich mir keine weiteren Gedanken darüber, sondern arbeitete wie gewohnt weiter – nun aber mit noch mehr Inspiration und noch mehr Motivation. Dadurch wuchsen sowohl die Gruppendynamik innerhalb dieses Projektes als auch der Zusammenhalt untereinander. Es war ein tolles Gefühl!

Einige Monate später wurde mit der Firma ein nationaler Kongress abgehalten, an dem nur die deutschsprachigen Länder teilnehmen sollten, inklusive aller Vertriebspartner und deren Führungskräfte. Für unser Projekt der jungen Generation war das eine Riesenfreude, denn in der Agenda war zu lesen, dass wir Teil des Programms sein würden. Wir waren überzeugt, dass wir auf diesem Kongress endlich unsere Arbeit und die Ergebnisse vorstellen durften, also bereiteten wir uns sehr intensiv darauf vor. Damit alles perfekt wurde, arbeiteten wir rund um die Uhr. Während wir für den zweiten Tag, einen Sonntag, eingeplant waren und ich dies auch genauso dem Team mitteilte, das sich auf mein Wort stets verlassen konnte, wurde ich über die tatsächlichen Pläne im Ungewissen gelassen.

Müßig, an dieser Stelle alle Details zu erzählen, denn das Ende war abrupt. Etwa eine Stunde vor unserem Auftritt teilte mir der leitende Verantwortliche, ebenfalls eine ranghöhere Führungskraft, trocken mit, dass wir aus Zeitgründen nicht auf die Bühne könnten. Als ich mich heftig dagegen wehrte und ihm zu verstehen gab, dass sich die jungen Leute so sehr darauf gefreut und sich darauf verlassen hatten, weil es ein Versprechen gewesen war, erhielt ich zur Antwort, dass „gewisse Führungskräfte das Projekt nicht wollten".

Ich verstand die Welt nicht mehr! Wir hatten fast zwei Jahre lang alles gegeben: Zeit, Schweiß, Energie und Fleiß. Es war ein Projekt, von dem ALLE profitierten sollten, inklusive derjenigen, die es nun nicht haben wollten. Der Spirit, der dadurch erzeugt worden war, tat allen gut, nicht nur Einzelnen. Und nun sollte ich zu diesen jungen Menschen, die mit mir wirklich hart daran gearbeitet hatten, hingehen und ihnen sagen, dass alles umsonst gewesen war?

Ich wehrte mich und kämpfte weiter darum, die Leute zumindest für einen kurzen Augenblick auf die Bühne gehen zu lassen. Es war ein unschöner Kampf. Ich erreichte immerhin, dass wir alle auf die Bühne gehen durften und vom Auditorium gesehen wurden, doch nach weniger als fünf Minuten spazierten wir vom Podium, ohne auch nur ein einziges Wort über unsere Arbeit gesagt zu haben. Die fragenden Augen der jungen Führungskräfte, die in einem ähnlichen Alter waren wie ich, waren auf mich gerichtet. Sie alle wollten eine Erklärung für dieses Desaster, die ich ihnen nicht geben konnte. Zudem konnte ich es ja selbst noch nicht fassen.

Später erfuhr ich, dass es nur einige wenige Menschen gewesen waren, die aus Eifersucht diesen Auftritt boykottiert hatten. Sie fühlten sich brüskiert, weil ich seinerzeit die Verantwortung für das Projekt erhalten hatte und nicht sie. Zudem hatte ich ja gefordert, dass sie mir in meine Arbeit nicht hineinreden durften. Im weiteren Verlauf wurde mir von der Topführungskraft, die mir auch den Bühnenauftritt verweigert hatte, nahegelegt, zu einer Notlüge zu greifen. Ich sollte nach außen hin erklären, dass ich das Projekt erfolgreich angestoßen und begleitet hätte, es nun aber abgeben müsse, um mehr Zeit für mein eigenes Geschäft und mein Team zu haben. Eine solche Aussage, so die Führungskraft, wäre für jedermann glaubwürdig. Mir war klar, dass mir das, wenn ich auf diesen Vorschlag eingünge, keiner der jungen Leute glauben würde. Sie alle wussten, wie sehr ich all das liebte, was wir taten. Und so fuhr ich von diesem Kongress wie betäubt nach Hause. Ich konnte kaum klar denken und noch weniger verstehen, was da geschehen war.

Wenn du niemals Teil von etwas Großem warst, das wichtiger war als alles, was du jemals davor getan hast, und das man dir am Schluss dann auch noch weggenommen hat, wirst du meine Reaktion jetzt vielleicht nicht in ihrer ganzen Tiefe nachvollziehen können. Ich fühlte mich, als hätte man mir den Boden unter den Füßen weggezogen. Danach war ich monatelang nicht mehr dieselbe. Zudem suchte ich den Fehler bei mir.

Was war geschehen? Ich hatte lediglich gemacht, was die Firma von mir haben wollte, und ich hatte es gut gemacht – sehr gut sogar. Sowohl die Firma als auch die anderen Länder waren begeistert gewesen. Wieso sollte ich mich gerade jetzt zurückziehen, da doch nach der ganzen Vorarbeit nun erst richtig durchgestartet werden sollte? Noch viel mehr beschäftigte mich die Frage, wie ich das alles den angehenden jungen Führungskräften erklären sollte. Belügen wollte ich sie nicht. Die vollständige Wahrheit konnte ich aber ebenso wenig sagen, wollte ich nicht einen Krieg entfachen und die anderen Kollegen damit schlechtmachen. Schließlich mussten sie nun irgendwie allein weitermachen, was insofern ein Drama war, als jeder dieses Projekt und vor allem den Zusammenhalt untereinander liebte. Eines war mir klar: Wenn ich ihnen die Wahrheit berichtete, würde das Team auseinanderbrechen. Nur hin und wieder nach dem Rechten zu sehen, gerade so viel, damit es nicht komplett einbrechen würde, dazu war ich nach all den Anstrengungen der vergangenen beiden Jahre nicht bereit. Ich bin jemand, der etwas entweder zu 100 Prozent macht oder gar nicht. Ein halbherziges Wischiwaschi ist nicht mein Fall.

Ich kam zu Hause an, noch immer unfähig, einen klaren Gedanken zu fassen. In der Nacht darauf konnte ich nicht schlafen. Ich war nicht fähig, irgendetwas zu fühlen. Ich spürte nur, dass etwas in mir zerbrochen war. Etwas war gestorben. Von einem Tag auf den anderen stand alles still. Ich tat nichts mehr, beantwortete keine Anrufe, reagierte auf keine der unzähligen E-Mails. Ich war wie tot. Die einzige Frage, die sich in meinem Kopf wiederholte, war: Warum? Tage später buchte ich einen Flug nach Asien, um dort andere Kollegen zu besuchen. Ich wollte Abstand.

Da ich weder auf Anrufe noch auf Mails reagierte, machten sich die Webprogrammierer, die Firma und das Team allesamt Sorgen, weil sie dieses Verhalten von mir nicht kannten. Derjenige, der mir nahegelegt hatte, aufzuhören, rief ebenfalls unzählige Male an. Es war bis zu ihm durchgedrungen, dass ich plötzlich nicht mehr erreichbar war. Bevor ich abflog, antwortete ich auf einen seiner Anrufe und teilte ihm nur mit, dass ich für drei Wochen weg wäre. Er versuchte, sich herauszureden, und wollte mir diese Entwicklung gleichzeitig als Vorteil verkaufen. Ja, es war ein Vorteil – aber nur für ihn selbst und sein Ego, nicht jedoch für mich.

Ich hörte nicht mehr hin, flog ab und kam wie geplant nach drei Wochen aus Asien zurück, geläutert um eine wichtige Erkenntnis: Ich wusste, dass dort, wo ich alles gegeben hatte, kein Platz mehr für mich war. Unter den Voraussetzungen, wie manche dieser lieben Führungskräfte es gerne gehabt hätten, wollte ich nicht mehr arbeiten. Es war zudem falsch. Und mit einer Lüge, die über die wahren Gründe hinwegtäuschte, wollte ich weder leben noch sie erzählen.

Innerhalb von sechs Wochen nach meiner Rückkehr löste ich meinen gesamten Haushalt auf, gab mein Auto weg, verabschiedete mich von den jungen Leadern und ging mit nur zwei Koffern ganz weg. Ich wollte nur noch fort, möglichst bis ans Ende der Welt. Ich flog zurück nach Asien. Das war der Bruch. Der Bruch in mir. Der Bruch des Vertrauens und des naiven Glaubens an das Gute im Menschen.

Wenn du so etwas noch nie erlebt hast, dann wahrscheinlich nur deshalb, weil du bislang nirgends dein Bestes gegeben hast und deine Tätigkeit nie mehr geliebt hast als alles andere. Du musstest nicht zusehen, wie Menschen es dir wegnehmen und dir dabei noch ins Gesicht lügen, nur damit sie ihre Macht und ihren Einfluss nicht verlieren.

Wenn du für alle etwas tust, wie es von der Firma gewollt war, und man dir dann auf eine solche Art und Weise den Stuhl vor die Tür stellt, macht eine Zusammenarbeit keinen Sinn mehr. Ich blieb zwar in Asien und dadurch der Firma zwei weitere Jahre erhalten, innerlich aber war ich nicht mehr da. Ich wurde von der Firma gebeten, in Asien dasselbe Projekt auf die Beine zu stellen, doch das konnte ich nicht. Ich hatte nicht mehr den Willen dazu. Zu stark war der Riss zwischen mir und dem, was geschehen war. Immer und immer wieder dachte ich darüber nach, was ich falsch gemacht haben könnte.

Irgendwann erkannte ich dann die Wahrheit. Mir war von manchen Führungskräften nicht übelgenommen worden, dass ich zu wenig gearbeitet, zu wenig Erfolg damit gehabt oder grobe Fehler gemacht hätte, sondern einfach, dass ich zu gut gewesen war. Sie hatten ein Problem damit, dass das, was ich getan hatte, zum einen beliebt gewesen und zum anderen bei allen anderen – der Firma, im Ausland, bei den angehenden jungen Führungskräften – gut angekommen war. Es störte sie, dass die jungen Menschen mehr auf mich hörten als auf sie, die „alte Garde".

Sie hatten panische Angst vor Machtverlust, denn ihre Vertriebspartner könnten ja dummerweise mehr auf mich hören statt auf sie, anstatt zu ihren Trainings eher zu jenen gehen, die ich anbot, oder sich bei meinen Calls einwählen anstatt bei den ihrigen. Und da sie dabei nicht tatenlos zusehen wollten, wurde es zerstört, obwohl ich mit keinem Gedanken jemals über so etwas nachdachte. Sie konnten auch nicht verstehen, dass ich das, was ich machte, nicht aus Profitgier tat, sondern aus Leidenschaft, Liebe und Überzeugung. Schließlich war es für mich, wie schon erwähnt, eine ehrenamtliche Tätigkeit; ich hatte also weder finanziell noch karrieremäßig etwas davon. Ich arbeitete nicht für die Anerkennung durch die Firma, und doch bekam ich trotzdem mehr davon als sie. Dieses Gute und das Potenzial waren es, was sie zerstören und kaputt machen wollten – nicht irgendetwas Schlechtes. Ich war eine Gefahr.

Auf der Bühne predigten sie, es gäbe keine Konkurrenz, jeder würde jedem helfen. Was ich erlebte, war etwas vollkommen anderes. Und gleichzeitig stimmte auch, was sie sagten: **Es gab keine Konkurrenz – zumindest, solange man sich nicht von ihnen abhob.** Solange man nicht zu einer Gefahr für sie wurde. Man durfte kein Alleinstellungsmerkmal haben. Doch ich war anders, ohne dies zu beabsichtigen, ohne bewusst herausragen zu wollen. Das war mein „Fehler" gewesen, und genau das nahmen sie mir übel. Mit dem, was ich erreicht hatte, war ich bei der Firma zu sehr angesehen, nicht aber bei manchen von ihnen. Aus diesem Grund mussten sie es – mich – im übertragenen Sinne zerstören.

Zwei Jahre später verließ ich die Firma, obwohl ich viele Kollegen immer noch sehr schätzte und auch das Unternehmen noch immer großartig fand, was sich bis heute nicht geändert hat. Ich wechselte zu einem anderen Unternehmen und nahm nie wieder ein Projekt an, an dem mein Herz dermaßen hing. Die neue Firma wollte das Projekt gerne haben, doch die Bedingungen dazu konnte und wollte ich nicht akzeptieren. Zudem war mir klar, was mich erwarten würde. Deshalb lehnte ich ab.

Wo war in diesem Ganzen mein Fehler gewesen?

Es ist immer wichtig, darauf zu achten, was man aus solchen Erfahrungen lernen kann, und herauszufinden, wo die eigene Verantwortung liegt. Es ging in diesem Beispiel also für mich nicht darum, zu sagen: „Die bösen Kollegen ...", sondern zu erkennen, gegen welches Wirtschaftsgesetz – nicht Naturgesetz! – ich damals verstoßen hatte, sodass dies geschehen konnte.

Heute weiß ich es. Ja, ich weiß es – und ich stehe auch dazu.

Mein Fehler war zumindest teilweise in dem Aspekt zu suchen, den ich zuvor als letzten Punkt in meiner Aufzählung besprochen habe: **ein Bewusstsein für den eigenen Wert und die Fähigkeit, diesen einzufordern.** Genau dagegen hatte ich verstoßen. Ich hatte fast zwei Jahre lang Tag und Nacht gearbeitet, mit der größten Freude und viel mehr als nur zur Zufriedenheit der Firma, doch ich hatte dabei eine wesentliche Sache übersehen: Dadurch, dass ich bereits gutes Geld verdiente, tat ich das alles unentgeltlich. Zwei wertvolle Jahre hatte ich all die viele Arbeit gemacht und meine Energie rund um die Uhr in die Firma investiert, ohne auch nur einen Cent mehr dafür zu verlangen. Dabei sorgten die „bösen" Kollegen mit ihrem Verhalten – ohne dass sie sich dessen bewusst waren – nur für Ausgleich. Für mich war die

Botschaft klar: **Ich musste aufhören, in etwas zu investieren, was nicht MEINES war. Und ich musste schmerzhaft lernen, dass in gewissen Bereichen das Herz sicherer daheim ist als im Geschäft.**

Das war mein größter Fehler!

Selbstverständlich übernahmen auch andere Kollegen in dieser Firma unentgeltlich Aufgaben oder teilten ihre Erfahrungen. Davon lebt ja der Vertrieb. Doch ich hatte über das Ziel hinausgeschossen. Mein Verhalten war alles andere als intelligent gewesen. Ich hatte für die viele Arbeit keinerlei Entschädigung erhalten und wurde am Ende sogar abgeschoben. Damit nicht genug. Die Freude an diesem Projekt war das Größte und Höchste für mich gewesen, aber auch das wurde mir genommen. Dazu fällt mir ein sehr passendes Zitat aus der Bibel ein:

Demjenigen, der wenig hat, dem wird auch noch der Rest genommen.

In diesem Fall traf das voll auf mich zu. Ich hatte nichts dafür genommen, und nun wurde mir auch noch das, was ich davon gehabt hatte – die Freude am Tun, etwas Neues zu erschaffen – entrissen. Heute weiß ich es besser. Du siehst also, es bringt mir nichts, mit dem erhobenen Finger zu sagen: „Oh, die bösen Kollegen damals!" Denn sie waren so, wie sie waren. Es war ihr Arschloch-Charakter, dem sie treu blieben. Es geht für mich in diesem Fall vielmehr darum, zu erkennen, was ich selbst falsch gemacht habe, ohne mich deshalb zu verurteilen, sondern einfach nur, um klar zu erkennen.

Deshalb mein Rat an dich: **Wenn du etwas so intensiv und gerne tust, wie ich es getan habe, musst du immer auf das Gleichgewicht zwischen Geben und Nehmen achten.**

Aus diesem Grund gilt: Wenn dir jemand erzählt, dass es in deinem Geschäft, deiner Branche, deinem Vertrieb keine Konkurrenz, keinen Machtkampf, keine Egospiele oder was auch immer Derartiges gibt, dann hat er hierfür mindestens zwei mögliche Gründe:

a) Er möchte dich dadurch nicht verunsichern, weil er die (nicht unberechtigte) Befürchtung hegt, dass dich das verschrecken und eventuell dazu bringen könnte, aufzuhören.

b) Er hat selbst noch nicht wirklich etwas Außergewöhnliches erreicht, weshalb ihm bisher niemand gefährlich werden konnte und auch er selbst für niemanden zu einer Gefahr wurde. Mit anderen Worten: Er selbst hatte noch keinen ausreichenden Erfolg zu Buche stehen.

Mein Erlebnis in der beschriebenen Firma war nichts Außergewöhnliches. So etwas passiert überall, immer wieder. Wer aus seiner grenzenlosen Naivität erwacht, erkennt dies in jedem Wirtschaftszweig. So wie ich. Wenn du es weißt, dann handle du anders und warte nicht darauf, dass dir das Gleiche passiert wie mir. Achte besser auf dich. Das ist meine Botschaft an dich, denn:

Es bedarf einer unglaublichen inneren Größe und eines starken Charakters, keine Angst vor der Größe eines Mitmenschen zu haben.

Habe auch du die Größe, keine Angst vor jemandem zu haben, der in irgendetwas besser ist als du. Schaue lieber noch genauer hin und erkenne, worin deine eigene einzigartige Stärke liegt.

Erkenne, dass es immer Menschen geben wird, die

a) sich in dem, was du leistest, sonnen wollen. Sie wollen in deinem Erfolg glänzen, ohne dass sie selbst etwas dafür getan haben. Das erreichen sie, indem sie sich in deiner Nähe aufhalten und in deine Gunst einschleimen.

b) versuchen werden, das, was du hast, zu kopieren bzw. es nachzumachen, ohne dass sie sich selbst dazu Gedanken gemacht haben.

c) versuchen werden – falls weder a) noch b) gelingen sollte –, es auf hinterhältige Art und Weise zu zerstören oder dir mit aller Gewalt ein schlechtes Gewissen zu suggerieren.

Betrachte dies bitte nicht als etwas Tragisches, auch wenn es nicht gerade berauschend ist. Sieh dieses Verhalten als **Teil unserer heutigen Gesellschaft und der Realität unserer Wirtschaft an.** Es gibt Falschheit und es gibt Lüge. Dies zu negieren, wäre naiv und dumm zugleich.

Menschen, die es in der Wirtschaft ganz nach oben schaffen, sind meistens diejenigen, die verstanden haben, dass sie in das Geschäft keine Emotionen investieren dürfen. Das sagt dir nur niemand. Es ist nicht leicht, in dem Ganzen eine Balance zu finden, wenn du selbst anders gestrickt bist. Sieh dies eher als eine Herausforderung an, wenn du magst. Wie Jim Rohn so schön sagte: *„Hilf Menschen nicht nur, mehr Geld zu verdienen. Hilf ihnen mit ihrem Leben."*

Deshalb erzähle ich dir die Wahrheit, damit du es von Beginn an anders angehen kannst und **dich trotzdem verwirklichst.** Ich weiß, was es hierfür von mir gebraucht hat. Je mehr du irgendwo hörst: „Bei uns ist alles anders", umso weniger solltest du es glauben. Überall, wo viele Menschen zusammenkommen, menschelt es gewaltig. Noch einmal: **Das oben Gesagte darf dich nicht davon abhalten, dennoch stets dein Bestes zu geben!**

Manchmal kommen Menschen zu mir und fragen mich: „Ja, will ich denn dann überhaupt noch Erfolg haben?" In solchen Fällen antworte ich: „Ja, sicher, du willst es." Nur weil du etwas weißt, hast du es noch nicht erlebt. Die **Erfahrung der Verwirklichung** fehlt dir.

Lass uns einen Blick auf unser Leben und dessen „normalen" Verlauf werfen: Aus meiner Sicht – und wie ich es verstehe – kommen wir alle in einer Art neutralem Bereich, den ich die **Nullpunktebene** nenne, zur Welt. Vor meinem inneren Auge sehe ich Folgendes:

Positive Lebensspirale

Nullpunktebene

Negative Lebensspirale

Mit den Lebensjahren, abhängig von deiner Kindheit und Erziehung, entscheidest du dich dann bis zu einem gewissen Grad für dein weiteres Schicksal. Manche werden durch die Kindheit, die Erziehung, die Muster und all das, was sie erleben und was sie prägt, stärker, hoffnungsfroher, optimistischer und lebensbejahender. Bei anderen geschieht genau das Gegenteil.

Die erste Sorte erhebt sich von der Nullpunktebene, also aus dem Bereich des Neutralen. Sie streben nach oben, in das positive Feld, und zwar nicht linear, sondern ähnlich einer Spirale. Je mehr sie bereit sind, sich zu öffnen und von sich zu geben, desto größer und breiter wird der Trichter. Diese Personen weigern sich zu kapitulieren, wenn die Umstände schwieriger werden. Wenn du zum Beispiel versuchst, das Beste aus dir selbst herauszuholen und das Beste aus dir, deinem Potenzial und deinen Möglichkeiten zu machen, obwohl die äußeren Umstände ungünstig sind, bewegst du dich auf der Spirale nach oben, weil du lernst und dabei Erfahrungen sammelst.

Selbstverständlich musst du auf dem Weg nach oben auch Rückschläge einkalkulieren, doch du darfst dich davon nicht abhalten lassen, deinen Erfolg aufzubauen.

Wenn du dich jedoch immer wieder als „Opfer" siehst und somit die Nullpunktebene in Richtung nach unten verlässt, wird sich das Negative genauso verstärken. Du bewegst dich in die falsche Richtung, wenn du z. B. denkst, das Schlechte geschieht nur dir, wohingegen es alle anderen doch so viel leichter haben. Je mehr du diesen destruktiven Gedanken, Gefühlen und Emotionen Raum gibst, umso mehr rutschst du ab, umso tiefer versinkst du im „Elend". Je tiefer du sinkst, desto schwieriger wird es für dich, wieder nach oben zu kommen. Eine solche Entwicklung kann zu einem Burnout führen oder sogar in einer Depression enden.

Es gibt aber auch noch einen dritten Bereich. Dieser steht für den Versuch, sich entweder gar nicht zu bewegen und somit auf der Nullpunktebene zu verharren oder irgendwann in eine Art Gleichgewicht zu gelangen, nachdem alles andere erlebt wurde. Dazu werde ich dir zu einem späteren Zeitpunkt mehr erzählen. Weil es aber noch immer Zeitgenossen gibt, die Ersteres tun wollen, also sich nur ja nicht verändern, bewegen sie sich nirgendwo hin. Man könnte auch sagen, sie haben umsonst gelebt. Für den Augenblick sei gesagt: Wer so lebt, lebt ein Leben ohne nennenswerte Höhen und Tiefen. Eintönig eben.

Ganz anders verhält es sich, wenn man nach ausreichend erlebten Erfahrungen in einen Zustand der Balance kommt. Wenn man anfängt, aus dieser Position heraus zu schauen, wie sich die Erfolgsspirale nach oben oder nach unten in Bewegung setzen kann, damit ein wenig spielt und beobachtet.

Erforsche, welche Voraussetzungen erforderlich sind, um sich den erfolgreichen Menschen anschließen zu können. Dafür braucht es nicht unbedingt eine Hochschulreife oder ein Studium, sondern eher einen gesunden und klaren Menschenverstand, ein Herz an der richtigen Stelle, zum richtigen Zeitpunkt eingesetzt, sowie einen starken Willen.

Wie du hier erkennen kannst, ist es nicht zwingend erforderlich, unter einem besonders guten Stern zur Welt gekommen zu sein, auch wenn dies sicherlich den ein oder anderen Vorteil haben kann. :)

Ich glaube jedoch, dass 90 Prozent der Menschen NICHT unter einer supergünstigen Sternenkonstellation geboren wurden. Diejenigen, denen eine solche Ehre zuteilwurde, sind Wissende, Eingeweihte sozusagen, die sich seit vielen Generationen mit Wirtschaft, Astronomie, Astrologie und

Ähnlichem in ihrer tiefsten Form befassen – aber dies bitte nicht mit Dingen aus der Zeitung verwechseln! ;-)

Da ich kaum jemanden persönlich kenne, der das von sich behaupten kann, sage ich dir das, was ich weiß: Es ist völlig unwichtig, unter welcher Konstellation du geboren wurdest, denn du kannst immer selbst entscheiden, in welche Richtung du dich in deinem Leben bewegen willst. Du kannst entscheiden, wie viel du wissen willst, denn:

Wissen ist nicht verborgen! Du musst das richtige Wissen nur finden (wollen).

Ich behaupte nicht, dass es leicht ist! Ich sage auch nicht, dass es ausreicht, positiv zu denken. Das wäre eine Lüge. Aber ich sage dir, dass du jeden Weg gehen kannst, wenn du dich buchstäblich auf den Weg machst und den Mut hast, allem – positiv wie negativ – ins Gesicht zu sehen.

Erfolg und zufriedene Menschen

Eines solltest du noch wissen:

Erfolgreiche Menschen sind keine ständigen Sieger!

Sie werden genauso vom Schicksal getroffen wie andere Menschen auch und müssen oftmals deutlich heftigere Niederlagen hinnehmen. Aber sie gehen mit dem Unvermeidlichen manchmal anders um als der Durchschnittsmensch, der sich oft schon von kleinsten Rückschlägen einschüchtern lässt. Ich erlaube mir, dir im Folgenden zwei Beispiele für besondere und sehr erfolgreiche Menschen zu nennen.

Ich denke hier zunächst an Bruce Lee, diesen unglaublichen Kämpfer, Schauspieler und Philosophen. Als Letzteren kennen ihn die wenigsten. Ich würde sagen, fast jeder Mensch (im Westen zumindest) hat schon einmal von ihm gehört. Er prägte die Martial Arts und machte sie über seine Filme auf eine Weise bekannt, die es vorher nicht gegeben hatte.

Ich habe einmal seine Geschichte im Fernsehen verfolgt und war sehr berührt. Trotz seines deutschen Großvaters, obwohl er in San Francisco geboren worden war und ungeachtet seines Könnens hatte er massive Schwierigkeiten, in Hollywood als Schauspieler engagiert zu werden. Niemand wollte zu jener Zeit Asiaten im Kino oder Fernsehen haben. Wenn asiatische Rollen gespielt wurden, dann von westlichen Schauspielern, die asiatisch geschminkt waren. Obwohl Bruce Lee Nebenrollen mit der berühmten Maske im Gesicht bekam, durfte er nie wirklich eine Rolle ohne Maske in Hollywood spielen. Das Risiko erschien den Hollywood-Produzenten damals zu groß.

Es ist spannend zu sehen, wie erfolgreich Bruce Lee überall dargestellt wird, aber rosig hat sein Leben überhaupt nicht ausgesehen, wenn man es näher betrachtet. Die Filme, die man von ihm kennt, drehte er – nachdem er gelernt hatte, wie man Drehbücher schreibt – fast alle in Hongkong, wo er als Schauspieler deutlich willkommener war und nachdem er aufgrund seiner Nebenrolle in den USA dort bereits ein Star war. Er selbst verpflichtete dann unter anderem Chuck Norris als Schauspieler. Erst als vier seiner Filme sehr erfolgreich wurden, ließ sich endlich auch Hollywood herab und wollte mit ihm seinen letzten Film drehen.

Gesundheitlich war Bruce Lee ebenfalls nicht immer nur auf der Höhe. Bevor er in den USA zum zweiten Mal seine Sachen packte und zurück nach Hongkong ging, um dort sein Glück zu versuchen und Filme zu drehen, erkrankte er schwer und konnte sich sechs Monate lang kaum bewegen. Die Ärzte prognostizierten ihm, er müsse künftig seine Kampfkunst vergessen. Doch Bruce Lee gab nicht auf, kämpfte weiter – und drehte seine Filme!

Selbst sein privater Lebensweg war nicht nur mit Glück gepflastert. Obwohl er in Seattle bereits eine Kampfschule leitete, Tanzunterricht gab (was mir selbst neu war) und über seinen Großvater europäische Wurzeln besaß, wurde er von den Eltern seiner Partnerin nicht mit offenen Armen als Schwiegersohn empfangen.

Es gab also keinen Bereich im Leben von Bruce Lee, wo alles einfach nur glatt verlief. Wie viele Menschen, die von Erfolg träumen, hätten da schon längst das Handtuch geworfen? Und als ob das alles in dieser Familie nicht bereits reichen würde, starb sein gut aussehender und talentierter Sohn, der sich kurz davor verlobt hatte und heiraten wollte, am Filmset mit gerade einmal 28 Jahren. So war dann gleich der ganze Stammbaum weg. Was für ein „Zufall".

Oder ein anderer Künstler unserer Zeit, den wir in Deutschland zumindest alle kennen: Xavier Naidoo. Ein unglaublicher Sänger. Eine Stimme, die zu beschreiben mir die Worte fehlen, selbst wenn mich nicht alle seine Songs auf die gleiche Weise ansprechen. Ich höre manchmal von Menschen, dass sie ihn nicht mögen. Nun, das kann jeder sehen, wie er will. Aber seine Texte und seine Musik in Kombination mit der Wärme seiner Stimme sind unerreichbar. Er bringt die deutsche Sprache der deutschen Kultur auf eine Art und Weise näher, die es (zumindest meines Wissens) zuvor so noch nicht gegeben hat. Er spricht mit den Liedern, die er singt, vielen aus dem Herzen.

Und was machen die lieben Deutschen in diesem Jahr, als er für den ESC nominiert wurde? Zahllose Menschen ziehen über ihn her, beleidigen ihn öffentlich auf übelste Weise und stellen ihn hin, als sei er ein absoluter Schwerstverbrecher. Ich frage mich da wirklich immer wieder: Mangelt es uns derart an Intelligenz, Herz und Bewusstsein? Sind wir dermaßen von Neid zerfressen, dass scheinbar nichts Gutes mehr in uns ist, wo wir doch durchaus in der Lage wären, das Gute in anderen zu sehen, anstatt nur auf ihre scheinbaren Fehler hinzuweisen?

Dazu fallen mir zwei überaus berühmte Zitate ein: „Derjenige, der unschuldig ist, werfe den ersten Stein" und „Wer in einem Glashaus sitzt, sollte nicht mit Steinen werfen". Ich bin zutiefst davon überzeugt, dass alle diejenigen in Glashäusern saßen, die so auf ihn geschossen haben.

Was aber sagt das über uns als Menschen aus, wenn wir so etwas tun? Wie armselig muss eine Gesellschaft in ihrem Kern sein, um einen anderen Menschen dermaßen öffentlich und über alle Kanäle so bloßzustellen, so kleinzumachen und einer unglaublich miesen Rufmordkampagne auszusetzen? Und das nur, weil man seine Meinung nicht mag?

Beim ESC ging es doch um seine Musik, schließlich sollte er nicht als Bundeskanzler kandidieren. Da hätte ich die Aufregung noch eher nachvollziehen können und es hätte mich sogar amüsiert. Schade. Ich hätte mich sehr gefreut, bei all der langweiligen Musik beim besagten ESC diesen großartigen Künstler wenigstens zu hören. Vielleicht hätte Deutschland dann etwas mehr als – mal wieder – den letzten Platz belegt.

Erfolg in unserer Gesellschaft bedeutet, solche Dinge aushalten zu können und trotzdem weiterzumachen.

Glaube mir, das ist alles andere als leicht. Weniger erfolgreiche Menschen können genau das eben nicht. Sie klammern sich an das bisschen, was sie auf den Weg gebracht haben, in der Hoffnung, das Schicksal werde es richten, sodass sich der Erfolg am Ende doch noch von alleine einstellt. Welch eine Illusion! Die Presse ist voller Beispiele, die eindrucksvoll das Verhalten solcher Menschen dokumentieren.

In meinen Network- und Vertriebsseminaren begegne ich häufig total naiven Träumern. Manchmal würde ich dem einen oder anderen am liebsten ein Glas Wasser über den Kopf gießen, damit er aufwacht. Viele denken: Heute entscheide ich mich für den Erfolg und – schwuppdiwupp! – ein Jahr später throne ich schon da oben und blicke auf alles herab. ;-) Wenn ich dann ihre Illusionen Stück für Stück auseinandernehme und ihnen erzähle, was dazu wirklich alles erforderlich ist, wie viele Menschen ich schon auf ihrem Weg begleitet habe und was es dazu auch von mir selbst immer wieder gebraucht hat, dann werden diese Menschen ruhig.

Ich sage dann manchmal: „Willkommen in der Wirklichkeit!"

Ich könnte dir viele Namen von Menschen nennen, die ich persönlich kenne und die es wirklich nicht leicht hatten. So zum Beispiel Micha. Micha ist ein begnadeter Modefotograf (unter www.mdiehl-photography.com oder unter www.5thavenue-show.de kannst du dir im Internet ein Bild von seiner Arbeit machen). Kennengelernt habe ich ihn, als ich noch modelte und mich meine Agentur vor nunmehr über 22 Jahren zu ihm schickte; Micha war übrigens auch ein Freund von Ömer. Seither pflegen wir eine enge Freundschaft und er gehört zu den sehr wenigen auf dieser Welt, von denen ich mich auch heute noch gerne fotografieren lasse.

Micha arbeitete selbst vor über 25 Jahren als Model, und seit mehr als zwei Jahrzehnten fotografiert er die Schönen und Reichen dieser Welt. Was aber kaum jemand weiß, ist, durch welche tiefen Täler er privat gehen musste. Dass er einmal in den vergangenen Jahren nach einem Unfall für längere Zeit außer Gefecht war und inklusive seiner Gesundheit alles verlor. Dass er in dieser Zeit sein Studio nach zwanzig Jahren von einem Tag auf den anderen räumen musste, weil er nicht wusste, wie es mit ihm weitergehen soll, und all solche Dinge. Und obwohl es ihm zwischendurch alles andere als gut ging, vergaß er niemals, mir zum Geburtstag eine handgeschriebene Karte zu senden, egal, wo auf dieser Welt ich gerade lebte.

Mich inspirieren solche Menschen und ihre Geschichten, denn es zeigt mir ihre wahre Größe. Heute ist Micha wieder obenauf, er besitzt ein schönes, neues Fotostudio, und seine qualitätsvolle Arbeit ist gefragter denn je. Viele Menschen geben auf, wenn sie am Boden liegen, und nur die wenigsten stehen wieder auf. Micha gehört zu dieser eher seltenen Gattung Mensch.

Anna ist eine sehr sympathische Frau, die mich durch ihre Bilder und durch ihre Leidenschaft beeindruckt, mit der sie diese malt. Wenn du einen Blick riskieren magst, es lohnt sich: www.anna-amrhein.de. Ich finde es faszinierend, Menschen zu beobachten und zu treffen, die – statt von Dingen immer nur zu träumen, ohne sie jemals umzusetzen – genau das, was sie lieben, in die Realität bringen und anschließend noch ihren Mitmenschen zum Geschenk machen können. Dies ist es, was Anna auszeichnet.

Wenn ich da zum Beispiel an Ömer denke, von dem ich in diesem Buch bereits mehrfach geschrieben habe, dann sehen die Umstände ein wenig anders aus. Seit 25 Jahren begleitet er mich in meinem Leben und ist ein wertvoller Freund. Er steht glücklicherweise heute wirtschaftlich sehr gut da, doch er musste sich das alles mit unendlich viel Arbeit und zu einem oftmals sehr hohen Preis schwer erarbeiten. Obwohl in Deutschland aufgewachsen und von seiner Veranlagung her mehr Deutscher als Türke, wollte ihn anfangs in der Bau- und Immobilienbranche kaum jemand ernst nehmen. Nach vielen Jahren harter Arbeit freute er sich über einige Ersparnisse, die für seine Altersvorsorge gedacht waren, da man in Deutschland als Unternehmer keine Rente bekommt und selbst rechtzeitig dafür Sorge tragen muss.

Dann kamen im Jahr 2001, wie wir alle wissen, die erschütternden Ereignisse von 9/11, und Ömer verlor alles. Das war ein harter Schlag für ihn. Ich selbst hatte damals zwar auch einiges an Verlusten zu verzeichnen, aber bei Weitem nicht so viel wie er. Es dauerte mehrere Jahre, bis sich Ömer davon erholt hatte. Gesundheitlich hatte er ebenfalls mehrfach mit seiner Hüfte zu kämpfen, aber er schaffte es nicht nur, im übertragenen wie im wortwörtlichen Sinne, immer wieder auf die Beine zu kommen, sondern es gelang ihm auch, dass die Altbau-Objekte, die er mit seinem Unternehmen sanierte, weiter für Qualität stehen und er sich somit einen Namen setzen konnte.

Ich zähle dir hier nur einige wenige dieser Beispiele auf (obwohl ich deutlich mehr nennen könnte), damit du erkennst, welche Qualitäten es für den Erfolg braucht, und auch, dass es diese Menschen wirklich gibt. Sie alle sind Menschen, die für Integrität in ihrem jeweiligen Bereich stehen und die es nicht immer leicht hatten. Ich gebe hier bewusst keine Geschichten von jenen Menschen zum Besten, die mit etwas Glück schnell nach oben gekommen sind, die unglaublich arrogant und selbstherrlich sind und obendrein nun meinen, etwas von Erfolg verstanden zu haben. Diese sind für mich keine Erwähnung wert. Diejenigen jedoch, die ihren Erfolg selbst aufgebaut haben, die zumeist erhebliche Risiken eingegangen sind und oftmals auch mindestens einmal alles verloren, aber danach alles stärker und größer wiederaufgebaut haben, diese verdienen es, hier genannt zu werden.

Im Vertrieb gibt es zahlreiche Träumer (wenn auch nicht alle), die sich viel erhoffen, ohne gleichzeitig bereit zu sein, auch den Preis dafür zu bezahlen, und die, wenn es nicht wie gewünscht funktioniert, die Schuld stets bei jemand anderem suchen. In der normalen Wirtschaft ist es anders, denn hier musst du selbst die Verantwortung tragen, weshalb ich dir auch die vorigen Beispiele genannt habe.

Wenn hier ein Kleinunternehmer aus Mangel an Kunden oder Liquidität seinen Betrieb aufgeben muss, geschieht das meistens still und leise. Die Öffentlichkeit nimmt davon überhaupt keine Notiz. Doch sobald ein größerer Arbeitgeber ein Werk schließt oder einen umfangreicheren Stellenabbau ankündigt, gehen die Betroffenen mit Trillerpfeifen, Megafonen und Transparenten auf die Straße, um für den Erhalt ihrer Arbeitsplätze zu kämpfen.

Dieses Verhalten kann ich selbstverständlich nachvollziehen. Wenn aber eine Firma schließen muss, weil sie vielleicht nicht mehr gewinnbringend arbeiten kann oder weil die Nachfrage nach ihren Produkten eingebrochen ist – welchen Sinn soll es dann machen, hier weiterhin Menschen zu beschäftigen, die am Monatsende ihr Geld verlangen?

Ein Arbeitgeber muss profitorientiert denken und handeln. Er ist keine karitative Einrichtung, sondern ein an den Bedürfnissen des Marktes ausgerichtetes Unternehmen und auf Kunden angewiesen. Diese Kunden sind es, die das Geld in das Unternehmen tragen, und nicht der Chef selbst. Er kann zwar sein Bestes geben, doch bleiben die Kunden aus, dann bleibt auch das Geld aus. So einfach sind die Wirtschaftsgesetze. Und trotzdem versuchen nicht selten Arbeitnehmer, diese außer Kraft zu setzen, indem sie auf die Straße gehen und das Management als das Feindbild des Tages hinstellen.

Wichtig ist in solchen Momenten, dass du die momentane Realität akzeptierst, ohne dich ihr auszuliefern.

Es ist ein gewaltiger Unterschied, etwas zu einer bestimmten Zeit als Tatsache zu akzeptieren oder sich der Situation als Opfer auszuliefern, das keine andere Möglichkeit hat. Setze dich hin und plane eine neue Lebensroute. Aus diesem Holz sind alle mir bekannten erfolgreichen Menschen geschnitzt. Auch sie mussten – ich wiederhole mich hier bewusst – ihre Niederlagen einstecken, doch sie haben nicht ewig herumgejammert, sondern gehandelt. **Sie haben Verantwortung übernommen!**

Viele Menschen tun genau das nicht. Wenn sie sich nicht aufgegeben haben, dann klammern sie sich an das alte System in der Hoffnung, der Kelch des Untergangs werde an ihnen vorbeiziehen. Andere wiederum leben nach dem Motto: „Man **muss** mit dem zufrieden sein, was man hat", und haben längst resigniert.

Zwischen „zufrieden sein müssen" und „erfüllt sein" liegen Welten. Sie reden sich ihr Leben schön und schimpfen mit denjenigen, die dieses Lebensmotto nicht teilen, weil sie nach der Redensart „Jeder ist seines Glückes Schmied" leben – zumindest soweit es in ihren Möglichkeiten liegt. Ich will hier nicht alle über einen Kamm scheren, doch ich weiß, dass die meisten der sogenannten „zufriedenen" Menschen alles andere als zufrieden sind. Selbst das Zahlenmaterial, das aus der Wirtschaft kommt, ist eindeutig. Danach waren in Deutschland im Jahr 2011 nur noch 14 Prozent (!) der Arbeitnehmer wirklich motiviert bei der Arbeit. 23 Prozent hatten keine Bindung zu ihrer Arbeit und/oder zu ihrem Arbeitgeber. Demgegenüber standen immerhin noch 63 Prozent, die eine emotionale Bindung zum eigenen Arbeitsplatz hatten, wenn auch nur eine sehr geringe, aber immerhin. **Tatsächlich haben in Deutschland mehr als 85 Prozent der Arbeitnehmer innerlich schon gekündigt!**

Die Wirtschaft beziffert den Schaden, der durch unzufriedene Mitarbeiter verursacht wird, auf rund **110 Milliarden Euro** jährlich. In einer Studie wurde festgestellt, dass Diebstähle, die durch angestellte Mitarbeiter aufgrund fehlender Zufriedenheit am Arbeitsplatz verübt werden, in den USA zehnmal mehr Geld kosten als die dortige Straßenkriminalität. Lass dir das einmal auf der Zunge zergehen und denk darüber nach, was das bedeutet.

Diese Entwicklung macht mich, ehrlich gesagt, sehr traurig. Nicht nur, weil sich die Menschen ihrer Möglichkeiten berauben und damit weniger Lebensfreude verspüren, sondern weil sie krank werden.

Schleichend. Und das ist das Gefährliche daran. Das **Sich-Aufgeben und Resignieren** erfolgt stufenweise und endet häufig in einer Sucht, zumeist nach Alkohol, Drogen, Sex oder Tabletten. Sucht hat viel mit „suchen" zu tun. Man sucht nach einem glücklichen, selbstbestimmten und erfüllten Leben, und doch wird man nicht fündig. Und so sollen es dann die Umstände, das System, die Politik, die Eltern, die Erziehung etc. sein, die am eigenen Versagen schuld sind.

Wenn du heute rausgehst und diese unzufriedenen Menschen fragst, wer an der Misere die Verantwortung trägt, antworten ca. 70 Prozent der Befragten: **die Regierung, das System, die Großkonzerne** usw. Ich will nicht behaupten, dass die Regierung alles perfekt macht. Ich behaupte auch nicht, dass das System, in dem wir leben, perfekt ist. Meiner Meinung nach ist es das bei Weitem nicht, und vieles könnte anders sein. Doch noch weniger nahe an der Perfektion sind jene Menschen, die meinen, dass jeder andere schuld ist und die Verantwortung trägt – **aber niemals sie selbst!**

Wach auf! Wenn du mit deinem Job unglücklich bist – dann WECHSLE in einen anderen! **Tu etwas, das dir liegt!** Oder wenn du erkennst, dass du in gewissen Bereichen immer dieselben Schwierigkeiten hast – ja, dann fange an und **arbeite endlich einmal an dir selbst!** Hör auf, so bequem zu sein und ständig nur im Außen zu suchen und zu verurteilen.

Jim Rohn sagte dazu immer wieder: *„Wenn dir deine aktuelle Lebenssituation nicht gefällt, ändere sie. Du bist kein Baum."* Doch viele leben, als wären sie ein abgestorbener Baum oder ein Stein. Unbeweglich. Starr. Innerlich schon tot.

Ich hatte einmal eine sehr sympathische und liebe Teilnehmerin im Coaching, der ich, nachdem ich mir ihre Situation angesehen und diese analysiert hatte, den dringenden Rat gab, sich nicht allein auf ihre Selbstständigkeit zu verlassen (die zu jener Zeit noch nicht die benötigten finanziellen Ergebnisse lieferte), sondern zusätzlich eine Teilzeitbeschäftigung anzunehmen, um nicht in eine Abwärtsspirale zu geraten und unnötig Druck aufzubauen. Sie hörte nicht auf mich und nahm leider einen weiteren Tipp bezüglich ihres Geschäftes ebenso wenig an. Nicht ganz ein Jahr später stand sie vor derselben Situation – nur viel schlimmer. Sie begann nun, sich zu bewerben, fand aber über ein Jahr lang keinen Job. Dadurch entstanden bei ihr starke Verluste, die sie nun hinnehmen musste, die ihr jedoch hätten erspart bleiben können, wenn sie früher gehandelt hätte.

Man muss bereit sein, sich permanent zu bewegen, etwas zu tun und nicht einfach den Dingen ihren Lauf lassen. Das Erwachen kann recht unangenehm sein. Ich warte nicht gerne, bis nichts mehr geht, sondern versuche stets, rechtzeitig zu handeln.

Ich kam damals nach Deutschland nur mit den Kleidern, die ich am Körper trug, und ohne die Sprache perfekt zu sprechen. In dieser Zeit machte ich sehr viele Fehler, zum einen aufgrund meiner Naivität, zum anderen aus Unwissenheit. Ich wäre sehr dankbar gewesen, hätte ich ein paar Tipps bekommen, wie man es leichter machen kann und vor allem ohne so viel Druck, wie ich ihn hatte. Dennoch – oder vielleicht deshalb – habe ich es mehrfach geschafft! Ich baute mehrere Erfolge auf, trotz des nicht perfekten Systems, trotz der nicht perfekten Regierung, trotz der nicht perfekten Politik. Das ist es, worum es im Leben geht.

Wenn alle Bedingungen perfekt sind, kann es jeder. Wenn aber die Bedingungen gar nicht vorhanden sind und es dann doch möglich wurde – das ist es, was den Meister ausmacht.

Mancher wird sich jetzt vielleicht fragen, ob der Start für mich hier in Deutschland wirklich so schwierig war. Ja, das war er allerdings. Schwieriger, als du es dir vorstellen kannst. Aber eben, weil ich es aus diesen Umständen heraus geschafft habe oder weil mein Bruder nach so vielen Jahren seinen Traumjob bekam, weiß ich, dass es viel mehr Menschen schaffen könnten, als es derzeit der Fall ist.

Lass mich das wiederholen. Ich sagte nicht, dass ich es nur glaube, sondern ich sagte:

Ich WEISS, dass es mehr Menschen schaffen könnten.

Ich sagte nicht, dass dies alle betrifft, aber definitiv mehr, als es im Moment der Fall ist. Du trägst den Schlüssel zu deinem Erfolg in dir, doch du musst auch das passende Schloss dazu finden. Ich habe es mehrfach geschafft, nicht, weil ich so großartig bin, sondern weil ich mich immer bewegt habe und trotz vieler Fehler aktiv geblieben bin. Resignieren, jammern, hadern, zaudern, das alles bringt dich keinen Schritt weiter. Es führt zu nichts!

Sorry, ich muss mich korrigieren: Es führt doch zu etwas, nämlich zu unsäglichen Schmerzen. Damit manche diesen seelischen Schmerz nicht mehr spüren müssen, suchen sie nach Auswegen, also nach Ausflüchten, durch Betäubung in Alkohol, Sexaffären etc. Das mag für den Augenblick vielleicht von der Realität ablenken, doch es ist nicht von Dauer. Sorgen und Probleme können nämlich sehr gut schwimmen. Ertränken lassen sie sich nicht.

Weniger Arbeit, mehr freie Zeit

Tatsächliche Jahresarbeitszeit je Arbeitnehmer im internationalen Vergleich (in Std.)

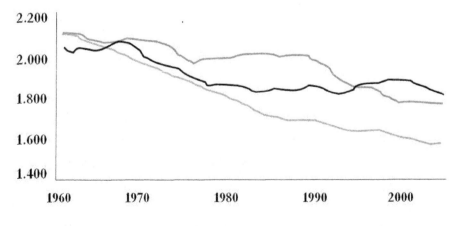

(Quelle: OECD)

Es ist schon bemerkenswert, in welchen Zeiten wir leben. Noch nie in der Geschichte mussten die Menschen so wenig arbeiten wie heute. Statistisch gesehen, leistest du als Europäer jährlich nur noch 1550 Arbeitsstunden. **Das sind rund 500 Arbeitsstunden pro Jahr weniger als noch 1960.** Und dennoch sind so viele so unglücklich und jammern über zu wenig Freizeit.

Was aber eigentlich nicht wirklich überrascht, schließlich gab es ja auch noch nie so viel Technik wie heute. Fernsehen, Internet, Smartphone oder Social-Media-Networks „zwingen" uns permanent zum Handeln. Zu oft unsinnigem Handeln. Oder welchen Nutzen ziehen die User aus ihren Aktivitäten in den Social-Media-Netzwerken, wenn sie hier posten, wann sie mit wem gefrühstückt haben, welche Hose sie heute zu ihrer Bluse anziehen werden und wann sie den nächsten Bus nehmen – und das sogar noch mehrfach pro Tag? Auch hier lautet die Frage: Wer entscheidet, dies zu tun? Sind es die Inhaber dieser Plattformen oder du selbst? Was wäre z. B. Facebook ohne seine eine Milliarde an registrierten, nicht immer aktiven Mitgliedern?

Wer trägt also die Verantwortung?

Wenn du etwas in den Social Media postest, dann poste temporär etwas Sinnvolles oder etwas, das dir wirklich Spaß macht. Etwas Außergewöhnliches. Aber doch nicht stündlich über das, worüber du gerade nachdenkst oder was du tust. Wem soll das etwas bringen? Auch dies führt zu einer Sucht – der Sucht nach ständiger Kontrolle, ob jemand reagiert hat oder nicht.

Versteh mich bitte nicht falsch: Ich selbst nutze Social-Media-Netzwerke wie meine „Go4Values"-Seite auf Facebook täglich. Aber weniger ist auch hier mehr. Darüber habe ich oft Gespräche mit Menschen geführt, die mir großspurig von ihren Wünschen erzählten. Doch sobald ich ihnen neue Möglichkeiten aufzeigte, die sie ins Handeln bringen sollten, damit sie mehr aus ihrem wertvollen Leben machen konnten, passierte nichts. Ich musste immer wieder feststellen, dass sie Meister im Erfinden von Ausreden waren:

- *Würde ja gerne – habe aber keine Zeit.*
- *Kein Bedarf.*
- *Bin ja eigentlich ganz zufrieden.*
- *Meine Familie ist mir wichtiger.*
- *Mein Partner ist dagegen.*
- *Ich habe ein Kind.*
- *usw. usf.*

Bekanntlich hat jede Medaille zwei Seiten. Von der einen habe ich bis hierher geschrieben. Es gibt Menschen, die unterhalb ihres Potenzials leben und – aus welchen Gründen auch immer – keinerlei Anstalten machen, das zu ändern. Die andere Seite der Medaille handelt von jenen Menschen, die dazu gezwungen werden, ihr vorhandenes Potenzial leben zu müssen. Sie haben keine Chance, das zu verhindern. Was zur ersten Seite der Medaille kein Widerspruch ist. Während die erste Seite selbstbestimmt entscheidet, wird die zweite bis zu einem gewissen Grad fremdbestimmt.

Häufig zwingen Eltern ihre Kinder in Berufe oder zu Leistungen, die diese innerlich ablehnen, weil sie sich damit nicht verbunden fühlen. Und anstatt zu schauen, wo die tatsächlichen Leidenschaften ihrer Kinder liegen, berufen sich diese Eltern dabei auf Familien- und Firmentraditionen, denen bedingungslos zu folgen ist.

Manchmal sind die Erziehungsberechtigten selbst dermaßen strahlende Lichtgestalten, dass ihre Kinder in deren übermächtigem Schatten groß geworden sind. Diese Eltern sind so überpräsent, dass ihre Kinder keine Chance auf ein eigenes Leben haben. Schon früh werden sie auf Erfolg, Produktivität, Etikette und Bildung getrimmt und in eine bestimmte Richtung gelenkt, sodass ihre Kindheit oder später ihre eigenen Wünsche und Erfahrungen auf der Strecke bleiben. Auch hier endet das Erwachsenenleben häufig im Desaster, bei manchen in Alkohol- und Drogenexzessen usw. mit jeglichem Mangel an Gefühl für die eigenen Werte. Und wenn sie zu sehr in den Vorstellungen des Elternbetriebs aufgehen, ohne dies auch selbst zu wollen, führt es oftmals zu Verbitterung oder Krankheit.

Natürlich gibt es Kinder, die in Familientraditionen aufwachsen und die sich auch wirklich dazu berufen fühlen, diese familiär wie geschäftlich fortzuführen. Das ist sehr gut. **Es bedeutet, dass diese Kinder ihrer Leidenschaft folgen.** Dann ist es auch der richtige Weg. Wenn aber diese Kinder „aus der Art schlagen", weil sie den elterlichen Hof nicht weiterführen möchten, sondern eines Tages z. B. als Lehrer in einer Realschule Kinder unterrichten möchten, dann sollten – nein, dann müssen die Eltern dieser Kinder diesem Wunsch Rechnung tragen.

Was würdest du also sagen, wer dafür die Verantwortung trägt?

Wer trug bei dir die Verantwortung? Bis zu einem gewissen Grad und bis zu einem gewissen Alter waren es, behaupte ich hier einmal, deine Eltern, deine Erziehung, aber auch dein Umfeld, in dem du dich aufgehalten hast. Doch für die Zeit danach kannst du nicht mehr deine Familie deswegen schuldig sprechen. Ab dem Moment, in dem du in der Lage bist, Recht von Unrecht zu unterscheiden, ab diesem Zeitpunkt bist du auch in der Lage, dich für eine andere Wahrheit zu entscheiden.

Auch ich musste diese Erfahrung machen. Ich habe mehrfach rebelliert. Ich wusste, dass das, was mir vorgelebt wurde, zum Teil nicht von mir so gewollt war. Ich habe lange gesucht, und es war keine leichte Zeit. Es wäre sicher einfacher gewesen, zur Flasche zu greifen, um im Alkoholrausch die Antworten zu finden. Doch was wären das für Antworten gewesen? Natürlich entschied ich mich klar dagegen. Alkohol lockert die Zunge, lässt einen Blödsinn erzählen. Er benebelt aber viel eher das Hirn, sodass man nicht mehr in der Lage ist, einen klaren Gedanken zu fassen. Deshalb sind Alkohol und jede andere Form von Suchtmitteln keine Lösung.

Ich frage dich an dieser Stelle:

Wofür entscheidest du dich? Wie viel Mut hast du?

Die vier verschiedenen Arten des Erfolgs

Wie du bisher sehen konntest, habe ich eine sehr klare Meinung und Einstellung zum Erfolg. Trotz meiner Ausführungen möchte ich dir an dieser Stelle vorab noch etwas mit auf den Weg geben: Wenn du mit deiner aktuellen Lebenssituation glücklich und erfüllt bist, dann bist du automatisch auch erfolgreich! Denn:

Ein erfolgreiches Leben bedeutet für mich auch, ein glückliches und erfülltes Leben zu führen. Das zu tun oder zu leben, was man liebt, ist Erfolg. Erfolgreich bist du auch, wenn du das, was du dir vorgestellt hast, erreicht hast. Wenn du dein gesamtes Potenzial leben kannst, dann bist du natürlich auch sehr erfolgreich!

Ich fasse zusammen:

* *Erfolg ist für mich das, was sich jemand aus eigener Kraft, mit reiner Willensstärke und Mut, unabhängig von den Widrigkeiten, aufgebaut hat, wenn er darüber hinaus seinen Prinzipien und Werten, also seinen inneren Idealen, treu geblieben ist.*

* *Bei denen, die ihren Erfolg geerbt haben, bedeutet er, dass ihr Tun ihrer Leidenschaft entspricht, dass es ein stetiges weiteres Wachsen ist, verbunden mit der Gewissheit, dass sie ihr Bestes gegeben haben.*

Vergiss bitte nicht: Erfolg bedeutet für mich NICHT

* *manipulierter, kopierter und bewusst gestohlener Erfolg.*

Auch über diese Feststellung habe ich eine Kolumne verfasst. Hier schrieb ich, dass viele Menschen glauben, sie würden, wenn sie etwas einfach gut genug kopieren, nachmachen oder stehlen, genauso gut sein wie derjenige, von dem das Original stammt. Das passiert nicht häufig, weil das Original von den Erlebnissen und den Erfahrungen seines Urhebers gefärbt ist und sich diese Botschaften, das sogenannte Zwischen-den-Zeilen, eben nicht kopieren lässt.

Aufgrund seiner einzigartigen Erlebnisse und Erfahrungen sowie infolge seines selbst erworbenen Wissens wurde der Autor oder Trainer oder Unternehmer usw. erfolgreich. Wenn du dessen Arbeit nun einfach billig kopierst, folgst du lediglich einer Gier (nach mehr Erfolg, Aufmerksamkeit, Geld o. Ä.), weil du dich in den Kreis der Erfolgreichen einreihen möchtest, obwohl es dir nicht zusteht. Genau deshalb wirst du entweder nie dasselbe erreichen wie der andere (und somit langfristig scheitern) oder es nur mit sehr viel Mühe halten können. Das allein ist schon schlimm. Viel schlimmer aber ist es, dass du dabei alles andere als glücklich sein wirst. Merke:

Du wirst niemals dieselbe Erfüllung dabei empfinden wie derjenige, der es erschaffen hat.

Seine Ziele waren andere. Deine bestanden vielleicht nur darin, möglichst schnell viel Geld zu verdienen oder aus dem Mangel herauszukommen. Das gelingt dir aber nicht vollständig, wenn du andere in ihrem Verhalten nur kopierst, ohne verstanden zu haben. Weil deine hintergründige Motivation **Mangel** war, wirst du scheitern.

Selbst, wenn du auf der materiellen Ebene Erfolg haben solltest, wirst du innerlich keine Erfüllung haben, sondern diesen MANGEL behalten.

Dann gibt es natürlich auch noch diejenigen Menschen, die einen sogenannten „unbewussten Zufallserfolg" verbuchen konnten, also Zeitgenossen, die es durch einen Zufall geschafft haben, etwas auf die Beine zu stellen. Würden sie diesen Zustand, aus welchen Gründen auch immer, verlieren, so wäre ihr Untergang die Folge. **Für sie würde eine Welt zusammenbrechen, weil sie ihren Erfolg nicht wiederholen könnten.** Das wird insbesondere bei jenen Künstlern deutlich, die nur ein sogenanntes One-Hit-Wonder landeten – einen einzigen Hit, aber davor oder danach nur Flops.

Doch man muss sich nicht Prominente zum Vorbild nehmen. Es gibt doch tatsächlich Normalsterbliche, die ernsthaft der Meinung sind, es würde ausreichen, drei bis vier Seminare zu besuchen, um danach selbst ähnliche Seminare abhalten zu können. Wie dumm ist das denn? Das wäre genauso, als würde ein Konzertbesucher, der noch nie eine Gitarre in seinen Händen gehalten hat, davon überzeugt sein, selbige nach dem Konzert spielen zu können. Denke auch an die vielen Millionen Fußballfans, die ihren Idolen genau erzählen können, wie sie den Ball hätten schießen müssen, um das Tor zu erzielen oder den Elfmeter zu verwandeln. Dabei haben sie selbst vielleicht noch nie einen Ball in ihren Händen gehalten.

Zur Erinnerung:

Erfolg wirst du niemals erreichen, weil du theoretisch weißt, wie etwas geht, sondern nur durch jahrelange Erfahrung und das gelebte, umgesetzte Wissen.

Zusammenfassung

Ich könnte noch weitaus mehr zum Erfolgsthema schreiben und dir viele zusätzliche Tipps geben. Ich weiß aber, dass du deshalb nicht automatisch auch gleich mehr wirtschaftlichen Erfolg erzielen wirst.

Weitere Erfolgsaspekte, die ebenfalls wichtig sind, werde ich in Teil III und Teil IV dieses Buches beschreiben, in denen es um das Thema Geld sowie um ein erfülltes Leben geht.

Deshalb beende ich an dieser Stelle den zweiten Teil dieses Buches und gebe dir einige Hausaufgaben. Wenn du bereit bist, sie zu lösen, wirst du ins Handeln kommen – was, wie du gelesen hast, wichtiger ist als alles andere.

Du weißt nun, dass Wissen allein dir überhaupt nichts nützt, außer, dass du damit eventuell in Gesprächsrunden angeben könntest. Das aber ist alles nur heiße Luft. Deshalb meine Empfehlung:

Arbeite daran, Erfahrungen und Praxis zu sammeln, denn daraus ergibt sich eine vollkommen andere Art von Wissen – ein verwandeltes, ein lebendiges Wissen.

Nimm dir nun noch einmal die folgenden 16 Punkte vor, über die ich in diesem zweiten Teil des Buches geschrieben habe. **Beurteile dich mit diesem neuen Wissen ehrlich und selbstkritisch:**

1. Die totale Verantwortung gegenüber dem eigenen Leben und dem eigenen Erfolg

2. Risiken eingehen

3. Durchhaltevermögen und Geduld

4. Innere Stärke und Kraft

5. Der Wunsch & der Wille, Erfolg erreichen zu wollen

6. Ein klarer Verstand, gepaart mit Liebe & Leidenschaft zum Tun

7. Lernbereitschaft und Mut

8. Die Bereitschaft, den Preis für den Erfolg bezahlen zu wollen

9. Die Fähigkeit, Entscheidungen zu treffen

10. Tun – das rechte Handeln und Fleiß

11. Selbstvertrauen und Geisteshaltung

12. Kompromisslos für seine Werte einstehen

13. Die Fähigkeit, Vereinbarungen einzuhalten

14. Die Fähigkeit zur Flexibilität

15. Die Fähigkeit, innere Lebensfreude zu empfinden

16. Ein Bewusstsein für den eigenen Wert und die Fähigkeit, dies einzufordern

Gehe jeden einzelnen Punkt durch. Schreibe auf, was dir bei der Auflistung dieser 16 Punkte einfällt, was sie mit deinem Leben gemeinsam haben oder was (noch) fehlt. So erkennst du, an welchen Punkten du arbeiten musst.

Fange JETZT damit an!

Gehe anschließend weiter zum dritten Teil dieses Buches oder melde dich bereits jetzt über meine Webseite für das „Go4Values"-Basisseminar „Bewusstsein Werte & Erfolg" an.

www.danielaszasz.com

Ich widme dieses Buch in Liebe und Dankbarkeit meinen Eltern Rodica & Johann

III Geld verstärkt den Charakter

Inhalt

Geld verstärkt den Charakter!	244
Wirtschaft aktuell	246
Meine ersten Erfahrungen mit Geld	270
Schmarotzereinstellung und Selbstwertgefühl	284
Hauptsache, billig	300
Die vielen Glaubenssätze und ihre Auswirkungen	310

    Geld ist ein notwendiges Übel

    Geld ist etwas, das innerlich abgelehnt wird

    Geld ist etwas, wovon du mehr bräuchtest

    Geld ist etwas, womit man möglichst vorsichtig und sparsam umgeht

    Geld ist eine Laune der Natur oder der Menschen

    Geld ist die Wurzel allen Übels

    Geld ist etwas, das nur diejenigen besitzen, die bereit sind, über Leichen zu gehen

    Geld verdirbt den Charakter

Umgang mit Bargeld	330
Geld verleihen an die „Bedürftigen"	334
Spenden	346
Die vier verschiedenen Arten, Geld zu verdienen	348
Existenzängste und Risiken	352
Investiere in dich	366
Steuern & Co.	370
Sozialsystem – ein Weg der Zukunft?	
Hartz IV & bedingungsloses Grundeinkommen	378
Kooperationen – zu wessen Vorteil?	
Die Win-win-Methode	386
Geldheft-Tipp	388
Geld – ein Spiegel deiner Schöpfung	390

Geld verstärkt den Charakter!

Im ersten Teil dieses Buches haben wir uns mit dem Erfolg und den meisten seiner sachlichen Faktoren auseinandergesetzt. Im dritten Teil werde ich nun weitere Aspekte des Erfolges behandeln. Einer davon ist das Geld, das fälschlicherweise fast immer mit Erfolg gleichgesetzt wird. Du wirst sehen, dass Erfolg und Geld zwar nie einander ausschließen, dass aber auch beide getrennt friedlich nebeneinander existieren können. In Sachen Geld geht es einerseits um deine Einstellung und andererseits um die damit einhergehende Verantwortung.

Aus diesem Grund habe ich diesem Thema im vorliegenden Buch einen eigenen Teil gewidmet. Ich werde hier sowohl meine eigene Einstellung und meine persönlichen Erfahrungen zu dem Thema als selbstständige Unternehmerin beschreiben als auch die Sichtweise der vielen Menschen, mit denen ich zu tun hatte. Menschen, die mich seit vielen Jahren begleiten.

Vorab sei gesagt, dass ich politisch und religiös an keine bestimmte Anschauung oder Gruppierung gebunden bin, da meine Überzeugungen weder für das eine noch für das andere Extrem stehen. Der einzige für mich wünschenswerte dogmatische Gedanke, den ich zu unterstützen gedenke, ist jener der **Freiheit eines jeden Individuums in Bezug auf die Möglichkeit, sein Potenzial entfalten zu dürfen, wobei weder diese Person selbst noch ein Dritter mutwillig zu Schaden kommen darf.**

Du, der bzw. die du dieses Buch liest, kannst wie immer anschließend selbst entscheiden, wie viel oder wie wenig an

Nutzen du für dich aus meinen Erkenntnissen ziehen magst. Vielleicht ermöglichen dir meine Schilderungen aber auch, einen neuen Blick in eine andere Richtung zu wagen und die eine oder andere festgefahrene Überzeugung zu überdenken.

Ich wünsche dir einen offenen Geist beim Lesen meines Buches und freue mich, wenn du für dich etwas übernehmen kannst. Aber selbst, wenn dir das zum gegenwärtigen Zeitpunkt nicht möglich sein sollte, weil du vielleicht anders geprägt bist, ist dies in Ordnung. Manche Dinge brauchen ihre Zeit. Wer wüsste das besser als ich? Und manche Dinge sollen sich vielleicht noch gar nicht ändern.

Auch sei hier erwähnt, dass ich bei diesem Thema nicht für die ausschließliche universelle Wahrheit stehe. Wahrheit, die unsere polare Realität betrifft, ist meiner Meinung nach subjektiv (zumindest zeitweise), weil wir unterschiedlich weit entwickelt sind. Unser Denken ebenso wie unser persönlicher Entwicklungsstand beeinflussen unsere Sichtweise auf die Dinge.

Was du in diesem Buch liest, ist aber definitiv **ein Teil meiner Wahrheit und meiner Erkenntnisse zum jetzigen Zeitpunkt.**

Und auch die hier beschriebenen Erfahrungen sind selbstverständlich aus meiner eigenen Sicht dargestellt und somit subjektiv.

Ich erlaube mir weiterhin in meiner Ansprache die vertraute Du-Form – nicht aus Respektlosigkeit, sondern weil sich unser Unterbewusstsein durch die Sie-Form nicht angesprochen fühlt, da es diese schlichtweg nicht (er)kennt. Fühle dich bitte trotzdem respektvoll und zuvorkommend angesprochen.

Wirtschaft aktuell

Bevor wir nun gleich in meine eigenen ersten Erfahrungen mit Geld einsteigen, würde ich sehr gerne einen Blick auf unsere aktuelle Wirtschaft werfen und einiges dazu sagen.

Wenn jeder Mensch sein Potenzial ausleben und einer Arbeit nachgehen würde, die er kann und vielleicht sogar noch liebt, hätten wir keine Wirtschaftskrise.

Dies ist meine persönliche Überzeugung – wenn auch nicht ausschließlich. In den letzten Wochen fiel mir in Gesprächen mit mir bekannten oder befreundeten Unternehmern verstärkt auf, dass sie alle mehr oder weniger ein ähnliches Problem beklagen – und zwar die Schwierigkeit, gute und loyale Mitarbeiter zu finden. Mehrfach hörte ich, dass sie sich vergrößern wollen oder es auch schon getan haben, dass sie aber einige Mitarbeiter, die sie bereits eingestellt hatten, feuern mussten. Der Grund war immer wieder ein ähnlicher.

Von einem sehr guten Steuerberater aus Deutschland erfuhr ich zum Beispiel, dass es überwiegend an der Zuverlässigkeit fehlt und dass sich Mitarbeiter häufig bei jeder Kleinigkeit krankschreiben lassen – sogar bei Liebeskummer! Spediteure bekommen keine guten, verantwortungsvollen Fahrer. Viele von ihnen halten die zuvor zugesagten Termine nicht ein, einige erscheinen sogar im betrunkenen Zustand am Arbeitsplatz. Wiederum andere nehmen es mit den ihnen anvertrauten Wertsachen nicht so genau, verzeichnen ungewöhnlich viel „Bruchware" und fahren eine Beule nach der anderen in das teure Wirtschaftsgut LKW.

Ich selbst erkenne mittlerweile immer schneller, ob jemand seine Arbeit gerne und gut macht oder ob er lediglich irgendeiner Tätigkeit nachgeht, um etwas zu tun in der Hoffnung, damit ein wenig Geld zu verdienen. Auch wenn du deine Arbeit nicht immer lieben musst, um erfolgreich zu sein, so ist es dennoch wichtig, zumindest das Ziel zu lieben, das du erreichen möchtest. Dann arbeitest du auch anders und gewissenhafter. Unzählige Menschen folgen ihren inneren Forderungen und Wünschen nicht und verkaufen damit – nicht selten sogar auf Kosten der eigenen Gesundheit – beinahe ihr Lebensglück, nur um Geld zu verdienen. Natürlich muss jeder wirtschaftlich überleben, aber wie bei allem ist auch hier die Balance unendlich wichtig. Doch darüber erfährst du noch mehr im letzten Kapitel dieses Buches.

Ich halte im Laufe eines Jahres zahlreiche Seminare und Vorträge und verweile dadurch häufig in diversen Hotels. Hier fällt mir sofort auf, wer von den Mitarbeitern wirklich sein Bestes gibt. Die meisten sind stets freundlich und bemüht, aber dann gibt es auch noch den ein oder anderen Kellner, der zwar körperlich anwesend, geistig aber nicht bei der Sache ist. Derjenige, dem alles irgendwie lästig zu sein scheint und bei dem du froh sein kannst, wenn er dir nicht ins Essen spuckt, falls du ihn einmal zu oft ansprichst. Ich frage mich dann schon manchmal, warum solche Menschen nicht einem anderen Beruf oder einer anderen Tätigkeit nachgehen, anstatt ihren Missmut so offensichtlich und öffentlich zur Schau zu tragen.

Auch wenn ich so etwas natürlich nicht gerne sehe, habe ich selbst damit grundsätzlich kein Problem. Menschen sind nun einmal so, wie sie sind. Wenn aber in einem solchen Hotel die Kellner durch Ignoranz glänzen und meine Gäste aus den Seminaren, die ebenfalls dort logieren und sich entsprechend wohlfühlen sollen, von oben herab behandelt werden, dann bin ich sehr wohl darüber verärgert.

Einmal gönnte ich mir privat ein Wellness-Wochenende, um zwei Tage lang zu entspannen. Im Wellnessbereich dieses

Hotels lernte ich aus nächster Nähe zwei Damen kennen, die dort als Masseurinnen tätig waren. Zwei Damen, derselbe Job – doch sehr unterschiedlich ausgeführt. Die bei der Spanierin gebuchte Ayurveda-Massage war einfach nur himmlisch. Die Dame war ruhig, gelassen, sprach in aller Ruhe mit mir und erklärte mir zwischendurch, welche Dinge sie während der Massage durchführen würde. Sie war so klasse, dass ich sie für den nächsten Tag erneut buchte.

Die zweite Behandlung war mindestens genauso gut. Die Masseurin nahm sich sogar ein paar Minuten mehr Zeit für mich, was sie mir allerdings erst am Ende der Behandlung mitteilte. Ich war so entspannt gewesen, dass mir dies gar nicht aufgefallen war. Für den letzten Tag meines Aufenthaltes buchte ich eine weitere Gesichtsbehandlung, allerdings musste ich, da sie selbst keinen freien Termin mehr hatte, auf eine andere Masseurin ausweichen und landete bei ihrer Kollegin, die aus Deutschland stammte. Die Unterschiede hätten größer nicht sein können.

Die deutsche Masseurin war hektisch und sehr unruhig. Bei jeder Frage antwortete sie wie aus der Pistole geschossen mit mindestens fünf Sätzen, und wenn ich eine Zusatzbehandlung ansprach, die vorher ausgemacht gewesen war, wie zum Beispiel die Augenbrauen färben, belehrte sie mich, dass das wohl nicht nötig sei. Für sie spielte es augenscheinlich gar keine Rolle, was vereinbart worden war und was *ich* wollte.

Sie selbst hatte anfangs als Abschlussbehandlung eine Feuchtigkeits-Gesichtsampulle empfohlen (weibliche Leser wissen, was damit gemeint ist), doch diese wurde nicht mehr durchgeführt. Stattdessen drückte sie mir die Ampulle einfach in die Hand und meinte, ich könne es ja dann abends zu Hause selbst machen. Ich habe selten eine schlechtere Gesichtsbehandlung erlebt als diese. Zu ihrer Verteidigung sei gesagt, dass sie zumindest das Augenbrauenzupfen besonders gut beherrschte.

Verstehe mich bitte richtig: Dass ich diese Erfahrung mit zwei Masseurinnen unterschiedlicher Nationalität gemacht habe, heißt selbstverständlich nicht, dass alle Menschen aus diesen beiden Ländern die gleiche Mentalität hegen. Tatsächlich ist die Mentalität völlig unwichtig. **Wichtig ist nur, wie man seiner Arbeit nachgeht.**

Amüsiert, verwundert und eindeutig weniger entspannt als am Tag zuvor nach der Betreuung durch ihre Kollegin, verließ ich am Ende der Behandlung den Raum. Die deutsche Masseurin hatte ich zwei Tage lang an der Rezeption des Wellnessbereichs stets mit einer Dose Cola in der Hand umherirren gesehen, oft plan- und ziellos. Bemerkenswert war ihre Reaktion, sobald es um eine Kundenbuchung ging oder wenn eine Kollegin darum bat, sie zu vertreten. Da wurde sie hektisch und erklärte wild mit den Händen gestikulierend, dass sie überhaupt keine Zeit habe und vollkommen ausgebucht sei. Ganz anders dagegen ihre spanische Kollegin, die mir erzählt hatte, wie gern sie ihre Arbeit machte. In den 80 Minuten der Behandlung hatte ich das deutlich spüren können. Diese Dame lebte, was sie liebte.

Ich bin überzeugt, dass jeder, der diese Zeilen liest, bereits irgendwann einmal mit Menschen in Kontakt gekommen ist, die ihre Arbeit nicht nur nicht mochten, sondern dies auch sehr deutlich nach außen hin zeigten.

Doch wie steht es mit dir selbst? Gehst du vielleicht im Moment einer Tätigkeit nach, die du überhaupt nicht magst? Oder hattest du schon Zeiten in deinem Arbeitsleben, in denen du Dinge verrichten musstest, die du weder mochtest noch wolltest? Und hast du dann möglicherweise deinen Unmut an allen um dich herum ausgelassen?

***Nichts ist tragischer, als Menschen zu sehen,
die das, was sie tun, nicht lieben und auch nicht wissen,
wofür sie es tun.***

Unzufriedene Menschen finden an allem, was um sie herum geschieht oder nicht geschieht, einen Grund zum Nörgeln. Sie sind deprimiert, frustriert, gelangweilt, ziellos, leidenschaftslos, unglücklich, leblos – und ERFOLGLOS! Kommt dir etwas davon bekannt vor? Jedermann hat schon Dinge getan, die er im Grunde seines Herzens nicht tun wollte. Jeder ist zumindest einmal im Leben einer Arbeit oder Tätigkeit nachgegangen, die er nicht mochte, oder weiß um die damit verbundenen Probleme, weil andere mit ihm über ihre Erfahrungen gesprochen haben.

Während meiner 20-jährigen Selbstständigkeit und im Verlauf von insgesamt 25 Jahren Arbeit habe ich insgesamt vier Mal die Erfahrung gemacht, wie es sich anfühlt, etwas zu tun, das ich nicht liebte. Deshalb kenne ich dieses Gefühl sehr genau. Manchmal ist es wichtig, bereit zu sein, ein oder zwei Schritte zurückzutreten und etwas zu tun, was man weniger mag, um danach wieder vorwärtsgehen zu können. Es sollte nur nicht zu einem Dauerzustand werden.

In Teil I dieses Buches habe ich über meine Arbeit geschrieben. Als 19-Jährige war ich in einem Verlag tätig und musste darüber hinaus einen Zusatzjob annehmen, um Geld zu verdienen, weil es meinem Lebenspartner und damaligen Chef finanziell nicht gut ging und er dies auch so wollte (nicht zuletzt deshalb, um zu erfahren, wie es in anderen Firmen zuging). Meinen nächsten Job bekam ich in einer Firma, die auf TV- und Hi-Fi-Reparaturen spezialisiert war.

Heute würde ich mich als die „Dame vom Empfang" beschreiben, die damals die Aufträge entgegennahm und eingehende Telefonate beantwortete. Ich bin ehrlich zu dir: Selten hat mich etwas in meinem Leben mehr gelangweilt als dieser Job. Zu allem Übel fror ich mir im Winter im übertragenen Sinne den Allerwertesten wund, weil der Chef unter Hitzewallungen litt, weshalb wir die Heizkörper auf niedrige Temperatur zu stellen hatten. Das an sich wäre ja noch auszuhalten gewesen, doch sobald ein Kunde den Laden betrat, fegte der Ostwind in den Raum, der daraufhin sofort um etliche Grade abkühlte. Kaum war es wieder wärmer, ging die Tür erneut auf. Arbeitsrecht und Schutz für frierende junge Frauen im Job waren damals Fremdwörter.

Ich drehte also mehrfach am Tag die Heizung hoch und mein Chef drehte sie mehrfach am Tag herunter. Deshalb brach immer wieder ein Streit vom Zaun. Mein Chef meinte, dass sich das Problem ganz einfach mit einem dicken Pullover oder einem Wintermantel lösen ließe; er konnte mir aber nicht erklären, wie man in dieser Kluft arbeiten, tippen und schreiben sollte. Ich sehnte mich nach meinem Verlagsjob zurück. Es kam, wie es kommen musste: Er hatte irgendwann keine Lust mehr auf eine Mitarbeiterin wie mich und ich hatte keine Lust mehr zu frieren. Dann kam ich überraschenderweise auch noch ins Krankenhaus. Während ich da so lag, erhielt ich von ihm die Kündigung. Die Art und Weise fand ich erschreckend, aber ich war über den Verlust dieses Arbeitsplatzes nicht unglücklich und konnte nun in den Verlag zurückkehren.

Erst später habe ich mir die Frage gestellt, wie mein Leben weiter ausgesehen hätte, wenn mich mein Chef nicht gekündigt hätte. Du siehst, ich war noch zu jung, um zu begreifen, dass es besser ist, selbst zu kündigen, wenn einem die Arbeit zuwider ist. Heute weiß ich, dass das Festhalten an unbefriedigenden Situationen sogar körperliche Krankheiten nach sich ziehen kann. Fakt ist leider, dass viele Menschen ihren Job teilweise ausschließlich wegen des Geldes ausüben, ihn aber gleichzeitig abgrundtief hassen.

Wenn du diesen Menschen dann sagst, sie sollen es lassen und sich verändern, erzählen sie dir tausend Gründe, warum das nicht geht und warum sie es sich nicht leisten können. Sie finden tausend Gründe dagegen, aber keinen einzigen dafür, denn:

Die Angst vor etwas Neuem und das unglückliche, aber bequeme und sichere Dasein eines Jobs siegen beinahe immer über den Mut, ein überschaubares Risiko einzugehen.

Noch einmal: Es ist absolut in Ordnung, vorübergehend auch mal etwas zu tun, was du nicht magst, solange du dir darüber bewusst bist, **wofür und wie lange du es tun willst** (um dir zum Beispiel ein gesundes Fundament für einen noch größeren Traum zu erschaffen).

Hast du schon einmal die Erfahrung gemacht, einer Arbeit nachgehen zu dürfen, die du wirklich liebst? Vielleicht hattest du auch die Möglichkeit, jemand anderen, der seine Arbeit liebt, zu beobachten. Dann wirst du bestätigen, wenn ich jetzt sage: **Dazwischen liegen Welten!** Jemand, der seine Arbeit von Herzen liebt, arbeitet schnell, zuverlässig und gewissenhaft. Zudem ist er ein Perfektionist, der sich seiner Tätigkeit mit großer Freude widmet. Selbstverständlich kannst du ebenfalls gewissenhaft und sehr gut arbeiten, wenn du deine Arbeit nicht zu 100 Prozent liebst. Doch sei dir stets bewusst, warum du es tust, und erlaube dir Pausen, in denen du wiederum das tust, was du wahrhaftig von Herzen liebst.

Schau dir nun deine eigene Arbeit einmal genauer an. Wie oft stellt sich bei dir das Gefühl ein, dass du keine Lust zum Weitermachen hast? Wie oft lenkst du dich mit Sachen ab, nur um nicht das zu tun, was deine wirkliche Aufgabe ist, für die du bezahlt wirst? Ganz ehrlich: Wie oft surfst du planlos im Netz auf irgendwelchen Plattformen herum, um dich abzulenken in der Hoffnung, dass die Zeit dadurch schneller vergeht? Wie oft wirst du oder werden eventuell Kollegen von dir krank, nur um nicht arbeiten zu müssen? Wärst du der Chef von solchen Mitarbeitern, wie würdest du diese Einstellung bewerten?

Sogar bei Menschen, die von sich selbst sagen, dass sie ihre Arbeit lieben, geschehen diese Dinge. Also Vorsicht: Nur weil jemand angeblich gerne macht, was er tut, heißt das nicht, dass er sich in schwierigen Momenten, in denen etwas nicht ganz so funktioniert, wie er sich das vorgestellt hat, nicht unglaublich gerne ablenkt. Durch solche Ablenkung aber geht viel Zeit verloren, und dadurch kommen wir in dem, was wir uns wünschen, langsamer voran und tendieren oftmals dazu, dafür den Umständen die Schuld in die Schuhe zu schieben.

Ein Grund für unsere aktuelle Wirtschaftskrise ist darauf zurückzuführen, dass Menschen der Mut fehlt, ihrer Leidenschaft nachzugehen beziehungsweise das, was sie sich vorgenommen haben, so lange durchzuziehen, bis es klappt und sich die gewünschten Erfolge einstellen.

Einige Dinge, die ich selbst in all den Jahren in meinen unterschiedlichen Karrieren getan habe, habe ich nicht geliebt. **Aber ich liebte immer das Ziel!** Und dadurch, dass ich des Öfteren solche Dinge verrichtet habe, um meine Ziele zu erreichen, **bin ich über mich hinausgewachsen und habe immer wieder dazugelernt,** was ich heute keinesfalls missen möchte.

Müsste ich heute einen neuen Mitarbeiter einstellen, so würde ich ihm in dem Bewerbungsgespräch einige der folgenden Fragen stellen:

1. Warum suchen Sie eine neue Tätigkeit?

2. Warum wollen Sie genau diesen Job?

3. Was lässt Sie glauben, dass Sie hier glücklicher werden als in Ihrem letzten Job?

4. Was wollen Sie wirklich erreichen?

5. Was sind Sie bereit, an Neuem zu erlernen?

6. Welche sind Ihre langfristigen Ziele?

7. Welchen Nutzen, denken Sie, können Sie mir und meinem Unternehmen bringen?

8. Noch einmal: Warum wollen Sie ausgerechnet diesen Job hier in dieser Firma?

9. Was ist Ihre Leidenschaft? Was sind Ihre Hobbys?

Aufgrund seiner Antworten würde ich entscheiden, ob dieser Bewerber für mich und mein Unternehmen geeignet ist, und ich würde ihm gegebenenfalls sofort meine Ablehnung mitteilen. Das ist das Gebot der Höflichkeit. Nichts ist schlimmer, als einen Bewerber nach einem Vorstellungsgespräch zu verabschieden und ihn in dem Glauben zu lassen, er könne sich Chancen auf einen Job ausrechnen, obwohl man ihn innerlich schon abgeschrieben hat.

Viel größer ist aber das Problem einiger Arbeitgeber, die, weil sie schnellstens einen neuen Mitarbeiter benötigen und nicht genügend Zeit haben, um eine geeignete Person auszuwählen, jemanden einstellen, obwohl sie wissen, dass dieser Kandidat für die offene Stelle eigentlich gar nicht ausreichend qualifiziert ist. Sie erkennen nicht, dass es sie **ein Vermögen** kosten kann, sich diese Zeit nicht zu nehmen. Schlechte Mitarbeiter sind nicht nur schädlich für den Betriebsfrieden. Sie können aus Unerfahrenheit, Nachlässigkeit und durch fehlendes Wissen Schäden anrichten, die ziemlich kostspielig ausfallen können.

Vor einiger Zeit hörte ich von dem Unfall eines jungen Mitarbeiters mit einem Gabelstapler. In dem Glauben, diesen handhaben zu können, setzte sich der junge Mann auf das Gefährt, nahm eine Palette auf die Gabel, hob selbige an und fuhr los. Es kam, wie es kommen musste: Infolge seiner Unerfahrenheit überfuhr er auf dem Betriebsgelände mit den Vorderrädern eine im Weg liegende Dachlatte, woraufhin sich die Palette losschaukelte und just in dem Moment von der Gabel stürzte und einen Arbeitskollegen schwer verletzte, als dieser die Latte entfernen wollte. Wochenlang stand sein Leben auf Messers Schneide. Nach fast zwei Jahren Krankenhausaufenthalt und Reha musste er im Alter von 45 Jahren in Rente geschickt werden. Sein gesamter Körper wird jetzt nur noch mit Stahlplatten, künstlichen Gelenken und sonstigen technischen Errungenschaften zusammengehalten. So schnell kann es gehen, wenn die falschen Mitarbeiter falsche Dinge tun.

Fassen wir zusammen: Wenn jemand etwas ausschließlich des Geldes wegen tut ohne wenigstens einen guten Grund dahinter, wird er früher oder später den Preis dafür zahlen.

Der **Preis** ist nicht immer in **monetärer Hinsicht** aufzurechnen. Er kann auch **psychischer Natur** sein: Depression, Frustration, Langeweile, Ziellosigkeit, Krankheit, Leidenschaftslosigkeit, Unerfülltheit, Traurigkeit, Lethargie, Leblosigkeit und/oder ERFOLGLOSIGKEIT sind nur ein paar der Symptome, die sich einzeln oder in Kombination einstellen können. Letztendlich ist der Preis nichts Geringeres als ein **Qualitätsverlust deines Lebens.**

Wahrlich ein ausgesprochen hoher Preis, den die Betroffenen für ihr Verhalten zahlen. Deutlicher ausgedrückt: **Die Betroffenen bezahlen mit ihrem Leben – mit ihrer Lebenszeit – für etwas, das sie nicht gerne tun oder bei dem sie nicht wissen, wofür und warum sie es tun.** Wenn ich beispielsweise über Jahre hinweg einer Tätigkeit nachgehe, die ich nicht gerne mache, um anschließend mehr Freizeit zu haben und mehr von jenen Dingen tun zu können, die mir wirklich Freude bereiten, dann kann der Preis durchaus gerechtfertigt sein, denn ich bezwecke etwas damit und habe mir hierfür eine Frist gesetzt. Wenn du aber 30 oder 40 Jahre lang eine Arbeit verrichtest, die dir überhaupt keine Freude bereitet, und du aufgrund dessen immer wieder Fehler machst, dann kann ich nur sagen: Selbst schuld! Da hält sich mein Mitleid in Grenzen.

Der dänische Neurologe Jes Olesen stellte fest: *„Das menschliche Gehirn ist dem zunehmenden Stress der modernen Zivilisationsgesellschaft nicht gewachsen."* Die Belastungen in Beruf und Familie, die Ängste vor einer möglichen Arbeitslosigkeit sowie vermehrt auch Perspektivlosigkeit machen immer mehr Bürger in der EU psychisch krank. Deshalb verwundert es kaum noch, dass rund 127 Millionen Bürger in der erweiterten EU – das ist immerhin jeder Vierte! – an psychischen und psychosomatischen Krankheiten leiden, wie die Studie des European Brain Council (EBC) ermittelte.

Du siehst also, meine Ausführungen sind ein ernstes Thema. Dass so viele Menschen in der EU erkranken, zeigt doch, dass bei ihnen etwas aus dem Ruder gelaufen ist. Manchmal ist es eben auch die Arbeit, der nur noch aus Pflichtgefühl und zum Zweck des reinen Geldverdienens nachgegangen wird – auf Kosten der Gesundheit und ohne den Hauch einer Freude dabei zu empfinden.

Bist du bereit, einen so hohen Preis zu bezahlen? Wenn ja, wie lange? Kennst du Menschen, die diesen Preis bereits bezahlen?

Geld sollte möglichst nicht der ausschließliche Grund dafür sein, dass du einer ungeliebten Arbeit auf Dauer nachgehst. Und wenn du es doch einmal tun willst (oder musst), dann achte stets darauf, dass du dir ein Zeitfenster einräumst oder dir als äußerste Deadline einen konkreten Zeitpunkt setzt, an dem zum Beispiel dieses oder jenes eingetroffen ist.

Bei alldem mache ich es mir jedoch nicht so leicht und schiebe den sprichwörtlichen „Schwarzen Peter" nur auf die „arbeitsunwilligen" Zeitgenossen. Auch Unternehmer sind nicht ohne Schuld an dieser vertrackten Situation am Arbeitsmarkt. Sie nutzen die vom Gesetzgeber vorgesehenen Möglichkeiten aus, um Menschen mit befristeten Verträgen in Teilzeit zu beschäftigen. Das mag vielleicht politisch korrekt sein, aber moralisch ist es das bestimmt nicht immer. Tatsächlich können nämlich immer weniger Erwerbstätige von nur einem einzigen Job leben. Doch dieses Schicksal findet sich in keiner Statistik des Arbeitsamtes wieder. Hier zählt nur eine einzige Zahl: die Anzahl der Arbeitslosen. Denn je weniger Erwerbslose in einem Land zu verzeichnen sind, desto mehr kann sich eine Regierung mit ihrer „Beschäftigungspolitik" brüsten. Auf Kosten ihrer Wähler, wohlgemerkt.

In Zeiten, in denen jeder Unternehmer mit spitzem Bleistift rechnet, ist es finanziell lukrativer, einen Arbeitsplatz als steuer- und abgabenfreien Minijob mit 450 Euro im Monat anzubieten als eine rentenversicherungspflichtige Teilzeitstelle mit einem Bruttogehalt von 750 Euro. Und wie die bisherige Entwicklung deutlich macht, ist davon auszugehen, dass dieser Trend wohl eher noch zunehmen wird.

In Deutschland war im Jahr 2011 jedes fünfte Beschäftigungsverhältnis ein geringfügiges. Besonders Frauen sind davon betroffen. Nach Angaben der deutschen Hans-Böckler-Stiftung wurden in manchen Gebieten vier von zehn Arbeitsplätzen auf „Minijobber-Basis" an Frauen vergeben.

Zahl der Minijobber

(Zahl der geringfügig entlohnten Beschäftigten in Millionen)

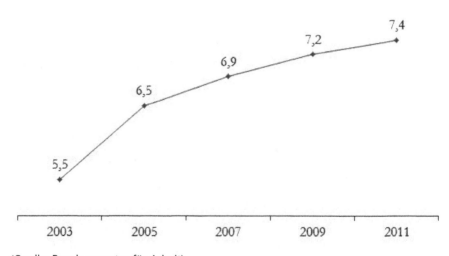

(Quelle: Bundesagentur für Arbeit)

Und als wären die geringen Stundenlöhne, die Männer wie Frauen hierzulande verdienen, nicht schon Ärgernis genug, droht spätestens im Rentenalter die Armut. Wer nicht in die Rentenkasse einzahlt, kann auch nichts herausbekommen. Doch selbst diejenigen, die in die Rentenkasse einzahlen, werden sich im Alter nach der Decke strecken müssen. Denn trotz Reformen und Beteuerungen der Politiker, keinen Rentner im Regen stehen zu lassen, wird genau das passieren. Nicht heute und auch nicht morgen, aber ganz sicher in ein paar Jahren. Einer Umfrage zufolge sind drei von vier Befragten davon überzeugt, dass in 20 Jahren selbst eine Kombination aus gesetzlicher Rente und betrieblicher wie privater Altersvorsorge den Lebensstandard der Rentner nicht mehr wird sichern können.

Das ist eine bittere Erkenntnis, von der die Betroffenen auch wissen, und doch sind sie nicht imstande, sich aus dieser Lage zu befreien. Zu sehr sitzen sie einer Illusion auf – insbesondere die Deutschen. Nicht nur sie bewegen sich in einer Art Garantiewelt. Allerorts verlangen sie nach Garantien. Sie wollen, wenn sie ihr Geld anlegen, dieses garantiert in mindestens der gleichen Höhe zurück. Selbst wenn es erst zehn Jahre später ausgezahlt wird, bestehen sie auf diese Garantie und merken noch nicht einmal, dass **Buchwert nicht gleich Habenwert** ist. Eine jährliche Inflationsrate von zwei Prozent führt dazu, dass das angelegte Kapital ohne Zinsen nach einem Jahrzehnt nur noch etwas mehr als vier Fünftel wert ist. Die Kaufkraft von 100 Euro liegt bei einer konstant 2%igen Inflationsrate nach zwölf Jahren nur noch bei rund 80 Euro.

Aufhalten lässt sich dieser Schrumpfungsprozess durch Diversifizierung des Sparvermögens, aber nicht einmal jeder zehnte Deutsche hat in Aktien investiert. Zu groß erscheint ihnen das Risiko. Deshalb legen sie ihr schwer verdientes Geld häufig in „garantiert sicheren Staatsanleihen" an, deren Verzinsung **unterhalb der Inflationsrate** liegt – auch hier ein **Minusgeschäft für die Anleger.** Dass der Staat für die Gelder garantiert, ist ihnen wichtiger. Doch kann man sich auf diese Garantien tatsächlich verlassen?

Auch in Sachen Sicherheit erliegen sie einem Irrtum. Sie kaufen Waren aus Fernost, bestehen aber auf Arbeitsplatzgarantien ihrer heimatlichen Arbeitgeber. Die Unternehmer verweisen auf die internationale Konkurrenz und die Zwänge aufgrund der Globalisierung, weshalb sie zu keinerlei Zugeständnissen mehr fähig sind. Stattdessen setzen immer mehr Chefs auf Zeitarbeit. Diese Entwicklung führt dazu, dass die vielbeschworene sichere „Lebensarbeitsstelle" und der „9-to-5-Job" Auslaufmodelle sind.

Teilzeitquote abhängig beschäftigter
Frauen und Männer in Deutschland (1994–2010)

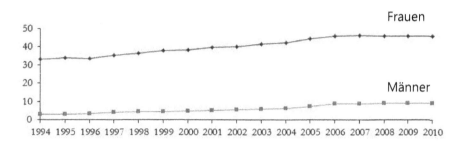

(Statistisches Bundesamt)

Teilzeit in Österreich
(unselbstständig Erwerbstätige in %)

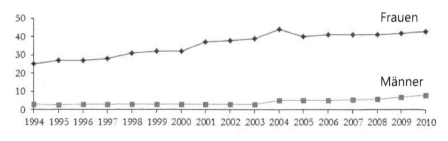

(Quelle: Statistik Austria)

Ob in Österreich oder in Deutschland, Frauen sind bei Weitem häufiger in Teilzeit tätig als Männer. So hat z. B. in Deutschland im Jahr 1994 noch jede dritte abhängig beschäftigte Frau in Teilzeit gearbeitet – im Jahr 2010 war bereits fast jede zweite Frau teilzeitbeschäftigt. Auch wenn der Großteil der Männer vollzeitbeschäftigt ist, so nimmt die Zahl der in Teilzeit angestellten Männer mit jedem Jahr zu. Eine traurige Entwicklung, müssen die meisten von ihnen doch Jobs annehmen, die sie eigentlich nicht mögen. Keine gute Voraussetzung für finanzielle Sicherheit!

Ingvar Kamprad, der Gründer des Möbelhauses IKEA, meint: „Ein Beruf sollte nie nur ein Broterwerb sein. Ohne Arbeitsfreude geht ein Drittel des Lebens verloren. Diesen Verlust kann auch die Illustrierte in der Schreibtischschublade nicht ersetzen."

Ob die Arbeiter und Angestellten in Zeitarbeitsfirmen zufriedener sind als die Minijobber, weil sie häufig in ihren erlernten Berufen arbeiten können, wissen wir nicht. Ihre Zahl aber steigt rasant. Lag sie im Jahr 1995 noch bei rund 100 000, so hat sie sich in nur 15 Jahren **verneunfacht.** Diese Steigerung von 800 Prozent zeigt unmissverständlich, dass nichts mehr so ist, wie es einmal war.

Die Globalisierung verlangt von den Unternehmen maximale Anpassungsfähigkeit und höchstmögliche Flexibilität, die diese jedoch aus Kostengründen häufig nicht mehr mit Vollzeitarbeitsplätzen sicherstellen können. Sogenannte Leiharbeiter werden wie Spielfiguren hin und her geschubst: Sie helfen den Firmen vorübergehend bei Auftragsspitzen und werden in Zeiten geringerer Auftragsbestände einfach „zurückgegeben". So hart ist inzwischen die Realität.

Andererseits kann diese Form der Beschäftigung für den einen oder anderen sehr wohl auch eine spannende Angelegenheit sein, weil er auf diese Weise als Angestellter häufiger Abwechslung hat und nicht unbedingt 40 Jahre lang tagein, tagaus immer die gleichen Tätigkeiten in der gleichen Firma ausüben muss.

(Quelle: Statistiken der Bundesagentur für Arbeit)

„Die psychischen Belastungen durch Hetze und Stress am Arbeitsplatz sind inzwischen so hoch, dass sie die Gesundheit und die Leistungsfähigkeit der Beschäftigten gefährden", heißt es beim Deutschen Gewerkschaftsbund (DGB). Damit könnten sie recht haben. Im Jahr 2000 beantragte noch jeder vierte Arbeitnehmer eine Erwerbsminderungsrente wegen einer Depression, Angststörung oder aufgrund anderer psychischer Erkrankungen. Nur elf Jahre später waren es bereits 41 Prozent. Mehr als vier von zehn vorzeitig Arbeitsunfähigen sind demnach psychisch krank. Damit hat dieses Leiden in der Häufigkeit Herz- und Kreislauf- oder Krebserkrankungen überholt. Die Gründe sind vielfältig. Prof. Dr. Karl Lauterbach sieht einen Grund in den Arbeitsbedingungen, die es vielen Beschäftigen nicht ermöglichen, Beruf und Familie zu vereinbaren.

Ich will diese Feststellung mitnichten anzweifeln und schon gar nicht möchte ich jemandem zu nahe treten, doch **im Grunde genommen müsste sich jeder, der einer Arbeit**

nachgeht, die er innerlich ablehnt, fragen, warum er sich das antut. Jemand, der seine Seele als Leiharbeiter verkauft, muss sich diese Frage ebenfalls gefallen lassen. Natürlich bin ich mir bewusst, wie schwierig es ist, einen Arbeitsplatz zu finden – insbesondere einen, der einem auch Spaß macht –, doch ich frage dich: Rechtfertigt das den „Seelenverkauf"?

Ich bin, weiß Gott, mehr als einmal unten gelegen, und zwar wirklich ganz unten, und bin trotzdem immer wieder aufgestanden. Ich hätte mich auch ins Schneckenhaus verkriechen und ins Angestelltenverhältnis zurückgehen können. Habe ich aber nicht. Denn immer, wenn sich eine Tür schloss, öffnete sich irgendwo eine neue. Nicht sofort, aber irgendwann ging sie auf, und dahinter fand ich neue Chancen, die ich beim Schopf packte. Darüber hinaus habe ich festgestellt, dass an dem bekannten Sprichwort „Hilf dir selbst, dann hilft dir Gott" sehr wohl etwas dran ist. Anstatt darauf zu warten und zu hoffen, dass dich irgendjemand aus dem Dreck zieht, wenn du unten liegst, ist es besser, dich selbst aufzurichten. Dann nämlich ergeben sich neue Möglichkeiten, von denen das Leben etliche bietet. Es liegt also an dir, ob du sie erkennst und dann auch nutzt. Und es liegt in deiner Verantwortung, wie stark du dich unnötig mit Dingen belastest, die dir nicht guttun und die du vor allem nicht willst.

Als ich im Alter von 19 Jahren feststellte, dass das Angestelltendasein für mich definitiv das Falsche war, machte ich mich im Bereich Network Marketing bzw. Vertrieb selbstständig. Ich hatte davon damals noch keinerlei Ahnung, und wie ich dir bereits erzählt habe, schmunzelte meine ganze Umgebung darüber. Ja, ich weiß, wie verschrien diese Branche ist, doch mir machte das nichts aus. Ich wollte für mich etwas aufbauen und ging meinen Weg, bis ich meine Ziele erreicht hatte, ganz egal, wie häufig ich dafür belächelt wurde. Je erfolgreicher ich wurde, desto weniger lachte man über mich. Das ist der Vorteil an dem Ganzen. Und je mehr Erfolge ich verzeichnete und dadurch immer mehr meiner Träume ausleben konnte, umso glücklicher war ich über meinen Mut, diesen Schritt gegangen zu sein.

Deshalb mein Rat an dieser Stelle: **Verkaufe niemals deine Seele!** Andernfalls könnte genau das passieren, was die obige Studie beweist: Du wirst krank.

**Erfolgreich ist derjenige, der erfolgreich lebt,
einer Arbeit nachgeht, die ihn erfüllt,
der sich keine falschen Vorbilder sucht und
keine utopischen Forderungen an sich stellt.**

Erfolgreiche Menschen sind nicht zwingend Millionäre. Geld allein macht garantiert nicht glücklich. Britische Wissenschaftler fanden heraus, dass ein Verdienst von einer Million Euro im Jahr nicht genug ist, um jemanden glücklich zu machen, wenn derjenige gleichzeitig weiß, dass seine Freunde zwei Millionen Euro verdienen. Dazu der Studienleiter Christ Boyce: *„Geld macht nur dann glücklich, wenn man davon mehr hat als Freunde und Bekannte."*

Ich finde das eine äußerst traurige Einstellung. Dieser fortwährende Vergleich bei uns im Westen kann dich völlig unnötig seelisch kaputt machen und trägt nur sehr wenig bis gar nichts zu deinem Glück bei. Du befindest dich dann ständig in einem Zustand des Mangels, weil es immer jemanden geben wird, der mehr hat als du. Egal, wie viel du besitzt, wie viel du erreicht hast – irgendjemand hat garantiert mehr. Also hör auf damit! Besinne dich auf dich selbst und auf deine Einzigartigkeit. Nur darin bist du unschlagbar und der BESTE.

Erfolgreich sein heißt beispielsweise auch, am Ende des Monats mit 3.000 Euro nach Hause zu gehen. Rund 90 Prozent der Arbeiter und Arbeitnehmer im Angestelltenbereich können das wahrscheinlich nicht von sich behaupten, denn sie verfügen über ein deutlich geringeres Einkommen. Wenn du monatlich 1.000 Euro verdienst und es schaffst, aus eigener Kraft dieses Gehalt dauerhaft auf 2.000 Euro zu verdoppeln, dann bist du doch erfolgreich. Bleibt allerdings die Frage im Raum stehen, ob du damit auch tatsächlich erfüllt bist oder ob du nur deinen Träumen hinterherläufst, die für dich einfach deshalb unerreichbar sind, weil du die Anforderungen, die zu deren Erfüllung erforderlich wären, nicht leisten willst oder kannst.

Nimm zur Kenntnis, dass es in dieser Welt Menschen gibt, die ihr **Talent gegen Geld** eintauschen können. Von denen gibt es allerdings nur wenige. Das ist ein Faktum. Die meisten tauschen ihre **Zeit gegen Geld.** Von daher rühren viele Probleme. Ungelernte Arbeitskräfte sehen sich nicht nur einem sehr knappen Tauschangebot – also einem geringen Angebot an geeigneten Arbeitsplätzen – gegenüber. Sollte die Wahl auf sie fallen, erhalten sie zudem einen denkbar schlechten Stundenlohn.

Unterbezahlte Arbeiter verdienen teilweise noch nicht einmal 1.000 Euro im Monat. Mit diesem Einkommen gibt es kein Auskommen. Es reicht nicht und ist, wie das geflügelte Wort sagt, „zu wenig zum Leben und zu viel zum Sterben". Deshalb sind sie entweder auf ergänzende staatliche Unterstützung angewiesen oder müssen im schlimmeren Fall sogar mehrere Jobs bei verschiedenen Arbeitgebern annehmen.

In manchen Branchen verdienen Arbeiter und Angestellte nicht einmal sechs Euro (!) pro Stunde, wie eine Aufstellung der deutschen Hans-Böckler-Stiftung verdeutlicht, die du auf der nächsten Seite findest.

Stundenlohn im Hungerlohn:

Berufsbezeichnung Branche	Bundesland	Tariflicher Stundenlohn
Friseur	Sachsen-Anhalt	3,05 €
	Hessen	7,99 €
Gebäudereiniger	Sachsen-Anhalt	3,87 €
	Hessen	5,80 €
	Nordrhein-Westfalen	6,05 €
Sanitär- und Heizungsbauer	Sachsen	4,06 €
	Bayern	6,18 €
Gartenbau	Sachsen	4,09 €
	Hessen	7,50 €
Floristin	Sachsen-Anhalt	4,35 €
	Westdeutschland	7,73 €
Maler und Lackierer	Ostdeutschland	6,02 €
	Westdeutschland	6,59 €
Landwirtschaft	Mecklenburg-Vorpommern	6,10 €
	Bayern	6,70 €
Fleischer	Ost-Berlin	5,51 €
	Niedersachsen	6,33 €
Hotelgewerbe	Brandenburg	6,90 €
	Baden-Württemberg	9,32 €

Diejenigen, die um ihre Talente wissen und an ihren Fähigkeiten gearbeitet haben, können dieses Know-how in bare Münze umsetzen. Sie können nicht nur mehr Geld verlangen als weniger Gebildete, sie treffen auch auf einen Markt, der bereit ist, diesen Mehrwert entsprechend zu entlohnen. Bezahlt wird hier nicht nach dem Aufwand und dem Zeiteinsatz, sondern für ihre Fähigkeit, einen guten Job besser zu machen als andere. Das habe ich in zwei großen Unternehmen bewiesen. Hier hat niemand gefragt, woher ich komme und welche Ausbildung ich belegen konnte. Sie wollten nur wissen, ob ich den Job meistern könne. Ich wollte und ich konnte, alles andere spielte keine Rolle.

Glaube mir: Was ich kann, kannst du auch!

In Teil I dieses Buches habe ich vieles von dem beschrieben, was ich damals erlebt habe. Ich bin mir sicher, dass du deutlich bessere Startbedingungen hast, als ich sie je hatte. Also nutze dieses Geschenk und fange endlich damit an, etwas daraus zu machen. Du besitzt ein Talent oder eine Gabe, auch wenn du dir dessen vielleicht zum jetzigen Zeitpunkt noch nicht bewusst bist. Finde es heraus, und dann findest du auch einen Weg, um das Geld, das du brauchst, zu verdienen. Dann wirst du schon bald zu den sogenannten „Wohlhabenden" gehören, denn trotz aller Probleme in Europa sind die Deutschen so reich wie nie zuvor.

Die Deutsche Bundesbank veröffentlichte im April 2013 die Zahlen aus dem Jahr davor, die eine deutliche Sprache sprechen:

Das deutsche Geldvermögen insgesamt

(Angaben in Billionen Euro)

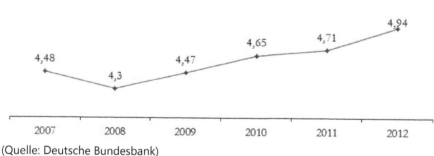

(Quelle: Deutsche Bundesbank)

Hier bestätigt sich einmal mehr, dass es Krisen geben kann wie Sand am Meer und doch jeder selbst bestimmt, ob er diese Krise auch in seinem Kopf zulässt. Die Zahlen bringen für mich eines ganz klar zum Ausdruck:

Menschen, die sich auf Erfolg programmiert haben, kennen keine Krise.

Das heißt natürlich nicht, dass sie keine Sorgen haben. Ihre Probleme sind aus der Sicht vieler Armer „Luxusprobleme": Reiche wissen nicht, wo sie ihr Geld anlegen sollen, weil die

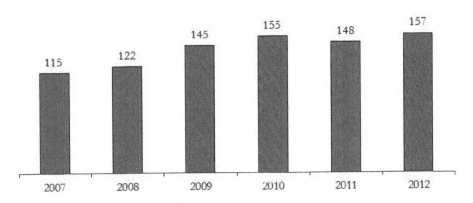

(Quelle: Deutsche Bundesbank)

Banken derzeit weniger als ein Prozent Zinsen auf Sparbucheinlagen zahlen. Ein echtes Problem, wohl wahr. Aber ein solches ist mir persönlich bei Weitem lieber, als jeden Tag aufs Neue darüber nachdenken zu müssen, wie ich offene Rechnungen bezahlen soll, weil Ebbe auf dem Konto herrscht.

Auch wenn der Großteil der finanziell Reichen einen anderen Wachstumsbereich in sich völlig vernachlässigt, so leben sie zumindest einen Teil ihres Potenzials aus, der darin liegt, Geld zu machen. Manche tun das sogar ohne Rücksicht auf Verluste. Sie leben jedoch zumindest mehr aus als die meisten anderen, die nichts aufbauen, nicht handeln, keinen Mut zu Veränderungen oder zu Risiken an den Tag legen und ständig nur herumjammern.

Meine ersten Erfahrungen mit Geld

Wie du in einem anderen Abschnitt dieses Buches gelesen hast, fand ich mich schon relativ früh, als erst 15-jähriges Mädchen, in einer festen Anstellung und verdiente hier bereits mein erstes Geld. Doch meine Erfahrungen mit Geld fingen viel früher an.

Ich war etwa zehn oder elf Jahre alt und lebte zu jener Zeit in dem rumänischen Dorf bei meinen Eltern. Ich liebte es, Geld zu sparen und zur Seite zu legen. Ich hatte mein eigenes Täschchen an der Wand hängen, wo ich das Geld sammelte, das ich beispielsweise durch das Sammeln von Glasflaschen verdiente, die ich im örtlichen Supermarkt abgab. Auch mit Schnecken verdiente ich Geld. Kaum vorstellbar, doch diese waren bei uns im Land eine Delikatesse. Aus ihnen wurde unter anderem eine Pastete hergestellt. Bei Wind, Wetter und vor allem bei Regen (weil sie da alle rauskrochen) sammelte ich mit einem gleichaltrigen Freund Schnecken, die wir dann an den Supermarkt verkauften. Der Preis ging nach Gewicht. Die Regierung war wie wild hinter diesen Schnecken her, und so freuten sich die örtlichen Händler, wenn Schulkinder für sie sammeln gingen. Doch kaum jemand machte es, und als eine der wenigen verdiente ich gutes Geld. Schließlich fehlte die Konkurrenz.

Eine weitere Möglichkeit für mich, um an Geld zu kommen, bestand darin, Papier zu sammeln, vor allem alte Zeitungen. Auch dafür gab es im örtlichen Supermarkt kleine Geldbeträge, die sich ebenfalls nach dem Gewicht errechneten. All dies und noch viel mehr tat ich und erfreute mich an meinem Taschen-Sparbuch an der Wand, das durch meine Aktivitäten immer voller wurde. Taschengeld von meinen Eltern erhielt ich so gut wie nie, und wenn, dann waren es vielleicht mal umgerechnet 2 bis 5 Euro, aber auch nur dann, wenn ich zuvor das fleißige Lieschen gewesen war und alle aufgetragenen Arbeiten gewissenhaft erledigt hatte.

In den ersten Sommerferien bei meiner Oma, ich war knapp elf Jahre alt, ließ sie mich auf die Dorf-Staatsfarm gehen, um dort für die Regierung beim Hopfensammeln zu helfen. Da durfte man zwar eigentlich erst ab 16 Jahren hin, aber es gelang mir, mich hineinzuschummeln. Du weißt, dass aus Hopfen Bier gewonnen wird. Hier in Deutschland wird vieles nur noch maschinell verrichtet, deshalb haben die wenigsten eine Vorstellung davon, was es bedeutet, den Hopfen – so wie damals in meiner Heimat – aufwendig von Hand zu sammeln.

Es war in der Tat eine sehr schwierige Arbeit, die riesigen, langen und hohen Hopfendrähte herunterzuziehen, um dann per Hand den Hopfen ohne Blätter in Körben zu sammeln. Schnell wurden die Hände durch diese Arbeit braun und ziemlich rau. Zudem war ich leider nicht die Schnellste, und der von mir eingesammelte Hopfen war auch nie so sauber wie jener der Älteren und Erfahreneren. Aber egal, ich verdiente mein Geld und ich hatte großen Spaß, mit den Erwachsenen arbeiten zu dürfen. Nach zwei Monaten bekam ich hier sogar einen etwas größeren Geldbetrag zusammen als beim Supermarkt, der mir die Schnecken und Flaschen abnahm.

Im darauffolgenden Winter konnte man an den langen Abenden aufgrund des Strommangels nicht sehr viel machen, also waren abends, wenn meine Eltern zu Hause waren, des Öfteren Spiele angesagt, häufig Karten oder auch Backgammon. Mein Vater spielte Letzteres sehr gerne, meistens mit meiner Mutter. Irgendwann brachte er mir das Spiel bei. Anfänglich verlor ich sehr häufig, doch dann wollte er nur noch gegen mich spielen, wenn ich einen Einsatz brachte. Und so wetteiferten wir zuerst um umgerechnet fünf, später um zehn Euro. Anfangs hatte ich Angst, mein schwer verdientes Geld zu verlieren, doch anders wollte mein Vater nicht mit mir spielen. Also legte ich los und verlor. Es sollte aber nicht so bleiben. Nach und nach gewann ich auch die ersten Geldbeträge. Das machte Spaß, vor allem, weil dadurch immer wieder etwas in meine Sparbüchse kam.

An manchen Abenden jedoch, wenn mein Vater es unbedingt wissen wollte, erhöhte er die Quote und verlangte einen Einsatz von umgerechnet 50 Euro pro Spiel. Ich hatte das Geld, aber auch unglaublich große Angst, es zu verlieren. Ich unterlag meinem Vater ja doch relativ häufig. Wenn ich verlor und mein Vater einen guten Abend hatte, bekam ich die Chance für eine Revanche. Hatte ich jedoch kein Geld mehr zur Verfügung, das ich einsetzen konnte, musste ich einen anderen Einsatz leisten, irgendetwas, das ich nicht gerne tat. Zum Beispiel in Dunkelheit und Kälte (−30 °C im Winter) rausgehen und aus dem Garten Wasser holen, bei entfernteren Nachbarn nachts um 10 oder 11 Uhr Wein kaufen oder in den Keller gehen, um etwas zu holen. Es graute mir jedes Mal vor Angst, weil es draußen auf den Straßen nicht nur stockdunkel war, sondern auch zahlreiche frei laufende, bissige Hunde an jeder Ecke lauerten. Doch das war der Einsatz. Ich spielte mit. Ich freute mich riesig, wenn ich dann gewann oder, besser gesagt, mein Geld zurückgewann. Manchmal war es aber auch komplett weg.

Meinem Vater wurde es im folgenden Winter zu langweilig, nur um 50 Euro zu spielen, und er erhöhte den Einsatz auf umgerechnet 100 Euro pro Spiel. Meine Mutter protestierte. Sie fand es nicht gut, dass ein Kind von gerade einmal 12 Jahren um so viel Geld spielte. Zugegeben, es wäre sehr viel Geld gewesen, und ich verstehe im Nachhinein meine Mutter, doch damals verstand ich davon nichts. Ich wollte nur spielen und gewinnen.

Es bestand die Gefahr, dass ich mit nur einem einzigen Spiel fast mein gesamtes Sparbuch und damit mein gesamtes „Vermögen", das ich mir fleißig angespart hatte, verlieren würde, doch mein Ehrgeiz war stärker. Ich hatte so viel Angst davor, mein über den Sommer mit dem Sammeln von Schnecken, Flaschen und Papier schwer verdientes Geld zu verlieren, dass meine Aufmerksamkeit bei dem Spiel dafür umso intensiver wurde. Und so gewann ich. Man kann sagen, dass es mein Vater ab diesem Zeitpunkt immer schwerer hatte, gegen mich zu gewinnen, und ich ab dem Moment, als der Einsatz umgerechnet 100 Euro betrug, kaum noch verlor.

Als es für meinen Vater ziemlich unmöglich wurde, gegen mich zu gewinnen, wechselte er um auf Schach. Hier wiederum war ich sehr schlecht und schaffte es Zeit seines Lebens nie, ihn zu schlagen. Ich muss aber auch sagen, dass mir dieses Spiel keinen Spaß machte. Und wenn mir etwas keinen Spaß macht, dann sehe ich keinen Sinn, mich darin zu üben, um Fähigkeiten und Fertigkeiten zu erlernen. Bei meinem Vater war es wohl eher die Genugtuung darüber, etwas zu haben, bei dem er mich schlagen konnte, um sein Geld zurückzuholen (was ihm ja nicht immer gelang, zumindest bei einigen anderen Spielarten).

Wenn er dann noch in die Situation kam, Geld zu brauchen, dann holte er es sich gerne aus meiner Sparbüchse. Anfangs lieh er sich nur das Geld bei mir und legte es immer wieder zurück, sobald sein Gehalt eintraf, doch in den darauffolgenden Jahren sah er immer weniger die Notwendigkeit, mir das Geld zurückzugeben. Er begründete es damit, dass ich ja Teil derselben Familie sei, und somit würde das, was mir gehörte, automatisch allen gehören.

Das machte mich traurig, da ich sehr gerne Geld sparte. Immer wieder zählte ich, wie viel es denn schon geworden war. Dass mir damals durch Dritte, manchmal ohne Vorwarnung, mein Gespartes einfach weggenommen wurde, prägte mich auf eine Art und Weise, auf die ich im Verlauf dieses Buches noch zu sprechen komme. Der Sommer, der auf diesen kargen, lehrreichen Winter folgte, sollte für mich nicht weniger herausragende Ereignisse bereithalten.

Wie schon an anderer Stelle erwähnt, ist meine Mutter eine ausgebildete Frisörin und Schneiderin, die nicht nur in der Stadt ihren Kunden die Haare schnitt. Auch im Dorf kamen immer wieder ältere Nachbarn zu uns nach Hause, entweder zum Rasieren auf die altmodische Art mit dem Rasiermesser oder zum Haareschneiden. Eines Nachmittags, meine Mutter hatte an jenem Tag Spätschicht, kam ein etwa 70 Jahre alter Nachbar zu uns und verlangte nach meiner Mutter, die ihn rasieren sollte. Ich sagte ihm, dass sie nicht da sei und er am nächsten Tag vormittags wiederkommen solle. Er jedoch weigerte sich, setzte sich auf den Stuhl und ließ sich nicht überreden, zu gehen. Stattdessen war er der Meinung, dass ich als die Tochter einer Frisörin in der Lage sein müsse, ihn zu rasieren. Ich solle mich „nicht so anstellen", meinte er und forderte mich auf, seinen Bart zu stutzen.

Ich hatte noch nie einen normalen Rasierer in der Hand gehabt, geschweige denn ein Rasiermesser. Dennoch holte ich die Utensilientasche meiner Mutter und fing an, mich vorzubereiten, so wie ich es aus den Beobachtungen und Erinnerungen wusste. Schließlich hatte ich ihr des Öfteren bei der Arbeit zugeschaut. Wenn ich nicht weiterwusste, sagte mir der alte Mann, was ich als Nächstes zu tun hatte. Ich schärfte zunächst das Rasiermesser, schäumte voller Zuversicht den Bart ein und legte nun das Messer an. Aber ab da war es vorbei mit meiner Selbstsicherheit. Meine Hände begannen zu zittern. Ich hatte nie gelernt, wie ich das Ding in der Hand zu halten hatte, geschweige denn, wie ich damit rasieren konnte. Der alte Mann war jedoch voller Zuversicht und ließ nicht locker. Er forderte mich auf, endlich anzufangen.

Ich erspare dir hier weitere Einzelheiten meiner Angst. Tatsache ist, ich rasierte ihn. Er überprüfte immer wieder mit der Hand und sagte mir, wo ich noch mal drübergehen sollte. Außer einem kleinen Anflug von Selbstzweifel passierte nichts Schlimmes, und glücklicherweise wurde sein Gesicht von mir nicht „zerstückelt". Am Ende, nachdem er gewaschen und fertig war, gab er mir umgerechnet fünf Euro und ging. Da erst verließ die Anspannung meinen Körper.

Meine Mutter kam abends um zehn Uhr nach Hause. Sofort erzählte ich ihr, was geschehen war. Sie konnte es nicht fassen, dass ich tatsächlich jemanden rasiert hatte – und dann auch noch mit dem Rasiermesser. Sie fragte mich, wie lange ich dazu gebraucht hatte. Nun ja, ich war sicherlich über eine Stunde beschäftigt gewesen, während meine Mutter nur zwanzig Minuten dafür gebraucht hätte. Ich erzählte ihr auch, dass der alte Mann einfach nicht hatte gehen wollen, und zeigte ihr das Geld, das ich verdient hatte. Sie war stolz und zugleich ängstlich darüber, was alles hätte geschehen können.

Von dem Tag an kamen immer mehr alte Männer und Opas gerne zu mir. Wenn meine Mutter nicht da war, durfte ich im wortwörtlichen Sinne das Messer wetzen. Eines Tages kam der alte Mann, der durch seine rücksichtslose Forderung den Grundstein für meine neue „Karriere" als weiblicher Barbier gelegt hatte, mit dem Wunsch ins Haus, sich nun auch die Haare von mir schneiden lassen zu wollen.

Erneut entgegnete ich, dass ich das nicht könne, und er wiederum sagte, ich hätte das gefälligst zu können, da ich ja die Tochter meiner Mutter sei. Auch das Haareschneiden habe ich nicht gelernt, sondern mir nur durch Beobachtungen antrainiert. Also schnitt ich dem Mann die Haare. Er schaute abwechselnd in den Spiegel, fühlte über sein Haupt und gab Anweisungen, an welchen Stellen noch zu kürzen sei. Nachdem alles zu seiner Zufriedenheit erledigt war, verließ er das Haus, drückte mir aber zuerst wieder umgerechnet fünf Euro in die Hand. Das war eine tolle Erfahrung für mich. Als zwölfjähriges Mädchen hatte ich bereits verschiedene Wege entdeckt, Geld zu verdienen.

Im Nachhinein bin ich unendlich dankbar und glücklich darüber, dass ich immer wieder ins kalte Wasser geworfen wurde (oder mich – du hast ja immer die Wahl – habe werfen lassen) und Dinge von jetzt auf gleich einfach können musste. Diese Art von Erlebnissen zieht sich bis heute durch mein Leben. Eine meiner letzten Erfahrungen dieser Art war, als ich (zusätzlich zu meiner Tätigkeit als Trainerin) von dem weltweiten E-Commerce-Riesen BUYEZEE™ als CEO angefragt wurde und somit erneut im kalten Wasser landete, da mir zu jenem Zeitpunkt noch nicht wirklich klar war, was diese eigentlich von mir erwarteten. Doch ich bin über den Reichtum meiner Erfahrungen – auch wenn sie nie leicht waren – immer wieder einfach nur dankbar.

Als wir später vom Dorf in die Stadt zogen, waren meine Möglichkeiten, auf verschiedene Arten Geld zu verdienen, dahin. Keine abendlichen Spiele mehr mit meinem Vater, keine leeren Flaschen oder Schnecken für den Supermarkt, keine alten Männer, die sich von mir ihre Bärte rasieren oder die Haare schneiden lassen wollten.

Wie ich in Teil I dieses Buches berichtet habe, zog einige Zeit nach mir auch mein Bruder Ricky zu uns in die Stadt. Wir beide hatten hier mehr Wünsche als auf dem Land. Wir sehnten uns nach einem Fahrrad. In Deutschland war das angesichts der Preise nichts Ungewöhnliches, aber in Rumänien kostete ein normales Fahrrad zu jener Zeit umgerechnet fast 2.500 Euro. Das war für unsere Eltern unbezahlbar, schließlich war das weit mehr als ihr Monatsgehalt. Mission impossible oder possible? Das war die Frage, denn wir mussten ja alle Strecken mit dem Bus oder kilometerweit zu Fuß zurücklegen. Mit einem Fahrrad hätten wir uns das alles sparen können, also überlegten wir, was wir tun könnten.

Unter dem kommunistischen Regime, in dem ich aufwuchs, zählten der einzelne Mensch und sein Recht nichts, sondern nur die eine Partei. Wer sich ihr in den Weg stellte, wurde weggesperrt. Die Securitate, seit 1948 der berühmt-berüchtigte rumänische Geheimdienst, hatte seine Aufpasser überall. Du wusstest nie, wer von deinen Bekannten dieser Organisation angehörte, für die der Begriff „Menschenrechte" ein Fremdwort war. Auch gab es nicht wirklich Privateigentum. Je nach Lust und Laune bediente sich der Staat am Eigentum seiner Bürger. Also überlegten mein Bruder und ich immer wieder, was wir tun könnten.

Es sollte noch ein Jahr ins Land gehen, bis Ricky mit der Idee seines Freundes nach Hause kam, wie wir das Geld aufbringen könnten, um uns ein Fahrrad zu kaufen. Ich arbeitete zu jener Zeit bereits in der Fabrik. Rickys Idee bestand darin, nachts zu den staatlich bewachten Plantagen zu gehen, um dort Gemüse und Obst zu „besorgen" und dieses dann tagsüber auf dem Markt zu verkaufen.

Wenn ich keine Nachtschicht in der Fabrik hatte, zogen wir zu dritt – Ricky und sein Freund (beide waren mehr als drei Jahre jünger als ich) sowie meine Wenigkeit – nach Mitternacht los. Jeder mit einem großen Leinensack auf dem Rücken ausgestattet, kletterten wir manchmal sogar über Zäune, um auf die Plantagen zu gelangen. Es fiel mir schwer und war für mich in vielfacher Hinsicht eine mehrfache Belastung. Hinzu kam mein Gewissen. Wir legten auch aus diesem Grund zwei Regeln fest, mit denen wir alle gut leben konnten:

Regel Nr. 1
Ausschließlich von Staatsfeldern Sachen holen.
Regel Nr. 2
Sich nicht von den Hunden erwischen lassen.

Wir holten uns das Obst und Gemüse von einem kommunistischen Staat, in dem es keine Eigentumsrechte gab und der seine Bürger ohnehin enteignet hatte. Insofern sahen wir in unserem Tun nicht direkt etwas Verwerfliches, was es mir allerdings nicht unbedingt leichter machte.

Bei unseren nächtlichen Beutezügen füllten wir unsere Säcke in aller Stille (und so rasch wir konnten) überwiegend mit Paprika, aber auch mit Tomaten, Zwetschgen, Erdbeeren und Obst, je nachdem, was Mutter Natur zur jeweiligen Jahreszeit gerade lieferte. Es geschah häufig, dass uns, während wir die vollen, schweren Säcke hinter uns her schleppten, die Wachhunde witterten und wir sie hinter uns herrennen hörten. Manchmal blieb auch der eine oder andere Sack zurück, wenn es nur noch darum ging, nicht von ihnen gefasst zu werden. In Rumänien waren Hunde nicht zur Zierde oder zum Kuscheln wie hier im Westen. Das waren abgerichtete, scharfe, bissige Wachhunde, in deren Nähe man lieber nicht sein wollte. Die Wachleute, die ihren Job ebenfalls sehr ernst nahmen, sahen natürlich keinen Grund, ihre Hunde zurückzupfeifen, und so ließen sie ihre Tiere erst recht auf uns los.

Nach unseren nächtlichen Ausflügen ging ich tags darauf in die Fabrik zur Arbeit, während sich Ricky auf dem Wochenmarkt positionierte und dort verkaufte, was er konnte. Die Menschen kauften gerne bei ihm, vielleicht auch deshalb, weil er hier der jüngste Anbieter war. Zudem war er mit seinen blonden Haaren und den blauen Augen schon so etwas wie ein kleiner Sonnenschein.

Über mehrere Monate verfolgten wir dieselbe Prozedur. Für mich war es aufgrund der Mehrfachbelastung eine sehr ermüdende Situation. Nachts war an Schlaf kaum zu denken, und tagsüber in der Arbeit sowieso nicht. Die Nachmittage verbrachte ich in der Schule, danach widmete ich mich dem Haushalt und kümmerte mich um meinen bettlägerigen Großvater. All das überstieg nicht selten meine Kräfte.

Unsere Eltern, die um unsere nächtlichen Ausflüge wussten und sie aus den oben beschriebenen Gründen duldeten, weil auch sie, wie viele andere Menschen, dieses menschenverachtende System in meinem Heimatland hassten, versprachen uns, dass sie uns das Geld, das wir uns auf diese Weise „verdienten", lassen würden. Damit stand unserem Ziel, von diesen Einkünften ein Fahrrad zu kaufen, nichts mehr im Wege. Aber auch wenn wir jeden Cent sparten, war es noch ein langer Weg bis dahin.

Nach mehreren Monaten hatten Ricky und ich unser Ziel schließlich erreicht und wir konnten uns gemeinsam das heiß ersehnte Fahrrad kaufen. Es war unser ganzer Stolz. In der gesamten Nachbarschaft gab es keine Kinder, die sich selbst, mit gerade mal 12 und 15 Jahren, ein Fahrrad hätten kaufen können. Trotzdem war ich froh, als diese Aktion vorbei war. Von allen Möglichkeiten, die ich damals bereits ausprobiert hatte, gehörte diese zu jenen Dingen, die ich niemals wiederholen wollte und auch nie wieder machte.
Eine weitere, eher unangenehme Prägung in Bezug auf Geld

erhielt ich auf eine ganz andere Art und Weise, die aus einer völlig unerwarteten Richtung kam. Mein erstes Gehalt, das ich nach einem ganzen Monat Akkordarbeit in der Fabrik verdiente, war zwar nicht viel – umgerechnet zwischen 400 und 500 Euro –, doch es wäre zumindest genug gewesen, um mir davon endlich ein Paar neue Schuhe zu kaufen, die ich einerseits dringend benötigt und andererseits sehr gern gehabt hätte. Doch daraus wurde leider nichts.

Als ich mit meinem Geld nach Hause kam, wartete bereits mein Vater auf mich und nahm es mir bis auf etwa 100 Euro ab. Als Begründung sagte er, dass ich anteilig Miete, Essen usw. zu bezahlen hätte. Die Arbeit in der Möbelfabrik an sich war schon sehr schwer, dann aber noch einen Großteil dieses Geldes weggeben zu müssen, war für mich noch sehr viel härter. Diese väterlichen Aktionen wiederholten sich bei jeder Auszahlung. Wie sagte ich weiter vorne: „Hilf dir selbst, dann hilft dir Gott." Also half ich mir selbst, stellte mich auf meine eigenen Beine und beendete durch den Auszug aus der elterlichen Wohnung mit nur 15 Jahren diesen finanziellen Aderlass.

Heute weiß ich, dass mich die diversen Aktionen meiner Eltern auf vielfache Weise geprägt haben und dass mein Wille dadurch permanent gestärkt wurde. Und so ist auch dein Bezug zu Geld auf eine gewisse Art geprägt – ob du dies erkennst oder nicht, spielt dabei keine Rolle. Die Backgammon-Spiele um Geld an den langen Winterabenden mit meinem Vater stärkten in mir die Bereitschaft zum Risiko. Ich hatte gelernt, dass ich mit einem Schlag alles verlieren konnte und dafür die Konsequenzen tragen musste. Doch bekanntlich hat jedes Ding, genau wie eine Medaille, zwei Seiten. Wenn du ein Risiko eingehst, besteht immer auch eine Chance auf Gewinn. Letzteres ist eben die positive Seite.

Meine Mutter prägte mich mit ihrem Sicherheitsdenken.

Sie war stets eine sehr sparsame Frau und ist es heute – in meinen Augen manchmal zu extrem – mehr denn je. Meine Mutter war die Realistin in unserem Haus und sehr bodenständig, während mein Vater eher eine Art gutmütiger Zocker zu sein schien. Ging eines seiner waghalsigen Unterfangen nicht auf – was des Öfteren passierte –, dann musste meine Mutter die Folgen ausbaden und die Dinge wieder ins Lot bringen. Durch ihr Verhalten erkannte ich, welche Konsequenzen mit einem waghalsigen Manöver verbunden sein können und wie schwer es sein kann, Dinge wieder geradezubiegen. Das ließ mich lernen, Geld nicht sinnlos zum Fenster hinauszuwerfen. Andererseits entwickelte ich infolge meiner Erziehung einen ausgeprägten Hang, mich selbst stark unter Druck zu setzen und mich manchmal auch völlig unnötigen Belastungen auszusetzen. Allerdings konnte ich damals mitunter noch nicht unterscheiden, ob sich ein Risiko lohnte oder nicht.

Dadurch, dass mein Vater mir mein hart verdientes Geld vom ersten Tag meiner Arbeit an wie selbstverständlich wegnahm, prägten sich in mir unbewusst das Muster und der Glaube, dass ich durch falsche Menschen Geld gewinnen, aber auch Geld verlieren konnte. Viel wichtiger jedoch war der Lerneffekt infolge des Verhaltens meines Vaters. Seine ständige Provokation stärkte meinen Willen, aus diesem System auszubrechen. Daran halte ich bis heute fest. Wenn ich merke, dass mir etwas nicht guttut, dann handle ich. Dann breche ich mit dem System. Mein Vater setzte mir durch sein Verhalten so lange zu, bis ich mutig genug war, auszubrechen. Mutig deshalb, weil ich noch keine 16 Jahre alt war. Wenn du Kinder in diesem Alter hast, dann stelle dir bitte einmal vor, wie du dich fühlen würdest, falls eines davon heute ausziehen würde.

Seit meinem zehnten Lebensjahr hatte ich gelernt, auf verschiedene Arten an Geld zu kommen, sei es nun durch Schnecken, Glasflaschen, alte Zeitungen, Hopfen, Backgammon, Arbeit in der Fabrik, Rasieren oder Haare schneiden. Aus diesem Grund war ich mir sicher, dass ich immer in der Lage sein würde, auf irgendeine Weise Geld zu verdienen, zumindest, **solange mir diese Tätigkeit ansatzweise Spaß machte oder ich aber in dem, was ich tat, einen Sinn sah.**

Interessant war die Erkenntnis, dass meine Eltern nie etwas dagegen hatten, wenn ich arbeitete oder Geld nach Hause brachte. Sie hatten eher Probleme damit, wenn ich einfach nur rumhängen oder mit anderen Kindern spielen wollte. Das durfte ich, wenn überhaupt, erst nachdem sämtliche Arbeiten im und am Haus erledigt waren, also Hausarbeit, Garten, Feldarbeit, Hausaufgaben, Einkauf oder Wäsche. Wenn dann noch Zeit blieb (was eher selten der Fall war), durfte ich vielleicht noch ein wenig spielen gehen.

Als Folge dieser zugegeben sehr harten Auflagen meiner Eltern prägte sich in mir Folgendes ein: **Wenn du etwas haben willst, dann tue etwas dafür und bezahle den Preis dafür. Von nichts kommt nichts.** Nicht umsonst gibt es den allseits bekannten Spruch, den sicherlich jeder von uns schon einmal gehört hat:

Zuerst die Arbeit – dann das Vergnügen! :)

Auf der anderen Seite musste ich später auch lernen, mir selbst Freiräume zuzugestehen und nicht nur zu arbeiten.

Wie du hier unschwer erkennen kannst, geschieht nichts umsonst. Selbst wenn du lernst und dafür nichts bezahlst, war dieses Lernen nicht umsonst. Du hast ja deine Zeit investiert, und die ist sehr wertvoll und damit nicht umsonst. Wann immer du etwas im Leben tust, das du nicht gerne machst, bezahlst du zum einen mit deiner Zeit und zum anderen mit seelischer Unzufriedenheit. Schaue daher genau hin und versuche zu verstehen, was passiert. Dann entscheide, ob du den Preis dafür zahlen willst. Doch merke: **Vieles von dem, was wir zu einem gewissen Zeitpunkt verurteilen oder gar als schmerzhaft empfinden, kann später eine Art Segen sein.** Und so haben sich zahlreiche der beschriebenen „negativen" Erfahrungen aus früheren Jahren inzwischen als ein wertvoller Segen für mich herausgestellt.

Nicht alles, was im ersten Moment als Segen erscheint, ist auch einer. Und nicht alles, was wie Unglück aussieht, bleibt es.

Schmarotzereinstellung und Selbstwertgefühl

Wenn du meine Vita gelesen hast, kannst du dir möglicherweise nur schwer vorstellen, dass ich trotz allem – aber vielleicht auch gerade deswegen – meinen Eltern und meiner Oma zutiefst dankbar bin. Ihr Verhalten, ihre Strenge und ihre Art zu leben haben mich dahin gebracht, wo ich heute stehe.

Natürlich habe ich ein paar Jahre gebraucht, um den Reichtum in allen diesen Erlebnissen zu erkennen. Ich selbst möchte heute mit keinem der vielen verwöhnten Schnösel tauschen, die in jeder Kleinigkeit ein Problem sehen und sich dann auch noch häufig so sehr unter Druck gesetzt fühlen, dass sie sofort nach Papa und Mama um Hilfe rufen, weil sie alleine und aus eigener Kraft kaum ein paar Monate überleben könnten.

Es hat lange gedauert, bis ich die Erkenntnis des griechischen Philosophen Sokrates, der vor mehr als 2500 Jahren lebte, erkannte:

„Wenn die Menschen all ihr Unglück auf einen gemeinsamen Haufen legten und dann jeder davon einen gleich großen Teil wieder an sich nehmen müsste, so würden die meisten zufrieden ihr eigenes Unglück zurücknehmen und davonziehen."

Ich hatte und habe mit vielen Menschen zu tun, und es ist so traurig zu sehen, wie wenige darunter sind, die sich aus ihrer Haut trauen und wirklich bereit sind, die Ärmel hochzukrempeln und sich ihrem Potenzial zu stellen.

Mehr Geld zu verdienen als der Durchschnitt ist etwas für starke Charaktere – und man muss wissen, wie!

Ich finde es immer wieder sehr amüsant, wenn Kandidaten in TV-Shows wie DSDS, The Voice u. dgl. ein wenig an ihre Grenzen herangebracht werden. Oft fangen sie dann an zu weinen. Das ist menschlich durchaus nachvollziehbar und deshalb auch okay – aber aufgeben und kapitulieren aus Angst vor dem, was vielleicht danach noch kommen mag, das ist für mich keineswegs in Ordnung. Das ist schließlich das Leben. Wir können heute nicht wissen, was uns die Zukunft bringt. Egal, was du planst, du kannst eine Richtung vorgeben, aber du weißt nie, ob du am Ende auch tatsächlich am gewünschten Ziel ankommen wirst. Also musst du ständig mit deinen Möglichkeiten jonglieren, die du im Hier und Jetzt hast. Und wenn du dich in einer Castingshow einer Expertenjury stellst, dann ist das kein Spaziergang, sondern harte Arbeit, die man nicht kurz vor dem Ziel einstellen darf.

Noch heftiger finde ich es, wenn sich die Teilnehmer das Recht herausnehmen, Kritik an der Bewertung durch die Jury zu üben, indem sie z. B. dem Profi widersprechen. Dieser hat schließlich bereits weit mehr erreicht als sie selbst und vertritt somit nicht zu Unrecht jenen Bereich, zu dem die Kandidaten erst noch hinwollen. Manchen von diesen Möchtegernstars fehlt es augenscheinlich völlig an Respekt vor bereits erbrachter Leistung. Selbstverständlich finde ich es auf der anderen Seite aber auch genauso unmöglich, wenn Juroren die Kandidaten nicht sachlich, sondern persönlich und unter der Gürtellinie kritisieren. Das ist geschmacklos. Kein Mensch darf von einem anderen niedergemacht werden, schon gar nicht öffentlich und vor einem Millionenpublikum.

In Rumänien gab es damals keine Castingshows. Ich frage mich dennoch, was wohl meine Familie dazu gesagt hätte, wenn ich bei so etwas mitgemacht hätte: „Mach uns bloß keine Schande, benimm dich anständig und hau rein." Und genau das hätte ich getan!

Es ist erschreckend zu sehen, wie wenig sich manche dieser jungen Menschen ins Zeug legen, wenn sie schon diese Chance bekommen. Ich selbst schaffe es nicht, mir gewisse Shows länger als fünfzehn Minuten anzusehen, weil es meine Intelligenz beleidigt. Aber keine Regel ohne Ausnahme. So finde ich beispielsweise die Show „The Voice" grandios, weil sie Menschen wie Menschen behandelt und ohne Polemik oder billige Effekthascherei auskommt.

Doch wer weiß, vielleicht halten uns einige dieser unerträglichen Shows nur einen Spiegel vor, ein Bild unserer heutigen Gesellschaft: Nehmen und haben wollen, alles gierig aufnehmen – ohne etwas dafür zu geben? Eine glasklare Schmarotzerhaltung, mit der man aber nicht wirklich weit kommt. Mit dieser Einstellung kann nichts funktionieren. **Nur wenn wir alle – ja, auch du! – bereit sind, etwas von uns zu geben, können wir auch alles bekommen.**

Ich sehe es so, dass du, wenn du auf diese Welt kommst, genau vier Möglichkeiten hast:

1. Möglichkeit: Du nimmst nichts von diesem Planeten und gibst nichts – also auch kein Essen oder Trinken. Gar nichts. Okay, dann stirbst du nach kurzer Zeit und darfst gehen.

2. Möglichkeit: Du begnügst dich mit dem, was dir die Natur gibt. Du ziehst irgendwohin in den Wald, baust dir eine Minihütte und ernährst dich von dem, was dir die Natur schenkt. Du kümmerst dich selbst um alles, wäschst dich im Fluss, hältst Tiere, baust Gemüse an etc. Dafür musst du kein Geld verdienen oder Rechnungen bezahlen. Der Preis, den du dafür bezahlst, ist der Verzicht auf jeglichen Komfort: Du verfügst über kein Warmwasser, hast weder Heizung noch Strom und kein richtiges Haus. Aussteiger zahlen ihn gern. Und du bist vollkommen frei vom System und dieser Wirtschaft.

3. Möglichkeit: Du willst das von Menschenhand aufgebaute System auf diesem Planeten nutzen. Du hättest gern eine warme Wohnung mit Warmwasser und der Möglichkeit, Essen zu kochen (also nichts Besonderes). Deine Behausung soll bequemer sein als eine Hütte im Wald. Darüber hinaus brauchst du ein Fortbewegungsmittel, z. B. ein Fahrrad, und natürlich auch eine Waschmaschine. Um die Preise für diesen Komfort zu bezahlen, reicht ein bescheidenes Einkommen, das du schon mit einer Aushilfsarbeit auf einem Bauernhof verdienen kannst. Wenn du damit glücklich und erfüllt bist – wunderbar! Genieße es und hör auf, mehr zu wollen.

4. Möglichkeit: Du willst nicht nur mehr – **du willst alles.** *Du willst nicht nur am System teilnehmen, sondern du willst es für dich nutzen. Du möchtest eine schöne Wohnung oder sogar eine Villa, ein schönes Auto, vielleicht auch eine Yacht und auf jeden Fall ein finanziell sorgenfreies Leben. Tja, dafür musst du dich dann richtig ins Zeug legen, etwas tun und dich VERWIRKLICHEN. Das bekommst du nicht geschenkt.* **Dafür musst du wirklich viel bezahlen!**

Alles andere bedeutet, dir selbst etwas vorzumachen. Noch einmal: **Du kannst beinahe alles bekommen und haben – aber nur, wenn du bereit bist, auch viel von dir zu geben bzw. den Preis dafür zu bezahlen.**

Du erinnerst dich sicherlich an die Worte von Jim Rohn, die ich bereits an anderer Stelle einmal erwähnte:

„Wenn du noch nicht genug verdienst, dann deshalb, weil du noch nicht wertvoll genug bist für den Markt. Werde wertvoller für den Markt, und du verdienst mehr Geld."

Eines Tages erhielt ich eine sonderbare E-Mail, die ich dir hier in Kurzform wiedergeben möchte:

Hi Daniela,
ich bin M., 18 Jahre alt und komme aus ... (Ort in Deutschland). Mein bisheriger Weg war sehr erfahrenswert und hat mich vieles gelehrt. Doch ich war leider mit meinen Gedanken so gegen das System, dass ich mich verschuldet habe durch Kleinigkeiten wie z. B. Schwarzfahren. Vor einem Jahr bin ich dann auf ... gestoßen. Es hat mich sofort inspiriert, ich war voller Begeisterung, doch noch keine 18, um damit zu beginnen. Also wartete ich. Nun bin ich 18 Jahre, aber ich fühle leider nicht mehr die gleiche Begeisterung. Ich hätte gerne jemanden, der mir hilft, das wiederzubekommen. Ehrlich gesagt, habe ich momentan kein Geld, das ich für ein Seminar oder was Ähnliches ausgeben kann. Aus diesem Grund dachte ich, ich frag jemanden, der Erfolg hat. Denn erstens, wer Erfolg hat, kann sich als Ziel setzen, andere erfolgreich zu machen. Und zweitens hast du bestimmt genug Geld. Doch natürlich würde es dir auch was bringen, denn jede neue Erfahrung, und wenn es nur eine Unterhaltung ist, hilft zu leben bzw. zu lernen. Ich denke, dass ich dir einiges mitgeben kann außer Geld. Es wäre schön, wenn du dich melden würdest oder sogar Zeit für mich hättest. Auch deine Impulse für den Tag sind einfach super. Dankeschön. :)
Liebe Grüße M.

So weit zu seiner E-Mail.

Dazu könnte ich sehr viel sagen, doch ich würde dann mindestens zehn Seiten schreiben. Ich entschied mich für eine kurze Antwort. Der eine oder andere mag das Verhalten des jungen Mannes aus der E-Mail möglicherweise als mutig empfinden. Leider ist es der „Mut" eines Menschen mit einer – wenn vielleicht auch nicht bewussten – schmarotzerhaften Einstellung, nicht jedoch die Mentalität eines Menschen, der gelernt hat, dass Wissen und Informationen wertvolle

Dinge sind, die ihren Preis haben. Wenn ich nun nicht um meinen Wert, die harte Zeit, meine vielen Tränen und das investierte Geld wüsste – also alles, was mich zu der Person gemacht hat, die ich heute bin –, könnte ich versucht sein, Mitleid zu empfinden. Damit würde ich jedoch seine Schwäche und seine Einstellung weiterhin stärken. Stärke kann nur entstehen, indem man immer wieder das Unmögliche möglich macht und bereit ist, Dinge zu tun, die andere nicht tun (wollen). Niemals könnte ich solch ein Verhalten unterstützen. Ob dies von diesem jungen Mann nun bewusst oder unbewusst geschah, ist völlig unwichtig.

Betrachte jetzt einmal dein eigenes Leben. Wo bist du gewillt, aus falschem Mitleid heraus Schwäche zu unterstützen? Anders gefragt: Wie weit geht deine Bereitschaft, für Qualität zu bezahlen? Jemand, der dir umgekehrt auch wirklich etwas geben könnte, würde niemals auf die Idee kommen, eine solche E-Mail zu verfassen. Sein Schreiben wäre völlig anders formuliert. Wie du also unschwer erkennen kannst, ist eine derartige E-Mail, ob sie nun so oder anders geschrieben wird, nicht nur ein wenig frech, sondern auch äußerst naiv, was ich dem Verfasser allerdings aufgrund seines zarten Alters nachsehe.

Meine Antwort an den jungen Mann war folgende:

Hallo M.,
danke für deine E-Mail und deine Anfrage. Zunächst vielen Dank, dass dir die Impulse und Kurzvideos gefallen. Diese biete ich für meine Leser gerne kostenlos an, obwohl jedes Video mit viel Zeit, Arbeit und auch Geldeinsatz verbunden ist. Des Weiteren biete ich mein Online-E-Book mit 64 Seiten und meinen Newsletter gratis an. Unregelmäßige kostenlose Webinare für meine Leser runden das Ganze ab. Dies ist bereits eine ganze Menge und viel mehr, als ich gratis anbieten müsste. Doch ich tue es, wie gesagt, gerne und freiwillig, und

es gibt mir ja auch etwas. Allerdings, M., ist das oben Erwähnte das Äußerste, was ich von mir bereit bin, kostenlos anzubieten. Ich bin keine karitative Einrichtung und habe derzeit auch nicht vor, es zu werden. Wenn du jemanden suchst, der dich gratis coacht, musst du weitersuchen. Ich habe sehr viel Lehrgeld bezahlt, um dahin zu kommen, wo ich heute bin. Davon bist du derzeit noch meilenweit entfernt, sonst würdest du dich gar nicht trauen, mir so etwas zu schreiben. Ich verrate dir etwas: Selbst, wenn ich eine Milliarde Pfund auf dem Konto hätte, würde ich dir nicht eine Stunde Coaching gratis schenken! Weißt du, warum? Weil ich bereit war, den Preis zu bezahlen, der nötig war, um bis hierher zu kommen. Du bist es scheinbar noch nicht! Niemand, der um seinen Wert weiß, kein Meister, Trainer und Coach dieser Welt, würde das jemals tun! Außerdem arbeite ich persönlich nur mit ernsthaften Menschen – bei dir aber sitzt der Wunsch/Schmerz noch nicht tief genug. Geben und nehmen ist Balance. Alles andere wäre ein ungesundes Ungleichgewicht.

Dir weiterhin viel Erfolg.
Daniela

Aufgrund dieses Newsletters erhielt ich von einem meiner langjährigen und treuen Leser eine wertvolle und sehr passende Geschichte, die das Thema und den Inhalt noch einmal stark verdeutlicht.

Die Geschichte des Schmetterlings – weise Worte zum Nachdenken und Erkennen. Genau dies ist der Grund, warum ich nicht einfach einem Fremden blind und gratis helfe, ohne auch **seinen Anteil** einzufordern. Hier nun zur Geschichte, die ich mit meinen eigenen Worten wiedergebe (den Verfasser kenne ich nicht):

Ein Wissenschaftler beobachtete einen Schmetterling und sah, wie sehr sich dieser abmühte, durch das enge Loch aus seinem

Kokon zu schlüpfen. Lange kämpfte der Schmetterling, um sich daraus zu befreien. Der Wissenschaftler bekam Mitleid mit dem Schmetterling, ging in die Küche, holte ein kleines Messer und weitete vorsichtig das Loch, damit sich der Schmetterling leichter befreien konnte. Der Schmetterling entschlüpfte dem Kokon nun sehr schnell und sehr leicht, doch was der Mann dann sah, erschreckte ihn sehr. Der Schmetterling, der daraus entschlüpft war, war ein Krüppel. Seine Flügel waren ganz kurz, und er konnte nur flattern, aber nicht richtig fliegen.

Da ging der Wissenschaftler zu einem befreundeten Biologen und fragte diesen: „Warum sind die Flügel so kurz und warum kann dieser Schmetterling nicht richtig fliegen?" Der Biologe fragte ihn, was geschehen war, und der Wissenschaftler erzählte, wie er dem Schmetterling geholfen hatte, aus seinem engen Kokon zu schlüpfen.

„Das war das Schlimmste, was du tun konntest", erwiderte der Biologe. „Die enge Öffnung zwingt den Schmetterling, sich hindurchzuzwängen. Erst dadurch werden seine Flügel aus dem Körper herausgequetscht, und wenn er dann ganz ausgeschlüpft ist, kann er fliegen. Weil du ihm diesen Schmerz ersparen wolltest, hast du ihm zwar kurzfristig geholfen, aber langfristig zum Krüppel gemacht."

Wir alle brauchen manchmal den Schmerz, um uns entfalten zu können, um der oder die zu werden, die wir sein können. Deshalb ist die Not oft notwendig – die Entwicklungschance, die wir nutzen können.

So weit zur Geschichte.

Keiner meiner Lehrer, Coaches oder Trainer hat am Anfang unserer Arbeitsbeziehungen jemals irgendetwas kostenlos oder günstiger für mich getan. Warum hätten sie das auch tun sollen? Leistung muss bezahlt werden, eben deshalb habe ich niemals nach einem Preisnachlass gefragt. Hätten sie denn im Gegenzug in ihrer eigenen Leistung nachlassen sollen, um den Einkommensverlust auszugleichen? Das hätte doch bedeutet, dass ich weniger Leistung erhalten und dadurch Wissenslücken gehabt hätte. Aus diesem Grund und auch aus Respekt vor ihren Fähigkeiten fragte ich nicht. Von einigen meiner anderen Trainer bekam ich manchmal ein privates, ungeplantes Gespräch, doch war dies stets erst nach einiger Zeit, in der ich bewiesen hatte, dass ich bereit war, alles zu geben. Es kam jedes Mal unerwartet und war nie selbstverständlich. Dafür schätzte ich es umso mehr.

Wenn ich Kunden habe, bei denen ich weiß, dass sie stets ihr Bestes geben, kann es sein, dass sie von mir etwas geschenkt bekommen. Doch nicht, weil sie dies erwarten oder weil ich ja schon genug Erfolg und Geld habe, sondern aus Respekt vor ihren Leistungen.

Diese Einstellung hat meinen Lebensweg geprägt. Das Wissen darum gebe ich gerne weiter – in Büchern, in Coachings und in meinen Seminaren. Mit Verlaub: Ich möchte die Welt nicht darin unterstützen, seelische und charakterliche Krüppel hervorzubringen. **Ich stehe für Liebe, Stärke, Kraft sowie Klarheit und dafür, dass jeder Mensch diese Kraft in sich findet und lebt.** Darin bin ich gerne eine Unterstützung, doch niemals für falsches Mitleid.

An dieser Stelle muss gesagt werden, dass viele Menschen (und zwar überwiegend Frauen) als Reaktion auf meine Haltung eher geneigt sind zu sagen: „Oh, mein Gott! Wie konnte diese erfolgreiche Frau nur so eiskalt zu dem jungen Mann sein? Ich hätte ihm geholfen." Tatsächlich haben sich auch einige Damen in öffentlichen Netzwerken über meine Antwort geärgert und diese als moralisch fragwürdig empfunden.

Ja, die Mitleidstour zieht leider immer noch sehr gut. Wüssten jene Menschen, die positiv auf Mitleid heischende Zeitgenossen reagieren, was sie damit langfristig tatsächlich erreichen und auslösen, würden sie es sich mehrfach gut überlegen. Ich selbst habe erlebt, was es bewirkt. Es ist doch so, wie eine alte Volksweisheit lehrt:

„Willst du den Hunger eines Menschen einmal stillen, gib ihm einen Fisch. Willst du seinen Hunger dauerhaft stillen, lehre ihn das Angeln!"

Meiner Meinung nach hatte der besagte junge Mann aus der oben zitierten E-Mail unendlich viele Möglichkeiten, wie zum Beispiel:

1. Er konnte arbeiten gehen, beispielsweise als Kellner, er konnte Zeitungen austragen, im Kiosk Nachtdienst schieben u. v. a. m.

2. Er musste nicht gleich ein Seminar oder ein Coaching buchen. Für wenig Geld gibt es interessante Bücher, DVDs, CDs und Webinare. Solche Erfolgstools kosten meistens nicht viel mehr als 20 Euro. Und wenn ihm selbst das noch zu viel war, konnte er auf dem Flohmarkt, virtuell wie leibhaftig, diese Dinge für ein paar Euro erwerben.

Doch wenn er bereits jetzt *„nicht mehr die gleiche Begeisterung"* fühlt und somit NICHT MOTIVIERT ist für seinen neuen Job – was will er dann dort (siehe meine Ausführungen zum Thema *Seele* im Kapitel „Wirtschaft aktuell")? Wie soll er da JEMALS erfolgreich werden?

Doch so weit vermögen viele nicht vorauszublicken. Stattdessen kommt von etlichen Seiten die Mitleidstour ins Spiel, insbesondere in einigen meiner Foren. Unisono fordern sie, ihn doch zu unterstützen. Ich selbst habe schon mit 11 Jahren Geld verdient, mit 15 Jahren allein gelebt – und dieser junge Mann ist mit seinen bereits 18 Jahren dazu noch immer nicht in der Lage? Ich will das gar nicht verstehen müssen.

Ich erhielt übrigens von ihm eine Antwort auf meine E-Mail, nannte ihm obige Möglichkeiten und bot ihm sogar zusätzlich noch an, er könne durch Empfehlungen selbst kostenlos an meinem Seminar teilnehmen. Scheinbar wollte er sich jedoch die Arbeit nicht antun, denn er reagierte nicht mehr.

Fazit: Es muss nicht immer Geld sein, was du bekommst – es sollte aber unbedingt etwas Gleichwertiges sein!

Ich bin davon überzeugt, dass auch du manchmal Menschen begegnet bist, die von dir und deiner Qualität gerne alles gehabt hätten, aber dies möglichst gratis, stimmt's? Vielleicht haben sie sogar versucht, dir deine Fähigkeiten und deine Qualität abzusprechen oder kleinzureden, nur um dir kein oder zumindest weniger Geld bezahlen zu müssen, als du verlangt hast. Liege ich hier ebenfalls richtig? Überlege bitte, was du dabei empfunden hast. Ich kann mir nicht vorstellen, dass du dich dabei glücklich gefühlt hast.

Selbstverständlich ist es in Ordnung, nach einem gesunden Preis-Leistungs-Verhältnis zu streben. Ich spreche hier jedoch über Menschen mit einer äußerst fragwürdigen Einstellung. Menschen, die allen anderen gegenüber supergeizig sind, wenn es darum geht, zu geben, nur nicht sich selbst gegenüber, wenn sie nehmen sollen.

Das Traurige an dieser Sache ist doch, dass es fast schon normal geworden ist, wie auf einem orientalischen Basar zu handeln. Dort ist Handeln allerdings sehr wohl erwünscht. Hier bei uns jedoch, in Westeuropa, herrschen andere Sitten, und es tut gut, sie zu befolgen. Denn so falsch können unsere Vorfahren nicht gelegen haben, als sie über die Jahrhunderte Sitten und Bräuche entwickelten, nach denen wir bisher sehr gut leben konnten.

Erweitere dein Blickfeld und sieh nicht nur das Geld!

Heutzutage fordern etliche „Gewiefte" **110 Prozent Leistung zum Preis von 50 Prozent** oder weniger! Wer sich auf solche fragwürdigen Deals einlässt, wartet dann oftmals noch Wochen oder gar Monate auf die Bezahlung seiner Rechnung. Wer dermaßen gegen die guten Sitten verstößt, handelt **gegen die Regeln des Universums.** Da sich das Leben aber nicht betrügen lässt, ist es nur eine Frage der Zeit, bis der „Gewiefte" seine Retourkutsche bekommt, die dann meist um ein Vielfaches teurer ist als die vermeintliche Einsparung. Und diese Retourkutsche muss nicht zwangsläufig der Verlust von Geld sein. Sie kann auch in Form einer Krankheit bei dir oder bei jemandem, den du liebst, kommen.

> **Du kannst niemals 100 Prozent Leistung einfordern, wenn du nicht umgekehrt auch 100 Prozent dafür bezahlst.**

Genauso wenig kannst du erwarten, 100 Prozent bezahlt zu bekommen, wenn du nur 50 Prozent deiner Leistung zu erbringen bereit bist. Wann immer dies geschieht, entsteht ein Ungleichgewicht in der jeweiligen Beziehung, und dieses Ungleichgewicht wird früher oder später auf die eine oder andere Weise seinen Tribut von dir verlangen.

Ein entfernter Bekannter von mir verdient sehr viel Geld. Das sei ihm von Herzen gegönnt, schließlich hat er bei dem sprichwörtlichen Nichts angefangen. Nach eher bescheidenen Anfängen gelang ihm der Sprung an die Spitze und sein Verdienst war ebenfalls spitzenmäßig. Wohlgemerkt: *sein Verdienst*. **Er hat es sich also selbst verdient!** Nun ist es aber so, dass er im Privatleben ständig auf Frauen trifft, die seine Leistung nicht anerkennen und das angenehme Leben, das er ihnen bietet, nicht zu schätzen wissen, obwohl sie durch ihn finanzielle Freiheit und Freizeit im Übermaß genießen. Er ist ein gut aussehender Mann im besten Alter, der, wie man so sagt, fast jede haben könnte. Stattdessen nimmt er sich Frauen, die ihn nicht nur ausnutzen, sondern ihn sogar noch öffentlich bloßstellen. In der Vergangenheit hat er dadurch schon einiges verloren, inklusive seines Selbstwertgefühls. Nun fragt man sich doch: Wieso geschieht das ausgerechnet diesem Mann, obwohl er es doch scheinbar verdient hätte, glücklich zu sein? Gute Frage.

Gleicher Mann – andere Situation.

Dieser gut aussehende junge Mann mit seinen Fiaskos bei Frauen wollte seine Mitarbeiter für ihre ausgezeichnete Arbeit belohnen. Es sollte ein außergewöhnliches Event werden, an das alle noch gerne und lange zurückdenken würden. Mit viel Geschick und ohne seine Absicht zu nennen, befragte er jeden Einzelnen seiner Mitarbeiter, was dieser sich wünschen würde, wenn er wüsste, dass sein Wunsch erfüllt werden würde. Die Masse der Befragten wollte in ein Bootcamp, das von einer bestimmten außergewöhnlichen Persönlichkeit geleitet wurde.

Zwecks Verhandlungen nahm mein Bekannter also Kontakt zu der Agentur dieser Persönlichkeit auf und sagte ganz offen, dass er nicht bereit sei, dafür etwas zu bezahlen. Dies war ein gewaltiger Affront, denn die Kosten dafür hatte er in dem betreffenden Geschäftsjahr mehr oder weniger schon verdient, weil seine Mitarbeiter den Umsatz und damit die Gewinnspanne verdoppelt hatten. Zudem hätten seine Mitarbeiter – und damit letztlich auch sein Unternehmen – von dieser Motivationsspritze profitiert, weil die Ergebnisse in Sachen Umsatz und Gewinn in Folge noch besser ausgefallen wären. Dieser Mann ging sogar so weit, die besagte Persönlichkeit offen zu beleidigen, indem er ihr ihre Qualitäten absprach, obwohl er selbst sehr wohl Kenntnis von deren Leistungen hatte. Zudem hatten die Mitarbeiter ja nicht ohne Grund nach dieser exzellenten Persönlichkeit und deren Dienstleistungen verlangt. Unabhängig davon, dass die Agentur natürlich nicht auf dieses Spiel einging, lässt sich hier unschwer etwas ganz klar erkennen.

In seinem privaten Leben erkannten die Frauen an seiner Seite **seinen WERT und seine LEISTUNG nicht an.** Da könnte man vielleicht Mitleid empfinden und sagen: Der arme Mann fällt immer auf die falschen Frauen rein. Doch nein, **er fällt auf genau die *richtigen* herein,** denn diese spiegeln nur das wider, **was er selbst woanders auslebt.** Er ist nämlich nicht in der Lage, **die Leistung und den Wert eines anderen anzuerkennen – außer seiner eigenen.**

Man könnte auch sagen: Geiz allen anderen gegenüber, nur nicht in Bezug auf seine eigene Person. Und weil er selbst den Wert anderer Menschen herabsetzt und sie bis auf den letzten Cent herunterhandelt, bekommt er dieses Verhalten an anderer Stelle (in seinem privaten Leben) gespiegelt, indem ihn die Frauen an seiner Seite nicht wertschätzen, sich aber alles wie selbstverständlich nehmen.

Mittlerweile habe ich ebenfalls einige dieser sehr geizigen Zeitgenossen kennengelernt, die – obwohl zum Teil sehr vermögend – vorwiegend nur nehmen, andersherum jedoch nichts oder kaum geben wollen. Aber sie bezahlen, genau wie dieser besagte junge Mann, auf irgendeine andere Art (die ihnen leider nicht bewusst ist) für ihren Geiz.

Merke dir also, dass du niemals einfach alles herunterhandeln kannst, ohne auf der anderen Seite den Preis dafür zu bezahlen.

Wenn du andere Menschen und ihre Leistungen nicht wertschätzen kannst, wirst du in irgendeinem Bereich deines Lebens ebenfalls nicht wertgeschätzt werden.

Hauptsache, billig

Qualität hat ihren Preis, das ist die Quintessenz aus dem vorherigen Kapitel. Doch wie stark ist diese Erkenntnis, dass Qualität ihren Preis hat, in deinem täglichen Bewusstsein vorhanden? Wie stark ist diese Idee überhaupt noch in unserer heutigen Zeit vorhanden, in der Suchmaschinen im Internet in Sekundenschnelle Tausende von Preisen für ein und dieselbe Ware bereitstellen, sodass wir dort kaufen, wo es am billigsten ist. Noch einmal: Ich bin für ein gesundes Preis-Leistungs-Prinzip – nicht überteuert, aber auch nicht einfach nur billig.

Ich erinnere mich an die Telekom in Deutschland vor 20 Jahren. Damals fehlte die heutige Konkurrenz, und ich habe noch sehr gut die Horrorrechnungen vor Augen, die mir als Selbstständigen Monat für Monat ins Haus flatterten. Kaum eine Rechnung lag unter 500 Euro – und das war noch wenig! Wenn ich also über einen Preisvergleich mittels Suchmaschinen spreche, finde ich dies nicht generell schlecht. Schöner wäre es aber, würden wir dabei auch auf den Service und nicht nur auf den Preis achten. Mir sind ein freundlicher Service, Zuverlässigkeit, Qualität und vielleicht auch noch eine Garantie deutlich wichtiger als der billigste Preis. Und wenn zudem dieser auch für mich stimmt, suche ich gar nicht weiter, selbst wenn andere günstiger sein sollten.

Wir leben in einer Zeit, in der das Bewusstsein für ein Produkt und dessen Qualität stark geschrumpft ist. Im gleichen Maß, in dem das Bewusstsein für Qualität gesunken ist, ist das Bewusstsein für Quantität und Konsum gestiegen. Als ich in Asien lebte, fühlte ich mich in den ersten Monaten von dem unglaublichen Konsum und den vielen Menschen auf der Suche nach Billigware an allen Ecken und Enden einfach nur erschlagen. Die ersten Wochen waren eine echte Qual.

Was heute bei jedem Schritt dominiert, ist der Ruf nach **„billig, billiger – am billigsten".** Es wird kaum noch unterschieden, sondern es zählt ausschließlich der Endpreis. Bekannte Werbeslogans wie „Geiz ist geil", „Ich bin doch nicht blöd" oder „Wir sind billiger" führen immer öfter dazu, zu schauen, was wo am billigsten ist. Auf Qualität achten wir dabei immer weniger. Wenn wir allerdings der Qualität ihren Wert nicht zugestehen, wird das Wertvolle immer mehr aus unserem Blickwinkel verschwinden. **Quantität geht dann vor Qualität.** Ein deutsches Fahrrad, das vor 15 Jahren gekauft wurde, war vielleicht auf den ersten Blick teurer als vergleichbare Modelle aus Fernost, doch es leistet für viele Menschen bis heute seinen wertvollen Dienst.

Es ist keine Kritik, sondern eine Tatsache, wenn ich sage, dass viele der Artikel, die wir heute kaufen, eine Lebensdauer von nur noch wenigen Jahren haben. Teilweise sogar bewusst. Neueste Studien belegen, dass heutige technische Geräte bewusst eine Art „Vernichtungsschalter" eingebaut haben, damit sie z. B. spätestens nach zwei oder drei Jahren „ihren Geist aufgeben". Wenn du einen Computerdrucker hast, hast du Ähnliches sicher schon einmal erlebt. Ich selbst habe (immer noch) einen HP Officejet 7210 All-in-one. Ja, ich weiß, er ist „Asbach Uralt". ;-) Dazwischen hatte ich einen für meinen Mac, der aber schon längst wieder kaputt ist. Der Erstgenannte hingegen funktioniert bereits seit über sechs Jahren tadellos und ist fast täglich im Einsatz.

Als mein Lebenspartner letztens Tintenpatronen kaufte, sagte die Verkäuferin, er solle gleich mehrere auf Vorrat nehmen, weil es diese bald nicht mehr geben werde. Spannend! Also, der Drucker existiert noch und funktioniert auch tadellos – aber was nützt mir das, wenn es hierfür bald keine Patronen mehr gibt? Dann werde ich quasi dazu **gezwungen,** einen neuen Drucker zu kaufen, der jedoch bereits nach wenigen Jahren seinen eingebauten „Vernichtungsschalter" umlegt ...

Und bei alldem haben wir noch nicht einmal darüber gesprochen, wie viel Sondermüll dadurch entsteht, dass wir ständig neue Produkte brauchen und konsumieren bzw. verbrauchen. Wo geht all dieser Müll hin? Doch wen interessiert es? Hauptsache, wir haben ständig etwas Neues. Und Hauptsache, billig!

Wenn du vor vielleicht acht Jahren einen Laptop gekauft hast, hielt dieser mehr als fünf Jahre lang. Eine Freundin von mir arbeitet heute noch mit einem Laptop, den sie vor etwa sechs Jahren erworben hat. Ich selbst verwendete meinen letzten Laptop, den ich Anfang 2006 gekauft hatte, bis Ende 2011, und er funktionierte tadellos, obwohl ich ihn täglich benutzte. Oder erinnern wir uns einmal an die alten Nokia-Handys. Diese hielten mühelos acht Jahre lang. Zugegeben, es gab keine Features wie heute, keine großen MMS-Möglichkeiten, keine Apps ... und es war auch kein Smartphone. Aber das Gerät hielt eine halbe Ewigkeit, und du konntest dich darauf verlassen. Selbst heute gibt es noch Menschen wie mich, die neben ihrem neuen Smartphone zusätzlich ein altes Nokia-Handy verwenden, weil es auch deutlich weniger strahlt. Nicht jeder spürt diese Strahlungen, das weiß ich. Dafür fühle ich sie umso intensiver.

Apropos Mobiltelefone: Ich habe die Angewohnheit, nur alle paar Jahre mal ins Handy-Geschäft zu gehen, meinen Vertrag zu verlängern und dann das Handy zu benutzen, bis es buchstäblich auseinanderfällt. Mir macht das nichts aus. Ich verspüre nicht den Drang, ständig etwas Neues haben zu müssen. Einmal war ich auf Tour in Salzburg und bat Romy, eine meiner lieben Teilnehmerinnen, mit meinem Handy ein Foto zu machen. Mein Gerät war damals schon über vier Jahre alt und somit nicht mehr das Schnellste (doch wen interessiert's, solange es geht?). Nun ja, Romy jedenfalls nimmt das Handy entgegen, und als sie merkt, wie langsam es auf Befehle reagiert, meint sie: „Daniela, du brauchst ein neues Handy." :) Möglicherweise hat sie damit recht. Aber ich brauche und will nicht alle zwei Jahre ein neues Handy, nur weil ich es theoretisch und praktisch haben könnte – und das sogar zum Preis von nur einem Euro.

Es gibt einen Teil in mir, der überhaupt nicht darauf aus ist, ständig das Neueste zu besitzen oder immer shoppen zu gehen. Selbst einen Laptop verwende ich so lange, bis er auseinanderfällt und nichts mehr geht. Etwas Müll weniger, das ist gut so. Wobei ich gleich gestehen muss, dass ich es gar nicht aus diesem Grund mache. Mir fehlt schlichtweg die Zeit für solche Banalitäten. Man könnte auch sagen: Ich nehme sie mir nicht, weil ich keinen Sinn darin sehe.

Das Festnetztelefon auf meinem Schreibtisch – oje, darf ich das überhaupt sagen? – ist mittlerweile knapp 13 Jahre alt! Ja, du hast richtig gelesen. :) Ein superaltes T-Concept ISDN-Telefon, das ich leider als neueres Modell so nicht mehr zum Kaufen finde. Außerdem ist es völlig strahlungsfrei. Manchmal hat es zwar Aussetzer, doch ich finde keines, das an dieses herankommt, und mit weniger – aber Hauptsache, schöner – mag ich mich keinesfalls zufriedengeben.

Wie konnten die alten Dinge, Maschinen und Gegenstände für den alltäglichen Bedarf nur so lange halten? Und heute, obwohl wir weiter fortgeschritten sind, geben sie nach etwa zwei oder drei Jahren den Geist auf? Zumindest aber geht irgendein Ersatzteil kaputt, und wenn du einen Reparaturmechaniker holst, stellst du fest, dass die Reparatur fast genauso viel kostet wie ein komplett neues Gerät.

Da stellt man sich doch die Frage, was tatsächlich preiswerter gewesen wäre, wenn man dies über einen Zeitraum von 20 Jahren hinweg betrachtet. Wo wäre das Preis-Leistungs-Verhältnis gesünder (um nicht zu sagen „besser") gewesen? Eine Waschmaschine, um bei diesem Beispiel zu bleiben, hat früher vielleicht ca. 1.500 Euro gekostet und hatte eine durchschnittliche Lebensdauer von etwa 15 Jahren. Kauft man heute eine neue Waschmaschine, so kostet diese 300–600 Euro, muss dann aber oftmals bereits nach etwa 3 bis 4 Jahren ersetzt werden. Wenn wir nun spätestens alle 4 bis 5 Jahre eine neue Maschine kaufen müssen, so sind das in 15 Jahren drei bzw. sogar vier Waschmaschinen, und wir haben zwischen 1.200 und 2.000 Euro ausgegeben. Denken wir dann noch an den Ärger und die Zeit, die wir brauchen, um eine neue Maschine zu suchen, zu kaufen und auszutauschen, dann wird klar, was wir unter einem gesunden Preis-Leistungs-Verhältnis zu verstehen haben.

Wenn Produkte preiswerter werden, kann man dies nur befürworten – solange die Qualität nicht darunter leidet!

Eine Frage drängt sich förmlich auf: Wieso ist es trotz Fortschritt und Entwicklung nicht möglich, den Lebenszyklus von Produkten von 15 auf 20, 30 oder mehr Jahre zu erweitern? Die Technik und das Wissen dafür gibt es schon lange. Weil es von der Wirtschaft nicht gewollt ist? Konsum um jeden Preis? Okay, diese Forderung mag etwas überzogen sein. Nicht aber die, an alte Lebenszeiten anzuknüpfen. Das wäre doch mal ein wirklich wahrhaftiger Fortschritt.

Stattdessen scheint gegenwärtig alles auf billigen, schnell wechselnden Konsum ausgerichtet zu sein. Beinahe jedes neue Handy, das du früher gekauft hast, hatte ein eigenes spezielles Ladegerät. Das bedeutete, du musstest dir jedes Mal zusätzlich das komplette Zubehör kaufen und konntest nicht einfach das alte weiterverwenden. Die Handyhersteller haben sich zwar dahingehend geeinigt, dass dies der Vergangenheit angehören soll, doch ein US-amerikanisches Unternehmen mit einem Obst-Logo brachte sein neues Handy auf den Markt, das erneut ein anderes Ladekabel hat.

Zuvor passte das alte Kabel nicht nur in das Handy, sondern auch in den Tablet-PC.

Langlebige Qualität ist auf dem Markt gar nicht wirklich erwünscht. Warum wohl? Weil die Masse der Konsumenten ständig nach dem neuesten Produkt schreit? Oder weil ihr gar nichts anderes übrig bleibt? Oder liegt es eventuell auch an uns Konsumenten selbst, die wir zwar lieber die günstigere Ware aus Fernost nachfragen, gleichzeitig aber hoffen und fordern, dass die Arbeitsplätze in unserem Land sicher sind und erhalten bleiben? Beides ist nicht machbar. Ich verstehe die Person, die sagt: „Mir bleibt doch gar nichts anderes übrig, als dort zu kaufen, wo es am günstigsten ist. Ich verdiene immer weniger Geld, dazu die Inflation, die dafür sorgt, dass ich für mein Geld immer weniger bekomme." Das ist ein Teufelskreis, aus dem wir nur gemeinsam herauskommen können. Wir alle – der Konsument, der Arbeitgeber, die Regierung, die Gewerkschaft und viele andere auch – müssen ein wenig umdenken.

Ich möchte an dieser Stelle betonen, dass es durchaus auch heute noch gute Ware und Qualität gibt, allerdings ist beides nicht automatisch bei jedem Produkt aus der Werbung zu finden. Und natürlich stehe ich für Fortschritt, denn Stillstand wäre ein Rückschritt, und zurück in die Steinzeit möchte ich ganz bestimmt nicht.

Ich habe jemanden in meinem direkten privaten Umfeld (ich nenne ihn Daniel), der zwei Patente im technischen Bereich angemeldet hat, einmal für einen Computer und einmal für einen Laptop. In beiden Fällen ließe sich damit eine viel längere Lebensdauer erzielen, zudem würden die Systeme nicht mehr so schnell abstürzen und somit auch weniger schnell kaputtgehen. Fakt ist, dass trotz größter Anstrengungen unsererseits keiner der großen Hersteller Interesse an Daniels Patenten hatte, obwohl die Implementierung in der Produktion keinen erheblichen Mehrpreis zur Folge gehabt hätte. Ich ließ es bedauerlicherweise zu, die Patente weltweit aufzugeben – was sich im Nachhinein als großer Fehler herausstellte –, und wir behielten nur das Patent für Deutschland.

Vor wenigen Monaten fanden wir heraus, dass ein amerikanisches Unternehmen genau dieses Patent einbaut, sogar unter demselben Namen, den der Erfinder dafür kreiert und verwendet hat, und es nun auf dem Markt anbietet, ohne dass Daniel etwas davon hat. Die einzige Ausnahme ist Deutschland, denn hier darf es die Firma nicht anbieten, weil hierfür der Erfinder die Patente noch behalten hat. Ich habe es mehrfach nicht zugelassen, dass er diese auch noch abgibt. Doch man sieht, wie gierig manche Unternehmen sind; sie würden nicht einmal den Erfinder anrufen und diesem einen Anteil an den Milliardengewinnen anbieten, die sie nun selbst damit einstreichen werden.

Es ist auch nicht so, dass Daniel noch nie etwas kostenlos für den Markt erfunden hätte. Als vor etwa 6–7 Jahren in den Nachrichten darüber berichtet wurde, dass bei Bohrungen haufenweise Öl unkontrolliert in den Ozean floss, und die Betreiber nicht wussten, wie dies gestoppt werden sollte, entwickelte Daniel eine Möglichkeit und stellte auf YouTube eine kostenlose Präsentation mit den Plänen für die Anfertigung zur Verfügung, die fast vollständig übernommen wurde. Innerhalb von nur drei Tagen hatte er über 20 000 Klicks darauf zu verzeichnen. Es kam nicht einmal ein Dankeschön. Deshalb hat Daniel das zwar nicht gemacht, doch schön wäre es trotzdem gewesen. Daniel, der auch leidenschaftlicher Taucher ist, war darüber glücklich, dass die Fische nicht mehr unter der Ölpest leiden mussten. Aber es ist schon interessant, zu sehen, wie unsere Gesellschaft funktioniert.

Es braucht kaum Fantasie, um sich vorzustellen, warum das wohl so ist. Daniel ist ein außergewöhnlicher, hochintelligenter Mann, der sich schnell mit den meisten Menschen langweilt, weil er nichts hat, worüber er mit ihnen sprechen soll. Bereits im Alter von nur zehn Jahren brachte er seine erste Entwicklung – ein elektronisches Reifenüberwachungssystem – auf den Markt, aber er wurde leider von seiner Familie und von seinem Anwalt falsch beraten. Ich unterlasse es, den Namen der Automobilfirma zu erwähnen, die diese Erfindung als Erste vom Patentamt günstig kaufte und sie sogar unter Daniels Slogan „Creative Technology" herausbrachte. Seine erste Entwicklung ist also heute in jedem Auto vorhanden, und obwohl er selbst dabei leer ausging und nichts davon hatte, freute es ihn, dass es funktioniert.

Wie jeder außergewöhnliche Erfinder und Mensch ist Daniel äußerst zurückhaltend, extrem zurückgezogen, manchmal nach außen hin eher schüchtern und bleibt am liebsten für sich. Aus diesen Gründen wollte er auch nicht namentlich genannt werden, was ich natürlich respektiere. Ein anderes Mal unterstützte ich ihn bei der Formulierung und Versendung einer Anfrage für ein Produkt, dessen Pläne Daniel bereits fertig hatte und das mit alternativer, umweltschonender Technik dafür gesorgt hätte, dass ein gewisses fliegendes Produkt länger als zwei Stunden in der Luft bleiben konnte. Von der Firma kam nicht einmal eine Antwort. Bei manchen muss man wohl auch sagen, dass deren Ego zu riesig ist. Bevor sie bereit sind, den Kuchen zu teilen, bleiben sie lieber allein im Mittelmaß stecken.

Einmal war ich bei einem Gespräch mit einem Makler dabei und wir sprachen über Daniels Erfindungen. Und da Daniel eher ein Idealist ist, dem es um Perfektion und um das Besondere geht, sagte der Makler irgendwann zu ihm: „Willst du ein Idealist sein oder willst du Geld verdienen? Entwickle Dinge, von denen die Wirtschaft *jetzt* etwas hat." Genau das ist unsere Gesellschaft. Wen interessiert schon das Besondere oder die Langlebigkeit? Wen interessieren schon die

Details? Es wundert mich nicht, dass bereits in der Vergangenheit so viele Genies, die wir damals verleugnet haben und heute zitieren, einsam und verarmt sterben mussten. Wir haben uns nicht geändert. Wir sind, mit viel zu wenigen Ausnahmen, als Gesellschaft leider noch genauso ignorant, oberflächlich und ichbezogen wie damals.

Lass uns jetzt wieder zu unserem Thema „Hauptsache, billig" zurückkommen und schauen, was dieses Verhalten mit uns selbst macht. Vor allen Dingen stellt sich die Frage, welche Auswirkungen das alles auf unser Leben, auf unser Bewusstsein und auf unser Denken hat bzw. noch haben wird. **Wie programmieren wir uns?** Falls es dir nicht bewusst ist, sage ich dir: Wir programmieren uns darauf, es gut zu finden, **Müll und mindere Qualität – oder besser gesagt: Quantität – zu konsumieren und Qualität nicht mehr wertzuschätzen, weil wir sie nicht mehr erkennen!**

Wenn ich Aufträge zu vergeben habe, schaue ich nach regionalen Anbietern und Firmen. Ich unterstütze gerne die Starken, diejenigen, die etwas vorhaben, die etwas tun, die sich ehrlich bemühen, etwas auf die Beine zu stellen, und die auch bereit sind, dafür zu kämpfen. Aber ich unterstütze nicht die Schwachen und ihre Schwächen, diejenigen, die nur darauf warten, alles fix und fertig zu bekommen – möglichst auch noch kostenlos, wenn es geht –, und die dann immer noch etwas zum Nörgeln finden. Würde ich deren Verhalten unterstützen, so wie viele andere das heutzutage tun, würde ich einer Gesellschaft von Schwächlingen Vorschub leisten. Unsere Gesellschaft ist zum Teil schon schwach genug, und zwar nicht, weil sie es wirklich wäre, sondern weil sie sich damit abgibt, es zu sein.

Fazit: Fange an, tiefgründiger über dein bisheriges **Qualitäts-Quantitäts-Denken** nachzudenken und dir die eine oder andere Frage zu stellen. Wie hast du bislang gelebt?

Was waren oder sind deine Überzeugungen? Erkennst du deinen eigenen Wert an? Bist du auch in der Lage, den Wert und die Errungenschaften anderer anzuerkennen?

Die Antworten auf diese Fragen könnten dich überraschen. Wenn du hier wirklich Klarheit gewinnen willst, empfehle ich dir mein „Go4Values"-Basisseminar „Bewusstsein, Werte und Erfolg".

Die vielen Glaubenssätze und ihre Auswirkungen

„Euch geschehe nach eurem Glauben", heißt es bereits in der Bibel. Doch wie sieht dies in Bezug auf Geld aus? Glaubst du, dass du das Geld verdienst, das du wirklich verdienst? Das ist jetzt keine rhetorische Frage, sondern durchaus ernst gemeint. Wenn ja, warum? Und wenn nein, warum nicht?

Ich muss vorweg klarstellen, dass ich felsenfest davon überzeugt bin, dass nicht jeder in den Genuss kommen wird, mehr als der Durchschnitt – und damit so viel wie rund 80 Prozent der Bevölkerung – zu verdienen. Dabei handelt es sich um eine Feststellung, die bereits vor hundert Jahren empirisch belegt wurde und bis heute gilt. Die Rede ist von dem **Pareto-Prinzip,** benannt nach ihrem „Entdecker", dem Italiener Marquis Vilfredo Pareto. Er wurde 1848 in Paris geboren und starb 1923. Zunächst als Ingenieur tätig, wandelte er sich später zum Nationalökonomen und Soziologen, der sich hauptsächlich mit dem Problem der optimalen Einkommensverteilung beschäftigte. Im Jahre 1897 stellte Pareto fest, dass 20 Prozent des Warenbestandes für 80 Prozent des Umsatzes sorgen und dass 20 Prozent der Kunden für 80 Prozent des Umsatzes verantwortlich sind, während die übrigen 80 Prozent der Kunden nur 20 Prozent der Warenumsätze einbringen. Er stellte ferner fest, dass 80 Prozent des Wohlstandes eines Landes in den Händen von 20 Prozent der Bevölkerung liegen.

Welche Einstellung haben die Menschen zum Geldverdienen? Wie viel Mut ist vorhanden, gewisse Risiken einzugehen? Viele Menschen verbinden mit dem Begriff „Geld" eine oder mehrere der folgenden Ansichten:

- ein notwendiges Übel
- etwas, das sie innerlich ablehnen
- etwas, das „nicht so wichtig" ist
- etwas, wovon sie mehr bräuchten, aber nicht haben
- etwas, womit man möglichst vorsichtig & sparsam umgeht, damit es nicht verloren geht
- eine Laune der Natur oder der Menschen
- die Wurzel allen Übels
- etwas, das nur diejenigen besitzen, die bereit sind, über Leichen zu gehen
- etwas, das „den Charakter verdirbt"
- usw. usf.

Zu welcher Sorte der Geldverdiener gehörst du? Was ist Geld für dich? Wie siehst du Geld? Welche Gefühle, Eindrücke, Prägungen hast du hierzu? In meinem Seminar „Geld, Klarheit & Struktur" führen wir eine Untersuchung durch, bei der die Teilnehmer in ihrem Inneren diverse Sätze und Prägungen entdecken, von denen sie selbst sehr überrascht sind. Und obwohl ich diese Seminare bereits seit Jahren leite, erstaunt es mich doch immer wieder, dass ich in Abständen noch etwas Neues höre. Vor allem liegt ein gewaltiger Unterschied zwischen dem, was wir denken, und dem, was wirklich da ist.

In wie vielen der oben angeführten Glaubenssätze kannst du dich zumindest teilweise wiedererkennen? Lass uns diese Sätze und ihre Auswirkungen auf unser Leben einmal etwas genauer unter die Lupe nehmen.

1) Geld ist ein notwendiges Übel.

Nehmen wir einmal an, Geld ist ein notwendiges Übel für dich. Nun frage dich selbst: Wenn du in deinem Unterbewusstsein tatsächlich in dieser Weise konditioniert bist, wie soll dann Geld zu dir fließen können? Stelle dir vor, du selbst wärst das Geld. Würdest du zu jemandem gehen wollen, der dich als notwendiges Übel betrachtet?

Nun magst du berechtigterweise sagen: „Hallo!? Geld ist doch nur leblose Materie und besitzt kein Bewusstsein – also kann Geld gar nicht denken." Vielleicht stimmt das. **Vielleicht hat Geld aber auch (s)eine eigene Energie, denn Materie ist nichts anderes als geformte Energie.** Stelle es dir einmal als eine Beziehung vor. Würdest du mit einem Partner zusammen sein wollen, der dich als notwendiges Übel sieht? Also, ich würde davonrennen. Nur jemand, der ein extrem geringes Selbstwertgefühl hat, bleibt bei einem solchen Partner.

2) Geld ist etwas, das innerlich abgelehnt wird, oder etwas, das „nicht so wichtig" ist.

Überlege mal: Würdest du gerne mit jemandem zusammen sein wollen, der dich innerlich ablehnt? Ich weiß nicht, wie es dir dabei geht, aber auch hier würde ich schreiend (oder schweigend) davonrennen, ohne mich umzudrehen. Wie gefällt dir eigentlich die Vorstellung, zum Geld auch **eine Art von Beziehung aufzubauen?** Natürlich eine möglichst **gesunde Beziehung,** keine kranke. Ich selbst habe es schon als Kind geliebt, Geld zu haben, Geld zu verdienen und zu sehen, wie es sich vermehrt. Doch als Folge meiner frühen Prägungen musste ich später gewisse Teile und Aspekte meiner Beziehung zum Geld heilen. Aufgrund meiner früheren Erfahrungen mit den verschiedenen Arbeitsplätzen, den Banken oder meinem Vater, der mir mein Geld wegnahm, musste ich für mich hinterfragen, was ich zu ändern hatte. Und in diesem Zusammenhang auch überprüfen, ob ich mich selbst als wert genug erachtete, damit das Geld bei mir blieb.

Schaue es für dich an. **Es geht ja hier um dich.** Lehnst du Geld innerlich vielleicht ab? Oder erzählst du dir selbst und anderen immer wieder, dass Geld „nicht so wichtig" ist? Das ist eine **fatale Einstellung.** Wenn etwas nicht so wichtig ist, braucht es auch nicht zu dir zu kommen – das ist eine ganz einfache Gleichung. Sei also in diesem Fall nicht darüber verwundert, wenn du nicht genug davon hast.

Ich erzähle dir dazu ein Beispiel aus meinem Leben. Ich war knapp 27 Jahre alt und hatte bereits einige Jahre lang sehr hart gearbeitet, um meinem Ziel von finanzieller Freiheit näher zu kommen. Für mich war Geld stets sehr wichtig gewesen, auch wenn es nicht das Allerwichtigste in meinem Leben darstellte. Da ich schon immer sowohl auf das wirtschaftliche als auch auf das innere Wachstum als Mensch, also die Pflege meiner Seele, sehr großen Wert legte, suchte ich einen dementsprechenden Lehrer auf. Ich fand ihn sehr sympathisch, deshalb blieb ich eine Weile.

Nun geschah Folgendes: Fast jedes Mal, wenn ich auf seinem Seminar war, erzählte er mir, wie unwichtig Geld sei. Ohne es wahrzunehmen, fing ich über die nächsten Monate hinweg an, seine Einstellung zu übernehmen, und sagte mir selbst bei jeder Gelegenheit, dass Geld nicht wichtig sei. Nach einiger Zeit bemerkte ich plötzlich, dass mein Geldfluss ins Stocken geraten war.

Als ich wieder einmal ein Seminar bei diesem Lehrer besuchte, stellte ihm eine andere Teilnehmerin die Frage, was sie tun solle, da sie kein keine Arbeit habe und Hartz-IV-Empfängerin sei. (Diese Frau stellte übrigens in jedem Seminar, in dem ich sie traf, dieselbe Frage.) Zum wiederholten Male in den vergangenen rund zwanzig Monaten antwortete ihr dieser Lehrer, Geld sei nicht so wichtig und außerdem sei sie ja abgesichert, denn sie würde doch genug Geld erhalten.

Ich saß da und konnte seine Antwort nicht fassen. Dann blickte ich mich im Raum um und realisierte, dass er gerade in dem Augenblick, da er dieser Teilnehmerin diese Antwort gab, sehr viel Geld verdiente. Außerdem hätte ich der faulen Teilnehmerin, die, obwohl bei bester Gesundheit, seit Jahren *nicht arbeiten wollte* und der das Geld, das sie bekam, zu wenig war, am liebsten einen derartigen (verbalen) Tritt verpasst, dass sie aus dem Seminar geflogen und direkt in einer Arbeitsstelle oder beim Arbeitsamt gelandet wäre und den ersten Job angenommen hätte. Welch ein verpufftes Potenzial! Das war der Moment, in dem ich aufstand, den Raum verließ und nicht mehr zurückkehrte. Der Mann hatte das nicht nur einmal zu ihr gesagt. Fast in jedem Seminar saß sie da, liebte es, Opfer zu sein, und wiederholte die Frage. Die Frau hätte unter eine kalte Dusche gehört – und in dem Fall der Lehrer gleich mit.

Von diesem Lehrer, dem ja Geld angeblich nicht so wichtig war, erhielt ich (genau wie viele andere Teilnehmer) einige Zeit später einen Brief mit der Bitte um eine Spende, damit er ein größeres Eigentum erwerben könne, wo dann die Angestellten leben und Zusammenkünfte sowie Seminare stattfinden sollten. Es kam zwar nicht genügend Geld zusammen, aber das gespendete Geld wurde dennoch von ihm einbehalten – für den Fall, dass es in Zukunft einmal so weit sein könnte. Welch ein Widerspruch!

Entweder ist dir Geld wichtig oder nicht. Und wenn nicht, dann aber bitte gar nicht! Ich sage dir, dass Geld, solange du ein Teil dieses System bist und es für dich nutzen willst (zum Erwerb von Auto, Wohnung, Kleidung etc.), **sehr wichtig** ist.

Ob uns das nun gefällt oder nicht, ist dabei völlig egal, also betrachte es auch so: **Geld ist wichtig!**

Das Wichtigste? Nein, natürlich nicht! Aber wichtig ist es, außer man lebt in der Einsiedelei ohne jegliche Ansprüche. Derjenige, der das tut, hat als Einziger das Recht zu sagen, dass ihm Geld nicht wichtig ist. Alles andere ist ein Widerspruch. Hier empfehle ich jedem, die Augen aufzumachen.

Ich kann natürlich bis zu einem gewissen Grad auch die Ebene nachvollziehen, aus der dieser besagte Lehrer das damals äußerte. Doch als Lehrer muss man stets sorgfältig darauf achtgeben, zu wem man etwas sagt, um eine Person nicht noch mehr in ihren Schwächen zu stärken.

3) Geld ist etwas, wovon du mehr bräuchtest, aber nicht hast.

Was immer du brauchst, ohne es wirklich zu wollen oder gernzuhaben oder ohne ihm die nötige Wertschätzung entgegenzubringen, wird sich früher oder später von dir abwenden. Wenn du etwas brauchst, aber innerlich ablehnst, wird es wegbleiben. Du wirst stets dafür kämpfen müssen, um es zu bekommen. Wenn du es willst und gernhast, es aber nicht unbedingt brauchst, wird es zu dir kommen und bei dir verweilen.

Alles, was du unbedingt brauchst, aber nicht hast, entsteht aus einem Mangelbewusstsein heraus, einem Bewusstsein von „zu wenig vorhanden". Alles, was du gernhast, womit du spielst und wovon du dir einfach nur mehr wünschst, ziehst du an, weil es einer positiven inneren Haltung entspringt.

Brauche das Geld nicht, sondern liebe das Geld. Erlaube es dir aufgrund deiner Produktivität, deiner Arbeit, deines Schaffens oder einfach, weil es Spaß macht.

Nach all den Jahren im Umgang mit Geld liebe ich es immer noch, Geld in der Hand zu haben und es auszugeben. Schon allein aus diesem Grund bin gegen die Abschaffung des Bargelds, die derzeit in aller Munde tobt. Es gibt so viele blinde Menschen, die dies einfach geschehen lassen würden, ohne sich der Konsequenzen bewusst zu werden und obwohl es auch genug Petitionen gibt, die versuchen, genau dies zu verhindern.

Wir Menschen sind eine unglaublich bequeme Spezies. Bis wir endlich aufwachen, ist meistens schon längst alles vorbei und wir haben nichts mehr zu sagen. Falls das Bargeld im Namen von allem Möglichen, wie z. B. dem „Kampf gegen den Terror", tatsächlich abgeschafft werden sollte, wird selbst eine Nebensächlichkeit wie der Umstand, dass du mit deiner Freundin Kaffee trinken warst, irgendwo registriert werden. Wenn du einem Bettler auf der Straße ein wenig Geld geben möchtest, damit er sich etwas zum Essen kaufen kann, wird dies nicht mehr möglich sein, denn einerseits musst du selbst ein Konto besitzen (ob du nun willst oder nicht) – und andererseits muss natürlich auch der Bettler über ein solches verfügen, damit deine Spende überwiesen werden kann.

Für viele alte Menschen ist es ein Horror, jeden Bezahlvorgang der Bank übergeben zu müssen. Aber wir schlafen, und so wird es sein, wie es sein soll, und es wird geschehen, was geschehen soll. In Schweden sollen mittlerweile selbst Spenden in der Kirche mit Kreditkarte getätigt werden. Ich verkneife mir mal lieber einen Kommentar hierzu. ;-)

4) Geld ist etwas, womit man möglichst vorsichtig und sparsam umgeht (damit es ja nicht verloren geht).

Ein ganz wichtiger Aspekt in der Beziehung zum Geld ist für mich die Angst, dieses zu verlieren. Ähnlich ergeht es vielen in ihren persönlichen Beziehungen. Anstatt diese zu genießen, haben sie Angst, den Partner zu verlieren, was ja dann meistens auch geschieht. Nicht zuletzt aus diesem Grund ist es immens wichtig, diese Einstellung zu ändern.

Stelle dir eine Beziehung vor, in der dich dein Partner aufgrund seiner übertriebenen Eifersucht und Verlustangst (um nicht zu sagen Panik) zu Hause festhält, dich niemals alleine ausgehen lässt, dir nicht erlaubt, deine Freunde zu treffen usw. Wie lange wärst du wohl bei ihm glücklich? Wie lange würdest du bei ihm bleiben wollen? Was du anfangs möglicherweise als ein Zeichen seiner Liebe angesehen oder amüsiert belächelt hast, würde sich innerhalb weniger Monate zu einem Gefängnis entwickeln, aus dem du nur noch entfliehen willst.

Nicht anders ist es mit dem Geld. Wenn du es ängstlich und mit allen Mitteln festzuhalten versuchst, wirst du dasselbe Ergebnis ernten wie oben beschrieben. Deshalb finde ich das Zitat von Karl Lagerfeld, das du weiter unten findest, so unglaublich passend. Es gibt Menschen in meinem Bekanntenkreis, die bei jedem Gespräch erzählen, wie teuer dieses und jenes ist, und all die Dinge auflisten, für die sie „so viel Geld" bezahlen müssen. Sie merken gar nicht, welche panische Angst dahinter verborgen ist und wie sie ständig im übertragenen Sinne schreien: „Mangel! Mangel! Mangel!"

Wie soll da jemals auch nur ansatzweise Fülle entstehen, geschweige denn dauerhaft bleiben? UNMÖGLICH!

Als ich einmal auf meiner Tour das Thema „Bewusstsein & Geld" wählte, kamen die Menschen in Scharen. Im Nachhinein hörte ich über mich sagen: „Ich habe eigentlich etwas anderes erwartet. Ich dachte, du machst so richtig Power à la Dany, wie wir das von dir kennen." Und dies, obwohl das Thema „Bewusstsein & Geld" hieß und nicht „Geld mit allen

Mitteln". Doch das wurde schlichtweg überlesen. Um Fülle erzeugen zu können, bedarf es eines anderen Bewusstseins. Du musst erst einmal erkennen, was dem entgegensteht, um es realisieren zu können. Doch wer denkt schon so weit? Hauptsache, schnell Geld her – egal, wie.

5) Geld ist eine Laune der Natur oder der Menschen.

Wenn du dem Geld Launenhaftigkeit unterstellst, dann darfst du dich nicht wundern, wenn es launisch mit dir umgeht nach dem Motto: „Diesen Monat habe ich Lust, bei dir vorbeizuschauen. Die nächsten drei Monate wohl eher nicht." Das ist eine Situation, die sich mit einer launischen Geliebten vergleichen lässt, die dich immer dann zappeln lässt, wenn du es am wenigsten gebrauchen kannst. Oder schlimmer noch: gerade dann, wenn du dich am meisten nach ihr sehnst. Jeder, der schon einmal schwer verliebt war, kennt diese Situation.

Wenn du schon bereit bist, dem Geld Launenhaftigkeit zu unterstellen, dann überlege dir auch, was du tun kannst, damit es sich **bei dir wohlfühlt** und nicht mehr gehen will – und du dir dennoch treu bleibst!

6) Geld ist die Wurzel allen Übels.

Jedes Mal, wenn ich diesen Satz höre, würde ich am liebsten demjenigen, der das von sich gegeben hat, ins Gesicht springen und ihn fragen, ob er überhaupt weiß, was für einen Müll er da von sich gibt. Wo ist denn die Wurzel des Geldes? Wo liegt der wirkliche Ursprung des Geldes? Wem oder was dient das Geld? Welchen Hintergrund hat es?

Es ist ja wohl offensichtlich, dass Geld in erster Linie nicht ein Übel, sondern einfach nur **ein NEUTRALES Tauschmittel** ist. Ein Tauschmittel für deine geleistete Arbeit, deine Zeit, deine Leistung und für eine Ware. Also ist Geld als Tauschobjekt nur möglich, wenn auch etwas hergestellt oder eine Arbeit, eine Dienstleistung verrichtet wird und du im Gegenzug etwas dafür bekommst. Wenn ich etwas produziere – zum Beispiel dieses Buch hier –, dann ist es ein Produkt meines Geistes. Ich erhalte Geld für meine Mühe, in monatelanger bzw. jahrelanger Arbeit an diesem Buch geschrieben zu haben. Geld für meine Erfahrungen in all den vorausgegangenen Jahren, damit ich überhaupt qualifiziert bin, ein Buch in diesem Format schreiben zu können. Dafür erhalte ich einen Gegenwert in Form von Geld. Ebenso die Lektoren, die es korrigieren, die Grafiker, die es optisch ansprechend gestalten, die Druckerei, die es druckt, die Übersetzer, die es in eine andere Sprache übertragen usw. usf.

Dieser Gegenwert können nun Gold-, Silber- oder Kupfermünzen sein, so wie es früher einmal der Fall war, oder eben Münzen und Papiergeld in der heutigen Zeit bzw. ein virtueller Betrag, der deinem Bankkonto gutgeschrieben wird. Wie das Tauschmittel Geld geschaffen wird, lassen wir an dieser Stelle unbehandelt. Jeder, der dafür reif ist, wird es irgendwann erkennen. Den verschiedenen Münzen und dem Papiergeld wurden gewisse Werte zugeschrieben, was es uns wiederum ermöglicht, unser Geld gegen andere Sachen einzutauschen, also Waren und Dienstleistungen zu kaufen, die wir benötigen oder haben möchten.

Da es über die Zeit im wahrsten Sinne zu schwer wurde, Gold und Silber in größeren Mengen mit sich herumzuschleppen, wurde aus praktischen Gründen das Papiergeld entwickelt. Sicherlich wäre auch mir manchmal reines Gold oder Silber lieber, doch wir alle bedienen uns dieses Tauschmittels.

Wir alle nehmen das Geld im Austausch für unsere Mühe, unsere Arbeit, unsere Produktionen ... Und nun frage ich dich ganz im Ernst: **Wo, bitte schön, soll da das Übel sein?**

Ja, ich weiß, manche wären – zumindest in dieser Hinsicht – gerne wieder zurück in der Steinzeit, denn da konnte man noch andere Tauschmittel verwenden. Für einen Liter Milch bekam man im Gegenzug fünf Eier oder ein Kilo Kartoffeln oder etwas Ähnliches. Selbst als ich noch klein war, ging das bei meiner Oma in der Nachbarschaft noch so zu. Es spricht auch nichts dagegen, wenn es zum Beispiel in Dorfgemeinschaften weiterhin geschieht. In unserer westlichen und arbeitsgeteilten Welt, insbesondere in den Städten, wäre es jedoch nicht möglich, auf diese Weise eine Waschmaschine zu erwerben. Was wäre denn hier der Gegenwert? 100 Schafe? Kannst du dir vorstellen, mit einer Herde Schafe ins Geschäft zu marschieren und zu sagen: „Bitte eine Waschmaschine – hier sind 100 Schafe." Was, wenn der Geschäftsinhaber gar keine Schafe braucht oder keine mehr will, weil er eventuell schon eine Herde mit 5000 Tieren besitzt? Oder du gehst in den Supermarkt, kaufst alles ein, was du brauchst und nicht im Tausch findest, und an der Kasse sagst du dann: „Ich bezahle mit der halben Ladung Weizen, die vor der Tür steht." Und das machen dann Zigtausende andere auch. Also, in den Supermarkt möchte ich nicht gehen – stell dir einmal das Chaos bildlich vor.

Bevor du also diesem Satz „Geld ist die Wurzel allen Übels" weiterhin Energie in deinem Leben gibst, weil du vielleicht bis jetzt noch nie eingehender darüber nachgedacht hast, empfehle ich dir, dass du dich jetzt noch einmal gründlich damit auseinandersetzt. Wenn du dann immer noch der Meinung bist, dass es die *Wurzel allen Übels* ist, dann ist dir einfach nicht zu helfen. **Wundere dich dann aber auch nicht darüber, dass du ausschließlich das Negative – also nur die üble Seite des Geldes – kennenlernst!**

Was könnte wohl die üble Seite des Geldes sein? Viel Spaß beim Herausfinden. ;-)

7) Geld ist etwas, das nur diejenigen besitzen, die bereit sind, über Leichen zu gehen.

Okay, ich weiß – und du weißt es ebenso –, dass es leider immer und überall schwarze Schafe gibt, die all das Gute, das wir haben, in etwas Negatives und Schmutziges verwandeln. Dass es viele unehrliche Menschen, Konkurrenten, Betrüger und Gauner gibt, die gute Ideen von anderen stehlen und sich auf deren Kosten bereichern. Die klauen, was ein anderer mit viel Mühe auf die Beine gestellt hat. Die sich, wenn du nicht aufpasst, über dich hermachen und alles holen werden, was sie holen können. Dass Menschen an vielen Orten auf dieser Welt unterbezahlt sind.

Ich will nicht so tun, als ob es das alles nicht gäbe. Ich will nicht so tun, als ob auf dieser unserer Welt immer alles fair zuginge. Das tut es garantiert nicht, und unser System ist da ziemlich erbarmungslos. Doch es liegt immer wieder an jedem Einzelnen selbst, zu lernen, damit umzugehen und es, seinen Möglichkeiten entsprechend, auch für sich sinnvoll zu nutzen.

Als ich in meinem letzten Unternehmen über den Wert meines Geschäftes und meiner Leistung verhandelte, versuchte mich einer der Verantwortlichen mit sehr wenig abzuspeisen. Als ich ihm daraufhin erklärte, dass dies nicht fair sei, war seine nüchterne und eiskalte Antwort: „Daniela, was ist denn fair?" Klar, hier war es meine Aufgabe, mich meines Wertes zu besinnen und anders zu verhandeln. Es gab auch Menschen, die meine Absichten unterstützten und bei denen es somit zu einem größtenteils fairen Ausgleich kam. Aber das sind diese Menschen und deren jeweiliger Charakter – nicht das Geld.

Wach auf! Für den Markt bist nicht du als Mensch, als Person wichtig, sondern wichtig ist das, was du hervor-

bringst, dein Schaffen. Dein persönliches Befinden ist dem Markt – und leider auch vielen dieser Menschen, die diese Bezeichnung eigentlich schon lange nicht mehr verdienen –, dabei ziemlich scheißegal. Hier darf man nicht Äpfel mit Birnen verwechseln. Bitte sieh genau hin, denn mit dem Geld hat das nichts zu tun, sondern nur mit der jeweiligen Person, mit dem MENSCHEN selbst und seinem Charakter! Geld an sich ist neutral. Es wird erst durch deine Ansichten geprägt und erscheint dann als Folge deiner Überzeugungen in deiner Realität – oder eben auch nicht.

Hier ein weiteres Beispiel aus meiner Anfangszeit im Vertrieb. Damals legten mir meine Freunde nahe, diesen Job nicht anzunehmen. Sie alle meinten, die ganze Arbeit würde nur ich machen, und alle diejenigen, die über mir wären, die Starken, die von Anfang an dabei waren, die würden an mir, der Schwächeren, verdienen. Das sei ja unseriös! Dies ist eine sehr interessante Aussage, die öfter getroffen wird, als du es dir vorstellen kannst.

Dass ich aber mit genügend Fleiß, klugem Handeln, Kontinuität und Disziplin dieselben Chancen hätte, um aufzusteigen, wie derjenige, der in seiner jetzigen Position über mir stand, diese Möglichkeit traute mir kaum jemand zu. Dass ich mir dabei heute noch selbst täglich im Spiegel begegnen kann, wohl ebenso wenig. Mir sagte allerdings auch niemand, dass es Möglichkeiten gäbe, dass jemand mit meiner Vita es schaffen könnte, nicht nur mehr als 30.000 Euro pro Monat zu verdienen, sondern auch in so jungen Jahren zwei große internationale Karrieren in zwei verschiedenen Unternehmen aufzubauen. Du siehst also, es liegt immer auch an dir selbst.

Ja, selbstverständlich gibt es Menschen, die für Geld über Leichen gehen. Ich habe solche mehrfach getroffen und treffe sie immer noch. Aber bitte, generalisiere diese

Feststellung nicht und verwechsle es schon gar nicht damit, dass nur solche Menschen an Geld kommen. Das ist ein böses Vorurteil und verunglimpft all jene, die auf ehrliche Art und Weise zu Geld und Reichtum gekommen sind. Und das sind, Gott sei Dank, auch einige in der Welt. Diese Menschen sind einfach nur der Gegenpol zu den anderen, zu denjenigen, die Geld mit ihrer gelebten Leidenschaft verdienen. So einfach ist das. Und ich verrate dir ein Geheimnis:

Das, was du tust, um an Geld zu kommen, ist auch das, was du tun musst, um es zu erhalten!

Ich konnte dies mehrfach beobachten, und es stimmt. Im Klartext bedeutet das: Wenn du dein Geld dadurch verdienst, dass du andere übervorteilst, über den Tisch ziehst, beraubst u. dgl., **dann musst du genau dasselbe tun, um es zu erhalten.** Andere werden nämlich ebenfalls versuchen, dich zu übervorteilen, dich über den Tisch zu ziehen usw. Du wirst fortwährend damit beschäftigt sein, dein Geld zu schützen, hohe Mauern zu bauen, in Gerichtsprozesse zu investieren und vieles andere Negative mehr, worauf ich hier nicht näher eingehen will. WILLST DU DAS? Wenn ja, dann leg los und gib volle Power!

Meine Art war das nie. Ich erreiche zwar im Vergleich zu den gerade beschriebenen Menschen mein Geld und meine anderen Ziele langsamer – **doch ich bin dabei glücklich und erfüllt, und das ist mir mehr wert als alles andere.** Und ich sage das jetzt auch nicht aus irgendeinem pseudomoralischen Beweggrund, sondern aus einem ganz egoistischen. **Ich will, dass es mir mit dem, was ich mache, erreiche und verdiene, sehr gut geht, dass ich ruhig schlafen und mich im Spiegel ansehen kann und glücklich bin.** Wie denkst du darüber?

8) Geld verdirbt den Charakter.

Lass uns diese Aussage – übrigens mein Lieblingsglaubenssatz in Sachen Geld! – einmal genauer unter die Lupe nehmen. Geld verdirbt also nach Meinung von mindestens 80 Prozent der Menschen den Charakter. Ich frage dich jedoch: Bringt der Mangel an Geld denn einen besseren Charakter hervor? Ich sage klipp und klar:

Geld verdirbt den Charakter nicht – Geld VERSTÄRKT den Charakter!!!

Es gibt nicht genügend Ausrufezeichen auf dieser Welt, die ich hinter diesen Satz setzen könnte! Allein diese Feststellung – **Geld bringt den wahren Charakter eines Menschen zum Vorschein** – ist richtig, nicht aber die Aussage, dass Geld den Charakter verdirbt, die bedauerlicherweise noch immer viel zu viele Menschen unüberlegt nachplappern.

Wenn du wirklich wissen möchtest, wie ein Mensch in seinem Inneren ist, dann gib ihm viel Geld und noch etwas Macht dazu, und du wirst ziemlich schnell seinen **wahren Charakter** kennenlernen! Das Ergebnis könnte dich allerdings überraschen.

Ich habe berufsbedingt über 25 Jahre lang zahlreiche Menschen beobachtet, die von wenig oder gar keinem Geld bis zu sehr viel Geld aufgestiegen sind, ohne dass sie auch an sich als Mensch gearbeitet hätten und gewachsen wären. Allein darüber könnte ich Bücher schreiben. Die Beobachtungen waren immer die gleichen. Jene, die bereits schwierig im Umgang waren, als sie noch kein Geld besaßen, **wurden mit Geld noch schwieriger.** Diejenigen, die vorher bereits voller Ängste waren und an allem festhielten, **wurden mit Geld zu richtigen Geizkragen.** Und die Menschen, die vorher, wenn sie in schwierigen Situationen waren, jede Hilfe ihrer

Freunde für selbstverständlich hielten oder für die Dankbarkeit nur ein Lippenbekenntnis war, **wurden mit Geld unausstehlich und waren kaum noch zu erkennen.**

Ich habe durch meine Tätigkeit als Coach einigen Menschen zu viel mehr Geld und höheren Karrieren verholfen, als sie vorher gehabt hatten. Dabei konnte ich beobachten, wie sich diese plötzlich verstärkt mehr und mehr zu dem veränderten, was bereits vorher in ihnen angelegt und zwischendurch ansatzweise zum Vorschein gekommen war. Manche vergessen gerne, wer für sie da war, als es ihnen noch nicht so gut ging und sie an allen Ecken und Enden Schwierigkeiten oder viele Probleme mit anderen Menschen hatten. Doch das war als Teil von ihnen immer schon vorher da. Das Geld wurde mehr und mehr, doch der Mensch ist nicht im gleichen Ausmaß mitgewachsen.

Ist jemand, der als Kind z. B. nicht genügend Aufmerksamkeit bekommen hat, der festen Meinung, die Welt schulde sie ihm, so wird er, wenn er zu Geld kommt, knallhart die Kompensierung dieses Defizits an Aufmerksamkeit einfordern. Und sollte jemand nicht seiner Meinung sein, so wird dieser von ihm rücksichtslos links liegen gelassen. Solche Menschen sind bereits so, bevor sie Geld haben, und sie sind es später mit viel Geld genauso. Der Unterschied liegt lediglich darin, dass sie sich in ihren finanzschwachen Zeiten **noch nicht trauen, ihr Innerstes vollständig auszuleben.** Sobald sie jedoch über ausreichend Geld verfügen oder die Macht als Sicherheit im Nacken haben, können sie **ihrem wahren Charakter freien Lauf lassen.** Daran ist auch nichts Schlimmes, doch erkennen solltest du es. **Plappere also nicht nur etwas nach, sondern überprüfe die Dinge. Untersuche. Beobachte. Sei wach!**

Hatte jemand schon vorher keinen Stil, wird er, nur weil er zu Geld kommt, nicht plötzlich stilvoll. War jemand ein Prolet, wird er dies mit viel Geld erst richtig ausleben. Und wenn jemand vorher ein ichbezogenes A... war – sorry, aber dieser verwandelt sich mit Geld nicht plötzlich in einen netten, sympathischen, mitfühlenden Menschen! **NIEMALS!** Er ist und bleibt, was er ist – ein A... (verzeih den Ausdruck).

Ich habe zahlreiche Kotzbrocken kennengelernt, die mit wachsendem Einkommen zu noch größeren wurden. Sie alle bleiben ihrem Charakter treu und leben diesen mit ihrem Reichtum erst recht aus. Und dann kommen die Unwissenden und behaupten, dass dieser oder jener erst zu einem unerträglichen Menschen wurde, nachdem er zu Geld gekommen war. Das ist Quatsch! Dieser Mensch war schon immer so, lediglich nicht so offensichtlich, sondern eher versteckt.

Ein Mensch, der vorher in seinem Herzen eher einfach, voller Lebensfreude und dankbar war und plötzlich zu Geld kommt, wird seine Bescheidenheit in Demut verwandeln. Wenn jemand vorher immer ein Ohr für andere hatte und wahrhaftig verständnisvoll war, wird er es danach höchstens nur noch mehr, weil er seine früheren Existenzängste verliert. Es gibt manche Menschen, die rennen überall herum und schreien: „Ich will das und das haben – Geld spielt keine Rolle!", und das in einer dekadenten, herablassenden Arroganz, die nur zeigt, wer sie wirklich sind. Wenn du nun von anderen die Aussage hörst, dass Geld den Charakter verdirbt, dann verdirb dir selbst nicht die Laune, indem du versuchst, ihnen zu erklären, dass das so nicht stimmt. Das gleicht dem Versuch, einem Blinden Farben erklären zu wollen. Menschen müssen in Gelddingen ihre eigenen Erfahrungen machen. Mit gut gemeinten Belehrungen kommst du da nicht weiter.

Lass, mit Verlaub, die Geldnaiven in ihrer eigenen Welt, einer Welt, in der Reiche für sie die kapitalistischen Ausbeuter und sie selbst stets die Opfer sind. Beteilige dich auch nicht an den Neiddiskussionen in Sachen Steuern. Seit Jahren schon kauft der deutsche Staat Steuer-CDs auf, die ihm von Dieben angeboten werden. Er verwendet diese Daten sogar für die Fahndung. Und das alles in einem Rechtsstaat! Selbstverständlich ist Steuerhinterziehung kein Kavaliersdelikt, und ich hege mitnichten Sympathie für diese Klientel. Steuern sind zu zahlen, insbesondere dann, wenn man die Leistungen des Staates in Anspruch nimmt, in dem man lebt. Doch ich sehe mir genau an, wer über diese Menschen den Stab bricht. In erster Linie sind es die Medien und die Politiker. Politiker, die nie für ihre politischen Entscheidungen zur Rechenschaft gezogen werden, völlig egal, wie viel Geld sie verschwenden.

Ob Berliner Flughafen, Hamburger Elbphilharmonie oder der Stuttgarter Bahnhof ... alles zusammengenommen hat man sich um **etliche Milliarden Euro** verrechnet, die nun **vom Steuerzahler aufzubringen** sind! Darüber echauffiert sich fast niemand. Wenn aber ein „reicher Sack" eine Million am Fiskus vorbeischleust, folgt eine Talksendung nach der anderen zu diesem Thema. Nur beispielhaft sei daran erinnert, dass der Berliner Flughafen eigentlich 2 Milliarden Euro kosten sollte, und nun sind es bereits 4 Milliarden Euro, also 2.000 Millionen Euro mehr. Die Hamburger Elbphilharmonie sollte ursprünglich 77 Millionen Euro kosten, inzwischen sind es aber bereits satte 600 (!) Millionen Euro. Irgendwelche Fragen? Jede Verschwendung auf politischer Ebene müsste aus meiner Sicht genauso bestraft werden wie eine Steuerhinterziehung in der Privatwirtschaft.

Die Tatsache, dass jedes Jahr Milliarden Euro in die Schwarzarbeit fließen, zeigt zudem, dass auch hier mit zweierlei Maß gemessen wird und dass alles ein riesiger Widerspruch ist. Wenn ein Reicher eine Million hinterzieht, steht er in seinem Verhalten dem „kleinen Mann", der sein Auto unter der Hand und ohne Rechnung reparieren lässt, in nichts nach. Wenn schon, dann ist beides Betrug, ungeachtet der Summen.

Ich ärgere mich nicht über ein paar Millionäre, die ihr Geld am Fiskus vorbeischaffen. WER hat für sie denn diese Möglichkeiten geschaffen? Waren es nicht auch die Bank und die Regierungen? Von der Bank für die Banker, oder wie? ;-) Und wieso soll ich mich über ein paar Millionen, die irgendeine Berühmtheit verschwinden lässt, ärgern, wenn diese im Vergleich zu denjenigen, die überhaupt nichts bezahlen, ein armer Schlucker ist?

Jetzt mal im Ernst, Leute: Lasst uns aufwachen! Hört auf, euch von jeder Debatte, die sich auf jemanden einschießt, mit Zorn oder gar Hass vereinnahmen zu lassen. Das geht meistens am Thema vorbei und ist nur eine nette Ablenkung. Unter anderem natürlich auch von euch selbst, weil ja die Bösen angeblich immer nur „da draußen" sind und jetzt endlich auch mal ihr Fett abkriegen. So manches Mal ärgern wir uns unnötig und vor allem über die Falschen. Leider werden die ehrlichen, aufrichtigen Reichen häufig mit denjenigen in einen Topf geworfen, die es mit vielem nicht ganz so genau nehmen.

Ich denke, du hast verstanden, warum ich davon überzeugt bin, dass Geld lediglich den Charakter verstärkt. Lass es mich abschließend noch einmal wiederholen:

Wenn du jemanden wirklich kennenlernen willst, gib ihm genug Geld und etwas Macht. Du wirst über das Ergebnis sehr überrascht sein – positiv oder negativ.

Es gibt aber auch viele Menschen, die gutes Geld verdienen und trotzdem niemals vergessen, woher sie kommen. Ihnen ist stets bewusst, dass es jederzeit wieder anders kommen kann. Diese Menschen haben keinen Grund, herablassend oder stillos zu agieren. Ich denke da insbesondere an den Starinvestor Warren Buffett, der zeitweise ein Vermögen von über 50 Milliarden US-Dollar sein Eigen nennen durfte. Wenn ich mich recht erinnere, hat er davon inzwischen mehr als 40 Milliarden US-Dollar gestiftet! Humorvoll soll er in einem Interview gesagt haben, dass das restliche Geld, das ihm geblieben sei, auch seine Erben noch glücklich machen würde. Es sei so viel, dass sie davon ein extrem bequemes Leben führen könnten.

Die Liste reicher Menschen, die einen nicht unerheblichen Teil ihres Vermögens an andere weitergeben, ist lang. Ihnen allen ist gemeinsam, dass ihr Verhalten weder arrogant noch herablassend ist. Dann gibt es die andere Variante. Bekommt jemand im Leben eine ordentliche Lektion verpasst, ändert er sich und seine Einstellung ebenfalls. Doch dann reden wir wieder über eine andere Kategorie von Menschen, genauer gesagt über diejenigen, die an sich arbeiten und reifen. Ein gutes Beispiel dafür wirst du noch in dem Kapitel „Geld verleihen" kennenlernen. **In so einem Fall wächst nicht nur der Geldbeutel, sondern auch der Mensch selbst.**

Wenn auch du Unterstützung darin haben möchtest, deine destruktiven Glaubenssätze in Bezug auf Geld zu verändern, kann ich dich gerne begleiten.

Umgang mit Bargeld

Ich liebe es, das BARGELD. Leider wird in der heutigen Zeit immer mehr auf Kartenzahlung umgestellt. Wie ich bereits an einer anderen Stelle in diesem Buch erwähnt habe, ist diese Entwicklung für den richtigen Umgang mit Geld und für uns Menschen meiner Meinung nach sehr gefährlich und alles andere als sinnvoll oder hilfreich.

Ich war etwa 25 Jahre alt, als ich Erhard F. Freitag kennenlernte, einen bekannten Bestsellerautor, der wiederum ein enger Schüler vom „Vater des positiven Denkens" Dr. Joseph Murphy aus den USA war. Freitag hielt die Seminare hierzu im deutschsprachigen Raum. Ich besuchte unter anderem ein 3½-Tage-Seminar bei ihm, das mich zu jener Zeit genau 4.800 DM kostete, vom Wert her vergleichbar wie gegenwärtig 4.800 Euro. (Die Preise haben sich ja mit der Einführung des Euro im Grunde genommen nicht verändert, sondern das Währungskürzel hinter dem Betrag lautet jetzt lediglich „EUR" statt „DM".) Zu dem besagten Seminar mussten wir alle das Geld in bar mitbringen. Die Bezahlung wurde zu einem regelrechten Ritual, und da ich Rituale liebe, gefiel mir das sehr. Ich übergab Erhard, wie von ihm gewünscht, das Geld persönlich. Laut seiner Aussage, die ich auch durch meine eigenen Beobachtungen bestätigt fand, zeigten viele der Seminarteilnehmer eine seltsam unglückliche Art, ihm das Geld zu übergeben: Sie sahen ihm dabei teilweise nicht einmal in die Augen, und der Betrag wurde mehrfach eher hingeworfen als übergeben.

Wenn du den richtigen Umgang mit Bargeld wirklich erlernen willst, dann fange an, mit Bargeld umzugehen, indem du stets einen gewissen Betrag in bar mit dir führst, und zwar möglichst etwas mehr als nur 30 oder 40 Euro. Nimm das Geld bewusst wahr, wenn du Münzen und Geldscheine angreifst und in deinen Händen hältst. Achte darauf, wie es dir beim Ausgeben geht. Achte ebenso darauf, wie es dir ergeht, wenn du einen Betrag in bar bekommst. Dies sind alles sehr wichtige Hinweise auf deine Einstellung zum Geld.

Ich persönlich mag noch die alte Schule nach dem Motto: „Nur Bares ist Wahres." Ich liebe es bis heute, wenn ich von meinen Kunden mein Honorar in bar erhalte. Bei manchen Kunden erwarte ich das sogar und mache das absichtlich als Provokation, um zu sehen, wie es ihnen damit geht. Oder ich bezahle größere Summen in bar und lasse mir die Übergabe auf der Rechnung quittieren. Es ist spannend, wie dann manchmal sogar Geschäftsleute schreien: „Ach, kannst du mir die Summe bitte überweisen? Ich mag nicht so viel Geld bei mir haben." ;-) Ich muss dann oft lachen und frage mein Gegenüber, ob es denn Angst vor Geld hat.

Als ich meinen BMW verkaufte, fragte ich den Käufer, wie er denn bezahlen wolle und ob ich ihm meine Bankdaten zusenden solle. Er lehnte jedoch ab und sagte, er wolle bei Übergabe in bar bezahlen, und ich dachte: „Cool! Endlich mal knapp 40.000 Euro in der Hand." Meine Bank fand das etwas merkwürdig, aber ich freute mich richtig auf dieses Erlebnis. Ich sagte noch scherzhalber: „Ich will aber bitte nur kleine und nicht durchnummerierte Scheine haben."

Bei der Übergabe war es dann wirklich so: Er bezahlte in bar mit 500-Euro-Scheinen. Ich kam daheim an und überlegte, ob ich das Geld sofort bei der Bank einzahlen oder zumindest noch einen Tag warten solle, um ein wenig damit „zu spielen". Wie oft bietet sich einem denn schon so eine Gelegenheit? Noch lustiger wurde es, als ich bei der Bank damit ankam. Da sie über diese hohe Bareinzahlung Bescheid wussten, wurde bei der Kasse nach mir die Tür abgeschlossen. ;-) Das war ein Erlebnis, wie man es sonst nur aus Filmen kennt. Wir hatten alle unseren Spaß.
Ich fände es sehr schade, würde uns das verloren gehen. Am

liebsten würde ich jedem empfehlen, mindestens einmal im Leben so ca. 40.000 bis 50.000 Euro als Bargeld in der Hand zu halten. Noch besser wären natürlich 100.000 Euro. Dann weiß man, was Geld ist. Meistens existiert Geld heutzutage nur auf Monitoren, aber niemals „wirklich". Ich bin in meiner Kindheit noch so aufgewachsen, dass alles Geld immer bei uns daheim war. Nichts war auf Konten, höchstens etwas auf einem Sparbuch. Wir sind super damit klargekommen. Aber jeder soll es so machen, wie es für ihn passt.

Wir haben gegenwärtig eine zum Teil sehr fragwürdige Art, mit Bargeld umzugehen. Und eben weil wir den richtigen Umgang verlernt haben, stehen wir auch wie unbeholfene Unwissende da und lassen es uns wieder wegnehmen, obwohl jeder intelligent denkende Mensch erahnen könnte, wohin das führt. Wenn jemand – sei es nun die Bank, die Regierung oder egal wer – die vollkommene Kontrolle über dein Geld hat, dann hat er auch die Kontrolle über dein ganzes Leben. Du selbst hast dann in deinem Leben NICHTS mehr zu sagen! In Teil IV werde ich darauf noch etwas näher eingehen.

Vor einigen Jahren, als ich auf Mallorca lebte, wollte ich zu einem Seminar bei Stefan Bratzel aus Rastatt gehen. Er ist mittlerweile ein lieber Freund von mir, auch wenn wir uns selten sehen. Jedenfalls ging ich zur Bank, um von MEINEM Konto, also von MEINEM PERSÖNLICHEN Guthaben, einen Betrag in Höhe von 3.000 Euro am Geldautomaten abzuheben. Als dies nicht klappte, betrat ich die Niederlassung, um die Summe am Schalter zu erhalten, doch man sagte mir (ich zitiere): „Wir haben im Moment nicht so viel Geld in der Bank und müssen das erst in der Zentrale anfordern. Sie können das Geld in zwei Tagen abholen." Ich fühlte mich wie im falschen Film und konnte es kaum fassen! Immerhin wollte ich keine 3 Millionen, sondern lächerliche 3.000 Euro von MEINEM Geld. Doch es half alles nichts, und so musste ich tatsächlich am übernächsten Tag die Bank erneut aufsuchen, um diesen Betrag endlich zu bekommen.

Ich las letztens einen Beitrag des Bundesverbands 50 Initiative Plus e.V. in Deutschland (zu finden unter: http://www.bvi50plus.de/), der eine Petition gegen die Abschaffung des Bargeldes gegründet hat. Der Beitrag ist auf jeden Fall lesenswert, aber was ich deutlich spannender fand, war der Umstand, dass diese Petition, als ich auf den Artikel stieß, von gerade einmal 120 000 Menschen unterschrieben worden war – und dies trotz der Tatsache, dass dieser Verein, soweit mir bekannt ist, mehr als 5 Millionen Leser zählt. Ich finde es extrem traurig, dass so wenige Menschen den Mut haben, diese Petition zu unterzeichnen, oder überhaupt eine Notwendigkeit darin erkennen.

Das bedeutet dann wohl, dass in Regierungskreisen tatsächlich über eine Abschaffung des Bargeldes diskutiert wird. Zumindest meine eigenen Erfahrungen, als ich mein Geld in bar abheben wollte, oder die soeben genannte Petition lassen mich das glauben. Ich fände das sehr schade, und es ist auch nichts, was ich unterstützen würde. Und dafür den „Kampf gegen den Terror" ins Feld zu führen, ist für mich absolut kein Argument. Zu vieles wird derzeit einfach als Begründung für Maßnahmen „zur Sicherheit der Bevölkerung" oder „zum Kampf gegen den Terror" vorgeschoben, und die Menschen glauben es (oder wollen es glauben), um sich dadurch ein klein wenig sicherer fühlen zu können. Doch zu welchem Preis? Ich möchte selbst entscheiden dürfen, was ich mit meinem Geld mache, und mir eine neue Hose kaufen können, ohne dass meine finanzielle Transaktion überall elektronisch festgehalten wird. Dazu mehr in Teil IV.

Ich bin dafür, dass künftig jeder frei entscheiden darf, wie er seinen Espresso bezahlen möchte – elektronisch oder in bar.

Geld verleihen an die „Bedürftigen"

Zu diesem Thema fallen mir gleich etliche Beispiele ein. Du kennst ja inzwischen meine Geschichte und vor allem auch meinen finanziellen Hintergrund. Du weißt also, wie schwierig es für mich in jungen Jahren war, etwas aufzubauen, insbesondere, als ich noch kein Geld hatte und mir etwas leihen musste. Die Bank wollte jedoch nur gegen Bürgschaft eines Dritten Geld herausgeben, und diesen Jemand musste ich erst finden.

In meiner Verzweiflung sprach ich Markus, einen sehr erfolgreichen Kollegen in meiner Firma, direkt auf eine Bürgschaft an. Markus war jemand, mit dem ich mich sehr gut verstand, den ich schätzte und mochte. Er selbst verfügte über ein Monatseinkommen von knapp 200.000 Euro, das er sich mit seiner Frau hart erarbeitet hatte. Ich fragte ihn also, ob er für mich bei meiner Bank bürgen könne, um deren Darlehensauflagen zu erfüllen, doch er erwiderte (ich zitiere): „Nein, Daniela, das kann ich leider nicht tun, weil meine Frau und ich vor einiger Zeit damit aufgehört haben, Menschen mit unserem Geld zu helfen. Doch eines kann ich dir versprechen", fügte er hinzu. „Ich glaube fest daran, dass du es schaffst. Ich traue es dir wirklich zu. Und wenn du es geschafft hast, wirst du ganz allein stolz darauf sein können."

Ganz ehrlich: Wenn du um Hilfe ringst, wärmt dich eine solche Antwort nicht wirklich. Das versteht sicherlich jeder, der schon einmal in einer ähnlich prekären Situation war. Da es mir in jener Zeit auch noch gesundheitlich schlecht ging und niemand wirklich für mich da war, der mir finanziell helfen konnte oder wollte, war ich mir völlig sicher, dass ich eines fernen Tages ganz anders handeln würde, wenn ich im Besitz von ausreichend Geld wäre. Markus tat allerdings etwas, mit dem ich nicht gerechnet hatte: Er rief meinen Banker an und erklärte ihm, dass er mich seit Jahren kenne und daher wisse, wie hart ich arbeitete. Zudem sei er davon überzeugt, dass ich es schaffen würde, das Geld zu erwirtschaften, um den Kredit bedienen zu können. Der Banker solle mir daher noch etwas Zeit geben, um meinen immensen Dispo auszugleichen. Mein Banker war damit zwar nicht sonderlich zufrieden, doch da in dieser Zeit von mir ohnehin nichts zu holen war, ließ er mich für eine Weile in Ruhe.

Als ich in späteren Jahren auf einen wirklich tollen Monatsverdienst von mehr als 20.000 Euro blicken durfte, der zudem stetig anwuchs, waren auf einmal die Hilfebedürftigen auch nicht weit. Ich hatte zum einen plötzlich weit mehr Freunde als in der Zeit, als ich noch über wenig Geld verfügt hatte, und zum anderen war aus meinem engeren Umkreis – Bekannte, Kollegen, Freunde, selbstständige Mitarbeiter usw. – andauernd irgendjemand in Not. Der eine hatte gerade kein oder zu wenig Geld, der andere benötigte ganz schnell eine gewisse Summe, selbstverständlich „nur geliehen" und „nur für kurze Zeit". Kaum ein Monat verging, in dem ich nicht jemandem aushalf, hier mit 1.000 Euro, da mit 3.000 Euro, dort mit 5.000 Euro usw. **Ich wollte helfen, wollte die Gute sein,** und mehr als drei Jahre lang war ich denn auch „die Gute", die Barmherzige, die eben so ganz anders sein wollte als all jene Menschen, die ich zuvor selbst erlebt hatte.

In all dieser Zeit gab es lediglich eine einzige (!) Person, von der ich mein Geld vollständig und termingerecht zurückbekam – und zwar von meinem Bruder. Ricky hatte eine größere Zahlung zu leisten und versprach mir hoch und heilig, dass er mir, sobald seine Rückvergütung von der Steuer kommen würde, sofort einen Teil des Geldes geben und den Rest in zwei weiteren Raten abbezahlen würde. Er war damals selbst erst Anfang zwanzig und der Einzige, der sein

Wort hielt. Dabei hätte ich von ihm als meinem Bruder das Geld am allerwenigsten zurückerwartet. Aber ausgerechnet ihm war es besonders wichtig, mir das Geld zurückzuzahlen. Er meinte immer, er wolle mich nicht ausnutzen, denn er wisse, wie hart ich dafür gearbeitet hatte.

Und die anderen? Es gab zahlreiche Beispiele von Menschen, die auf meine Nachfrage nach Rückerstattung der geliehenen Summe, ohne mit der Wimper zu zucken, entgegneten, ich hätte ihnen gar kein Geld geliehen. All die Jahre investierte ich sehr viel Energie, um meinem eigenen Geld hinterherzurennen, letztendlich in vielen Fällen erfolglos. Irgendwann hörte ich dann, genau wie Markus, ebenfalls damit auf, Geld zu verleihen.

Ich könnte dir an dieser Stelle etliche Beispiele nennen, aus denen ich sehr viel lernte. Stellvertretend sollen die beiden folgenden das zu diesem Thema Beschriebene verdeutlichen.

1. Bekannter –
  Patrick (der Name ist selbstverständlich geändert)

Ich gab Patrick immer wieder mal kleine Beträge, die er allerdings nicht zurückzahlte. Einmal rief er mich an und erklärte mir, er hätte etwas, das „hundertprozentig funktionieren" würde, und wenn ich dort selbst 5.000 Euro investieren würde, könnte ich sogar noch einen tollen Gewinn erzielen. Außerdem könne er dann innerhalb kürzester Zeit alle seine Schulden bei mir tilgen. Selbstverständlich wollte ich ihm nicht glauben, doch da er als Referenz zwei weitere Freunde nannte, die ihr Geld innerhalb von 30 Tagen zurückhatten, willigte ich schließlich ein.

Wie nicht anders zu erwarten, war mein Geld nach einem Monat weg, und der liebe Patrick hatte nicht einmal den

Mut, mir die Wahrheit ins Gesicht zu sagen. Stattdessen log er eine ganze Weile und war dann plötzlich nicht mehr für mich erreichbar. Über einen Freund ließ ich ihm ausrichten, dass ich nie wieder etwas von ihm hören wolle – **egal, wie es ihm gehen mochte!**

2. Bekannter –
  Dietmar (der Name ist selbstverständlich auch hier geändert)

Eine Freundin und ich halfen Dietmar oft aus seiner finanziellen Notlage. Er war infolge einer zurückliegenden Insolvenz zum Hartz-IV-Empfänger geworden und meistens pleite. Immer wieder verbockte er etwas. Mal fuhr er das Auto einer Freundin (er selbst besaß ja keines) kaputt – ich bezahlte den Motorschaden. Dann hatte er Gläubigerprobleme und musste schnell etwas bezahlen, ansonsten wäre das Telefon plötzlich abgestellt worden – wir halfen aus. Dann musste die Stromrechnung ganz dringend bezahlt werden oder er hatte nichts zu essen – und stets bekam er Hilfe von unserer Seite. Dietmar wusste auch, dass er zu uns kommen konnte, wann immer es knapp und hart wurde. Letztendlich meinte er, **dazu seien Freunde schließlich da** und er würde selbstverständlich das Gleiche auch jederzeit umgekehrt tun. Nur brauchten wir – zu unserem Glück – in dieser Hinsicht nie seine Hilfe.

Einer Arbeit nachzugehen weigerte sich Dietmar ebenfalls, weil ihm durch die Pfändungen nicht viel übrig bleiben und er somit **quasi umsonst arbeiten würde.** Sicher, immer wieder mal versuchte er irgendwelche Sachen, die schnell viel Geld versprachen, die aber bei ihm nie fruchteten. Sein Ohr als Freund, das er uns schenkte, bezahlten wir letzten Endes sehr teuer. Weil wir ihn aber gernhatten, wollten wir ihn nicht im Stich lassen. Und ja – wir hatten beide Mitleid mit ihm.

Als ich meine zweite Karriere startete, bot ich an, ihm dabei zu helfen, aus seiner verfahrenen Situation herauszukommen, in der er seit über zehn Jahren steckte, wenn er zum einen mit mir zusammenarbeitete und zum anderen bereit wäre, das umzusetzen, was ich ihm sagte. Dietmar willigte ein. Rund drei Jahre später war er kein Hartz-IV-Empfänger mehr und hatte nach über 15 Jahren endlich wieder ein Auto sowie ein **durchschnittliches passives Monatseinkommen von 4.500 bis 7.000 Euro.** Als er das alles erreicht hatte, verliebte er sich und brach den Kontakt zu uns ab. Fast von einem Moment auf den anderen vergaß er alles, was meine Freundin oder ich jemals für ihn getan hatten. **Alles, was er erreicht hatte, war für ihn selbstverständlich gewesen.** Die alten Freundinnen und ihre Partner, die ihn 15 Jahre lang unterstützt hatten, waren rasch vergessen. Eine Ohrfeige!

Als Patrick mitbekam, dass es Dietmar durch diese Arbeit immer besser ging, wollte er ebenfalls in unserem Geschäft anfangen. In den knapp zehn Jahren, in denen wir keinen Kontakt gehabt hatten, war es ihm sehr schlecht ergangen. Patrick durchlitt mehrere Beziehungen und geriet immer wieder an Frauen, die ihn nur ausnutzten. Teilweise musste er sogar auf der Straße schlafen. Zu all dem finanziellen Ärger kamen auch noch extreme gesundheitliche Probleme, und als Folge eines Ärztefehlers lag er einmal sogar in Lebensgefahr im Krankenhaus.

Als mir Patrick mitteilte, dass er gerne mit uns zusammenarbeiten wolle, erklärte ich ihm, dass er keinerlei finanzielle Hilfe erwarten dürfe. Wenn er uns dann trotzdem um Geld bat, kauften wir ihm stattdessen etwas zu essen oder investierten anders in sein Geschäft. Ansonsten gaben wir ihm jedoch nichts. An mich traute sich Patrick zunächst nicht heran, aber nach etwa einem Jahr der Zusammenarbeit, in dem er bewiesen hatte, dass er wirklich hart arbeitete, begegneten wir uns schließlich auf einem Weihnachtsfest.

Patrick war sehr gerührt und weinte. Er entschuldigte sich bei mir für alles, und ich konnte kaum fassen, welche Verwandlung mit ihm geschehen war. Die harten Zeiten, in denen er alleine gewesen war, hatten in ihm einen neuen Menschen reifen lassen. Er war jetzt ein Mensch, der bescheiden war (manchmal vielleicht etwas zu bescheiden), der aber alles, was er bekam, nun ganz anders zu schätzen wusste. Ich verliebte mich – menschlich – in ihn.

Er war glücklich, dass ich seine Veränderung wahrnahm und ihm bei jeder Gelegenheit für seine harte Arbeit Anerkennung zuteilwerden ließ. Auch er hat nun Karriere gemacht, verdient gutes, regelmäßiges Geld und lebt endlich in einer glücklichen Beziehung. Er kann sich wieder ein Auto leisten und hat eine tolle, große Wohnung. Dies alles hat er sich sehr hart erarbeitet, obwohl ich es ihm mindestens zehnmal so schwer gemacht habe wie dem anderen Freund Dietmar.

Sehe ich mir aber das Ergebnis an – und spätestens hier hatte ich es endlich begriffen –, so ist ganz klar zu erkennen, dass Patrick im Gegensatz zu Dietmar dazugelernt hat. Für Dietmar ist alles, was er jetzt erreicht hat, selbstverständlich, ohne dass er in der Tiefe zu erkennen vermag, wer ihm 15 Jahre lang ständig unter die Arme gegriffen und in seinem Geschäft unterstützt hat. Er selbst ist nicht wirklich gereift. Dietmar war zwar Hartz-IV-Empfänger, aber er wuchs als Kind wohlhabender Eltern auf und musste niemals auf der Straße schlafen oder war so allein und krank (wie zum Beispiel Patrick), dass er weder ein noch aus wusste.

Bei Patrick habe ich die Schwäche nicht weiter gestärkt, sondern ich habe irgendwann einen Schnitt gemacht. Heraus kam ein geläuterter, hervorragender Schmetterling, mit dem es Freude macht, sich zu treffen und sich zu unterhalten. Bei Dietmar hingegen haben sowohl ich als auch meine Freundin aus einem falsch verstandenen Mitleid heraus über viele

Jahre hinweg seine Schwächen gestärkt. Er ging immer den leichten Weg, denn wir waren ja stets für ihn da und holten ihn aus jeder misslichen Lage heraus.

Das Ergebnis heute ist ein ganz anderes. Rückblickend wurde mir sehr deutlich vor Augen geführt, dass der Grund, warum ich immer wieder so großartige Erfolge verzeichnen durfte, darin zu sehen ist, dass niemand für mich dagewesen war, der mich aufgefangen hätte. Es gab niemanden, der mir half, **meinen Teil der Verantwortung** zu tragen. Ich erkannte das Großartige in dem, was Markus damals getan hatte, indem er mir kein Geld geliehen, dafür aber ein gutes Wort bei der Bank eingelegt hatte. Oder auch mein Vater, als er sagte: „Wie du dich bettest, so liegst du auch. Schau zu, wie du klarkommst."

Ich erkannte das kleine, das kurzfristige Denken, wenn du jemandem hilfst. Du unterstützt ihn vielleicht für den Augenblick mit Geld, doch du hilfst ihm nicht dabei, in seinem Charakter zu reifen, um groß und stark und zu jemandem zu werden, der auf sich selbst wahrhaftig stolz sein kann, sobald er durch eine Krise gegangen ist. Halte diesem Menschen einen Steigbügel hin, doch lasse ihn seinen Weg allein reiten. Mein Fehler war es gewesen, die Gestrauchelten nicht nur aufs Pferd zu hieven, sondern mit ihnen zu reiten, sodass sie geführt wurden und nichts mehr selbst tun mussten. In der Illusion, die Gute zu sein, war ich das im Fall von Dietmar nicht wirklich gewesen. In seinen Augen sicherlich schon, doch er ist dadurch nicht gereift und hat uns sogar am Ende den Rücken zugekehrt. Im Falle von Patrick war ich die Böse. Das Ergebnis aber, nach vielen Rückschlägen, ist ein Mensch mit sehr viel Herz und geistiger Reife.

Noch einmal zum besseren Verständnis: Es ist nicht Dietmar, der die Verantwortung dafür trägt, dass er immer den leichten Weg ging. Ich selbst und auch meine Freundin trugen die Verantwortung dafür und natürlich auch all die anderen Menschen, die es mit ihm gut meinten – aber die gerade dadurch seinen Fall nur noch weiter beschleunigten.

Wenn du also künftig von wohlhabenden und reichen Menschen hörst, die ihr Geld nicht an „Bedürftige" verleihen, dann verstehst du von nun an, warum sie so handeln: aus reiner Verantwortung den betreffenden Menschen gegenüber. Und genau darum helfe auch ich heute niemandem mehr einfach nur so wahllos. Ich überprüfe stets zuerst, ob meine Unterstützung dahin geht, seine Schwäche zu stärken oder seine Stärke zum Vorschein zu bringen. **Es ist mir wichtig, die Menschen in ihren Stärken zu unterstützen und sie stark zu machen.**

Wenn wir somit uns und das Geld wieder in einer Art Beziehung sehen wollen, dann habe ich mit meinem wahllosen Weggeben und Verleihen nichts anderes getan, als wenn du deinen Partner oder Geliebten freiwillig mit jedem teilst und dich dann darüber wunderst, dass du im Verlauf der Zeit immer mehr von diesem Partner verlierst. Welcher Partner würde sich da von dir geschätzt fühlen? Ein Partner will sich in einer Beziehung mit dir gut aufgehoben wissen, und ebendies musste ich in Bezug auf Geld erst lernen.

Eine Ausnahme, die ich in diesem Zusammenhang unbedingt erwähnen möchte, gab es in all den Jahren meines Aufbaus. Ich stand damals mit einem gewaltigen Minus auf meinem Konto da, als Rainer Katzenmaier, ein guter Freund von mir aus Stuttgart, zu Besuch kam. Rainer war selbstständig und erfolgreich und verdiente mit seiner Versicherungsagentur sehr gut. Wir hatten uns über Ömer kennengelernt und waren seit Jahren befreundet.

Nun gingen wir also mal wieder gemeinsam essen, und Rainer wollte natürlich wissen, wie denn die Dinge bei mir so standen. Für mich lief es damals nicht sehr gut, also hakte er nach, fragte mich, wie lange ich mir das Programm mit meiner ersten Vertriebsfirma (Herbalife) noch geben wolle, und meinte schließlich, ich solle doch alles hinwerfen. Erneut erklärte ich, ich würde diese Sache durchziehen, ganz egal, was noch kommen würde. Bevor Rainer ging, steckte er mir 2.000 DM zu und meinte, ich könne ihm das irgendwann einmal zurückgeben, wenn ich genug Geld verdiente. Und wenn ich es nicht schaffen sollte, dann wäre das auch nicht weiter schlimm. Ich war komplett überrumpelt. Ich hatte weder damit gerechnet noch hatte ich ihn um eine finanzielle Unterstützung gebeten, weil ich immer alles mit meiner Bank regelte.

Ein paar Tage später rief mich Rainer an und fragte mich, was ich mir denn für das Geld Schönes gekauft hätte. Als ich ihm antwortete, dass ich den Betrag auf die Bank getragen hätte, um mein Minus zu verringern, reagierte Rainer leicht verärgert. Er sagte, er hätte mir das Geld gegeben, weil ich mir persönlich etwas gönnen sollte – nicht für die Bank. Ich hingegen hatte in meiner Naivität ganz schnell der Bank das Geld gegeben und bekam natürlich nichts mehr heraus. :)

Diese Ausnahme ist mir tief in Erinnerung geblieben. Ich hatte nicht nach Geld gefragt und trotzdem welches bekommen, als es mir wirklich schlecht ging und der Druck immens war. Etwa ein Jahr später befand ich mich in einer besseren finanziellen Position und konnte Rainer, der gerade knapp bei Kasse war, das Geld zurückbezahlen. Bis heute sind wir befreundet, und obwohl wir uns nur alle paar Jahre einmal sehen, habe ich es nicht vergessen. **Von Herzen DANKE für dieses Erlebnis und deine Hilfe damals, Rainer!**

Eine weitere lustige und zugleich schöne Erinnerung, die ich in Verbindung mit Rainer habe, sind – Autos! Ja, ich liebe es, Autos Probe zu fahren. Ömer hatte während unserer Beziehung immer schöne und teure Autos, die ich allerdings nie oder zumindest nur selten (wenn er selbst auf dem Beifahrersitz saß) fahren durfte, da ich erst kurz zuvor meinen Führerschein erworben hatte. Immer wieder bekam Rainer, wenn er zu uns kam oder wir telefonierten, mit, wie sehr mir das zu schaffen machte. Und so wurde ein Ritual geboren. Jedes Mal, wenn uns Rainer besuchte, warf er mir seine Autoschlüssel zu und sagte: „Dany, geh, fahr 'ne Runde!" Ich liebte ihn dafür. :)

Anfangs kam ich immer schon nach nur 5 oder 10 Minuten zurück, denn ich wollte ja seine Großzügigkeit nicht ausnutzen. Rainer aber schickte mich immer wieder erneut los, damit ich das Fahren wirklich genießen konnte. Der arme Ömer fand dieses Verhalten nicht gerade witzig, da er seine teuren Autos zu dem Zeitpunkt fast schon wie besessen liebte und ständig Angst darum hatte, während Rainer in dieser Hinsicht eine sehr lockere Haltung einnahm. Rainers Autos waren mindestens ebenso teuer und meistens Fahrzeuge der Marke Porsche Carrera oder etwas ähnlich Teures. Es ist eine Erinnerung, über die ich häufig schmunzeln muss und die mir sehr viel gegeben hat, bis ich irgendwann selbst in der Lage war, mir teure Autos zu leisten. Danke, Rainer, dass du zu der seltenen Gattung Mann gehörst, die ihre Lieblingsspielzeuge teilen können! ;-))

Ömer änderte später seine Haltung, und viele Jahre durfte ich dann alle seine Autos fahren. Ich selbst habe aber durch Rainers Haltung mir gegenüber eine ähnliche entwickelt und beispielsweise meinem Bruder Ricky und meiner Schwägerin Laura oder auch mal Freunden öfters die Möglichkeit gegeben, meine Autos zu fahren. Ich bin hier, Gott sei Dank, auch etwas entspannter.

Doch nun wieder zurück zum Thema Geld und Unterstützung. Selbstverständlich werde ich meiner Familie immer helfen, wenn ich es für sinnvoll halte und wenn es in meiner Macht steht. Doch bei allen anderen habe ich dazugelernt. Letztendlich ist es die Bank, die Geld verleiht. Ich habe immer alles mit meiner Bank geregelt, und das Gleiche empfehle ich jedem Unternehmer. **Auf diese Weise riskiert man keine Freundschaften.** Was du nun daraus lernst, das überlasse ich dir.

Bitte überlege einmal, wie oft du schon Menschen aus einem falsch verstandenen Mitleid heraus geholfen hast. Hast du dir eventuell dadurch selbst Hilfe ergattert? Nur, um nicht den harten Weg gehen zu müssen? Nur, um es dir möglichst leicht zu machen? Diese Fragen kannst nur du für dich beantworten. Viel Spaß dabei!

Spenden

Bei vielen Spendenaufrufen bin ich persönlich keineswegs davon überzeugt, dass das gesammelte Geld auch wirklich dort ankommt, wo es eigentlich ankommen soll und gebraucht wird. Oder wenn doch, dann sind es vielleicht lediglich 20 Prozent der ursprünglich gespendeten Summen.

Ich selbst habe viele Jahre mit World Vision zusammengearbeitet bzw. hatte fünf Patenkinder dort, weil mir dies am seriösesten erschien. Auch mit anderen Organisationen habe ich jahrelang gearbeitet und unterstütze noch heute Projekte, die mir zusagen. Doch ich will ganz ehrlich sein: Ich habe ein besseres Gefühl, wenn ich zum Beispiel einem Waisenhaus persönlich zwanzig Decken und Puppen oder Spielzeug bringe, anstatt ihnen Geld zu überweisen. Auf diese Weise kann ich mich selbst davon überzeugen, dass meine Spende auch wirklich denjenigen zugutekommt, die es benötigen.

Eine bestimmte Summe Geld zu spenden ist sicherlich sehr einfach, allerdings haben einige Organisationen inzwischen einen so massiven Verwaltungsapparat aufgebaut, dass schon allein dafür ein nicht unerheblicher Teil der Spenden aufgebraucht wird. Daher weiß man in vielen Fällen nicht, wie viel des gespendeten Geldes bei den wahren Bedürftigen ankommt – wenn überhaupt.

Ich habe seit über zehn Jahren einen lieben Freund, Nuno Assis, der sich in seiner Freizeit sehr stark für ein Tierheim in seiner Gegend engagiert. Das ist toll, weil er persönlich vor Ort ist und genau mitbekommt, was dort geschieht. Er geht selbst hin, kümmert sich um die Hunde und hilft aktiv mit. Das ist oft mehr wert, als einfach nur Geld zu spenden. Er investiert seine private freie Zeit und adoptiert oftmals einen dieser Vierbeiner, um den er sich dann mit viel Aufmerksamkeit kümmert. Er erzählte mir auch, dass er schon Hunde vor den Menschen retten musste, selbst von ihren Herrchen, die die Schuld für ihren „missratenen, unfolgsamen" Hund bei dem Tier suchten anstatt bei sich selbst.

Es ist sehr traurig zu sehen, wie manche Menschen mit Tieren umgehen. Viele Tiere müssen bedauerlicherweise wirklich vor ihren Besitzern gerettet werden. Wir haben selbst einmal ein Kätzchen aus Mallorca gerettet, das als Baby auf der Straße ausgesetzt worden war. Mit einem gebrochenen Hinterbein humpelte es uns bei einem Spaziergang an Heiligabend entgegen. Wir brachten die kleine Katze zum Arzt, pflegten sie, bis sie wieder gesund war, und schonten sie weitere zwei bis drei Monate. Danach wollten wir sie zurück nach draußen zu den anderen Katzen bringen, da wir dachten, sie vermisse ihre Artgenossen. Als wir jedoch versuchten, unsere Kleine wieder mit den anderen Katzen zu vereinen, kam sie dreimal zu uns zurück. Da wussten wir, sie will bei uns bleiben. Pussy lebt auch heute, nach vier Jahren, noch immer bei uns.

Ein Blick in unsere Welt reicht aus, um uns davon zu überzeugen, zu wie viel Schlimmem wir fähig sind. Solange die Menschen schlecht behandelt werden, werden es die Tiere erst recht. Solltest du etwas dagegen tun wollen, dann mache es dir nicht allzu leicht, indem du einfach nur Geldbeträge überweist. Was beispielsweise Nuno tut, finde ich persönlich großartig und hat meine ganze Hochachtung. Wenn auch du hier etwas tun möchtest, dann dort, wo sich dein Herz wirklich hingezogen fühlt, und nicht dort, wo du nur dein Gewissen beruhigen willst, indem du lediglich Geld versendest.

Letztendlich jedoch musst du dich wohlfühlen, deshalb tue das, was dich anzieht, auch wenn ich persönlich, wie oben beschrieben, zu etwas anderem rate.

Die vier verschiedenen Arten, Geld zu verdienen

Wie bereits in Teil II „Der bittersüße Erfolg" unterscheide ich auch beim Geld vier Arten des Erwerbs.

1. Geld als Ergebnis deines Erfolges, den du durch dein Produkt bzw. durch deine Produktivität erzielt hast, der aus eigener Kraft, reiner Willensstärke, Mut und unabhängig von Widrigkeiten aufgebaut wurde

Wenn du nicht gerade von Haus aus in einem Geldsegen geboren wurdest, ist diese Möglichkeit sicherlich die beste Variante, um an etwas zu kommen, woran du dich lange erfreuen kannst. Es bedarf nicht zwangsläufig mehrerer Familiengenerationen, um einen gewissen Grad an Reichtum zu erwirtschaften und wohlhabend zu werden. Einige Beispiele habe ich in diesem Buch aufgeführt. Ich denke dabei an verschiedene Künstler oder Unternehmer wie Bill Bartmann, an meine eigene Familie mit ihren vielen Betrieben in Rumänien oder an unzählige weitere Unternehmer. Einige von ihnen habe ich auch persönlich kennengelernt. Es ist definitiv innerhalb einer einzigen Generation möglich, doch häufig finden wir solche Menschen auch unter Punkt zwei.

2. Geld, das ererbt wurde und durch den richtigen Umgang zu weiterem Wachstum und zur Vermehrung führt

Viele Menschen unterschätzen die Zeit, die es gebraucht hat, bis eine große Familie vermögend wurde. Bei den meisten ist es so, dass der Großvater oder Urgroßvater ein Werk begann, das von seinen Kindern und Enkeln erfolgreich weitergeführt wurde, wodurch der Reichtum nunmehr in der dritten oder vierten Generation selbstverständlich in Hülle und Fülle vorhanden ist. **Damit verbunden ist aber auch die Verantwortung, dieses Vermögen weiterzutragen und zu vermehren.** Es ist immens wichtig zu erkennen, dass der Grundstein bei all denjenigen, die man vielleicht dafür beneidet, dass sie in ein reiches Elternhaus hineingeboren wurden, bereits irgendwann in ferner Vergangenheit gelegt wurde.

Wenn du heute etwas aufbaust oder schon aufgebaut hast und bereits gutes Geld damit verdienst, ist es sicherlich auch in deinem Sinn, deinen Kindern und Enkeln dein Wissen und dein Erbe weiterzugeben, damit sie es dann selbst fortführen und hoffentlich weiter vermehren. Bestimmt wärst du nicht sonderlich begeistert, wenn dir oder deiner Familie das, was über Generationen aufgebaut wurde, von jemandem weggenommen würde. Mit welchem Recht auch?

Dennoch gibt es leider Menschen, die genau so denken, frei nach dem Motto: „Wieso sollen die anderen so viel haben und ich so wenig? Die sollen gefälligst etwas von ihrem Reichtum abgeben!" Sei jedoch vorsichtig mit solchen Gedanken, denn es könnte eines Tages dich selbst oder deine Familie treffen. Erinnere dich: **Was du anderen nicht gönnst, das gönnst du dir selbst auch nicht.**

3. Geld, das durch Betrug und zum Schaden anderer Menschen angehäuft wurde

Dieser Möglichkeit kann ich nichts abgewinnen, obwohl sie, offen gestanden, häufig genug vorkommt. So werden zum Beispiel gute Ideen anderer Menschen geraubt, schnell als die eigenen ausgegeben und vermarktet. Wie im Falle von Daniel und seinen Erfindungen wird der Profit alleine eingestrichen, ohne eine Wiedergutmachung oder Einbeziehung des Urhebers. Auch durch Falschaussagen, Intrigen oder Betrug kommen manche Zeitgenossen zu sehr viel Geld. Dies geschieht sehr häufig, und hier kann ich dir nur folgenden Tipp geben: **Wenn du etwas Gutes hast, das du umsetzen willst, pass sehr gut auf, wem du vertraust, oder sichere dich rechtlich ab, so gut du kannst!** Das ist zwar auch nicht immer eine Garantie, aber zumindest besser als gar nichts.

4. Unbewusster „Zufalls-Geldsegen"

Hier sind Glücksspieler aller Art gemeint. Die plötzlichen Lottogewinner, die einen Tag später vor lauter Freude ihr altes Haus abfackeln (ist tatsächlich schon geschehen) oder ihrem Chef eine Ohrfeige geben und den Mülleimer auf seinem Tisch auskippen, nur um ihm zu zeigen, dass sie nicht mehr auf ihn angewiesen sind. Solche Menschen haben nie gelernt, mit Geld umzugehen, und genau aus diesem Grund verlieren sie es in vielen belegten Fällen fast noch schneller, als sie es gewonnen haben. Mein Mitleid hält sich da erneut sehr in Grenzen.

Existenzängste und Risiken

Ich glaube, dass eine der übelsten und meistverbreiteten Ängste auf diesem Planeten die Existenzangst ist. Und genau diese wollen wir uns nun näher ansehen.

Die Existenzangst macht es uns schwer, neue Wege zu gehen und uns neuen Möglichkeiten zu öffnen. Dabei sind Frauen fast noch stärker davon betroffen als Männer. Bevor eine Frau ein Risiko einzugehen bereit ist, wägt sie das mögliche Für und Wider ab. Dies ist eine sehr gute Eigenschaft, vor allem in einer Beziehung, wenn sie auf einen Partner trifft, der dies gar nicht kann. Meine Eltern sind hierfür ein gutes bzw. (leider auch) schlechtes Beispiel – je nachdem, von welcher Seite man es betrachtet.

Kehrseite dieser an sich positiven Eigenschaft sind eine übertriebene Angst und eine komplett fehlende Risikobereitschaft. Du erinnerst dich bestimmt, dass wir im Teil II in Bezug auf Erfolg darüber gesprochen haben. Nun gehen Erfolg und Geld in vielen Fällen Hand in Hand. Wenn du erfolgreich bist, verdienst du fast automatisch auch mehr Geld. Nicht immer, aber häufig. Du kannst natürlich sehr erfolgreich sein, ohne damit Geld zu verdienen, wie dies bei mir geschehen ist. Aus diesem Grund sage ich bewusst, dass die **Kombination von Erfolg und Geld nicht automatisch** und immer der Fall sein muss.

Ich selbst bin ein risikofreudiger Typ, der aber trotzdem stets das Für und Wider gegeneinander abwägt und sich viele Gedanken macht. Habe ich jedoch einmal meine Entscheidung getroffen, sprinte ich los und gebe nicht auf, bis etwas geschafft ist. Dazu möchte ich dir im Folgenden ein ausführlicheres Beispiel aus meinem Leben geben, als ich 23 Jahre alt war und im Vertrieb anfing.

Ich hatte damals kein Geld und meine Bank wollte mir keinen Kredit in Höhe von 5.000 Euro gewähren. Dieser Betrag war allerdings nötig, um mich im Vertrieb selbstständig machen zu können. 5.000 Euro, so dachte ich, waren ja nicht wirklich viel Geld, um sich davon ein eigenes Geschäft, eine selbstständige Existenz aufzubauen. Und es war für mich auch keine große Summe, denn ich war aus meinen vorherigen Tätigkeiten ganz andere Zahlen gewohnt. Die Bank allerdings argumentierte damit, dass sie gerne nur Kunden mit einem geregelten Einkommen hätten, aber keine Selbstständigen. Ich hörte jedoch nicht auf sie und nutzte stattdessen den Überziehungsrahmen meiner Kreditkarte. Hier ging ich ein Risiko ein, investierte das Geld und legte los. So weit, so gut.

Wie nicht anders zu erwarten war, reichten diese 5.000 Euro als Startkapital selbstverständlich nicht aus, und alsbald kam die andere Seite der Bank zum Vorschein. Sie sperrte meine Konten, sodass ich mich gezwungen sah, das Institut zu wechseln. Über Ömer, einen meiner ältesten Freunde sowie früheren Chef und Lebenspartner, fand ich alsbald eine neue Bank, die bereit war, meine Schulden zu übernehmen.

Nun hatte ich zwar mit der Sparkasse eine neue Bank, allerdings befanden sich bereits von Beginn an 5.000 Euro auf der Soll- und damit auf der „falschen" Seite meines Girokontos. Damit ich mein Geschäft, von dem ich bis zu jenem Zeitpunkt noch keine Ahnung hatte, aufbauen konnte, erhielt ich zudem noch etwas mehr Geld, weil ich ja auch in Technik wie eine ISDN-Anlage, ein Faxgerät, einen Computer etc. investieren musste. Dies waren alles Werkzeuge, die damals mit Ausnahme von Firmen kaum jemand hatte und die zu jener Zeit um vieles teurer waren als heute. Da ich darüber hinaus in Werbung, Werkzeuge und Geschäftsreisen sowie Seminare usw. investierte, reichte leider auch dieses Geld nicht allzu lange, und so bildete sich in kürzester Zeit auf meinem Girokonto ein Sollbetrag von 15.000 Euro. Das war sehr schlimm.

Noch schlimmer jedoch war, dass mein Geschäft getreu dem Motto „Außer Spesen nichts gewesen" noch immer nicht lief. In mir stieg langsam Panik auf. Ich versuchte, die drängenden Nachfragen der Bank zu beruhigen, indem ich ihnen erklärte, dass es eben seine Zeit brauche, um in dieser Branche die ersten Gewinne zu erwirtschaften. Man müsse sich andere zum Vorbild nehmen, die es vor mir auch geschafft hatten, also würde ich es ebenfalls schaffen. Das war mein Credo. So weit, so gut ...

... beziehungsweise so schlecht, denn nach einiger Zeit lag mein Saldo bei satten minus 35.000 Euro! Immer wieder musste ich die Bank hinhalten und beruhigen. Wie ich dir in Teil II erzählt habe, verlor ich nach knapp mehr als eineinhalb Jahren alles, was ich davor aufgebaut hatte. Darüber war die Bank natürlich „not amused". Und weil noch nicht einmal das Wenige, das ich mit meinem Geschäft verdiente, auf dem Konto landete, sah es für meine Bank so aus, als bewegte sich gar nichts mehr.

Mit meiner Entscheidung, noch einmal ordentlich durchzustarten, gewährte mir die Bank tatsächlich zusätzlich noch etwas Geld – und nun fing es mit einem Male an zu laufen und ich verdiente in der Folge von Monat zu Monat mehr. Innerhalb eines weiteren Jahres hatte ich ein regelmäßiges Einkommen von monatlich zwischen 2.000 und 2.500 Euro, was in Anbetracht meiner vorherigen Situation viel Geld war. Ich investierte jedoch auch weiterhin jeden Cent, der mir möglich war, erneut ins Geschäft, vornehmlich in Werbung, und behielt nichts für mich privat zurück. Diese Kosten verschlangen monatlich locker zwischen 3.000 und 5.000 Euro.

Es kam, wie es kommen musste: Das Soll auf meinem Konto wuchs kontinuierlich und erreichte irgendwann einen Betrag von etwa 50.000 Euro. Ich befand mich in der **Abwärtsbewegung der Spirale,** wie ich dies in Teil II dieses Buches beschrieben habe. Egal, wie viel ich verdiente, es blieb nichts für mich übrig. Um es kurz zu machen: Drei Jahre nach meinem Start als selbstständige Unternehmerin hatte ich nicht weniger als **90.000 Euro (!) an Schulden** angesammelt, obwohl ich mir privat nicht einmal einen Urlaub leistete. Hier kam ein Faktor hinzu, der sich „Unwissenheit" nennt. Ich hatte in Rumänien, wo keiner über ein eigenes Konto verfügte, weder gelernt, wie man mit Banken umgeht noch mit Schulden oder Krediten.

Doch Unwissenheit schützt nicht vor Konsequenzen!

Zwar verdiente ich mittlerweile knapp 6.000 bis 8.500 Euro pro Monat, aber das Geld reichte vorne wie hinten nicht. Die Schwierigkeit lag nicht zuletzt darin, dass mir die Bank das gesamte Geld nur auf dem Girokonto zur Verfügung gestellt hatte und sich seit Jahren weigerte, mir das Ganze in einen Kredit umzuwandeln, den ich monatlich hätte abtragen können. Ich zahlte bis zu 20 Prozent Zinsen, und jedes Mal, wenn ich dachte: „Jetzt geht's gut, es geht endlich bergauf!", kamen quartalsweise die Zinsen und zogen mich noch tiefer nach unten.

Infolge dieser Spirale versank ich über die Jahre immer tiefer in den sprichwörtlichen roten Zahlen, obwohl sich die Ausgaben selbst nicht erhöhten. Natürlich investierte ich auch weiterhin in Werbung, so gut ich konnte, manchmal auch etwas mehr, um es schneller nach oben zu schaffen, jedoch war nicht jede Werbemaßnahme auch von Erfolg gesegnet. Seit Jahren sprach ich nun schon regelmäßig bei meiner Bank und meinem Berater vor. Unzählige schlaflose Nächte, und jedes Mal eine Riesenangst vor dem nächsten

Termin. Ich zeigte meinem Betreuer, dass sich mein Geschäft wie versprochen im Aufwind befand, doch das reichte ihm nicht. Mittlerweile weigerte sich die Bank manchmal sogar, kleine Rechnungen über 160 Euro oder weniger zu überweisen, obwohl meine Einnahmen ab dem zweiten Jahr deutlich zugelegt hatten. Es war ein Teufelskreis.

Ich weiß nicht, ob du dir vorstellen kannst, unter welchem enormen psychischen und emotionalen Druck ich all diese Jahre stand. Ich arbeitete Tag und Nacht und gab mein Bestes, doch es sollte mehr als drei Jahre dauern, bis ich zum ersten Mal einigermaßen durchatmen konnte. Wenn du eine solch schwierige Zeit selbst erlebst bzw. durchleben musst, ist es eine ewig lange Zeit. Und der Druck wurde mit jedem Tag größer. Dann verlangte die Bank immer lauter nach einem Bürgen, aber ich hatte niemanden, der das übernehmen wollte, auch nicht meine Eltern. Immer wieder erinnerte ich mich an die Worte meines Vaters: „Wie du dich bettest, so liegst du auch. Schau zu, wie du klarkommst."

Hand aufs Herz: Wie viele hätten unter diesen Umständen – ohne jede Unterstützung und ohne jegliche Sicherheit – nicht schon längst das Handtuch geworfen? Wie viele hätten hier aufgehört? Was hättest du getan?

Ich kann dir sagen, dass 99 (!) Prozent schon längst geflohen wären, den Kopf in den Sand gesteckt und sich um nichts mehr gekümmert hätten. Dadurch, dass ich mit so vielen Menschen gearbeitet habe, kann ich das recht gut abschätzen. Das Problem ist nur, dass sich die Probleme und Sorgen dadurch nicht verflüchtigen. Selbst wenn du Alkohol trinkst, um zu vergessen oder zumindest zu verdrängen, sei versichert: Deine Sorgen können verdammt gut schwimmen! Sie überstehen jeden Alkoholexzess. Deshalb habe ich auch nie versucht, die Probleme mit der Flasche zu lösen, wie viele andere es in der Welt tun, wenn sie nicht mehr weiterwissen.

Meine Freunde, die mir in dieser schwierigen Zeit geblieben waren, legten mir nahe, das Handtuch zu werfen. Ich aber gab weder auf noch wechselte ich die Firma. Ich dachte immer: **Wenn ich es hier, in dieser Firma, nicht schaffe, dann schaffe ich es auch nirgendwo anders.** Ich glaubte immer noch felsenfest an meinen Traum. Der Traum aber schien nicht an mich zu glauben.

Ja, es hat seine Zeit gedauert. Hilfe kam dann wieder einmal aus einer völlig unerwarteten Richtung. Mein Steuerberater fragte mich eines Tages, wo denn das ganze Geld hingehe, was da mit meiner Bank los sei und warum ich das Ganze nicht schon längst in einen Kredit hatte umwandeln lassen. Als ich ihm erklärte, dass dies nicht der Wunsch meiner Bank bzw. meines Bankberaters sei, empfahl er mir eine gute Bank für Unternehmer und einen Ansprechpartner. Erneut wechselte ich die Bank, bekam dort einen weiteren Kredit, und das Blatt wendete sich dann fast über Nacht. Zusätzlich holte ich mir noch einen Finanzcoach, da die Spirale schon viel zu lange bergab gegangen war, sodass ich nicht mehr sicher war, ob ich es alleine schaffen würde.

Einmal mehr bestätigte sich eine Redensart: „Immer, wenn du meinst, es geht nicht mehr, kommt von irgendwo ein Lichtlein her." Ich ergänze: Aber nur dann, wenn du an dich selbst und an das, was du tust, glaubst, nicht aufgibst und bereit bist, über alle deine Grenzen des scheinbar Machbaren zu gehen.

Jetzt hatte ich den Rücken frei, um zu arbeiten, ohne mir ständig Sorgen machen zu müssen. Eineinhalb Jahre später erreichte ich mein Ziel, meinen Traum, und verdiente bis zu 30.000 Euro im Monat. Auf meinem Konto waren alsbald mehrere zehntausend Euro auf der Haben-Seite. Bei dieser Bank blieb ich für sehr lange Zeit. Sie machte mit mir alles durch, sowohl gute wie schlechte Zeiten.

Keine Soap wie im Fernsehen. Harte Realität eben. Du siehst auch hier, dass ich denen die Treue halte, die mir die Treue hielten.

Diese Story hat einen guten Ausklang gefunden. Etwa eineinhalb Jahre später ging es mir wirtschaftlich sehr gut, ich war in den schwarzen Zahlen und die gesamte Situation hatte sich entspannt. Ich ging – wie es damals üblich war – in die Druckerei, um einige Sachen zu kopieren, und traf dort auf meinen ehemaligen Bankberater, der mir meine Außenstände nicht in einen Kredit hatte umwandeln wollen. Ich begrüßte ihn und dachte so bei mir: *Was ist denn mit dem geschehen?* Er sah sehr müde aus, hatte dunkle Ränder unter den Augen und gewaltig zugenommen. Er erkannte mich ebenfalls und fragte nach meinem Befinden. Begeistert berichtete ich ihm, wie sich alles zum Positiven gewendet hatte und dass es mir endlich richtig gut ging. Als ich ihn fragte, wie es denn um ihn selbst stand, erzählte er mir, dass er nicht mehr in der Bank arbeitete, sondern sich als Unternehmensberater selbstständig gemacht hatte. Ich dachte nur: *Willkommen auf der anderen Seite,* und hoffte für ihn, dass er nicht einen ähnlichen Bankberater hatte, wie er mir einer gewesen war. Denn dass es ihm nicht gut ging, hätte ein Blinder gesehen. So kommt alles zurück im Leben.

Doch lass uns noch einmal die Existenzängste genauer betrachten. Kannst du dir vorstellen, wie es mir all die Jahre ergangen ist? Ich finde es ausgesprochen interessant, zu beobachten, dass viele Menschen heute auf der einen Seite Existenzängste, auf der anderen Seite jedoch ausreichend Sicherheiten haben. Das bedeutet, sie klagen über ihre Schulden, aber sie besitzen ein Haus, ein neues Auto usw. Für mich wären das keine „richtigen" Schulden gewesen, denn diese Menschen haben Existenzängste, ohne wirklich ein Risiko eingegangen zu sein. Schlimmstenfalls kann man ein Auto oder ein Haus auch verkaufen. Natürlich lässt man manche Dinge nicht gerne los, doch wenn dich die finanzielle Last zu schwer drückt, dann gib es her oder vermiete es und zieh in eine kleinere Wohnung.

Wenn du ein Business startest, bereite dich darauf vor, dass du an diese Grenzen kommen wirst. Das bedeutet, dass du auf die eine oder andere Art diese Ängste kennenlernen wirst. Und ich sage dir, dass es **am finstersten sein wird, kurz bevor du den Durchbruch schaffst.** Schon Goethe schrieb, dass **die Schwierigkeiten größer werden, je näher man dem Ziel kommt.** Immer wieder habe ich diese Erfahrung gemacht, und es war jedes Mal so, als würde mich das Leben noch einmal auf Herz und Nieren testen, ob ich denn meinen Erfolg auch wirklich wollte, ob ich wirklich bereit war, alles zu geben. Als würde das Universum eine Bestätigung für meine Entscheidung fordern. Nun denn, ich brachte sie, und weil ich mehrere Geschäfte und Karrieren aufgebaut habe, habe ich dies auch mehrfach erlebt. Es ist jedes Mal aufs Neue wie die Stunde vor dem Sonnenaufgang, und diese Stunde ist wirklich dunkel und finster. Sie verlangt dir alles ab.

Vielleicht hast du das Glück, aus einer Familie zu kommen, die dich in einem solchen Moment unterstützt und dir unter die Arme greift. Dann muss es nicht ganz so düster werden. Sei froh und dankbar darüber, denn es ist nicht selbstverständlich, Hilfe zu bekommen.

Allerdings kann ich dir auch sagen, dass es wenig gibt, was so stark zu deinem persönlichen Wachstum beitragen kann, wie alles zu verlieren und nicht zu wissen, wie du die Kurve bewältigen sollst – und es dann aber trotzdem zu schaffen. Da würde ich vielen Menschen wünschen, dass sie sich nicht bedingungslos auf die Unterstützung ihrer Familien oder Freunde verlassen können. Das daraus resultierende Wachstum wäre nämlich deutlich stärker.

Ein Geschäft wird also immer ein gewisses Risiko von dir abverlangen. Du kannst nicht erwarten, viel Geld zu verdienen, und gleichzeitig hoffen, dafür nichts investieren oder nichts riskieren zu müssen.

Das geringste Risiko oder die niedrigsten Investitionen, die ich für ein Geschäft kenne, hat der Vertrieb zu verzeichnen, ob als Immobilien- oder Versicherungsmakler, im Network Marketing, in der Dienstleistungsbranche etc. Diejenigen Menschen jedoch, die dort viel Geld verdienen, haben bestimmt mehr als nur 200 Euro Startkapital investiert. Wenn ich gar nichts hätte, auch keine Ideen, was ich lieber tun würde, dann wären Vertrieb, Network Marketing und Dienstleistungen immer eine Option, um mir nebenbei selbstständig etwas Eigenes aufzubauen. Ich selbst habe mehrere Male im Vertrieb Großes erreicht, was aufgrund meiner Vor- bzw. Schulbildung nicht unbedingt vorhersehbar war.

Die meisten Menschen allerdings sind zu ignorant, um ihre Chancen ebenfalls dort zu erkennen, wo die Erfolgreichen sie sehen – und ebendies ist der Grund, warum sie bleiben, wo sie sind.

Hier halte ich es wie Donald Trump – auch wenn ich keineswegs von allem, was er tut oder sagt, ein Fan bin. Vor wenigen Jahren antwortete er in einer Fernsehshow in den USA auf die Frage, was er denn machen würde, wenn er von heute auf morgen alles verlieren würde: „Ich würde im **Network Marketing** starten." Als daraufhin das gesamte im Saal anwesende Publikum zu lachen begann, antwortete der Selfmade-Milliardär: **„Das ist der Grund, warum ich hier sitze und ihr dort."** Daraufhin war es im Raum still. Donald Trump hat ungeachtet des nicht unerheblichen Startkapitals von mehreren Millionen Dollar, das er von seiner Familie geliehen bekommen hatte, laut meines Wissens sein Imperium zumindest teilweise mit Immobilien gemacht. Wenn also ein erfolgreicher Unternehmer wie er so etwas sagt, dann sollte man schon einmal hinhören.

Eine andere Erfahrung bestätigt das ebenfalls. Ich war in den Jahren 2006/2007 auf mehreren Fortbildungsseminaren in den USA und traf auf einem davon Bill Bartmann. Bill war zu jenem Zeitpunkt ein ehemaliger Selfmade-Milliardär, der eine Firma mit über 1000 Mitarbeitern und Angestellten geführt und von der Würdigung als „Entrepreneur of the Year" bis zu einem Platz in der Liste der reichsten Männer der Welt im *Forbes Magazine* sämtliche Auszeichnungen bekommen hatte, die man in den USA als Unternehmer nur erhalten konnte. Infolge eines Fehlers seines Partners verlor er alles und musste zu seinem Unglück dann auch noch knapp ein Jahr im Gefängnis verbringen, bevor seine Unschuld bewiesen werden konnte. In dieser Zeit wurde ihm – mit Ausnahme seines Hauses – alles weggenommen, was er besessen hatte. Er kam also praktisch mit nichts aus dem Gefängnis, und bereits nach etwa fünf Jahren erzielte er wieder 400 Millionen US-Dollar Umsatz pro Jahr.

Zu diesem Zeitpunkt traf ich Bill auf einem Seminar und es ergab sich, dass wir gemeinsam mit einem anderen Pärchen zu Mittag aßen. Nachmittags hatte ich noch ein weiteres privates Gespräch, diesmal mit ihm allein. Ich fragte ihn, was ich tun solle, da ich auf Network Marketing und Vertrieb keine Lust mehr hatte. Ich war zu jenem Zeitpunkt bereits elf Jahre in dieser Branche hauptberuflich tätig gewesen und hatte damals, wie in Teil II beschrieben, Deutschland fluchtartig in Richtung Asien verlassen. Bill fragte mich, wie es bei mir finanziell aussehe. Ich sagte ihm, dass ich viel verloren hätte und dass es mich nun in eine ganz andere Richtung ziehen würde, woraufhin Bill erwiderte: „Daniela, ich weiß, dass du etwas anderes machen möchtest, das kann ich sehen. Aber ich gebe dir diesen Rat: Geh und starte noch einmal neu im Vertrieb. Du hast dir dort große Fähigkeiten angeeignet und schon einmal Außergewöhnliches erreicht. Geh und mache es noch mal. Nimm dann das Geld und investiere es in das, was du gerne tun möchtest."

Das war zugegebenermaßen zu ebendiesem Zeitpunkt nicht ganz das, was ich hören wollte. Nicht noch einmal all den Druck, all die Absagen, all die Menschen, die behaupten, dass sie Erfolg und Geld wollen, aber nichts dafür zu tun bereit sind. Nicht noch einmal die jahrelangen Mühen, bis endlich etwas geschieht. Es war also definitiv nicht der Ratschlag, den ich mir erhofft hatte, aber es war genau das, was ich schlussendlich umsetzte. Ich ging zurück nach Deutschland, und einige Monate später verließ ich aufgrund vieler Dinge, die zusammengekommen waren, schweren Herzens meine alte Firma, unter anderem aus jenen Gründen, über die ich teilweise schon erzählt habe.

Ich startete in einer neuen Firma und erreichte innerhalb von weniger als drei Jahren ein zweites Mal eine Bilderbuchkarriere. Nach insgesamt vier Jahren verkaufte ich mein Geschäft an die Firma und baute mir meinen jetzigen Traum auf. Die finanziellen Details meiner zweiten Karriere und die Stunden des Kampfes, bis es erneut geschafft war, erspare ich dir. An dieser Stelle sei nur so viel gesagt, dass es, auch bedingt durch die Insolvenz meines Partners als Bauunternehmer, den ich unterstützte, erneut sehr hart war. Doch es ging dieses Mal um einiges schneller als beim ersten Versuch.

Manchmal musst du in den sauren Apfel beißen, um dorthin zu kommen, wo du gerne hinwillst.

Ich möchte nun allerdings nicht so verstanden werden, dass jeder im Network Marketing oder in irgendeiner anderen Vertriebsform starten soll, um sich etwas aufzubauen. Das war mein ganz persönlicher Weg, bis ich vor etwa fünf Jahren in das klassische Unternehmertum zurückfand und mir meine Firma als neutrale Firmentrainerin, Seminarleiterin und Autorin unter den Namen „Go4Values" aufbaute. Aufgrund meiner zahlreichen und immer wiederkehrenden Erfolge sowie infolge jahrelanger praktischer Erfahrungen wurde ich dann vor knapp einem Jahr zum CEO eines E-Commerce-Unternehmens berufen, eine Aufgabe, die ich zusätzlich zu meiner Tätigkeit als Seminarleiterin ausübe.

Doch all das wäre OHNE meine Erfolge im Vertrieb sicherlich NIEMALS möglich gewesen.

Die Vertriebsbranche ist bedauerlicherweise etwas verschrien, wenn auch teilweise zu Recht, weil sich dort sehr viele schwarze Schafe tummeln, die nur auf das schnelle Geld aus sind und andere Menschen ohne Rücksicht auf Verluste und ohne gute Ausbildung links liegen lassen. Doch auch hier gibt wie überall zwei Seiten. Solltest du dich jemals für diesen Weg entscheiden, dann **achte gut darauf, mit wem und mit welchem Unternehmen du arbeitest!** Es ist sehr schade, dass der Ruf einzelner ausgezeichneter Leute darunter leiden muss, was die Mehrheit denkt und was einige schwarze Schafe dort anstellen. Es ist genau wie mit dem einen Tropfen Erdöl, der ausreicht, um tausend Tropfen guten Wassers ungenießbar zu machen.

In jedem Bereich gibt es **seriöse wie unseriöse Menschen** und es wird sie immer geben. Doch lass uns bitte auch hier die Augen aufmachen und richtig hinsehen. Existieren etwa im Bankwesen oder in der Versicherungsbranche keine schwarzen Schafe? Im Immobiliensektor? In der Automobilindustrie? In der Musiksparte? Oder in der Regierung? **Es gibt sie überall!** Also hör auf, dir einzureden, diese gäbe es nur im Network Marketing. Ich kenne auch hier zahlreiche Menschen, die wirklich sehr bemüht sind und mit Bedauern zusehen müssen, was gewisse Kollegen treiben.

Also, besser einmal mehr hinsehen, mit wem du arbeiten willst, als einmal zu wenig. Denn ob wir nun Banker nehmen (siehe Wirtschaftskrise), Vorstände, Fondsmanager, Lehrer, Prediger, Trainer, Fahrlehrer usw. usf. – überall gibt es faule Eier. Wie viele Trainer gibt es, die selbst nie Erfolge aufgebaut haben, sich aber „Trainer" und „Coaches" nennen? Wie viele, die für sich nach ein oder zwei Wochenenden der Ausbildung den Titel „Schamane" und „Heiler" in Anspruch nehmen? Es ist erschreckend, mit anzusehen, was da alles vor sich geht. Und genauso sieht auch unsere Gesellschaft aus. Wir streben nicht nach Qualität, sondern gehen dorthin, wo am lautesten geschrien wird, folgen dem, der sich am besten zu verkaufen weiß und die größte Show liefert, oder lassen uns dort nieder, wo es uns am billigsten erscheint.

Triff daher für dich die Entscheidung und sei äußerst wachsam, welche Sorte von Menschen du um dich haben möchtest und von wem du dich wirklich begleiten lassen willst.

Investiere in dich

Zum Thema Geld gibt es ein großartiges Zitat von Karl Lagerfeld. Als der Modeschöpfer vor einigen Jahren auf der Couch in der Live-Sendung „Wetten, dass ..." saß und gefragt wurde, wann er das letzte Mal sinnlos Geld zum Fenster hinausgeworfen hätte, antwortete er trocken:

„Ich werfe immer wieder das Geld zum Fenster raus – damit es zur Tür wieder reinkann."

Ich fand diese Aussage Weltklasse. Schlichtweg eine megageile Einstellung zum Geld! Kein Wunder, dass dieser Mann nicht weiß, was Geldprobleme bedeuten. :)

Des Weiteren meinte er sinngemäß: „Wenn die Menschen aufhören würden, ihr Geld zu horten, und es stattdessen mal investieren und ausgeben würden, hätten wir keine Wirtschaftskrise." Ich selbst möchte sogar noch einen Schritt weiter gehen und sage:

„Wenn die Menschen ihr Geld schon in kein Business stecken, sondern wenigstens in sich selbst investieren würden, um zu wachsen, zu verstehen und zu lernen, dann wäre sehr viel gewonnen."

Wenn du in dich selbst investierst, wächst du. Und wenn du wächst, gewinnst du neue Sichtweisen in Sachen Leben. Durch neue Sichtweisen ergeben sich neue Handlungen. Wie ich dir bereits zu Beginn dieses Buches sagte, kann ich dir nur von meinem eigenen Leben berichten und meine persönlichen Erfahrungen wiedergeben. Tatsache ist jedoch, dass ich mit Recht und Stolz behaupten kann, dass ich von dem vielen Geld, das ich verdient habe – und auch schon, bevor ich es hatte –, locker die Hälfte in Fortbildungen für mich selbst investierte. Natürlich war auch viel Schund darunter. Dieses Risiko hat man immer, und im Nachhinein ist man bekanntlich schlauer. Hätte ich jedoch die eine oder andere Fehlinvestition nicht gemacht, hätte ich auf der anderen Seite auch nicht die guten und die qualitativ hochwertigen Sachen kennengelernt.

Nun wirst du vielleicht sagen: „Erst, wenn ich viel Geld verdiene, werde ich auch einen Teil dafür ausgeben, um weiterhin zu lernen." Ich aber entgegne dir: „Dies ist keine Kunst! Das kann jeder."

An dir zu arbeiten und in dich zu investieren, solange du das Geld dafür noch nicht hast und du es dir eigentlich gar nicht leisten kannst – das ist eine Kunst!

Jim Rohn pflegte stets zu sagen: *„Es ist leichter, ein Zehntel von einem Dollar abzugeben als ein Zehntel von einer Million. Deshalb gewöhne dir bereits bei einem Dollar an, das Zehntel abzugeben. So wirst du später bei einer Million keine Schwierigkeit haben, weil du dich schon daran gewöhnt hast."*

In unserem obigen Fall kann ich dir nur raten, zeitgerecht in dich selbst zu investieren. Denn wenn du es ohne Geld nicht machst, wirst du es später erst recht nicht tun, weil deine Ignoranz proportional mitwächst. Ich behaupte mit absoluter Überzeugung, dass ich keinen meiner großen Erfolge erreicht hätte, wenn ich nicht von Anfang an so stark an mir selbst gearbeitet und bereits in jenen Zeiten in mich investiert hätte, in denen ich es mir im Grunde genommen eigentlich noch gar nicht leisten konnte. Letztendlich wurde ich aber für meinen Mut, dieses finanzielle Risiko einzugehen, nach all den Jahren belohnt.

Zu jener Zeit, als ich mein erstes Geschäft aufbaute, war ich gerade einmal 23 Jahre alt. Ich hatte, wie schon an anderer Stelle erwähnt, die erste Gelegenheit, in Stuttgart an einem Live-Workshop mit Jim Rohn teilzunehmen. An diesem Nachmittag sagte er unter anderem:

„Arbeite härter an dir selbst als an deinem Geschäft."

Ich wusste damals noch gar nicht, was das konkret bedeutet, „an sich selbst zu arbeiten". Einige Wochen später jedoch, erneut auf einem Geschäftsseminar der Firma, hörte ich ein paar Kollegen über eine Topführungskraft sprechen, die ich sehr schätzte. Sie alle redeten darüber, dass er irgendein Seminar besucht hatte, und waren über die Auswirkung erstaunt. Ich setzte alle Hebel in Bewegung, um herauszufinden, was diese Führungskraft getan hatte, denn ich wollte das Gleiche für mich. Lernen von den Erfolgreichen war für mich schon immer wichtig, insofern wurde und werde ich stets hellhörig, wenn über positive Dinge gesprochen wird.

Die meisten meiner Kollegen waren davon überzeugt, nicht an sich selbst arbeiten zu müssen. Sie brauchten laut eigener Aussage alle diese Dinge nicht. Und wenn doch, dann allerdings erst, wenn sie genug Geld verdienten. Dann hätten sie ja auch die Zeit dafür und das Geld. Erkennst du die Naivität dieser Haltung? Das ist, als ob du ein Lagerfeuer erst dann entzünden willst, wenn es dir zuvor Wärme spendet. Wer so denkt, den kann ich nicht verstehen. Ebenso erging es mir bei einigen meiner Kollegen, die unisono solch dumme Vorstellungen hatten. Obwohl sie im selben Workshop wie ich saßen, als Jim Rohn dies sagte, geschah in der Umsetzung nicht das Gleiche. Heute weiß ich, sie waren geizig – und zwar **geizig mit sich selbst!** Sie selbst würden das natürlich nie zugeben, dennoch ist es eine Tatsache.

Dass ich mehrfach viele meiner Kollegen im Karriereplan überholte, geschah nicht aus Zufall oder weil ich so viel besser war als sie, sondern einfach nur deshalb, weil ich mehrfach bereit war, Dinge zu tun, die sie nicht taten.

- *Wozu bist du bereit?*
- *Gehörst du zur Masse?*
- *Hältst du ängstlich an allem fest, weil du es vielleicht verlieren könntest?*
- *Bist du geizig, wenn es darum geht, dir selbst etwas zu gönnen?*
- *Wenn du dir etwas gönnst – gibst du das Geld nur sinnlos aus oder achtest du darauf, dass es dir einen Gegenwert bringt?*
- *Wagst du es, Dinge zu tun, die andere nicht tun?*
- *Traust du dich, in DICH zu investieren?*

Dies sind sehr wichtige Fragen für dich. Übergehe sie nicht einfach. Wenn du den Eindruck hast, Hilfe zu benötigen, um an mehr Klarheit zu kommen, suche dir einen neutralen Coach. Du kannst dich aber natürlich auch sehr gerne an mich wenden oder eines meiner Seminare besuchen.

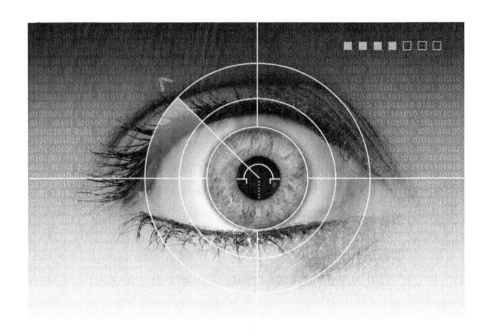

Steuern & Co.

Wenn wir schon über Geld und meine Einstellung dazu reden, dann kommen wir nicht drum herum, auch das Thema „Steuern" ein wenig näher zu beleuchten. Über einiges habe ich ja bereits erzählt.

Es wäre wohl nicht so weit gekommen, dass ich darüber schreibe, hätte ich nicht vor Jahren über alle Kanäle, auch im Internet, von dem Schauspieler Gérard Depardieu gelesen. Richtig mitbekommen habe ich es allerdings erst, weil er in Facebook auf das Übelste als feige und unverantwortlich beschimpft wurde. Da wollte ich dann mehr darüber wissen. Als ich schließlich den Grund herausfand, war ich sehr überrascht. Der französische Schauspieler weigerte sich nämlich, die in Frankreich aufgrund der neu geplanten Reichensteuer festgelegten 75 Prozent (!) seines Einkommens zu versteuern, und verließ stattdessen lieber mit allen Konsequenzen sein Heimatland.

Ich interessiere mich nicht sonderlich für Politik, einfach deshalb, weil meines Erachtens denjenigen, die Politik machen, keine Zeit mehr bleibt, Geld zu verdienen. :) Gut, wir wissen, es gibt Ausnahmen, wie einige Politiker beweisen, die nebenbei Vorträge halten und dafür häufig vierstellige Honorarvereinbarungen treffen. Für mich jedenfalls ist die Politik nichts, dafür bin ich zu direkt. Da verdiene ich lieber Geld und folge meinem Lebensweg und meiner Leidenschaft.

Als ich den Grund herausfand, warum Gérard Depardieu dermaßen beschimpft wurde, kommentierte ich dazu, dass ich es nicht als feige ansah, was er tat, sondern im Gegenteil als **äußerst MUTIG!** Danach gab es keine weiteren Kommentare. Feige wäre für mich gewesen, im stillen Kämmerlein darüber zu schimpfen und es öffentlich gutzuheißen und widerstandslos zu zahlen. Dies ist nämlich genau das, was die meisten tun. **Sie ärgern sich über neue Gesetze und sehen sich auch sehr gerne als Opfer – tun aber nichts dagegen.**

Alles hinzunehmen, was sich die Regierung ausdenkt, ist ja ganz nett, doch dann darf man sich am Ende nicht wundern, wenn man eines Tages kaum noch Rechte hat. Nein, Gérard Depardieu wehrte sich und konnte damit das geplante (und meiner Ansicht nach völlig überzogene) Reichensteuergesetz vorläufig stoppen. Der weltberühmte Franzose hat es mit der gesamten Regierung aufgenommen, mit den Medien, mit allen. Er hat – überspitzt ausgedrückt – gesagt: „Ihr könnt mich mal! Nicht mit mir!", und dann ist er gegangen. Hallo!? **Das nenne ich MUT!**

Es ist sehr interessant, mitzuverfolgen, wie zahlreiche Menschen sofort auf jemanden losgehen, und das nur deshalb, weil ein Individuum es wagt, anders zu denken und anders zu handeln als die Masse!

Ich sage dir ganz ehrlich: Ich habe für alles, was ich erreicht habe, sehr hart gearbeitet. Schon allein aus diesem Grund wäre ich niemals bereit, freiwillig und solange ich eine Wahl habe, 75 Prozent davon als Einkommenssteuer an den Fiskus abzugeben! Da würde ich auch lieber das Land verlassen. Es gibt für mich keine Berechtigung und keinen Grund, den ich als fair ansehen würde, absolut nichts, was solch ein Unterfangen seitens der Regierung rechtfertigen würde. Die Masse reagiert nur deshalb so emotional darauf, weil sie voller Neid ist und es oftmals Reichen oder Wohlhabenderen nicht vergönnt, dass diese mehr haben als sie selbst. Es ist die Masse, die selbst nicht aktiv wird, aber im Gegenzug darauf wartet, dass ihr die gebratenen Tauben buchstäblich in den Mund fliegen – **finanziert vom Mittelstand, von Kleinunternehmern und von den Reicheren.** Diese sollten ihrer Meinung nach am besten 100 Prozent ihres Einkommens abgeben.

Wer derart denkt, blickt meistens nicht weiter. Schließlich müsste er sich doch fragen, ob der Reiche nicht vielleicht viel härter gearbeitet hat als andere. Vielleicht hat er größere Verantwortung übernommen, wovor andere Angst gehabt hätten. Mit ziemlicher Wahrscheinlichkeit ist er auch ein höheres Risiko eingegangen. Er hätte alles verlieren können, wurde dann aber für seinen Mut belohnt. Das ist doch nur fair! Die Nicht-Gönner sehen es jedoch als verwerflich an, dass der Reiche oder der Unternehmer nicht mehr Steuern abgeben will, und unterstellen ihm Gier, Habsucht und Egoismus. Er solle doch gefälligst an das Gemeinwohl denken. Wo aber denkt derjenige an das Gemeinwohl, der sich vom Staat und von den Steuerzahlern über viele Jahre aushalten lässt?

Ich selbst sehe es als kleinlich, verbohrt und äußerst kurzfristig gedacht an, Unternehmer bis aufs Hemd auszuziehen, um ihnen möglichst wenig von dem zu lassen, was sie sich über die Jahre und Jahrzehnte hart erarbeitet haben. Damit vernichtest du ihre ganze Motivation. Ob das dann einem Land besser hilft, auf die Beine zu kommen, ist für mich äußerst zweifelhaft. Schau mal, wie du selbst darüber denkst. Denkst du wie die Masse? Bist du vielleicht ebenfalls der Meinung, dass diese „gierigen, nimmersatten Geldsäcke" gefälligst mehr zahlen sollten? Bist du dir mit dieser Forderung ganz sicher?

Was wäre denn, wenn es plötzlich dich selbst betreffen würde?

Wie wäre es, wenn du von nun an in den nächsten fünf bis zehn Jahren vollen Einsatz bringen würdest, dir unter schwierigsten Bedingungen deinen Traum erfüllen könntest und so endlich finanziell frei wärest? Nun ja, zumindest theoretisch, denn praktisch würde dann die Regierung kommen und sagen: „Drei Viertel von alldem, was du verdient hast, gehören dir nicht mehr – die sind für uns. Also her mit der Kohle!" Wie großzügig wärst du dann? Falls du jetzt, mit Verlaub, großspurig antworten möchtest, denke zuvor nach und erinnere dich:

Was du anderen missgönnst, missgönnst du auch dir selbst!

Ich will klarstellen, dass ich keineswegs dagegen bin, Steuern zu zahlen. **Das richtige Maß ist entscheidend.** Es sollte nicht so sein, dass Unternehmer für ihren Mut, ihre Produktivität und ihren Ideenreichtum bestraft werden. Aber in genau dieser Situation befinden sich mittlerweile mehr als genügend Menschen, sowohl Unternehmer als auch Arbeitnehmer in normalen und besseren Positionen.

Was ich ebenfalls äußerst bedenklich finde, ist die Art und Weise, wie einige mit mir befreundete Unternehmer in

Deutschland bei einer Steuerprüfung behandelt werden. Sie alle kommen sich dabei ausnahmslos wie Schwerverbrecher vor. Man hat das Gefühl, als stünden sämtliche Unternehmer unter dem Generalverdacht, Steuern am Staat vorbeizuschmuggeln. Es gibt mehr als genug Verbrecher auf dieser Welt, die es sich tatsächlich verdient haben, verfolgt und entsprechend behandelt zu werden – nicht jedoch all jene Unternehmer und Menschen, die für eine florierende Wirtschaft und für Arbeitsplätze kämpfen.

Ich kann mich da, als ich in der schönen Schweiz lebte, an eine ganz andere Behandlung erinnern, wovon sich Deutschland ruhig etwas abschauen könnte. **Vielleicht würden dann auch viel weniger Menschen auswandern.** In der Schweiz ist Steuerhinterziehung kein Strafdelikt. Das bedeutet: Sollte die Gemeinde oder der jeweilige Kanton zu der Erkenntnis kommen, dass du mehr zu bezahlen hast, nun, dann bezahlst du eben diesen Restbetrag, und damit ist es gut. Du wirst nicht wie in Deutschland wie ein Schwerverbrecher behandelt und öffentlich angeprangert, weil das Schweizer Recht die Meinung vertritt, dass der Bürger nur so eine Chance hat, sich gegen ein zu hohes Maß an Steuern zur Wehr zu setzen. Mit diesem Gesetz stellt die Schweiz also sicher, dass Politiker nicht nach Belieben Steuern festlegen und ihren Bürgern aufdiktieren können, nur weil eine Regierung ihren Staatshaushalt nicht in den Griff bekommt.

Dir ist sicherlich schon das ein oder andere Mal aufgefallen, dass die deutschen Politiker sehr gerne von „Maßhalten" sprechen, eine „Ausgabendisziplin" einmahnen und ein „Kürzertreten" fordern. **Warum fangen sie dann aber nicht bei sich selbst an?** Keiner von ihnen fährt mit einem VW Golf vor, im Gegenteil. Eine kostspielige Edelkarosse nach der anderen wird angeschafft, damit sich die Damen und Herren „standesgemäß" chauffieren lassen können. Müssen es denn immer die spritfressenden Fahrzeuge der Oberklasse sein, die der Steuerzahler zu zahlen hat? Du siehst auch hier wieder: Sie predigen Wasser und trinken selbst Wein. :)

Ich habe noch nie gehört, dass ein Schweizer Unternehmer freiwillig sein Land verlassen hätte und lieber nach Deutschland umgezogen wäre. Umgekehrt gibt es aber sehr viele, die von Deutschland in die Schweiz übersiedeln. Hier sollten die Damen und Herren Politiker, meiner bescheidenen Meinung nach, lieber etwas lernbereiter sein. Außerdem darf man sich als brav zahlender Staatsbürger auch einmal die Frage stellen, wohin denn eigentlich all die Steuergelder und Sozialabgaben der Angestellten fließen. Oder glaubst du tatsächlich, dass alles in Straßen, neue Schulen usw. investiert wird? Ich möchte mir nicht anmaßen, die Regierung zu kritisieren, doch gewisse Zweifel hege ich da sehr wohl und finde es schade, wie die Bürger eines Landes ausgenommen werden. In der Schweiz hingegen funktioniert es trotz der vergleichsweise geringeren und fairen Steuerabgaben gut.

Genauso wenig finde ich es in Ordnung, dass die wirklich großen Megakonzerne keinen Cent Steuern zahlen müssen, während der Mittelstand immer mehr ausgenommen wird und eine Steuer nach der anderen erhoben wird. Ob dies alles noch gerechtfertigt ist oder nicht, vermag bei diesem Steuerdschungel wohl ohnehin keiner zu sagen. Da blickt doch niemand mehr wirklich durch.

Ich erinnere mich noch sehr gut an den ehemaligen Finanzminister Hans Eichel, der auch hessischer Ministerpräsident war und somit aus beiden Ämtern die volle Pension beziehen wollte. Da er diese nicht bekam, klagte er. Hätte er Erfolg gehabt, hätten ihm fortan Monat für Monat 14.500 Euro zugestanden. Nun aber muss er sich mit läppischen 9.100 Euro zufriedengeben. „WOW!", kann ich da nur sagen. ;-) Kein Rentner, der lebenslang in die Rentenkasse eingezahlt hat, kommt auch nur ansatzweise auf 9.100 Euro – aber ein

Politiker, der niemals selbst etwas eingezahlt hat, sondern seine Pension vom Staat erhält, will sich nicht mit 9.100 Euro zufriedengeben und erwartet vom Steuerzahler noch mal 5.400 Euro zusätzlich!? Selbst wenn es hierfür einen Rechtsgrund gäbe – wo bleibt da die Moral?

Selbstständige, die ihr Leben lang die Wirtschaft eines Landes unterstützt haben, bekommen gar nichts, wenn sie nicht selbst dafür gesorgt haben! Immer mehr Menschen müssen mit einem Hartz-IV-Satz von unter 500 Euro im Monat auskommen, während gewisse Politiker mit 300 Euro und mehr am Tag (!) ihren Lebensabend genießen können. Überlege bitte einmal, wie viele Politiker derzeit in Pension leben und wie viele noch in Pension gehen werden. Diese Doppelmoral ist es, die viele Unternehmer ärgert.

Denk immer daran: Je schlechter es denjenigen Menschen geht, die produktiv sind oder etwas produzieren, desto schlechter wird es auch all den anderen Menschen gehen, die von den Einnahmen der aktiven Menschen leben.

Sozialsystem – ein Weg der Zukunft? Hartz IV & bedingungsloses Grundeinkommen

Wenn Deutschland für etwas bekannt ist, dann sicherlich für sein gutes und bislang noch stabiles Sozialsystem. Auch als Arbeitnehmer ist die Angst vor Arbeitslosigkeit latent vorhanden, doch ein deutscher Arbeiter oder Angestellter ist durch das System, für das er Beiträge zahlt, derzeit noch besser abgesichert als seine „Kollegen" in anderen Ländern oder Staaten. Schau nach Amerika, und du weißt, wie es dort den Menschen ergeht, die keinen Job mehr haben.

Es ist wichtig, Menschen, die – aus welchen Gründen auch immer – in Not geraten sind, finanziell zu unterstützen. Wenn beispielsweise eine Familie mit Kindern und Haus aufgrund von Arbeitslosigkeit von einem Tag auf den anderen kein Einkommen mehr hat, besteht hier zumindest eine gewisse Sicherheit, die man in einem solchen Fall noch vorübergehend hat, zumal ja in Form der Arbeitslosenversicherung dafür bezahlt wurde und die Betroffenen somit nicht nur Vorsorge getroffen, sondern auch ein gewisses Anrecht darauf haben. Auch ich selbst habe vor ca. 25 Jahren für etwa drei Monate Arbeitslosengeld in Anspruch genommen, nachdem ich von meinem überhitzten Chef gefeuert worden war.

Wo allerdings bei mir – und auch bei vielen mir bekannten fleißigen Arbeitnehmern und Unternehmern – der Spaß aufhört, ist das Hartz-IV-System in seiner aktuellen Version. Es gibt mittlerweile viel zu viele Menschen, die lieber Hartz IV in Anspruch nehmen, anstatt einer geregelten Arbeit nachzugehen. Etliche sehen nach eigenen Angaben nicht ein, eine Tätigkeit auszuüben, bei der ihr Gehalt nur geringfügig höher ist, als wenn sie den ganzen Tag zu Hause sitzen und sich von morgens bis abends eine Fernsehsendung nach der anderen reinziehen, ohne irgendetwas zu tun. Dass, wie ich einmal gelesen habe, ein Kellner (verheiratet, zwei Kinder) aus Mecklenburg-Vorpommern wöchentlich 40 Stunden schafft und damit nur etwa 40 Euro (!) mehr im Monat hat als ein Hartz-IV-Empfänger, der ebenfalls in einem Vier-Personen-Haushalt lebt, ist sicherlich kein Einzelfall.

Man muss sich die Frage stellen, **wie sich dieses Verhalten auf das Bewusstsein der arbeitenden Bevölkerung auswirken wird** und wie es um die Zukunft unserer Gesellschaft bestellt ist, wenn das so weitergeht. Hast du eine Idee? Diejenigen, die arbeiten könnten, aber wegen „lächerlicher" 40 oder 50 Euro mehr im Monat eben genau das nicht tun, sind meistens auch jene, die am lautesten schreien, dass die Reichen doch mehr zahlen sollen, dass das System nicht gerecht ist usw. usf. Einige von ihnen – wenn auch natürlich nicht alle – sind Menschen, die nach dem berühmten Schmarotzerprinzip leben. Leider. Und je mehr man dieses System unterstützt, umso mehr unterstützt man auch das süße Nichtstun ebendieser Menschen.

Irgendjemand aber MUSS dieses System ja finanzieren. Und so muss diese Last dann auf der anderen Seite von Menschen wie dir und mir, die als selbstständige Unternehmer oder als unselbstständige Arbeitnehmer tätig sind und etwas leisten, aufgefangen werden.

Wirklich profitieren kann keiner von dieser prekären Situation. Während es den Menschen, die von den Almosen des Staates und von denjenigen, die etwas leisten, abhängig sind, nicht guttut, weil ihr SELBST-WERT-GEFÜHL dadurch unter dem Tisch, sozusagen im tiefsten Keller liegt, kommen sich die anderen, die dieses System (mit)finanzieren, ausgenommen und ausgenutzt vor. Es ist eine Art Krieg, der entsteht, und zwar zwischen den Klassen. Die Kluft zwischen Arm und Reich klafft immer weiter auseinander, und das frisst alle mehr oder weniger auf: die Arbeitsamen, weil sie die „Faulen" finanzieren und für diese arbeiten müssen, und die sogenannten „Faulen", weil ihr Selbstwertgefühl angekratzt wird. Denn wer den ganzen Tag nur untätig herumsitzt und nichts produziert, nicht produktiv ist, der kann nicht von „Erfüllung" sprechen. Er wird mit der Zeit lethargisch und zu einem Menschen, der an allem und jedem nur noch herumnörgelt und sich selbst gerne als „Opfer der Umstände" sieht. Und egal, wie viel er bekommt, es wird verständlicherweise immer zu wenig sein.

Es gibt natürlich auch Menschen, die nicht absichtlich in das Hartz-IV-System abrutschen oder abgerutscht sind. Diese kämpfen aber auch und geben alles, um schnellstmöglich von dort herauszukommen. Wenn es sich also um einen vorübergehenden Zustand handelt, kann man das verstehen. Nicht akzeptieren und noch weniger begreifen kann ich jedoch, wenn dieser Zustand jahrelang oder fast ein Leben lang anhält. Die Frage ist doch: **Wie stark hat sich die Zahl der Hartz-IV-Empfänger nach oben oder nach unten verändert, seitdem es dieses System gibt?** Hat es uns genutzt oder geschadet? Sind es immer mehr Nutznießer geworden oder weniger? Wie lange ist im Schnitt jemand in Deutschland Hartz-IV-Empfänger? Wie groß ist die Chance, herauszukommen, wenn man einmal dahin abgerutscht ist?

Das sind Fragen, die ich enorm wichtig finde. Aus den entsprechenden Antworten könnte man vielleicht ersehen, was Sinn macht und was nicht. Doch welche Regierung legt schon die wahren Zahlen auf den Tisch?

Ich finde es auch schade, dass Unternehmer, die Insolvenz anmelden müssen, keinerlei Absicherungen haben. Diese bekommen kein Arbeitslosengeld, wohl aber direkt Hartz IV. Nun gibt es aber – zumindest in Deutschland und in Österreich – auch noch diejenigen, die immer lauter nach einem **bedingungslosen Grundeinkommen** schreien. Aus den oben genannten Gründen bin ich nicht überzeugt, dass dies wirklich vorteilhaft wäre, denn ich frage mich: **Wer soll oder müsste dafür bezahlen?** Schließlich wird immer irgendjemand dafür aufkommen müssen. Und fair wäre es doch nur dann, wenn diese Mindestsicherung absolut jedem Menschen auf der ganzen Welt in gleicher Höhe zur Verfügung stünde, unabhängig davon, ob er bereit ist, mehr zu arbeiten und zu verdienen oder nicht. Und auch unabhängig davon, ob sich jemand bereits etwas aufgebaut hat oder nicht. Das wäre gerecht.

Ein System aber, das nur denjenigen etwas gibt, die ohnehin schon jetzt nichts tun, und im Gegensatz dazu diejenigen bluten lässt, die etwas tun, ist meiner Meinung nach mehr als unfair, und ich kann es auch nicht als gerecht empfinden. Bevor du also entweder für oder gegen etwas bist, überlege dir immer auch die Konsequenzen. Wem nützt es wirklich etwas und wem schadet es?

Persönlich fände ich es sinnvoller, das Geld den Rentnern zu geben, also all jenen Menschen, die in der Vergangenheit etwas geleistet haben – und zwar egal, ob sie ehemalige Selbstständige oder Angestellte waren –, und dies möglichst steuerfrei, um dadurch unsere Renten abzusichern. Denn wie oft landen Menschen nach jahrelanger Arbeit bei einer mageren Rente! Zumindest wäre dies sinnvoller, als alle diejenigen zu finanzieren, die im besten Alter sind und nichts tun.

Zu diesem Thema schrieb ich übrigens vor zwei Jahren einen langen und ausführlichen Artikel, der in einigen Magazinen unter dem Titel „Menschen am Existenzminimum?" erschien und der auch heute noch im Blog auf meiner Webseite nachzulesen ist. Als ich in der Schweiz lebte, fand ich das System dort sehr gut, denn selbst als Unternehmerin musste ich einen Rentenbeitrag leisten. Dies war mir damals zwar fremd, doch im Nachhinein erwies es sich als sehr praktisch.

Wie denkst du über all diese Dinge? Vertraust du einfach blind und ohne Vorbehalte auf die Regierung? Wie ist deine Meinung dazu?

Ich selbst fände folgende Verbesserungen sinnvoll:

a) Jeder Unternehmer sollte Anspruch auf Arbeitslosengeld haben, falls er Insolvenz anmelden muss.

b) Arbeitnehmer wie Unternehmer sollten ein Grundrecht auf eine Rente haben.

c) Die Rente sollte um mindestens 30 Prozent höher sein und dafür komplett steuerfrei und für alle bleiben.

d) Arbeitslosengeld und Hartz IV sollten nur auf einen bestimmten Zeitraum beschränkt werden.

e) Mit einem bedingungslosen Grundeinkommen sollten zunächst nur kranke Menschen unterstützt werden, die wirklich nicht arbeiten können, weil sie behindert sind oder Ähnliches. Und einführen – wenn überhaupt – sollte man dieses Grundeinkommen für alle erst dann, wenn es für jeden Menschen auf dieser Welt bedingungslos zur Verfügung stünde – egal, ob

Arbeitnehmer, Arbeitgeber, Kranke, Einzelunternehmer oder Großunternehmer (nicht jedoch, wenn wiederum ausschließlich die Fleißigen dafür bluten müssten).

f) Die Steuern sollten für alle Steuerzahler auf ein Maximum von höchstens 25 Prozent reduziert werden. Dies sollte dann für alle gelten. (Ein Traum, ich weiß.)

g) Die Gehälter aller Arbeitnehmer – auch in Deutschland – sollten um mindestens 25 Prozent erhöht werden, um so ein würdigeres Leben zu ermöglichen.

h) Neue Technik – umweltschonend und im Einklang mit der Natur – sollte implodierend statt explodierend verwendet werden. (Diese existiert zwar bereits, ist aber nicht im Sinne der Wirtschaft.)

i) Menschen, die den Schritt in die Selbstständigkeit wagen wollen, sollten sowohl seitens der Banken als auch seitens der Regierung mehr Unterstützung bekommen. Gleichzeitig sollte ihnen ein Berater zur Seite stehen, der ihnen dabei hilft, wichtige Aspekte während des Aufbaus ihres Geschäftes bzw. ihres Unternehmens nicht zu übersehen (also möglichst kein Bankberater, wie ich ihn damals hatte).

j) Menschen sollten darin unterstützt werden, ihren Leidenschaften in Bezug auf ihre Arbeitswahl zu folgen.

k) Menschen, die sich als Arbeitnehmer in ihrer Arbeit bemühen, sollten besser entlohnt und stärker anerkannt werden. Dies könnte aber teilweise nur dann geschehen, wenn auch der Arbeitgeber entlastet wird.

l) Menschenwürdiges Verhalten seitens der Beamten und der Regierung bei einer Steuerprüfung und bei Steuerhinterziehung sollte die Regel, nicht die Ausnahme sein.

usw.

Ich bin mir sicher, dass unter diesen Bedingungen viele Unternehmer nach Deutschland oder in ihre Heimatländer zurückkehren würden. Dadurch würden wieder mehr Menschen eine Arbeit finden, die ihren Neigungen und Fähigkeiten entspricht. Der Mittelstand und die Kleinunternehmen würden gestärkt werden. Die steigende Armut könnte gesenkt werden. Weniger Menschen würden an die Armutsgrenze kommen oder sogar unter diese Grenze rutschen und hätten wieder eine Chance. Die Reichen dürften auch weiterhin reich bleiben oder reich werden. Selbst die wenigen wirklich Superreichen, die deutlich reicher sind als alle anderen Reichen zusammen, könnten ihr Geld behalten.

Somit würde jeder Ebene gedient werden. Und jeder Mensch könnte und dürfte sich auf der Ebene aufhalten oder sich für die Ebene einsetzen, auf der es ihm am ehesten zusagt. Doch ist dies nur meine Meinung, und ich erwarte nicht, dass jeder Mensch es genauso sieht.

Kooperationen – zu wessen Vorteil? Die Win-win-Methode

Achte sehr genau darauf, wenn dir jemand eine Kooperation vorschlägt, dass diese für dich genauso vorteilhaft ist wie für deinen (potenziellen) Partner. Um dies zu gewährleisten, muss die betreffende Person genauso viel (oder ebenso wenig) zu geben haben wie du, selbst wenn dies in einem anderen Bereich ist. Es kann zwar durchaus einmal um bis zu 10 Prozent variieren, dass einer mehr geben muss, doch sollte der Unterschied nicht größer sein, ansonsten entsteht ein zu starkes Ungleichgewicht.

Ich habe immer wieder Menschen getroffen, die mir irgendwelche Kooperationen vorschlugen, die aber bei genauerer Betrachtung ihnen selbst mehr gaben als umgekehrt. Heute frage ich in so einem Fall immer ganz konkret, was genau derjenige, der mir eine Zusammenarbeit vorschlägt, zu geben hat, was ich nicht schon habe, bevor ich mir Gedanken über ein weiteres Vorgehen mache. Aus diesem Grund gehe ich in letzter Zeit sehr selten Kooperationen ein, weil es sich meistens nicht um eine sogenannte Win-win-Situation, sprich um eine Sache handelt, an der beide Parteien gewinnen. Gutmütigkeit wird leider oft mit Dummheit gleichgesetzt. Deshalb sei wachsam!

Ich bin nicht grundsätzlich gegen Kooperationen, doch muss eine solche auf Augenhöhe stattfinden, damit sich keine der beiden Parteien benachteiligt fühlt. Weitere Erfahrungen hierzu musst du selbst machen, weil du nur so verstehen wirst, was ich sage.

Tipp zum Schluss: das Geldheft

Ich bekam von meinem damaligen Finanzcoach den Auftrag, mir ein kleines Notizheft anzuschaffen, das ich permanent bei mir tragen sollte. In dieses Notizheft trug ich tagtäglich jede noch so kleine Ausgabe ein. Zum Beispiel:

Montag, 3. August:

7,50 Euro => Brot und Kuchen

9,80 Euro => Büroartikel (2 Leitz-Ordner)

125,– Euro => Werbung für die Zeitung

Dienstag, 4. August:

1.250,– Euro => Miete

10,30 Euro => Pizza bestellt

58,70 => Supermarkt

usw.

Ich befolgte diesen Rat und versuchte, 80 Prozent meiner Ausgaben in bar zu tätigen. Genau Buch zu führen und in erster Linie mit Bargeld zu bezahlen, darin liegt das große Geheimnis. Dadurch bekommst du innerhalb kürzester Zeit ein besseres Gefühl für den Umgang mit Geld. Alles andere hingegen, was du über Kreditkarten, Überweisungen u. dgl. erledigst, ist lediglich eine reine Information auf dem Papier oder sind nur ein paar Zahlen auf einem Bildschirm, weil das Gefühl der konkreten Handlung dazu fehlt.

Über mehrere Monate hinweg hielt ich mich sehr konsequent an diese Vorgaben, so lange, bis sich mein Verhältnis zum Geld stark verändert hatte. In meinem „Go4Values"-Seminar „Geld, Klarheit und Struktur" befassen wir uns einen ganzen Tag lang ausschließlich mit dem Thema „Geld". Ich kann es dir nur wärmstens empfehlen.

Geld – ein Spiegel deiner Schöpfung

Du hast nun sehr viel über Geld und Erfolg gelesen. Das eine oder andere kam dir möglicherweise schon aus deinem Leben bekannt vor, andere Ansichten waren für dich vielleicht komplett neu.

Wie auch immer es dir jetzt gehen mag, ich empfehle dir, Geduld mit dir zu haben. Solltest du ab und an „ungesunde" Muster in dir erkennen, dann nimm dir die erforderliche Zeit, um intensiv daran zu arbeiten und bei Gelegenheit – wenn du magst (und wozu ich dich herzlich einlade) – auch meine Seminare zu besuchen. Einiges geschieht bereits allein dadurch, dass du dieses Buch liest, dass du dir vieles wirklich bewusstmachst und darüber nachdenkst. An andere Muster wiederum, die eventuell tiefer liegen, muss auch auf eine andere Art und Weise herangegangen werden.

Lerne auf jeden Fall, das Geld als eine Art Spiegel, gleichsam als Ergebnis deiner Schöpfung zu betrachten. Etwas, das du durch deinen Wert, was immer du produktiv erschaffst, erzeugst und das dir als Tausch zukommt. Lerne auch, mit Geld so umzugehen, als wäre es dein Partner, dein guter Freund, den du wertschätzt und gernhast. Ich weiß, dass dies sehr schwierig ist, wenn du es anders gelernt hast. Lass dir Zeit und habe Geduld mit dir. Manche Dinge gehen schnell, andere wiederum brauchen länger.

Habe genug Achtung vor dir, um dir deines Wertes bewusst zu werden und diesen auch einzufordern. Es muss nicht immer Geld sein, was du im Gegenzug bekommst, doch sollte es dem von dir gegebenen Wert entsprechen und sich für dich gut anfühlen.

Für den Moment soll es das zu diesem Thema bis hierher gewesen sein. Wenn du meine Anregungen umsetzt oder zumindest anfängst, darüber nachzudenken, hast du schon sehr viel getan. Für weitere Unterstützung stehe ich dir gerne zur Verfügung.

In Respekt vor deinem Mut, dich diesem umfangreichen Thema zu stellen, verbleibe ich bis zum nächsten Teil

mit sonnigen Grüßen

Deine Daniela

Ein paar Stimmen verschiedener Seminarteilnehmer

Danke!!! Ich bin total begeistert über Dein Seminar! Die Breite und Tiefe hat mich überrascht. Ich bin froh, genau mit diesem Seminar angefangen zu haben, meine Weiterbildung als Mensch zu starten. Der Ursprung liegt in uns selbst, und damit ist das „Werte & Erfolg"-Seminar genau der richtige Ansatz. Liebe Dany, Deine Art, ein Seminar zu gestalten, und Deine persönliche Art, dies zu tun, sind einmalig! Sehr gerne werde ich weitere Seminare und Coachings buchen, denn ich kann mir keine bessere Begleitung vorstellen. – Uwe

Liebe Daniela, vielen Dank erst mal für das sehr private und tolle Seminar in Österreich. Ich habe mich anfangs etwas gesträubt zu kommen, weil Du gesagt hast, da kommen Menschen, die erst erfolgreich werden wollen, und dass es somit nicht unbedingt das Passende für mich sei. Aber irgendetwas in mir hat gesagt, das ist genau das, was mich interessiert – Bewusstsein, Werte & Erfolg. Die 2 ½ Tage haben mich sehr beeindruckt. Beeindruckt hat mich, wie Du als Mensch das rüberbringst. Dass Du Dir wirklich tiefe Gedanken machst über das, was Du sagst, und dass Du das verinnerlichst. Dass Du die Dinge selbst lebst. Dass Dir die Menschen wirklich wichtig sind. Und Du hast ihnen und mir viele praktische Werkzeuge an die Hand gegeben. Es ist schön, dass es eine Trainerin gibt, die neben Network-Marketing-Erfahrungen tiefe menschliche Zusammenhänge versteht. Damit unterscheidest Du Dich von der Masse der oberflächlichen Trainer. Weiterhin viel Erfolg. Mach weiter so. – Hakan

… ich habe es wirklich nicht für möglich gehalten!!!!! Liebe Dany, als ich mich für das 3½-Tage-Intensiv-Coaching bei Dir

auf Mallorca angemeldet habe, glaubte ich, ich wüsste schon sooo vieles und hätte das meiste schon „gelöst", da ich schon so einiges in dieser Richtung unternommen und den größten Teil meines Geldes dafür investiert habe.

Auf dem Hinflug zu Dir hatte ich den Wunsch und die Absicht, dass wenigstens EINES der „Themen", die ich mir notiert hatte und die mich seit Jahren begleiten, geklärt und geheilt werden würde – doch nun sind ALLE notierten Themen aufgelöst!!

Es ist auch jetzt noch nicht fassbar für mich. Ich bin soooo glücklich – vom Verstand her unbegreiflich – vom Gefühl her wundervoll. Und das, obwohl sich an meinen äußeren Lebensumständen nichts geändert hat. Ich bin endlich (!!!) bei MIR angekommen und neugierig auf alles, was jetzt kommt – in meinem NEUEN Leben.

Habe mir selbst mein allerschönstes Geburtstagsgeschenk gemacht. Liebe Dany, viiiiielen Dank für Deine außergewöhnliche Arbeit – sie ist unbezahlbar! Freue mich sehr auf das „Nonplusultra" Deiner Angebote => das ALL-IN-ONE-Seminar (wobei ich kaum glauben kann, dass es noch eine Steigerung geben kann). Ich umarme Dich! In tiefer Dankbarkeit.
– Kathrin

Liebe Dany, das Erste was mir einfällt, wenn ich an mein zurückliegendes Intensive bei Dir denke, ist Dankbarkeit. Mein Herz ist voll davon. Wie oft habe ich in den Wochen nach dem Intensive „Danke, Dany" gesagt, wenn ich wieder etwas geschafft hatte, an das vorher nicht zu denken gewesen war. Ich bin über mich selbst hinausgewachsen und habe Dinge gewagt, habe die blockierenden Ängste beiseitegeschoben und Freiheit gespürt. Du hast mir geholfen, alte Krusten aufzubrechen und das Leben neu zu begrüßen und mit mehr Leichtigkeit zu leben. Alte Muster dürfen verändert werden. In dem Prozess bin ich noch und es ist spannend, was da noch alles kommt. Danke für Deine Ermutigung, das anzugehen, mich auf mich und meine Bedürfnisse zu besinnen. Ich geh jetzt mit mehr Bewusstsein und weniger Angst an Dinge und vor allem an Menschen heran. Deine Klarheit und Dein großes Herz haben mir sehr geholfen, DANKE, DANY!!! Herzlichste Grüße! – Birgit

Liebe Daniela, danke für deine 150 Prozent, die du immer gibst. Danke für deine Liebe, Nähe und Herzlichkeit, deinen Humor und deine unglaubliche Klarheit in all deinem Tun!!! Du nimmst liebevoll die Schleier der Ängstlichkeit durch klare Ansprache, bringst die Dinge auf den Punkt, und das führt zu Effektivität und Erfolg!! – Bettina

Liebe Daniela, mir ist bewusst geworden, dass ich viele Sachen im Leben nicht richtig gesehen habe. Vor mir ist sehr viel Arbeit. Was wirklich Werte für mich sind. Mir ist klargeworden, dass mein Leben eine Routine geworden ist, dass ich mit mir anders umgehen soll. Du hast mir viele Impulse gegeben, die für mein Leben sehr wichtig sind. Du hast mich richtig begeistert. Ich danke dir von ganzem Herzen. – Katica

Liebe Dani, zuerst bedanke ich mich für diese drei Tage. Es war super interessant. Beim Thema Geld hat sich in mir etwas gelöst, was ich seit Jahren mit mir herumtrage. Schlimmes Gefühl ... Danke, dass ich hier bei dir sein darf. Liebe Grüße. – Harry

IV Liebe, Freiheit, Sein

... so viel mehr als nur Wörter

Wenn du alles auf dieser Welt verstehen und erklären könntest, aber nicht dein Herz – dann hättest du gar nichts verstanden und umsonst gelebt.

Und damit heiße ich dich herzlich willkommen zu Teil IV meiner „Go4Values"-Reihe. Solltest bereits Teil I, Teil II und Teil III gelesen haben, dann kannst zu Recht sagen, dass wir gemeinsam eine kleine Reise hinter uns gebracht haben. Das freut mich sehr und ich möchte dich für deinen Mut beglückwünschen, dich diesen Themen zu stellen.

Teil I befasste sich weitgehend mit einem Teil meines Werdeganges, inklusive dem, wofür sowohl ich als auch meine Marke „Go4Values" stehen. Teil II mit dem Titel „Der bittersüße Erfolg" beschäftigte sich mit den Aspekten des materiellen Erfolges, wie ich selbst es mehrfach in der Praxis erlebt habe: auf einer eher sachlichen, rationalen und logisch nachvollziehbaren Ebene, die den geistigen Bereich bewusst nicht behandelt bzw. nur oberflächlich streift.

Teil III hatte etwas zum Inhalt, das in unserer Gesellschaft als angebliches Tabuthema zwar sehr stiefmütterlich behandelt wird, aber dennoch einen wichtigen Bestandteil unseres täglichen Lebens und in unserem Miteinander darstellt: das Geld. Dieser Abschnitt behandelte Themen wie unsere derzeitige Marktsituation, unsere Wirtschaft und unsere Arbeit, unseren Umgang mit und unsere Beziehung zu Geld, Steuern, Spenden etc. Die Aussagen darin sind teilweise recht provokant, können dir jedoch einen weiteren Blickwinkel in deinem Leben eröffnen, insbesondere dann, wenn du das Thema Geld lieber als „nicht so wichtig" oder als „nicht für dich bestimmt" in einer Schublade ablegen möchtest. ;-)

In Teil IV werden wir nun gemeinsam tiefer gehen und uns weniger auf der rein rationalen Ebene aufhalten als vielmehr auf einer ganzheitlicheren, energetischen und eher unbewussten Ebene, die aber nichtsdestotrotz den größten Einfluss auf unser Leben hat – und zwar unabhängig davon, ob wir uns dessen bewusst sind oder nicht.

An den Beginn möchte ich ein Zitat aus dem Film „Stadt der Engel" mit Nicholas Cage stellen, dessen Aussage ich nur bekräftigen kann:

> *„Manche Dinge sind wahr, ob man nun daran glaubt oder nicht."*

Lass uns nun gemeinsam unsere Reise mit den folgenden Zeilen fortsetzen und uns ansehen, zu welchen neuen und tieferen Erkenntnissen sie uns führen.

Mein Leben lang – und das ist jetzt die sehr wesentliche andere Seite des Erfolges – habe ich nach diesem „etwas mehr" gesucht und schon sehr früh erkannt, dass ich das, wonach ich suchte, nicht nur in meinem äußeren Erfolg oder in „mehr Geld" finden würde. Diese Sehnsucht in mir fing bereits sehr früh an, daher erlaube ich mir an dieser Stelle, etwas weiter zurückzugehen, um dir ein möglichst vollständiges Bild zu geben, bevor wir uns weiter vorwagen.

Bereits in meiner frühen Jugend, genau genommen im Alter von 10 oder 11 Jahren, fing ich an, nach Antworten in Bezug auf das Leben zu suchen. Verschiedene Umstände meines damaligen Lebens und mein Drang nach mehr Wissen trieben mich regelrecht voran. Ich sah bei meiner Mutter ein Gebetsbuch und fragte sie, ob es denn stimme, dass Wünsche in Erfüllung gehen und das Göttliche diese erhören würde, wenn man seine Wünsche, wie es in diesem Buch stand, mit den darin enthaltenen Gebeten bei Kerzenlicht rezitierte.

Meine Mutter bejahte dies und betonte, dass sich die Wünsche sogar noch schneller erfüllen würden, wenn man dazu in die Kirche geht. In meinem jungen Alter glaubte ich ihr dies zu 100 Prozent. Beten hatte ich schon von meiner Oma gelernt und es war mir also nicht gänzlich neu, außer dass sich die Sprache verändert hatte. So zündete ich jedes Mal, wenn ich allein zu Hause war, eine Kerze an und begann damit, diese Gebete zu sprechen, wieder und immer wieder. Ich ging, wann immer es mir möglich war, in die Kirche bei uns im Dorf und versuchte, sehr aufmerksam zuzuhören, was der Pfarrer sagte. Dies wiederholte ich jahrelang, und weil meine ersehnten Antworten ausblieben, fing ich im Alter von ca. 14 oder 15 Jahren an, mich noch intensiver sowohl mit der eigenen (von Geburt an auferlegten) Religion als auch mit den verschiedenen christlichen Religionen und anderen Glaubensrichtungen, die es dort gab, zu beschäftigen.

Überall wurde von der unendlichen göttlichen Liebe gesprochen und beispielsweise davon, nicht zu urteilen oder zu verurteilen. Was ich jedoch erlebte, war jeweils das genaue Gegenteil. Die Gemeindemitglieder mancher Kirchen oder christlicher Gemeinden waren die ganze Zeit über damit beschäftigt, sowohl mich als auch andere zu verurteilen, wenn ich etwas nicht so gemacht hatte, wie es erwünscht war, wenn ich nicht so häufig am Gottesdienst teilnehmen konnte, wie es die Gebote verlangten, oder wenn ich nicht richtig gekleidet war. Im Alter von ca. 15 Jahren beschloss ich schließlich, mich einer freien Gemeinde zuzuwenden, und trat aus der Kirche meiner Familie und meiner Kindheit aus, denn ich war überzeugt, dort weder die Verbindung zum Leben, nach der ich suchte, noch die Antworten auf meine Fragen zu finden.

Dieser Tag damals war ein rabenschwarzer Tag für meinen armen Vater, der sich aus Protest über meinen Schritt betrank. Ich ging als Einzige in meiner Familie neue Wege. Je mehr ich versuchte, Antworten in unserem doch sehr begrenzten kommunistischen System und in den verschiedenen Richtungen zu finden, umso schlimmer wurde es für meinen Vater. Später, als wir bereits in Deutschland waren, schaute ich mir weitere Glaubensrichtungen etwas näher an, unter anderem – aufgrund meiner damaligen Beziehung mit Ömer – auch die islamische Kultur. Jahre später beschäftigte ich mich mit Meditation, mit Hinduismus sowie Buddhismus und Ähnlichem.

Meine Mutter, die ich einmal besuchte, war zu jener Zeit sehr gestresst und es ging ihr nicht sonderlich gut. Also empfahl ich ihr, mithilfe einer CD, die ich gerade dabeihatte, eine harmlose geführte Entspannungsmeditation zu machen. Dies hatte zur Folge, dass sich mein Vater dermaßen aufregte und mit mir zu streiten begann, dass ich gehen musste.

Mein Vater hatte eine unendliche Angst vor den tieferen Dingen, und sich damit befassen wollte er noch weniger. Mit meiner Sichtweise rüttelte ich, wenn auch unbewusst und ungewollt, an allem, was bei uns zu Hause eingefahren und „so schön stabil" war – auch wenn es nicht funktionierte und keiner damit wirklich glücklich war. Aber das wollte niemand hören, am allerwenigsten mein Vater. Seine größte Angst bestand darin, in irgendeiner Art von strenger Religion oder Glaubensrichtung gefangen zu sein. Deshalb ließ er absolut nichts davon an sich heran. Er kam allerdings dennoch nicht drum herum, weil meine Mutter, zu seinem großen Verdruss, Jahre später in einem sehr strengen Sinn christlich gläubig wurde und alles, wogegen sich mein Vater Zeit seines Lebens gewehrt hatte, schließlich Realität wurde. Aber in Laufe der Zeit war er dann, wenn auch nur zum Teil, sogar glücklich damit.

Auf der anderen Seite war mein Vater der hilfsbereiteste und liberalste Mensch, den man sich vorstellen kann. Wenn jemand im Freundeskreis ein Problem hatte oder etwas kaputtging, war er der Erste, der gerufen wurde und herbeieilte, um zu helfen oder um Dinge zu reparieren. Er ging dabei innerlich regelrecht auf und konnte Tage oder sogar Wochen damit verbringen, einen beschädigten Fernseher oder eine Waschmaschine zu reparieren, die jeder andere schon längst auf den Schrotthaufen geworfen hätte. Für meinen Vater war diese Tätigkeit, ohne dass er sich dessen überhaupt bewusst war, Meditation und Entspannung in ihrer reinsten Form. Bei seiner Beerdigung waren unzählige Menschen zugegen, und dies, obwohl er weder bekannt, berühmt oder gar irgendwie finanziell reich gewesen wäre. Doch er war äußerst beliebt.

Wie du siehst, schließt das eine das andere nicht aus. Die tief sitzende Angst meines Vaters auf der einen Seite hatte nichts damit zu tun, dass er grundsätzlich ein sehr gutmütiger Mensch war, den viele gerne in ihrer Umgebung hatten – selbst die extremen und streng religiösen Gemeindemitglieder meiner Mutter.

Erst im Nachhinein habe ich erkannt, dass da einfach niemand war, mit dem mein Vater über all das hätte reden und sich erlauben können, die Dinge infrage zu stellen (ohne dafür als der große Sünder hingestellt zu werden), um seine persönlichen Antworten zu finden. Ich war jedoch noch zu jung und selbst auf der Suche nach den Antworten auf meine eigenen Fragen und konnte ihm insofern nicht helfen. Während ich in der Hoffnung auf Antworten sehr offen auf alles Neue zuging und meiner tiefen inneren Sehnsucht folgte, die mich leitete, hatte er vor nichts mehr unbewusste und doch panische Angst, als vom Dogmatismus eingesperrt zu werden.

So wie meinem Vater mit seiner Angst ergeht es vielen Menschen. Sie suchen zwar, auch wenn sie nicht immer konkret wissen, wonach, doch gleichzeitig lässt sie die Furcht davor zurückschrecken, wirklich in die Tiefe zu gehen, um nach den Antworten auf all die Fragen in ihrem Innersten zu forschen. Als ob es nur das eine oder nur das andere Extrem geben würde.

Ist es nun einfach nur die Angst vor neuen Erkenntnissen, die Angst vor dem Unbekannten, vor dem Leben, oder eher die Angst vor der Angst, die genauso viele Menschen haben?

Wahrscheinlich ist es eine Mischung aus allem. Die wenigsten würden jedoch offen und aufrichtig zugeben, dass sie eine panische Angst davor haben, das, was dabei möglicherweise hochkommen könnte, nicht mehr unter Kontrolle zu haben. Und ebendiese Angst ist es, die uns oftmals lähmt oder blockiert, wenn wir tiefer sehen wollen.

Leider gab es niemanden, der meinem Vater das „Leckerli" hätte zeigen können, also das, was er davon gehabt hätte, wenn er genauer hingeschaut und Veränderungen zugelassen hätte. So aber sah er sich nur mit der Angst davor konfrontiert, in irgendeiner Art von Dogmatismus oder strenger Ideologie eingesperrt zu werden. Er fand keinen offenen Blick für die innere Freiheit und die Liebe, die als Ergebnis hätte entstehen können, wenn er bereit gewesen wäre, an sich zu arbeiten.

Doch lass uns an dieser Stelle noch etwas weiter zurückgehen, um zumindest ansatzweise ein Verständnis dafür zu bekommen, woher diese Angst stammt, wie sich das Ganze entwickelt, funktioniert und überhaupt so entstehen kann, dass es anschließend als Ergebnis von uns Menschen so unbewusst gelebt wird. Tatsache ist, dass wir seit dem Tag unserer Geburt mit unseren Sinnen absolut ALLES um uns herum aufnehmen. Zu diesem Thema gibt es inzwischen unzählige Studien, die dazu angetan sind, auch dem letzten Ungläubigen die Augen zu öffnen.

Dr. Bruce Lipton war in den 1970er-Jahren als Biologieprofessor tätig und forschte mit Stammzellen. Entgegen der damaligen Lehrmeinung zeigten seine Forschungsergebnisse, dass nicht die Gene allein das Zellwachstum bestimmen, sondern dass verschiedenste Einflüsse aus unserem Umfeld ebenfalls eine wesentliche Rolle spielen. Heute ist dies unter dem Begriff „Epigenetik" bekannt und eine anerkannte Wissenschaft, damals jedoch wurde Dr. Lipton als Ketzer hingestellt. Er kündigte schließlich seinen Job und gab Interviews, in denen er klarstellte, dass wir Menschen keine Opfer unserer Gene, sondern nur **Opfer unserer unbewussten Überzeugungen** sind, und dass wir diese, wenn wir dazu bereit sind, zu einem großen Teil ändern können.

Dies ist alles andere als leicht zu verstehen, aber es geht sogar noch weiter. Nicht erst ab dem Zeitpunkt unserer Geburt, sondern bereits ab dem Moment, in dem der männliche Samen im Mutterleib auf die Eizelle trifft, fangen wir an, Eindrücke aus unserem Umfeld aufzunehmen. Das bedeutet im Klartext, dass wir mit allem, was unsere Mutter erlebt, konfrontiert werden – und zwar schon lange bevor wir überhaupt zu denken oder zu unterscheiden beginnen.

Nun stellt sich also die Frage, wie das Leben der Mutter während der Schwangerschaft verlief, um zu verstehen, was man in dieser Zeit als noch ungeborenes Kind bereits alles aufgenommen hat. Rauchte die Mutter? Trank sie? Oder nahm sie gar Drogen? War sie verärgert über ihre Schwangerschaft? War diese ein „Unfall"? War Gewalt im Spiel? Wie entwickelte sich ihre Beziehung im Verlauf dieser neun Monate? Liebte sie ihren Partner? War das Kind erwünscht und willkommen oder wurde es bereits vor seiner Geburt abgelehnt? War die Mutter voller Angst? Hatte sie Panikattacken? Musste sie ständig kämpfen und zu viel arbeiten, um zu überleben? Gab es Stress in der Familie? War sie misshandelt worden oder hatte sie eine schwierige Kindheit? War ihr Partner untreu?

Gab es eventuell permanent Probleme und Spannungen in der Ehe oder mit den Eltern bzw. den Schwiegereltern?

Nun wächst also dieser kleine Embryo im Bauch der Mutter heran, und da schlägt dieses kleine Herz und ist alldem schutzlos ausgeliefert. Das Ungeborene bekommt bereits vor der Geburt alles mit, noch bevor es überhaupt rational denken kann, und nimmt all die negative Energie wahr: dass alles schwierig ist, dass es vielleicht ein ungewolltes Kind ist, dass da viel Kummer und Trauer vorhanden ist, dass es im Leben generell nicht viel zu lachen gibt usw. usf.

Dieses Kind wächst dann irgendwie heran, versucht mit aller Gewalt, immer wieder lieb zu sein, der Mama zur Seite zu stehen, Verantwortung zu übernehmen, nicht aufzufallen, um unbewusst zu beweisen, dass es „gut ist, dass es am Leben ist" – als bräuchte es dafür eine Rechtfertigung oder die Absolution. Die Eltern sagen: „Ach, das ist das einzige Kind, auf das man sich verlassen kann, alle andere machen, was sie wollen", oder sie geben Ähnliches von sich. Dieses Kind fühlt sich in seinem Sein bestätigt und würde nie etwas infrage stellen, weil es ja dadurch von Mama und Papa angenommen wird. Und es wird in 90 Prozent der Fälle exakt das gleiche Prinzip auf seine eigenen Kinder übertragen. Da stellt sich nun die Frage:

Wann war dieses Kind wirklich frei? Wann hat es sich erlaubt, sich selbst, sein wahres Ich wirklich zu zeigen, zu leben und nur das zu tun, wonach ihm war?

Je älter es wird, umso weniger passiert dies. Die einen rebellieren später im Erwachsenenalter auf ihre Art, indem sie beispielsweise übermäßig Alkohol trinken oder Drogen konsumieren, die anderen, indem sie ständig danach streben, alles „ganz anders" machen zu wollen. Doch egal, welche Richtung sie einschlagen, hinter allem steckt Zwang.

Das in der Tiefe zu erkennen ist an sich schon schwirig genug. Im Kindheitsalter sind wir allem, was auf uns einprallt oder womit wir konfrontiert werden, schutzlos ausgeliefert. Schutzlos deshalb, weil wir alles nur aufsaugen und unser Gehirn noch nicht in der Lage ist, Sinnvolles von Schädlichem zu trennen. Später, wenn unser Gehirn dann imstande ist zu selektieren, ist es insofern zu spät, als die Weichen bereits gestellt und die Prägungen wie ein Brandzeichen in unserem körperlichen System verankert wurden. Und genau wie unseren Eltern davor fehlt es auch uns selbst an der Bereitschaft, tiefer sehen zu wollen.

Das bedeutet, dass sowohl das, was uns guttut, als auch das, was uns schadet, in derselben Intensität auf uns einwirkt. Was uns aufbaut und was uns schadet (sofern da überhaupt eine Balance ist, die bei manchen jedoch kaum existiert), bleibt gemeinsam in unseren Feldern gespeichert wie ein Fingerabdruck und ist jederzeit in uns abrufbar. Wir werden im weiteren Verlauf noch einmal auf diesen Fingerabdruck in unserem Feld und auf die daraus resultierenden Folgen zu sprechen kommen.

Unterschiedlichen Studien zufolge wird ein Kind bereits vor seinem siebten Lebensjahr **mehr als 40.000 Mal** gemaßregelt! „Tu das nicht!" – „Das darfst du nicht." – „Das sagt man nicht." – „Frag nicht so viel!" – „Sag Bitte!" – „Sag Danke!" – „Sei folgsam!" – „Hör auf, mich zu nerven!" – „Das macht man nicht so." usw. usf.

Dies ist eine dermaßen gewaltige Zahl, dass sicherlich jedes Elternteil, das damit konfrontiert wird, es am liebsten abtun und erwidern möchte: „Ja, aber ich selbst habe das bei meinen eigenen Kindern nicht so gemacht." Da würde ich dann am liebsten sagen: „Stimmt – du hast es deutlich häufiger getan." ;-) Es ist sehr schwer für Eltern, dieser Tatsache ins Auge zu sehen und sich einzugestehen, eventuell doch nicht immer alles perfekt gemacht zu haben. (An dieser Stelle sei erwähnt, dass dies der Fall war, weil sie es selbst nicht besser wussten oder wissen wollten.)

Ein Hinweis ist mir in diesem Zusammenhang besonders wichtig: **Es geht hier nicht um eine Verurteilung dieses Verhaltens, sondern um eine Feststellung.** Was als Resultat einer solchen Erziehung herauskommt, ist der Umstand, dass diese Kinder ihrem eigenen Nachwuchs wiederum dieselben Prägungen auferlegen. Somit wird dieses Verhalten fleißig von Generation zu Generation weitergetragen, und dann kommen Sätze wie zum Beispiel die folgende allbekannte Äußerung: „Das wurde schon immer so gemacht und das gehört sich so – und fertig!"

Kein Wunder also, dass es selbst in der Bibel heißt, dass die Kinder die Sünden ihrer Eltern – jetzt darfst raten, welche Sünden – weitertragen bzw. bereits „schuldig" auf die Welt kommen. Wobei man sich natürlich fragen muss: Wieso und wessen, bitte schön, soll ein neugeborenes Kind schuldig sein? Was soll dieser Unsinn?

Warum ist das so? Nun, zum einen, weil wir nie gelernt haben, uns selbst zu reflektieren und zu hinterfragen, und zum anderen, weil gleich als Nächstes die Schuldgefühle hochkochen. Und wer möchte schon gerne schuld an etwas sein? Wer will sich denn schuldig fühlen? Wer will schon jemanden enttäuschen? Sicherlich niemand. Und so können wir auch hier sehen, dass in der Tiefe wieder einmal die Angst dominiert.

Damit sich das jemand ansehen kann, in aller Ehrlichkeit und losgelöst von irgendwelchen „Schuldzuweisungen" oder „Verurteilungen", braucht es sehr viel Mut. Sich trotz des Unbehagens und der tiefen Angst, die man bei diesen Themen fühlt, zu öffnen und etwas Neues, eine neue Information zuzulassen, ist keineswegs eine leichte Aufgabe und ganz bestimmt nichts, was du in wenigen Minuten erledigt hast, um dann voll Stolz zum nächsten Punkt in deinem Tagesplan übergehen zu können.

Ich selbst habe diese Prozesse über einen Zeitraum von mehr als zwanzig Jahren durchlebt. Wenn ich meine jahrelange Suche als Kind dazurechne, dann waren es sogar mehr als drei Jahrzehnte, darunter viele Jahre intensivster Reflexion, verbunden mit oft mühsamer und schmerzhafter Arbeit an mir selbst ... und es hört niemals auf.

Zahlreiche Menschen glauben, wenn sie ein Buch lesen, sich eine CD anhören oder eine DVD ansehen, dass sie damit gleichzeitig auch an sich selbst gearbeitet haben. Das Einzige jedoch, was dabei bewirkt wurde, ist ein wenig Futter für den Verstand, der sich nun einbildet, etwas zu wissen. Aber diese kleine Bewusstseinserweiterung geht in der Hektik und im Stress des Alltags ganz schnell wieder verloren.

An sich selbst zu arbeiten bedeutet, noch viel tiefer zu gehen. Jim Rohn pflegte es stets so auszudrücken:

**„Sorge gut für deine Seele,
denn diese kann nicht mit Fast Food überleben."**

Dagegen ist ein Buch zu lesen ebenso oberflächlich, als würdest du „über ein Ziel nachdenken" mit „ein Ziel erreicht haben" gleichsetzen. Ich bin sicher, du verstehst den Unterschied. Zwischen „einen Weg gegangen zu sein" und „darüber nur zu philosophieren" liegen Lichtjahre! Die meisten Menschen belassen es beim Philosophieren; um aber einen Weg zu beschreiten, bedarf es weitaus mehr und es hört nie auf. Ein Buch zu lesen ist sehr gut – solange es nicht allein dabei bleibt, sondern die Lektüre als Anlass genommen wird, um anzufangen, sich auf einer tieferen Ebenen mit den

Dingen und seinen Prägungen auseinanderzusetzen und sich nicht mehr mit Oberflächlichkeit zufriedenzugeben.

Wir haben so viele Tabuthemen in unserer Gesellschaft, dass du für die anderen unbequem wirst, sobald du auch nur ansatzweise versuchst, darüber offen zu reden. Manche Dinge machen uns nun einmal Angst, also wieso es sich selbst nicht eingestehen?

Solcherlei Themen machen uns aus dem einen Grund Angst, weil wir uns in unserer **vermeintlichen Sicherheit,** die wir uns mühsam aufgebaut haben, angegriffen und bedroht fühlen. „Vermeintliche Sicherheit" deswegen, weil diese Sicherheit nicht echt ist. Sie beginnt bereits bei der leichtesten Erschütterung zu wanken, wenn du dich in die Enge getrieben fühlst; wenn jemand es wagt, dich zu hinterfragen; wenn jemand das, was du mit großer Überzeugung tust, auseinandernimmt und es dir dann vor Augen hält; wenn du am liebsten explodieren und dem anderen ins Gesicht springen oder einfach nur davonlaufen möchtest; wenn die Erkenntnis so schmerzhaft ist, dass du lieber die Augen davor verschließt und felsenfest behauptest, dass das nichts mit dir zu tun hat.

Es könnte dir ja irgendjemand auf die Schliche kommen, selbst wenn dieser Jemand kein Geringerer ist als du selbst. Es könnte ja irgendjemand (nämlich du) erkennen, dass dein Leben gar nicht so perfekt ist, wie du es dir gerne weiszumachen versuchst. Dass es voller Kampf, Widerstand, Zwang, Angst, Unsicherheit und Verurteilung vor sich geht. Dass wir uns einreden, frei zu sein, nur weil in unserem Land (noch) kein Krieg herrscht ... dabei sind wir von der wirklichen Freiheit so weit entfernt wie die Erde von der Sonne.

Wie unser Heimatplanet befinden uns in einer Art Komfortzone, in der das (Über-)Leben möglich ist – und doch hält uns eine unsichtbare Kraft in streng begrenzten Bahnen. Und weil es uns Angst macht oder wir uns bedroht fühlen, tun wir nichts anderes, als es entweder abzuwerten, vollständig abzulehnen oder als nichtig abzustempeln. Würden wir jedoch dahinter unsere Unsicherheit und Panik erkennen, könnten wir uns vielleicht **für eine neue Art des Verstehens öffnen.**

Viele Dinge lehnen wir einzig und allein aus dem einfachen Grund ab, weil wir den Wert bzw. den Vorteil für uns darin nicht erkennen, weil uns niemand umfassend erklärt und dargestellt hat oder uns hat fühlen lassen, wie auch wir den Vorteil darin verstehen und nachvollziehen können. Insofern haben wir auf der einen Seite nur die Angst – aber auf der anderen Seite nichts, was dieser Angst entgegenzutreten imstande ist. Kein sofort sichtbares „Leckerli", das auf uns wartet, wenn wir es denn tun. :) Würden wir allerdings dieses „Leckerli" erkennen und verstehen, könnten sich mehr Menschen entspannen und plötzlich auch eine neue Sicht auf die Dinge zulassen oder Andersartigkeit respektieren statt verurteilen.

Es ist immens wichtig, zu verstehen, dass jemand etwas Neues in seinem Leben oder eine erweiterte Wahrheit nur aus dem einen Grund ablehnt, weil ihm das Verständnis, das Wissen und das Erkennen seines Vorteils sowie die nötige Erklärung oder Erfahrung dazu fehlen.

Menschen haben Angst davor zu erkennen, dass ihre Wahrheit vielleicht nicht die ultimative, die alleingültige Wahrheit ist. Sie haben Angst davor, genauer hinzusehen, welchen Mist sie sich wieder und immer wieder selbst eingebrockt haben, und fürchten sich davor, dort nicht mehr heil herauszukommen, sondern in einem inneren Chaos ohne Antworten zu versinken. Niemand will sich eingestehen, wie unfrei er wirklich ist oder dass er ohnehin keine Chance hat.

Übrigens: Solange jemand lebt, hat dieser Mensch meines Wissens immer auch eine Chance.

Viel zu viele Menschen spazieren ein Leben lang in Altbekanntem herum, und obwohl sie unzufrieden und unglücklich sind, bleiben sie lieber dabei, als sich tiefer auf etwas Neues einzulassen. Und ja, jeder braucht dazu natürlich auch noch den Faktor des **richtigen Zeitpunktes, wann er hierfür bereit ist.**

Ich hatte das große Glück, bereits sehr früh in meinem Leben nach Antworten zu suchen. Je mehr ich an den tieferen Ebenen in mir arbeitete, umso mehr Erfolg hatte ich nach außen auf der materiellen Ebene.

Zahlreiche Menschen, die zu mir kamen, und auch viele von denen, die mich heute für Coachings engagieren, wollen in der Regel nur eine Art **Patentrezept** von mir haben. Eine kurze (und natürlich möglichst einfache) Bedienungsanleitung, was sie denn tun müssen, um genauso schnell so erfolgreich zu werden wie ich – oder, wenn irgend möglich, vielleicht sogar noch erfolgreicher. Und ich erfülle ihren Wunsch. Ich gab bzw. gebe ihnen das, was sie wollen – das Patentrezept, das ansatzweise auch in Teil II „Der bittersüße Erfolg" beschrieben ist. Was ich aber immer dazusage – und was jedoch kaum jemand wirklich im Detail wissen möchte –, war und ist, dass ich stets auch sehr viel an mir selbst gearbeitet habe.

Es reicht nicht, ausschließlich auf der äußeren Ebene alles zu tun, aber dabei das Innere unerforscht zu lassen. Die Muster, Prägungen und gespeicherten Informationen deines Lebens bleiben dieselben, die dich auch bisher nicht dorthin gebracht haben, wo du eigentlich sein wolltest.

Nun tust du also etwas anderes, gehst einem anderen Beruf, einer selbstständigen Tätigkeit nach, stürzt dich in eine andere Beziehung, Ehe, Affäre etc., hoffst aber gleichzeitig, dass es diesmal klappt, und zwar erneut, ohne dass du dich groß verändern musst ... Wie in aller Welt soll das, bitte schön, klappen? Denk doch mal logisch!

Es funktioniert für einige wenige zumindest vorübergehend, für manche dauerhaft. Aber selbst wenn es vielleicht nach außen hin klappt (und auch das wollen viele nicht sehen), bedeutet es nicht, dass diese Menschen auch wirklich erfüllt und glücklich sind. Sie verfügen dann eventuell über mehr Geld, besitzen aber kein inneres Glück. Anders ausgedrückt: **Sie haben keine innere Freiheit.**

Dies soll jetzt selbstverständlich für dich kein Grund sein, um nicht daran zu arbeiten, mehr Geld zu haben. Du kannst auch keine innere Erfüllung haben, wenn du deine Rechnungen nicht bezahlen kannst, weil dies genauso ein Aspekt ist, den du vielleicht nicht sehen willst und vor dem du davonläufst.

Hunderttausende von Esoterikern in der heutigen Zeit verschreiben sich angeblich der Erforschung ihrer Seele; manche von ihnen vergessen allerdings, dass sie in einer polaren Realität leben und dass Rechnungen zu bezahlen dazugehört. Das amüsiert mich immer wieder, weil ich weiß, wie gnadenlos dich das Leben auf das zurückwirft, was du nicht anzusehen und zu akzeptieren bereit bist.

Manche skandieren lieber den ganzen Tag lang heilige Texte, wiederholen tausendfach Mantras und meditieren sich in einen scheinbaren, oberflächlichen Frieden, während der Müll auf der realen Ebene um sie herum ihnen die Luft zum Atmen zu nehmen droht und die unterdrückten, ungelösten Konflikte tagtäglich in ihre Briefkästen oder in ihre Beziehungen hineinflattern. Das soll selbstverständlich keineswegs als Verurteilung der Esoteriker verstanden werden; diese Menschen sind lediglich in einer anderen Form der Extreme gefangen. Die einen wollen nichts anderes zulassen außer ihren großartigen Verstand, während die anderen den Intellekt verurteilen – mit ihm alles Materielle – und ihm alles Böse zusprechen.

Genau genommen verurteilen viele Menschen die Esoteriker sehr wohl und werfen alle über einen Haufen, ohne überhaupt das Wort in seiner tieferen Bedeutung zu verstehen. Wir sind bereits in Teil I darauf eingegangen, doch ich möchte es hier kurz wiederholen und frei nach dem Motto „In der Wiederholung liegt die Kraft" für ein wenig mehr Verständnis im Dschungel sorgen.

Der Begriff „Esoterik" kommt aus dem Griechischen – esōterikós –, was „innerlich" oder „dem inneren Bereich zugehörig" bedeutet. Die Esoterik war in ihrem ursprünglichen Sinne eine philosophische Lehre, die nur für einen begrenzten „inneren" Personenkreis zugänglich war. Im Gegensatz dazu umfasst die Exoterik das allgemein zugängliche Wissen, das zum Beispiel überall durch unser Schul- und Ausbildungssystem erlernbar ist.

Früher wurde das geheime Wissen von Weisen und Lehrern an ihre Schüler übertragen bzw. weitergegeben, nachdem diese **zuvor geprüft** hatten, ob der betreffende Schüler **dafür reif** war. Selbst heute findet man diese Vorgehensweise noch in manchen alten tibetischen Klöstern oder in schamanischen Traditionen. Es wurden nicht einfach – so wie man dies gegenwärtig in unserer westlichen Zivilisation oftmals sieht – „Perlen vor die Säue geworfen" (sorry für diesen Ausdruck, aber dieser wird sogar in der Bibel zu Recht verwendet). Das klingt hart, ist aber genau das, was derzeit überall geschieht.

Wenn du gewaltsam versuchst, jemandem etwas klarzumachen, wofür derjenige **noch nicht reif** ist, dann tust du eben wirklich nichts anderes, als Perlen vor die ... Na, du weißt schon. ;-) **Du vergeudest deine Energie und schwächst dich selbst,** wenn du das machst. Stattdessen solltest du diese Energie besser und sinnvoller für dich nutzen und einsetzen, um selbst weiterzukommen, dich zu vervollständigen und dich zu erkennen, ganz nach dem Prinzip: „Wenn du vor deiner eigenen Tür kehrst, ist überall gekehrt." Oder wie es sinngemäß in der Bibel steht: „Entferne zuerst den Balken aus deinem eigenen Auge, bevor du danach trachtest, den Splitter im Auge deines Bruders zu entfernen." :)

Andere traditionelle Bedeutungen in Bezug auf das Wort „Esoterik" beziehen sich auf einen **inneren, spirituellen Erkenntnisweg,** etwa synonym mit Mystik, oder auf ein „höheres", „absolutes" und arkanes, althergebrachtes Wissen. Wie du hieraus unschwer erkennen kannst, ist Esoterik etwas sehr Tiefgründiges und beileibe nichts Oberflächliches. Es bedeutet nichts anderes, als sich **mit sämtlichen (!) Aspekten seines Innersten** auseinanderzusetzen.

Und was befindet sich in unserem Innersten? Alle unsere Prägungen, Überzeugungen, Muster, Glaubenssätze, Fingerabdrücke der Seele, unser Potenzial, positiv wie negativ, unser Herz usw.

*„Im heutigen populären und wissenschaftlichen Sprachgebrauch hat sich **keine** allgemein anerkannte Definition etabliert. In der Umgangssprache hat ‚esoterisch' leider häufig die Bedeutung von ‚irrational' oder ‚versponnen'. Die Religionswissenschaft und die Geschichtswissenschaft verwenden den Begriff **ohne Wertung** zur Bezeichnung diverser religiöser und kultureller Strömungen, insbesondere in der Neuzeit und im westlichen Kulturraum."* (Quelle: Wikipedia)

Bevor wir ein Wort bzw. einen Begriff be- oder verurteilen, sollten wir zuerst verstehen. Im Christentum sind Esoteriker leider sehr verschrien, wobei aber auch dort inzwischen hier und da eine gewisse Öffnung zu erkennen ist. Umgekehrt ist es leider nicht viel anders. Da werden wiederum die aufgrund ihrer Sichtweise „anderen" oftmals als beschränkt angesehen. Du siehst also, **es gibt kein „besser", höchstens ein „anders".**

Ich habe in vielen unterschiedlichen Kulturen dieser Welt gelebt und durfte lernen, in die Tiefe zu blicken, in allem die Essenz zu erkennen, die unwichtige Oberflächlichkeit einer äußerlichen Andersartigkeit (beispielsweise einer anderen Religion) beiseite zu lassen und auf das Herz zu schauen. Ich habe mich im tibetischen Kulturkreis in Asien, wo ich längere Zeit lebte, genauso wohlgefühlt wie in einem islamischen, und dort wiederum genauso wohl wie in einem christlichen. Auch war ich jahrelang von Esoterikern umgeben und lernte dort solche wie andere Menschen kennen.

Letztendlich trachtet und sehnt sich jeder dieser Menschen, die für sich einem bestimmten Weg folgen, nach **Erkenntnis, Wissen, Liebe und wahrer innerer Verbundenheit.** Und auch jene Zeitgenossen, die angeblich gar keinem Weg folgen, weil sie für sich bislang noch nichts Stimmiges gefunden haben, suchen nach nichts anderem als nach **Wahrheit, Verbundenheit, Wissen und Erkenntnis** – nur eben anders. Auch sie wollen glücklich sein, und ebendies ist es doch, was **uns alle miteinander verbindet.** Diese Menschen wissen es vielleicht nur noch nicht oder sind einfach zu bequem. Oder sie suchen es ausschließlich im äußeren Erfolg und holen sich dort ihre Bestätigung.

Wie unschwer zu erkennen ist, ist das Thema auch hier wiederum **Angst vor dem Neuen!** Allzu häufig wird alles, was anders ist, vorschnell verurteilt, ohne es überhaupt in seiner wahren Bedeutung und ganzen Tiefe verstanden zu haben. **Sobald wir Angst haben, verfallen wir in Dogmatismus.**

Nun wirst du vielleicht leichtfertig entgegnen: „Aber ich bin doch nicht dogmatisch." Ist das wirklich so? Überprüfe es einmal.

- Wie ergeht es dir, wenn du einen eingefleischten Esoteriker vor dir hast, dem nur das Rezitieren von Mantras und eine angeblich tiefe „Meditation in Licht und Frieden" wichtig sind? Der vielleicht auch noch anfängt, von Prana zu sprechen, und du verurteilst dieses Wort bereits, obwohl du es vielleicht nicht einmal verstehst?

- Was denkst du über einen strenggläubigen Christen, der nur seine Bibel sieht und etwas anderes überhaupt nicht zulassen, sehen und erkennen will?

- Wie ergeht es dir mit einem Buddhisten, der sich der Erforschung seines Geistes widmet und bereit ist, sich dafür jahrzehntelang in ein abgelegenes Kloster zurückzuziehen, vollständig abgeschottet von der Außenwelt? Der an Reinkarnation und Wiedergeburt glaubt und davon zutiefst überzeugt ist? Kannst du dir vorstellen, mit solch einem Menschen eng befreundet zu sein, während du selbst „völlig anders tickst"?

- Welche Überlegungen gehen dir durch den Kopf, wenn du einen überzeugten Muslim vor dir hast, der

– im Gegensatz zu dir – nun einmal unerschütterlich an Allah und an den Propheten Mohammed glaubt und selbstverständlich das Fastengebot während des Ramadan strikt einhält?

- Wie gehst du damit um, wenn ein Hindu, der die Veden studiert, voller Innbrunst „Hare Krishna" singt und sich mit Yoga und Ayurveda befasst, das du zwar in seiner Bedeutung vielleicht nicht wirklich verstehst, aber von vornherein ablehnst oder gar verurteilst, weil du überzeugt bist, dass nur dein eigener Weg der einzig richtige ist?

- Wie fühlst du dich, wenn dein eigenes Kind über das Leben eine völlig andere Meinung hat als du selbst und deine Sichtweise oder deine Überzeugungen in Bezug auf Politik, Leben, Geld, Arbeit oder Religion ganz und gar nicht teilen will und vielleicht sogar infrage stellt? Wenn es deinen Blickwinkel für überholt, veraltet und versponnen hält? Wenn dein Kind Lügen, Betrug und Drogen den Vorzug gibt vor einer stillen Meditation oder einem Gebet, um nach innen zu schauen?

- Oder verstehst du dich vielleicht nur deshalb so gut mit deinen Kindern, weil sie auf wunderbare Weise deine Ansichten teilen und du deshalb das innere Gefühl und die Überzeugung hast, eine supergute Arbeit in

Bezug auf die Erziehung geleistet zu haben, und dadurch dein Ego gestärkt wird?

- Wie ist es in deiner Arbeit, wenn du von Menschen umgeben bist, die eine völlig andere Einstellung zu dem haben, was ihr dort macht, als du selbst?

Auch hier sehen wir wieder, dass dies keineswegs einfache Fragen sind, die wir mal so im Vorübergehen beantworten können – zumindest nicht, wenn wir ehrlich und wahrhaftig sein wollen. Gehe also nicht leichtfertig mit all diesen Fragen um, wenn du hier etwas über und für dich herausfinden willst.

Es ist sehr leicht, jemanden zu lieben, der ähnlich tickt und ist wie man selbst. Es ist allerdings sehr viel schwieriger, jemanden zu lieben UND sein zu lassen, wenn er völlig anders ist! Das erfordert eine ganze Menge Weisheit, Liebe, Toleranz und einiges mehr.

Dogmatismus ist weiter und tiefer verbreitet, als wir denken. Wirf mal einen Blick auf deine Beziehung: Wo denkst du, dass nur deine Sichtweise die richtige ist und die deines Partners völlig falsch? Dass alles so zu laufen hat, wie du es gerne hättest, weil ihr beide dann GANZ SICHER glücklich sein könnt, während du selbst eben nicht glücklich bist, wenn etwas so abläuft, wie dein Partner es gerne hätte ... Schau mal genauer hin. ;-)

Sämtliche Kriege auf der ganzen Welt – in der Vergangenheit wie in der Gegenwart – hatten und haben lediglich zwei Hintergründe: Der eine ist Macht, Kontrolle, Geld sowie der Kampf um Ressourcen, der andere ist Dogmatismus im Hinblick auf Religion und Glaubensvorstellungen.

Jede Nation ist davon überzeugt, dass ihre Ansicht die **alleinige und allgemeingültige Wahrheit** darstellt und dass alles andere schlecht und falsch ist – im Großen wie im Kleinen. Was im Großen in Form von Kriegen ausgetragen wird, findet sich im Kleinen – im Zwischenmenschlichen – in Form von „Nur, wie ich das sehe, ist es korrekt" wieder.

„Du hast unrecht, ich habe recht" – und umgekehrt. Zigtausende von Ehen, Beziehungen und Freundschaften scheitern an der fehlenden Bereitschaft, tiefer zu schauen. Das beginnt in unserer Erziehung bei den Kindern, setzt sich fort in unseren Beziehungen oder Ehen, in unserer Arbeit usw. usf. Ein richtiger Rattenschwanz, basierend auf **Dogmatismus** und verbunden mit einer Menge **Angst vor Kontrollverlust.** Und wenn es nicht die Angst ist, dann sind es garantiert **Schuldgefühle** oder **Lasten,** die man (bewusst wie unbewusst) mit sich trägt.

Wie wäre es, wenn wir uns von alldem vollständig befreien könnten und einfach nur frei wären? Voller Vertrauen, Glück, Erfolg, Dankbarkeit und in Liebe?

Unmöglich?

Frei sein ... Was ist Freiheit überhaupt?

Bevor du dir Gedanken über die Freiheit machst, musst du zuerst erkennen, wie **unfrei** du in Wirklichkeit bist. Wie unfrei wir alle sind. Ich liebe es, Menschen zuzuhören, die am lautesten schreien, wie frei sie doch sind. Sie meinen, weil sie eine Arbeit haben, die sie einigermaßen mögen, gutes oder sehr gutes Geld verdienen, ein einigermaßen stabiles soziales Umfeld oder vielleicht sogar einen gewissen Bekanntheitsgrad erreicht haben, sind sie frei. Welch ein Irrglaube! Auch ich selbst bin diesem „Irr-Glauben" lange Zeit unterlegen.

Du denkst, weil du entscheidest, einer bestimmten Arbeit nachzugehen und keiner anderen, bist du frei? Du glaubst, weil du am Meer und nicht in den Bergen oder in der Stadt lebst, bist du frei? Du glaubst wirklich, du bist frei, nur weil du dir einigermaßen den Tag und die Arbeit oder das, was dein Leben angeht, einteilen kannst? Weil du einkaufen gehst, wann immer du magst? Glaubst du das wirklich?

Beobachte einmal deinen Tag und dein Leben ganz genau mit Adleraugen. Checkst du deine E-Mails wirklich nur, weil du Lust dazu hast, oder ist da ein gewisser Zwang dahinter? Starrst du so häufig auf dein Handy oder durchforstest du die sozialen Netzwerke wirklich nur, weil du Lust und Freude daran verspürst, oder aus einer gewissen Unruhe, vielleicht einem inneren Muss oder einem äußeren Druck folgend? Telefonierst du so häufig mit jemandem, weil es dir Spaß macht oder weil du etwas klären musst? Oder vielleicht deshalb, weil du dich verpflichtet fühlst, die Verantwortung trägst und es sonst kein anderer tut, wenn du es nicht machst? Tust du wirklich immer alles aus reiner Freude heraus? Kochst du immer, weil du das wirklich willst? Empfängst du immer deinen Besuch, weil du gerade Lust dazu hast? Oder könnte er dir auch manchmal im wahrsten Sinne des Wortes „gestohlen bleiben"? ;-) Hältst du so krampfhaft an deinem Geld fest, weil du wirklich so frei bist oder weil du totale Panik davor hast, es wieder zu verlieren, und du deinen Lebensstandard auf gar keinen Fall herunterschrauben möchtest – koste es, was es wolle?

Versuchst du, für dein Kind Verständnis aufzubringen, weil es dir ein wirkliches Bedürfnis ist und dir immer viel Freude bereitet oder weil du deinem inneren Zwang und deinem Anspruch von „Ich will ein guter Vater/eine gute Mutter sein" gehorchst? Wie viel Angst hast du davor, die Kontrolle zu verlieren? Deinen Partner? Deine Gesundheit? Dein Auto? Dein Hab und Gut? Oder meinst du vielleicht, dass du, weil du resigniert hast und dich das alles nicht (mehr) interessiert, deshalb frei bist?

Wir sind in unseren Aussagen meistens viel zu oberflächlich und erzählen uns gerne Märchen darüber, wie frei wir doch sind. Und auch ich selbst habe mir diese Geschichten lange genug erzählt und geglaubt. **Sind wir wirklich frei?**

BIST DU WIRKLICH FREI?

Als ich endlich die Wahrheit über mich erkannte, über das, was mich hier umgibt, und über alles, was da ist, war es ein sehr schmerzhafter Prozess. Und ich verstand, was Goethe mit folgendem Zitat sagen wollte: *„Niemand ist mehr Sklave, als der sich für frei hält, ohne es zu sein."* Nachdenklich stimmt auch ein weiteres Zitat von ihm: *„Der Mensch ist nicht geboren, frei zu sein."*

Diese Worte regen wirklich sehr tief zum Nachdenken an, nicht wahr? Denn wenn der Mensch, wie der große deutsche Dichterfürst hier sagt, nicht dazu geboren ist, frei zu sein – wofür denn dann? Vielleicht dafür, um Erfahrungen zu sammeln und diese Welt als das zu erleben, was und wie sie ist? Ja, ich weiß, das ist für manche eine äußerst provokante These.

Und selbst, wenn du nach außen hin frei wärst – was würde es dir nutzen, wenn du in deinem Inneren voller unbewusster Zwänge und Ängste wärst?

Wir streben nach einer trügerischen äußeren Freiheit. Daran ist auch nichts verkehrt, doch solange wir die **innere Unfreiheit** und den **Zwang** in uns und in unserem Leben nicht sehen und schmerzhaft anerkennen wollen, ist wahre Freiheit nicht wirklich möglich. Und selbst dann ist es noch ein langwieriger Prozess für sich. Was nützt etwas im Äußeren, das im Inneren nicht vorhanden ist? Es bleibt immer eine Leere, immer ein Gefühl von getrennt sein, von nicht verstanden, nicht verbunden, verloren oder allein sein.

Ein inneres Gefühl von Freiheit kannst du unter anderem auch erleben, wenn du – losgelöst von allem – einmal für ein paar Wochen auf Wanderschaft gehst. Für dich allein, ohne Handy, ohne Termine, ohne Partner, ohne Druck. Wenn du danach in deinen Alltag zurückkehrst, wirst du zumindest im Ansatz verstehen, was ich meine. :)

Es gibt Aussteiger – dies sind allerdings die wenigsten –, die bereit sind, alles, was sie besitzen, aufzugeben, die jeden und alles hinter sich lassen und losziehen mit nicht mehr als einem Rucksack, jahrelang durch die Welt streifen oder im hintersten Wald ganz allein für sich als Eremiten leben. Diese Menschen erleben wieder eine Verbindung mit dem Leben, mit der Natur, mit ihren Sinnen. Eine Verbindung, die uns in unserer von Stress geplagten Gesellschaft mehr und mehr als Fremdwort erscheint. Bei über 99 Prozent der Menschen wäre aber genau das undenkbar. „Vielleicht irgendwann", sagen sie sich.

„Loslassen" ist zu einem Zauberwort mutiert, das die wenigstens verstehen. Ich hatte selbst lange Zeit damit zu hadern, doch jedes Loslassen von äußeren Sicherheiten, von sicheren Karrieren und Geld, das ich in meinem Leben wagte, lehrte mich viel und vertiefte meine Erkenntnisse.

Manchmal höre ich die Menschen sagen: „Mit Loslassen habe ich kein Problem." Klar, solange ausreichend Geld auf dem Konto liegt und der Supermarkt, in dem es genug zum Einkaufen gibt, an der nächsten Ecke zu finden ist, lässt es sich im gemütlichen Wohnzimmer sehr leicht loslassen …

Was aber, wenn das alles weg wäre? Wenn du alles loslassen müsstest – zum Beispiel auch den Menschen, den du am meisten liebst – und dir nichts mehr bliebe? Da wird es schon deutlich schwieriger.

Loslassen, Liebe und Sein

Wir leben in turbulenten Zeiten. Die Überarbeitung meiner ersten drei Bücher, die ich bereits vor über vier Jahren geschrieben hatte, brachte mich dazu, mir nicht nur anzusehen, was sich seither in unserer Gesellschaft verändert hat, sondern vor allem auch dazu, diesen vierten Teil als Nachtrag zu schreiben.

Letztens flog ich nach Düsseldorf, weil ich dort ein Seminar abhalten sollte, und ließ mich vom Taxi ins Hotel fahren. Es war eine Taxifahrerin, und während wir fuhren, erzählte sie mir über die Silvesternacht in Köln und dass auch sie eine Frau nach Hause gefahren hatte, der man alles Geld abgenommen hatte und die total verängstigt gewesen war. Womit wir wieder bei unserem Thema wären.

Wir leben in einer Zeit von großem Stress und noch mehr Angst.

Wenn ich in Kolumnen über dieses Thema schreibe oder es in meinen Seminaren anspreche, dann ist die häufigste anfängliche Reaktion meiner Leser und Teilnehmer die, dass sie es einfach abtun. Sie erklären, sie hätten keine Angst vor Neuem, sie wären da ganz gelassen oder sogar mutig, und es sind immer nur „die anderen", die Angst haben, aber nie sie selbst.

Nach all der Arbeit mit mir selbst und mit anderen Menschen habe ich festgestellt, dass die meisten Menschen gar nicht wissen, in welcher permanenten und vor allem unbewussten Angst sie tatsächlich leben. Diese Angst wurde derart unterdrückt und so tief ins Unterbewusstsein verdrängt, dass sie meistens mit einer oberflächlichen Reaktion abgetan wird, sobald du dieses Thema anschneidest. Mit den Worten „Mir geht's gut" ist scheinbar alles gesagt.

Seit einigen Monaten kommen zahllose Flüchtlinge – eingeladen von unserer Regierung – zu uns in unsere Länder, weil sie ihr Zuhause und ihre Heimat durch den Krieg verloren haben. Wir laden sie großherzig ein, **nachdem wir den Krieg in ihrem Land mitfinanziert und auch die dafür nötige Munition geliefert haben,** damit diese Kämpfe überhaupt stattfinden können. Doch diesen unseren Anteil an den Missständen und dem Elend in einem fernen Land will wiederum unsere westliche Gesellschaft nicht gerne sehen und (an-)erkennen. Wir sind beileibe nicht immer so unschuldig, wie wir uns gerne darstellen, sondern auf einer gewissen Ebene für alles, was um uns herum geschieht, ebenso **mitverantwortlich – denn wir haben all das zugelassen.**

Ich sehe und verstehe die Angst vor der fremden Kultur in unseren eigenen Reihen. Diese Menschen wiederum haben ihrerseits Angst vor uns und verurteilen uns direkt oder indirekt dafür, dass wir mitgeholfen haben, ihre Heimat zu zerstören. Ich sehe und verstehe ebenso unsere eigene Angst. Nach und nach geht es auch uns hier schlechter, vor allem, da es in unseren Ländern seit gut zehn Jahren in wirtschaftlicher Hinsicht ebenfalls alles andere als rosig aussieht, nachdem aufgrund von Bürokratie und diversen Gesetze immer mehr Arbeitsplätze verloren gehen und Produktionen vermehrt ins Ausland verlegt werden.

Gewalt- und Einbruchsdelikte nehmen stark zu, was man der Bevölkerung über die Medien zwar verhalten, doch niemals in ihrer vollen Deutlichkeit vermittelt. Aus sicherer Quelle weiß ich, dass beispielsweise allein in Bayern und Tirol zwischen der zweiten und vierten Augustwoche (8.–31.08.2016) mehr als vierzig (!) Einbrüche stattgefunden haben. Eine weitere sehr sichere Quelle aus Wien erzählte mir, dass sie pro Tag (also innerhalb von nur 24 Stunden) über 420 Einbrüche zu verzeichnen hätten. Da kommt Freude auf ...

Wenn du es wagst, in Deutschland deine Angst oder Unsicherheit öffentlich kundzutun, wirst du sofort als Nationalist abgestempelt. Tust du nichts, was bist dann? Ein Faschist? Ein Verräter? Bist du gar – was noch viel schlimmer ist – ein sogenannter „Verschwörer"? Oder stumpfst du einfach nur ab und verwandelst dich in jemanden, dem alles sonst wo vorbeigeht? Manche Menschen in Deutschland sind angesichts der Vorgänge im Land inzwischen regelrecht lethargisch geworden.

Während ich diese Zeilen schreibe, läuft gerade die Fußball-EM in Frankreich. Und als ob nicht ohnehin bereits genug los wäre, wird in Deutschland in den Nachrichten darüber debattiert, ob die Deutschen eventuell wieder zu viele Fahnen zeigen. Was für ein Schwachsinn! Mit solch blödsinnigen Diskussionen wird der normale Mensch davon abgehalten, selbst nachzudenken. Und diejenigen, die ohnehin schon (zu) wenig denken, blasen in dasselbe Horn und mokieren sich über ein paar Fahnen mehr. *„Brot und Spiele für das Volk"* – das hat bereits in der Vergangenheit ausgezeichnet funktioniert und lässt sich augenscheinlich auch heute noch bestens verkaufen. Da fragt man sich zuweilen, was in diesem wunderbaren Land nur schiefgelaufen ist ...

Die Angst vor einem möglichen Krieg ist spätestens seit dem jüngsten Ukrainekonflikt überall zu spüren. Etwas zu häufig sind die Russen „die Bösen" und etwas zu oft die Amerikaner „die Guten". Nun haben wir gerade einen neuen Bösewicht: Er heißt Recep Tayyip Erdogan. Jeder, der nicht so funktioniert, wie manche Machthaber oder Regierungen es sich vorstellen, ist „böse".

Nach dem Terroranschlag in Paris wurde das Bargeldverbot in Europa zu einem starken Thema, das man mit allen Mitteln voranzutreiben versucht, weil es eine scheinbare Sicherheit gegen den Terror verspricht. Je mehr diese Dinge geschehen, umso mehr rufen unwissende und naive Menschen nach äußerer Sicherheit und umso mehr kann die staatliche Überwachung ausgebaut werden. Die Menschen wollen sich sicher und beschützt fühlen. Was für ein fataler Irrglaube!

Und falls die Zigtausenden von Kameras dafür auch noch nicht ausreichen sollten, nun, dann finden es manche sogar noch wunderbarer, verchippt zu werden, und lösen, wie ich dies letztens mitbekam, in Radiointerviews regelrechte Begeisterungsstürme hervor: Mit dem Finger an der Kasse bezahlen und die Haustür aufschließen – wie toll das doch alles ist!

Nur mal ganz am Rande sei die nachdenkliche Frage erlaubt: Was, bitte schön, geschieht, wenn du die letzten zwei Kreditraten für dein Haus nicht bezahlt hast oder mit deiner Wohnungsmiete in Verzug geraten bist? Ach ja, dann kommst du eines Abends nach Hause, willst die Tür aufsperren und kannst plötzlich nicht mehr hinein, weil dir über den Chip in deinem Körper der Zugang verwehrt wird. Und wenn du anders denkst als die Masse – wird dann dein Chip abgedreht und kannst du nichts mehr einkaufen? Wirst du dann geächtet?

Wie naiv sind wir denn eigentlich? Wie viel von unserer Eigenständigkeit und Selbstverantwortung sind wir so mühelos bereit, abzugeben?

Doch so weit denken die meisten Menschen leider nicht. Nein, sie klatschen, als ob man sie unter Drogen gesetzt hätte, und versprühen Begeisterung über die neue „bahnbrechende" Erfindung. CSI Miami, eine „tolle" Serie im TV, zeigt (wie ich hörte) neuerdings in einigen Episoden, wie wunderbar es doch ist, wenn ein Opfer gechippt wurde, denn auf diese Weise ist es den Polizeibeamten möglich, die betreffende Person ganz schnell zu finden und zu retten.

Nun ja, wir Menschen sind augenscheinlich auf einer gewissen intellektuellen Ebene stehen geblieben und verharren nun in unglaublicher Naivität. Wir nehmen alles hin, wir hinterfragen nicht mehr, machen genau das, was uns gesagt wird, wir lassen alles zu und käuen die Worte und Gedanken wieder, die uns indoktriniert wurden und werden. Die da oben müssen es ja schließlich wissen.

Aber wer ist das eigentlich, „die da oben"?

Ach, egal ... wir machen einfach.

Ein Bekannter von mir aus Mallorca sagte vor Jahren einmal sinngemäß: „Ich weiß nicht, was die da mit den Leuten in Deutschland machen. Die sind in den letzten Jahren immer weniger begeisterungsfähig. Ich glaube, die tun denen Baldrian ins Leitungswasser hinein."

Nun ja, das mag im ersten Augenblick zwar lustig klingen – aber wer weiß ...?

Sicherlich mag vieles auch Vorteile haben, das will ich gar nicht bestreiten. Doch was ist mit den Nachteilen? Darüber wird nirgendwo offiziell und freimütig gesprochen. Das ist es doch, was uns allen Sorgen bereitet. Ich jedenfalls weiß für mich, dass ich, solange ich noch eine freie Wahl habe, mich sicherlich weigern werde, mir einen Chip in meinen Körper implantieren zu lassen.

Jetzt noch einmal ganz im Ernst: Wie leichtgläubig sind wir eigentlich wirklich? Wie ist es überhaupt möglich

geworden, dass wir so wenig nachdenken, forschen und hinterfragen? Was macht das alles mit uns? Und vor allem: Wo liegt unser ganz persönlicher Anteil der Verantwortung in dem Ganzen begraben?

Wir schimpfen im stillen Kämmerlein auf die Regierung, auf die Gesetzgeber, auf andersdenkende Menschen. Aber dagegen auftreten? Nein, wir selbst wollen da absolut nichts tun. Das sollen gefälligst die anderen erledigen. Und wenn es jemand doch einmal wagen sollte und etwas tut oder sagt (mal ganz egal, was), wird er sogleich als „Hetzer", „Verräter" oder „Nazi" abgeurteilt. Und all dies nur, weil er anders denkt als wir?

Sind wir nun eine in unserer Persönlichkeit „leicht" erkrankte Gesellschaft oder nicht? Sind wir voller Angst oder nicht? Oder denkst du, dass du nur deshalb, weil du sagst, das interessiert dich alles nicht, frei von Angst bist?

Wieso finden wir es so unsäglich schwierig oder gar unmöglich, Menschen, die eine andere Ansicht haben als wir, einfach zu respektieren? Die anderen sind doch schließlich nicht dazu verpflichtet, unsere Meinung(en) zu teilen. Auch wenn wir einen bestimmten Standpunkt vertreten, sollten wir einen anderen Ansatz doch zumindest respektieren können, selbst wenn wir ihn für uns nicht annehmen wollen. Aber nein, wir sind leider (noch) nicht so weit, zumindest nicht die Masse. Vereinzelt gibt es bereits einige, die weiterdenken, aber bei diesen wenigen bleibt es dann auch schon wieder. Ich persönlich bin politisch weder rechts noch links einzuordnen oder auf sonst irgendeine Richtung festzulegen. Keine Seite könnte mich begeistern. Es geht immer um die **Balance** in allem, was wir tun.

Vor einigen Jahren verfasste ich für diverse Magazine zum Thema „Die Qualität einer Nation" eine Kolumne, die auch heute noch im Blog auf meiner Webseite zu finden ist. Der Artikel wurde abgelehnt mit der Begründung, er sei „zu gesellschaftspolitisch", und ich möge doch bitte die Namen aus dem Text herausstreichen. Ich habe nichts daran geändert, sondern den Artikel einfach meinen eigenen Lesern gesendet. Wenn ich als Kolumnistin nicht aus meiner Perspektive und ohne den Anspruch zu erheben, dass es jedem gefallen muss, schreiben kann – wozu dann überhaupt schreiben?

Ich erinnere mich an den US-Amerikaner Edward Snowden, einen ehemaligen CIA-Mitarbeiter und Whistleblower. Dieser Mann hat sein Leben riskiert und riskiert es immer noch, um uns vielen dummen und naiv-ignoranten Menschen vor Augen zu halten, was vor sich geht. Und was geschieht? Er wird auf öffentlichen Foren und Netzwerken wie Yahoo als (ich zitiere) „Verräter – man sollte ihn hängen" beschimpft. Ich konnte es kaum fassen. Doch das zeigt den Spiegel und die Dekadenz unserer Gesellschaft in einem erschreckenden Ausmaß an.

Noch einmal sei die Frage erlaubt: Wie ist so etwas überhaupt möglich? Wie kommt es, dass wir so wenig hinterfragen, uns mit uns selbst so wenig auseinandersetzen?

Muss quasi erst wirklich alles den Bach runtergehen, bevor wir aufwachen?

Alles, was kommen und geschehen wird, der ganze Schmerz, der garantiert auf uns zurollt – all das ist richtig, vielleicht nicht schön oder angenehm, aber wichtig. Auch deshalb, weil wir nur dadurch aufwachen und uns wieder auf das Wesentliche besinnen und lernen werden. Für einige wird es dann allerdings wohl zu spät sein.

Auch wenn manche naiven Esoteriker noch so sehr davon sprechen und jubeln, dass wir in eine andere Dimension aufsteigen werden ... Sorry, aber da muss ich euch leider enttäuschen. Welche Dimension denn? Die der Blindheit? Die der Unwissenheit? So einfach ist das nicht, ihr Lieben, und wird es garantiert auch niemals sein. Das Leben ist nicht dazu da, dass wir es in einzelne Bereiche und Sektionen unterteilen, um uns dann ausschließlich das zu nehmen, was wir wollen und was uns gefällt oder als sicher erscheint, während wir alles andere – auch aus der Bequemlichkeit heraus, uns damit nicht auseinandersetzen zu müssen – einfach liegen lassen.

Das Leben lässt sich nicht verarschen. Wir tragen für alles, was geschieht, gemeinsam und individuell die Verantwortung. Auch im Nichtstun, im Alles-Hinnehmen, liegt Verantwortung.

Wir leben vor uns hin, wollen alles und noch mehr und sind kaum bereit, uns auch mit tiefergehenden Themen zu beschäftigen, weil uns diese unangenehm oder gar unheimlich werden könnten. Wir sind in der Büchse der Pandora gefangen und realisieren es nicht. Wir leben, ohne es zu bemerken, unser ganzes Leben lang nur eine Seite von uns aus.

Du kommst als Gast auf diese Welt, und bereits in den ersten Jahren deiner Erziehung wird dir suggeriert, wie du zu SEIN und was du zu TUN hast. Im Verlauf deiner gesamten Erziehung und Kindheit wirst du bereits in der Schule darauf programmiert, HABEN nicht nur zu wollen, sondern sogar zu „müssen", bis auch du irgendwann einmal mehr haben willst, reich sein willst, anders sein musst, Markenschuhe tragen musst usw.

Wenn du dann erwachsen wirst, bekommst du, wenn du viel Glück hast, vielleicht eines Tages die Chance zu erkennen, dass die Welt voller Möglichkeiten steckt, etwas haben zu können, wofür du dann allerdings auch etwas tun musst. Überall wird dir von allen Seiten einsuggeriert, was du nicht alles erreichen kannst und „wie leicht das doch alles ist". (Aber das ist bereits die nächste Lüge, denn **es war und ist niemals leicht.**)

Rund um dich herum siehst du sehr viel Reichtum, und du lässt dich davon blenden. Es fängt an, Spaß zu machen, darüber nachzudenken, was du alles sein und haben kannst. Zuerst etwas. Dann viel. Danach noch mehr. Immer mehr. Du fängst an, dich davon begeistern zu lassen, und sobald es dich begeistert, bist du schon gefangen. Es hat dich unter seiner Kontrolle und es ist wie eine Droge. Es lässt dich nicht mehr los. Du willst immer mehr, im Großen wie im Kleinen.

Es geht nicht nur den Superstars so, die stets nach mehr streben und in irrsinnig tiefe Depressionen verfallen, wenn die Medien nichts mehr oder nur noch Negatives über sie berichten. Manche von ihnen sind süchtig nach Präsenz in der Öffentlichkeit und lassen keine Gelegenheit aus, um sich zu zeigen oder sich ablichten zu lassen. Andere werden süchtig gemacht.

Schau dir all die Menschen an, die sehr viel besitzen. Welche Probleme gibt es da? Wie viele Häuser hat der oder die? Besitzt er mehr Autos als ich, eventuell sogar einen Privatjet? Trägt sie ein schöneres Kleid als ich? Sieht sie besser aus? Ist sie schlanker? Trägt er die teurere Uhr am Handgelenk? Ist er/sie bekannter, berühmter oder beliebter? usw. usf.

Von alldem sind aber bei Weitem nicht nur die „Reichen, Schönen und Berühmten" betroffen. JEDER wird davon berührt, auch wir, die sogenannten „kleinen" Menschen! Das neuere, bessere oder teurere Auto, eine schönere, luxuriösere Wohnung, dann der bessere Job, das noch größere Haus, danach der perfekte Partner, die perfekten Kinder, etwas mehr Geld, eventuell ein Zweitwohnsitz im Süden usw.

Dann kommt plötzlich die Regierung ins Spiel, erhöht die Steuern und ändert die Gesetze zu ihren Gunsten. Kriege brechen aus. Und als ob das alles nicht bereits reichen würde, wird jetzt auch noch unser kleiner blauer Planet ins Spiel gebracht. Oh je, er braucht uns, um gerettet zu werden! Also wird eine CO_2-Steuer erhoben. Alle klatschen, und schon geht's weiter ... Die Schuldigen für all das sind natürlich stets „da draußen" zu finden. Wir wollen schnell handeln, etwas tun, ohne nachzudenken, denn dafür haben wir keine Zeit. Wir nicken ab und tun, was getan werden soll.

Nur mal nebenbei sei hier erwähnt, welcher unglaublichen Anmaßung wir unsererseits unterliegen. Als ob die Erde tatsächlich den Menschen nötig hätte, um gerettet zu werden! Dieser Planet war bereits sehr, sehr lange vor uns da und er wird auch noch sehr, sehr lange nach uns existieren, wenn die Menschheit längst untergegangen und im Kontinuum von Raum und Zeit verschwunden ist und nicht einmal mehr Geschichten oder Erinnerungen an uns präsent sein werden. Umgekehrt sieht die Sache hingegen ganz anders aus. Nicht die Erde braucht uns – **wir brauchen sie!** Wenn es unserem Planeten zu viel wird, macht er einfach kurzen Prozess mit uns, so sieht's aus. Kommt mal alle wieder runter von eurem hohen Ross des Retter-Syndroms. Achtsam umgehen – ja, natürlich, keine Frage! Aber retten? Retten können wir Menschen uns nur selbst vor unserer manchmal anmaßenden und oberflächlichen Art. ;-)

Und es geht weiter ...

Die Zeit vergeht immer schneller, und dann sprintet sie plötzlich los, während du unterwegs bist, um noch mehr zu haben und zu tun. Du findest kaum noch Zeit für ein echtes, tiefer gehendes, persönliches Gespräch, weil die Zeit regelrecht dahinrast, während du nur noch über dein Handy kommunizierst und schnell ein paar Messages versendest.

Jemand fordert dich auf, für einen kurzen Moment innezuhalten, dich selbst anzusehen, tiefer zu blicken. Du traust dich nicht oder du übergehst es, denn du hast keine Zeit für so etwas, schließlich gibt es deutlich Wichtigeres zu erledigen. Eine Krankheit erscheint am Horizont – deine erste Warnung –, doch du hörst nicht darauf, siehst dich stattdessen als Opfer. Sobald es wieder geht, machst du weiter wie gehabt.

Du denkst, du hast noch viel Zeit, und du musst (oder willst) noch so viel erreichen – und plötzlich, ganz ohne Vorwarnung, ist es da. Das Ende.

Deine Zeit ist abgelaufen. Und am Ende stellst du dir viele Fragen ...

Was habe ich wirklich geleistet? Wie nahe bin ich meinem inneren Reichtum gekommen? Wie nahe bin ich mir selbst gekommen? Was HABE oder BIN ich in mir, unabhängig von allem Äußeren? Wie stark habe ich meine Sinne entwickelt? Oder sind sie völlig abgestumpft? Wie viel Zeit habe ich mir genommen, um das zu entdecken? Wie gut kenne ich das, was mich in meinem innersten Wesen ausmacht? Bin ich irgendwann einmal damit tief in Berührung gekommen? Wollte ich das jemals zulassen oder herausfinden? Habe ich jemals im Verlauf meines Lebens wirklich tief, wahrhaftig und bedingungslos geliebt – zumindest mich selbst?

(Selbst Letzteres ist aufgrund all unserer Prägungen schon eine wahre Meisterleistung.)

Doch nun ist es zu spät, die Zeit ist um. Umsonst gelebt? So weit und so gründlich denken wir selten über das Leben nach, und wenn, dann meistens leider viel zu oberflächlich. Doch kehren wir zurück ins Jetzt.

An alldem – und es ist mir sehr, sehr wichtig, das zu betonen – ist absolut nichts verkehrt!!!

Ich selbst habe das alles mehrfach durch- und erlebt. **Schlimm ist nur, wenn wir vergessen, dass da auch noch etwas anderes wichtig ist.** Ich gehöre also offensichtlich nicht zu jenen Menschen, die alles Materielle niederreden und schlechtmachen, oder zu denjenigen, die den ganzen Tag im Lotussitz herumhocken und sich dem Leben und ihrer Verantwortung nicht stellen wollen. Ich kann für solche Menschen keine Sympathie empfinden, denn sie leben an ihrem Potenzial und an ihren Möglichkeiten vorbei.

Die Balance macht es aus!

Darum ging es mir immer. Ich selbst habe, wie du gelesen hast, mehrfach Karrieren aufgebaut, eine nach der anderen. Ich habe mich jedem Aspekt des Erfolges, des Lebens und des Geldes gestellt. Ich bin nicht davongelaufen. Ich habe meinem Potenzial Raum gegeben, sich in jeglicher Hinsicht auszudrücken.

Das, wovon viele nur träumen, habe ich tatsächlich erlebt. Oftmals war und bin ich umringt von erfolgreichen Menschen. Ich saß mit Millionären in Monaco und in Saint-Tropez, in der Toskana, auf Ibiza und auf Mallorca, in Palm Springs und in Hawaii sowie an vielen anderen wunderbaren Orten beim Dinner oder Mittagessen. Ich bin in Privatjets geflogen oder mit dem Helikopter auf einer Privatyacht gelandet. Ich kenne dieses Leben.

Und ja, ich habe sehr viel mehr Achtung und Respekt vor all jenen Menschen, die sich in ihrem Leben etwas vornehmen und das dann auch wirklich bis zum Ende durchziehen, als vor solchen, die immer nur herumjammern, nichts tun und sich permanent in der Opferrolle gefallen. In meinem eigenen Umfeld sind viele meiner näheren Freunde oder auch Familienangehörigen in ihren jeweiligen Bereichen äußerst erfolgreich.

Noch einmal: Ich stehe für Erfolg ein!

Es ist ungemein wichtig, dass auch du diesen Aspekt von dir, dieses Potenzial in dir auslebst und durchlebst, sonst wirst du nie vollständig sein. Du wirst ansonsten hohl und leer von Dingen sprechen, von denen du keine Ahnung und die du selbst niemals erlebt hast. Aber …

Mein ganzes Leben lang – und das ist jetzt die sehr wesentliche andere Seite des Erfolges, die von mir bereits in einem früheren Kapitel angesprochen wurde – habe auch ich nach diesem „etwas mehr" gesucht. Und schon sehr früh erkannte ich, dass ich das, wonach ich suchte, nicht in meinem äußeren Erfolg oder mit mehr Geld finden konnte – oder zumindest nur bis zu einem gewissen Grad. Während ich also viele Jahre von erfolgreichen Menschen umringt war, suchte ich immer wieder die Einsamkeit. Am wohlsten fühlte ich mich in meinem Zuhause oder wenn ich einfachste Dinge tat wie spazieren zu gehen oder alleine mit einem Buch zu Hause oder auf meiner Terrasse zu sitzen. Selbst heute noch sind meine Lieblingsbeschäftigungen jene, bei denen ich für mich alleine bin, keinen Termindruck habe, mit meinem Schatz einen Spaziergang mache oder einfach nur dasitzen und an einem Buch schreiben kann. Am liebsten würde ich den ganzen Tag nur das tun. Es ist wunderbar, nichts zu müssen, nichts zu wollen und nichts zu sollen.

Ich bin sehr dankbar, dass ich umso weniger „unbedingt haben" will, je mehr Zeit vergeht. Nichts ist mehr wirklich wichtig, es sei denn, ich entscheide für mich selbst, dass es für einen gewissen Zeitraum wichtig ist. Dann aber setze ich mich auch mit meiner ganzen Kraft und Energie dafür ein.

Ob ich nun dieses oder jenes Auto fahre, hat an Bedeutung verloren. Was mir früher einmal wichtig war, ist es jetzt nicht mehr. Sicherlich aber auch deshalb, weil ich das alles bereits erlebt habe und dieser Teil in mir zur Ruhe gekommen ist. Nicht, weil ich Dinge unterdrückt habe und mir selbst Märchen erzähle, dass es nichts bringt oder dass ich es ohnehin nicht schaffen werde, sondern weil ich alles gegeben und es mehrfach erlebt habe. Deshalb kehrt da nun Ruhe ein, und mir werden stattdessen andere Dinge immer wichtiger.

Erkenntnisse. Zusammenhänge verstehen. Loslassen. Einfachheit. Lieben. Sein.

Als ich eines Tages in einer tiefen Meditation über die Liebe war und das Wesen der wahren Liebe verstehen wollte, wurde mir schlagartig bewusst:

Wenn du alles auf dieser Welt verstehen und erklären könntest – aber nicht dein Herz, dann hättest du gar nichts verstanden und umsonst gelebt.

Und es war, als ob ein innerer Drang mich immer tiefer dazu bewegen wollte, zu lieben. Mich zu lieben, mein Drumherum, das Leben selbst. Immer wieder sickerte ein tiefes Verstehen durch, dass die Liebe das Wichtigste und die stärkste Kraft im gesamten Universum ist. Diese unendliche tiefe Liebe, die ich plötzlich immer wieder erfahren durfte, hatte ich so noch nie erlebt. Es war nichts, was ich auch nur ansatzweise jemals zuvor in meinem Leben wahrgenommen, aber wonach ich mich doch so lange gesehnt hatte. So vollkommen frei und weich, so unendlich weit und so völlig bedingungslos.

Über mehrere Wochen wollte ich da gar nicht mehr heraus und auch nichts anderes mehr erleben. Immer wieder wurde mir klar und deutlich bewusst, dass ich, gäbe es in meinem Leben sonst nichts anderes, allein durch diese Liebe bereits alles hätte. Ich verstand auf einmal, was mit „innerem Reichtum" wirklich gemeint war.

Und ab da fühlte ich mich wirklich reich, auf eine ganz andere Art, aber reicher, als ich es jemals zuvor mit all dem Geld gewesen war. Das Geld war nur ein weiterer Ausdruck in meinem Leben, aber es machte keinen Unterschied mehr aus. Es konnte diese Liebe nicht ersetzen, sie nicht besser machen, aber auch nicht schwächer. Sie war, ist und bleibt davon unberührt. Wenn ich mir nun mein Leben ansehe, mit all meinen Höhen und Tiefen, all meinen Erfolgen, dann weiß ich, dass diese Erfahrung das Wertvollste von allem war und ist. Der Segen (anders kann ich es nicht nennen), dies erleben zu dürfen, die Sehnsucht meines ganzen Lebens erfahren zu dürfen, war Reichtum pur.

Dann erkannte ich die Wahrheit in dem sinngemäßen Bibelzitat, dass denjenigen, die viel haben, noch mehr gegeben wird, während denjenigen, die wenig haben, auch noch der Rest genommen wird. Es ist praktisch unmöglich, in dieser unendlichen Liebe und Freiheit, in diesem Sein zu existieren und wenig zu haben. Es ist völlig unmöglich. Du hast viel – sehr viel. Wie viele Jahre hatte ich darauf gewartet. Letztendlich wartet jeder darauf, doch die meisten wissen es nicht.

Zahlreiche Erfolgsbücher sprechen von diesem inneren Reichtum, aber ich bezweifle, dass alle diese Autoren es wirklich erlebt haben. Einige von ihnen lernte ich kennen, und ich weiß, sie hatten es nicht. Innerer Reichtum wird oftmals verwechselt mit „Ich fühle mich reich, weil ich (nach außen hin) viel besitze" oder mit „Ich bin dankbar für das, was ich (nach außen hin) habe", sei es nun Gesundheit, Geld oder etwas anderes. Ja, das ist besser, als nicht so denken oder zu handeln. Ich selbst habe diesen Weg lange praktiziert.
Doch zwischen dem, was du nach außen hin vorzuzeigen

hast, und diesem inneren Überfluss der bedingungslosen inneren, freien Liebe, die nicht persönlicher Art und auch auf nichts beschränkt ist, liegen dann doch Welten. Das eine ist weder begrenzt noch limitiert, während das andere eingeschränkt und persönlich ist.

Ich verstand dann auch, warum es heißt: „Wenn du anderen wehtust, verletzt du dich selbst am meisten." Ich spürte regelrecht, was es mit mir machte, welche inneren Qualen es verursachte, wenn ich irgendwo, ohne zu wollen, grundlos verletzte. Und wie unglaublich wichtig es war, wach und bewusst zu sein, wenn ich mit anderen Menschen zu tun hatte. Wissen bringt Verantwortung mit sich.

Je mehr dir vom Leben geschenkt wird, umso größer ist deine Verantwortung im Umgang damit.

Hast du schon einmal gehört, dass du alles, was du tust, am Ende für dich selbst tust? In meiner Erfahrung kann ich es nur bestätigen. Alles, was ich jemals getan hatte, tat ich letztendlich für mich, für meinen Weg, für meine Erkenntnisse und für meinen Reifungsprozess. Auch wenn es eine Zeit gab, in der ich mir einbildete, es für andere zu tun, erkannte ich am Ende doch, dass alles immer nur für mich selbst gewesen war. Einerseits entsetzte mich das, als ich mir dessen bewusstwurde, andererseits wurde ich durch diese Erkenntnis freier, weil ich plötzlich bereit war, anders auf mein Leben und meine Handlungen zu schauen und anders zu lernen.

Bei diversen Gelegenheiten musste ich an ein Zitat aus der Bibel denken, in dem es sinngemäß heißt, dass „eher ein Kamel durch ein Nadelöhr geht, als dass ein reicher Mensch ins Himmelreich kommt". Warum wohl? Ich dachte lange darüber nach. Weil Menschen, die bereits (viel) Geld haben, sich nach immer noch mehr Geld sehnen, nach noch mehr Anerkennung, nach noch mehr Besitztümern. Manche unter ihnen werden immer gieriger oder geiziger und würden häufig einfach alles dafür tun, um ihren Reichtum zu erhalten.

Im Klartext bedeutet das allerdings, dass die innere Einkehr, die innere Suche, das Nach-innen-Gehen oder die Stille von solchen Unwissenden angesichts des immensen Spielplatzes der großen „Büchse-der-Pandora-Bühne" und der unwiderstehlichen Versuchung nach noch mehr Ruhm oder Geld als deutlich „weniger wichtig" oder sogar als „etwas Langweiliges" angesehen wird. Hier die **Balance** zu finden und zu halten, bedeutete eine echte Herausforderung und war nicht immer leicht, das kann ich aus meinen Erfahrungen der letzten zwanzig Jahren sagen. **Doch das Bemühen darum ist es allemal wert.**

Ich bin im Nachhinein ungemein dankbar und sehr glücklich darüber, dass mir das Leben niemals alles sofort oder schnell gegeben hat, sondern dass es mir auch immer wieder mal Dinge weggenommen hat; dass ich bewusst viel Geld und sichere Karrieren losgelassen und mich an nichts festgehalten habe, damit ich mich wieder auf das Wesentliche und das, was mir wirklich wichtig war und ist, besinnen konnte: meine innere Entwicklung und das Streben nach der inneren Sehnsucht.

Je näher ich dieser inneren bedingungslosen Präsenz kam, umso mehr war ich bereit, alles Unnötige dafür liegen zu lassen. Nicht einmal 100 blitzende Edelkarossen in meiner Garage oder 50 Luxusvillen, verteilt über sämtliche Kontinente auf unserem Planeten, könnten mir das ersetzen, ja, noch nicht einmal annähernd diese tiefe Erfüllung, dieses tiefe und vollständige Sein, diese unglaubliche innere Verbindung und Weite geben.

Im Gegenteil. Jedes Mal, wenn ich mir der unendlichen inneren Gnade von Liebe und Sein bewusstwerde und mich dieser hingebe, ist in meiner Außenwelt alles eher fade und wirkt im Vergleich dazu sogar leblos. Und wenn nicht, dann erhält es seinen Glanz eher durch Liebe und Freude, die tief aus diesem – meinem – Bewusstsein kommen.

Dieses immense „Himmelreich" der Liebe und des Seins, das so unbegrenzt wie ein weiter Himmel und so tief in unseren Herzen versteckt ist, dass wir es überall auf dieser Welt suchen würden, nur nicht dort, wo es sich tatsächlich verbirgt und auf uns wartet, wurde vom Leben so gut vor uns Menschen versteckt, dass wir es erst dann finden, wenn wir innerlich als Menschen gereift sind und es durch die Gnade erfahren dürfen.

Welch tiefe Weisheit doch dahinter verborgen liegt! Wir unterliegen dem Irrtum, zu glauben, dass das Himmelreich ein geografischer Ort ist, der irgendwo tief im Universum versteckt ist. Doch was wäre, wenn dieser Ort so tief in uns selbst versteckt ist, dass wir erst überall danach suchen, bevor wir bereit sind, uns der richtigen Stelle zuzuwenden?

Auch ich suchte den Planeten ab. Wahre Liebe war bei uns daheim (wie übrigens bei den meisten Menschen und Familien) aufgrund der zahlreichen Prägungen eher Mangelware. Dabei sehnte ich mich so sehr danach. Ich hörte in den diversen Kirchen und Gemeinden von der Liebe; wenn ich dann jedoch die Menschen ansah, wusste ich, dass die meisten mit dieser Liebe niemals in Kontakt gekommen waren. Sie litten. Sie redeten von etwas, das sie selbst nicht verstanden oder erfahren hatten.

Ich las in diversen Selbsthilfe-Büchern, Ratgebern oder in der Bibel von der unendlichen göttlichen, bedingungslosen Liebe, doch ich spürte sie nicht. Ich besuchte Seminare und wurde bis über die Ohren motiviert, doch nach drei Tagen war alles wieder leer und von Liebe, Wahrheit und Sein keine Spur.

Ich übte mich jahrzehntelang in Meditation, ich rezitierte Mantras, las, praktizierte Yoga, fastete, arbeitete an mir, besuchte Klöster, Kirchen und Gemeinden, suchte auf der ganzen Welt in allen Richtungen, das ganze Programm … doch von der wahren, vollständigen, bedingungslosen, reinen und freien Liebe noch immer keine Spur.

Ich suchte in Verbindungen, partnerschaftlichen Beziehungen, in der Gemeinschaft mit Menschen. Ich wollte eine Zeit lang auch „ein guter Mensch" sein und es mir quasi verdienen; also spendete ich und gab, wo ich geben konnte (um als „gut" zu gelten, aber ohne mir dessen bewusst zu sein) … doch von der Liebe, nach der ich mich so sehr sehnte, war auch da nichts zu sehen.

Ich war nach all der vergeblichen Suche nicht nur einmal innerlich tief verzweifelt. Ich schimpfte, fluchte, wurde wütend und zornig auf das Leben, das es einem so schwer machte und Versprechungen gab oder über etwas sprach, das doch scheinbar und offensichtlich kaum ein Mensch wirklich hatte: tiefe, wahrhaftige, bedingungslose Liebe.

Für all die entsetzten Gesichter, die das hier lesen: Nein, ich war über die Jahrzehnte nicht immer nur lieb und brav gewesen und ergab mich resigniert meinem Schicksal. Ich erlebte alle Facetten, Momente von tiefer Traurigkeit und hoffnungsloser Verzweiflung, ich haderte, weil ich ES nicht finden konnte, und fasste schließlich wieder neuen Mut, um meine Suche fortzusetzen.

Ich wollte mich nicht damit zufriedengeben, dass ich eventuell nach meinem Tod etwas erleben durfte, und das auch nur unter der Voraussetzung, dass ich zuvor im Leben brav und artig gewesen war. Vor allem: Was ist „brav und artig"? Wer definiert es? Bin ich brav, wenn ich aus mir ein Opfer mache, das scheinbar im Leben nicht anders kann? Oder bin ich artig, wenn ich mich dafür einsetze, das Beste aus mir zu machen, und meinen Mund aufmache, egal ob jemand das, was ich zu sagen habe, hören mag oder nicht?

Es existieren schließlich genügend Geschichten – nicht nur solche aus der Vergangenheit, sondern auch in der Gegenwart – von ganz besonderen Menschen, die offensichtlich anders waren und eine tiefe Verbindung zum Leben pflegten, die von unwissenden Menschen noch nicht einmal realisiert wird. Zu den mir bekannten Menschen mit einer solch unendlich tiefen Verbindung zum Leben, die jeder auf seine Art kennenlernen durfte, zähle ich z. B. Mahatma Gandhi, Mutter Theresa, den Dalai Lama oder Nelson Mandela.

Bis zu einem gewissen Grad gehört für mich auch Jim Rohn dazu, der über einen Zeitraum von zwölf Jahren mein Lehrer gewesen war und dessen Zitat ich im Nachhinein besser verstand, als er sagte: „Ich brauche das Geld, das sie (die Firmen) mir geben, nicht, aber ich nehme es trotzdem." Das Leben wollte, dass er das Geld bekam; die Firmen waren lediglich die Überbringer. Tief in seinem Inneren jedoch war er davon nicht mehr abhängig.

Unbekannte mit einer tiefen Verbindung zum Leben selbst gibt es einige mehr, meistens leben sie jedoch irgendwo versteckt und vollkommen abseits der Masse.

Es heißt nicht umsonst: „Wer sucht, der findet", oder: „Wer klopft, dem wird aufgetan", auch wenn es manchmal eine sehr lange Zeit dauern mag. Bei mir selbst war es eine gefühlte Unendlichkeit, doch wert war es die Suche allemal.

Vielleicht wollte mich das Leben auch immer wieder testen,

wie sehr ich es wirklich wollte, und sehen, ob ich eventuell von meiner Suche ablassen würde. Schließlich bekam ich auf der materiellen Ebene immer wieder, was ich erstrebte. Doch egal, wie viel ich bekam, parallel suchte ich stets auf den anderen Ebenen weiter und haderte mit dem Leben, weil ich mir doch so sehr beides wünschte.

Erwarte nie von einem Menschen, dass er vollkommen glücklich und erfüllt ist, wenn sich in seinem Innersten Tausende von unbeantworteten Fragen in Bezug auf das Leben tummeln und er sich diese vielleicht mit niemandem zu erörtern traut. Ein Mensch kann erst dann wirklich Ruhe und Frieden finden, wenn er die Antworten tief in sich gefunden und erkannt hat.

Ich wünsche dir die Kraft, nicht auf halbem Wege stehen zu bleiben, dich nicht mit Halbheiten zufriedenzugeben, sondern den Mut zu finden, deiner Sehnsucht zu folgen, deinen ganzen Weg zu gehen, bis du das findest, was dich tief in deinem Inneren wirklich glücklich macht und auf Dauer erfüllt. Alles andere wäre lediglich ein fauler Kompromiss. Alles andere hinterlässt auf Dauer einen faden Beigeschmack. Was ich erleben durfte, ist nicht etwas, das nur mir allein vorbehalten war. Ich bin zutiefst davon überzeugt, dass jemand das, wonach er sucht, finden kann und wird, sobald er dafür reif ist. Wenn er voller wahrhaftiger Sehnsucht seinen Weg verfolgt und sich nicht mit Halbsachen zufriedengibt, nur weil ihm vielleicht jemand sagt, dass es reichen muss, weil es so geschrieben steht.

Meine Empfehlung an dich: Glaube in diesem Fall den Menschen nicht.

Meistens sind die Menschen voll von ihren eigenen Ängsten, ihren von Furcht erfüllten Vorstellungen über die Welt und ihren Projektionen. Sie sind blind, naiv und unwissend, aber sie wollen dich dennoch führen. Wie soll das funktionieren? Und weil sie es sich noch nicht einmal für sich selbst vorstellen, geschweige denn diesen Weg gehen können, wollen sie es noch weniger für dich. Doch wenn du dich eine Zeit lang von Blinden führen lässt, kann auch das eine wertvolle Erkenntnis sein. Wenn du es denn erkennst.

Menschen sagten mir damals, es sei lebensgefährlich, als Flüchtling die Grenzen zu passieren, um nach Deutschland zu kommen. Ich riskierte es, und es hat nicht mein Leben genommen.

Menschen sagten mir, es sei wichtig, eine abgeschlossene Berufsausbildung zu haben, sonst bekäme man keine gute Arbeit. Ich brach die Schule ab, durchlebte unterschiedliche Karrieren und verdiente über mehrere Jahrzehnte deutlich mehr als Menschen mit soliden Ausbildungen oder gar abgeschlossenen Studien.

Menschen sagten mir, ich könne keinen beruflichen Erfolg im Network Marketing haben, denn dort würden nur „die da oben" verdienen. Doch ich erreichte diesen Erfolg – und zwar mehrfach.

Menschen sagten mir, es sei nicht wichtig, an sich zu arbeiten, um Erfolg zu haben. Ich aber arbeitete stets hart an mir, kam dadurch vielleicht manchmal langsamer voran, doch ich erreichte alle meine Ziele und würde meinen Weg mit keinem der anderen tauschen wollen.

Menschen sagten mir, dass das Projekt für die junge Generation, das ich leitete, nicht gut sei und nichts bringen würde. Ich machte es dennoch, und es hat im Nachhinein viel bewegt.

Menschen sagten mir, ich sei dumm, sollte ich eine sichere

Karriere mit einem fünfstelligen Monatsverdienst und einem sicheren Einkommen aufgeben, um als Trainerin zu arbeiten. Ich tat es trotzdem, und dieser Schritt erwies sich als goldrichtig.

Menschen sagten mir, ich könne nicht sichere Angebote als Firmentrainerin liegen lassen, um zusätzlich in einer neuen Firma als CEO tätig zu sein; ich würde dadurch meine Kunden und alles, was ich mir aufgebaut hatte, verlieren. Ich wurde trotzdem CEO und habe viele treue Kunden, die weiterhin zu mir kommen.

Menschen sagten mir, ich solle vorhandene Sicherheiten nicht aufgeben, denn das sei gefährlich in der heutigen Zeit. Ich habe meine Sicherheiten oft aufgegeben und ich werde es auch weiterhin tun, wenn es an der Zeit ist.

Nichts ist für den Geist giftiger als vermeintliche Sicherheit und Trägheit. Du hörst auf, dich zu entwickeln, und wirst bequem. Und du wirst nie entdecken, wie das Leben immer wieder Wege für dich findet, dich neu zu erfinden und auszudrücken. Es ist keine Alternative für mich, zwanzig Jahren immer nur dasselbe zu tun und am selben Platz stehen zu bleiben. Ich bleibe immer nur so lange, bis etwas vollbracht bzw. erreicht wurde.

Menschen sagten mir, es sei unmöglich, beide Wege zu gehen – auf der einen Seite wirtschaftlichen Erfolg und Karriere und gleichzeitig auf der anderen Seite die innere Präsenz und die unendliche Liebe des Göttlichen zu erfahren, nach der ich mich so sehr gesehnt hatte. Nach vielen Jahrzehnten wurde mir dies durch die Gnade des Lebens gewährt.

Menschen sagten mir, ich müsse doch zufrieden sein mit alldem, was ich bereits hatte. Ich war jedoch niemals damit zufrieden und wollte stets mehr über die Essenz des Lebens wissen und erfahren.

Menschen sagten, ich dürfe nicht immer jedem so direkt und ehrlich sagen, was ich denke. Leider kann ich nicht anders, ohne dass es mich selbst kaputtmacht, und daher tue ich es tagtäglich, sogar in meinen Seminaren. Die Menschen, die zu mir kommen, lieben und schätzen genau das an mir. Ich bin lieber bereit, dafür auf falsche Freunde zu verzichten. Wenn du jemandem nicht direkt sagen kannst, was du denkst, ist diese Person auch kein wirklicher Freund.

Du siehst, die Menschen haben sehr viel zu mir gesagt. Ich bin so dankbar, dass ich, Gott sei Dank, nicht auf sie gehört habe und stets meinen eigenen Weg gegangen bin. Denn für die Ängste der anderen war nicht ich zuständig, sondern das waren sie selbst.

Blinde können dich nicht führen, dir noch nicht einmal den Weg zeigen, solange sie ihn nicht selbst gegangen sind. Hast du schon einmal erlebt, dass du jemanden nach einem Weg gefragt hast und dass dich diese Person dann quasi in den Wald geschickt hat anstatt dorthin, wo du eigentlich hinwolltest? Ich habe Ähnliches das ein oder andere Mal erlebt.

Nicht anders ist es im Leben. Hör auf damit, Blinde, Unwissende oder Halbwissende zu befragen. Gehe deinen Weg so, wie es sich FÜR DICH richtig anfühlt. Verweile dort, wo du möchtest und du es für sinnvoll empfindest. Lerne. Und dann gehe in deinem Tempo weiter.

Erlaube dir in allen Lebensbereichen, wahrhaftigen Erfolg zu haben: Geld, Karriere, Erfolg, Liebe, Loslassen und Sein. Es ist eine spannende, lustige, manchmal schöne, manchmal traurige, aber auf alle Fälle eine abenteuerliche und lohnende Reise – denn wofür sonst bist du hier?
Ich wünsche dir eine gute Reise! Und denke stets daran:

Es ist die Balance, die es ausmacht.

Deine Daniela

V Tod und Sterben

Dieses Buch war bereits fertiggeschrieben und größtenteils beim Lektorat, als sich meine Lieblingsoma (über die ich in früheren Abschnitten mehrfach geschrieben habe) vor wenigen Tagen verabschiedete. Mit ihrem Tod wurde ein weiteres wertvolles Tabuthema in unserer Gesellschaft offenkundig, über das ich einige Worte schreiben möchte, weil es einfach zum Leben dazugehört.

Der TOD – das Sterben

Ich wusste bereits seit ca. einem Jahr – nach einem Unfall, den meine Oma gehabt hatte –, dass sie bald gehen würde. Also hatte ich mich innerlich und auch durch Gespräche mit ihr mehrfach von ihr verabschiedet, mich mehr und mehr gelöst, getrauert, um sie dann, wenn es so weit sein würde, in Liebe gehen lassen zu können. Genau vier Wochen vorher hatte ich sie nach Jahren noch das letzte Mal gesehen.

Dann kam eines Abends der Anruf. Sie war gegangen.

Ich hatte den ganzen Tag über normal gearbeitet und für den darauffolgenden Tag ein Tages-Business-Coaching mit einer Kundin festgesetzt. Ich buchte noch am gleichen Abend einen Flug für den übernächsten Tag und führte Gespräche mit Familienmitgliedern, die teilweise in ihrer Trauer am Boden zerstört waren und sehr viel weinten.

Tod … Wieder jemand, den man liebt und der gegangen ist. Wie geht es uns damit? Wie ging es mir damit?

Ich war innerlich vollkommen ruhig. Ich erwartete Tränen, irgendwie, aber ähnlich wie bei meinem Vater, der vor über zwölf Jahren gestorben war, kamen sie nicht. Damals dachten alle, ich würde unter Schock stehen und deshalb nicht weinen.

Auch diesmal fühlte ich die Schwere und den Kummer bei diesem Thema, aber ich freute mich gleichzeitig für meine Oma, weil ihr Wunsch in Erfüllung gegangen war und sie gehen konnte. Ich wusste, dass sie mir fehlen würde, doch meine Liebe für sie und der Frieden, den ich empfand, waren größer.

Der nächste Tag mit dem Business-Coaching war dann anfangs doch ziemlich anstrengend. Ich erzählte meiner Kundin nichts und versuchte, mich zu 100 Prozent nur auf sie zu konzentrieren. Natürlich wäre es mir lieber gewesen, ich hätte alleine und in der Stille bleiben können und nicht über Zahlen, Ziele und Erfolge sprechen müssen. Da ich aber in der Regel meine Termine einzuhalten pflege, kam für mich eine Absage nicht infrage – vor allem deshalb, da meine Kundin bereits unterwegs war. Nach etwa dreißig Minuten Coaching gelang es mir zunehmend besser, meine Gedanken zu fokussieren. Das zeigte mir wieder einmal, wozu wir Menschen fähig sind, wenn wir uns wirklich tief konzentrieren.

Am Tag darauf flog ich nach Rumänien, nachdem ich zuerst noch ein Abschiedszitat mit einer Danksagung für meine Oma gepostet hatte. Ich war der Meinung, ihr Leben sei eine solche Nennung wert. 94 Jahre alt, mehrere Kriege durchlebt, sieben Kinder aufgezogen, davon zwei eigene, vier Enkelkinder und einen Neffen. Alle gingen sie zu ihr in die Schule. So auch ich. Normalerweise macht man so etwas in Zeitungen kund, aber da ich in ihrer Region keine solchen Zeitungen kannte, dachte ich, ich mache es dort, wo es mir möglich ist, um ihr Danke zu sagen für alles, was sie mich gelehrt hat.

Für mich persönlich hätte ich es lieber still gehalten und niemandem etwas gesagt, um keine großen Gespräche auszulösen. Aber ich hatte das Gefühl, einen letzten Abschiedsgruß mit einem gemeinsamen Foto von uns beiden und eine Danksagung für sie schreiben zu wollen. Und so postete ich ein Zitat von Konfuzius – „Wird man gebraucht, erfüllt man seine Pflicht. Wird man nicht mehr gebraucht, so zieht man sich zurück." – und fügte meine eigenen Worte hinzu: „Meine große Liebe und Lieblingsoma hat sich still und sanft zurückgezogen. Danke für alles, was du mir gegeben und mich gelehrt hast. Gute Reise … In meinem Herzen bist du für immer."

Ich erhielt viele Beileidsbekundungen, was wohl in der Natur der Dinge liegt, wenn man so etwas öffentlich postet. Ich las sie kaum. Ich wollte kein BEI-LEID und auch keine Sprüche hören. Wieso das Beileid eines anderen hinzufügen? Stille, liebevolle Gedichte, schöne Bilder, herzliche Anteilnahme, die teilweise zum Ausdruck kam … das klang schon besser. Auch schöne Musik wäre mir lieber gewesen.

Mir wurde bewusst, was wir da eigentlich machen, obwohl wir es alle sicherlich gut meinen. Welch katastrophalen Umgang wir mit dem Ende unseres Lebens pflegen. Wie viel Angst vor dem Tod existiert. Wie schrecklich das alles gesehen wird. Ich wollte kein Beileid sehen oder hören – oder zumindest nicht nur das. Ich wollte auch das Schöne verdeutlichen, was meine Oma gelebt und realisiert hatte.

Ich flog nach Rumänien. Trauer überall. Meine kleine Cousine, die letzte Enkelin, die Oma aufgezogen hatte, weinte ununterbrochen seit Tagen. Da es in den Dörfern in Rumänien üblich ist, die verstorbene Person drei Tage im Haus aufzubewahren, lag das, was einmal der Körper meiner Oma gewesen war, dort im Sarg.

Ich trat an die Aufbahrungsstätte und dachte, dass ich vielleicht jetzt weinen würde, aber stattdessen war da nur Liebe. Eine tiefe Liebe für meine Oma. Ich konnte beim besten Willen nichts anderes empfinden. Keinen wirklichen Kummer, keine tiefe Traurigkeit, keine Tränen. Wäre es vielleicht anders gewesen, wenn ich mich nicht schon vorher gelöst hätte? Wäre es anders gewesen, wenn mein Gewissen ihr gegenüber nicht rein und frei gewesen wäre? Ganz bestimmt sogar.

Stattdessen fragte ich meinen Onkel nach Bildern. Ich wollte gerne Fotos sehen von früher, von Oma und von unserer Kindheit, da ich bis auf ein oder zwei Fotografien keine derartigen Erinnerungen aus meiner Kindheit habe. Wir fingen an, uns Bilder anzusehen und zu lachen über Erinnerungen, die dabei hochkamen. Für mich war es sehr schön. Ich wollte einen anderen Abschied. Einen Abschied, in dem wir das ehren und sehen, was meine Oma gelebt hat. Das geht recht gut mit Bildern und Geschichten.

Ich redete mit meiner Mutter über den unseligen Umgang mit dem Tod in unserer westlichen Gesellschaft. Alles ist voll tiefer Trauer, voller Tränen und unendlichem Kummer. Meine Mutter erinnerte mich an eine Geschichte, die auch ich kannte. Es gibt hier auf unserer Erde eine Kultur, in der die Menschen weinen, wenn ein Kind geboren wird. Sie weinen angesichts dessen, was dem Neugeborenen alles bevorsteht, welche Mühsal es bis zur vollständigen Reifung durchmachen muss – wenn es denn diesen Weg geht. Und sie feiern eine Party, wenn dieser Mensch sie dann verlässt, wenn das Ende gekommen und er gereift ist und schließlich gehen darf.

Ich hörte von einer anderen Kultur, in der die Menschen, wenn jemand verstorben ist, ein großes Lagerfeuer entfachen und die ganze Nacht lang Geschichten über diesen Menschen erzählen und über all das, woran sie sich aus seinem Leben erinnern. Lustige oder traurige Geschichten, eben alles. Und sich so von diesem Menschen verabschieden, lachend, ruhig, weinend. Es ist alles an Gefühlen da und es darf einfach da sein. Lebendig verabschieden durch das Gelebte.

Bei uns kamen dann abends ein paar Menschen zur Wache. Sie weinten, doch als ich genauer hinsah und zuhörte, was sie sagten, weinten sie noch nicht einmal um meine Oma, sondern um Menschen, die sie selbst bereits vor Jahren verloren hatten – den eigenen Partner, Verwandte, Freunde, Bekannte. Da wurde es für mich noch deutlicher: Diejenigen, die weinen, weinen in den meisten Fällen immer nur um sich selbst oder um das, was sie nicht verarbeitet haben.

Sie weinen nicht wirklich um die verstorbene Person, auch wenn sie das vielleicht denken. Sie weinen immer nur um sich selbst und um das, was sie damit assoziieren. Sie weinen um verpasste Chancen, sich mit diesem Menschen ausgesöhnt oder ihm die Wahrheit gesagt zu haben über das, was sie dachten. Sie weinen, weil sie nicht den Mut hatten, ihm zu seinen Lebzeiten Schönes und Gutes zu schenken und ihm zu erzählen, wie viel er ihnen wert ist. Ich habe festgestellt, dass die meisten weinen, weil sie das Gewissen plagt. Was hätten sie doch alles tun können. Wo hätten sie nicht netter, liebevoller, mitfühlender, freundlicher sein können. **Wieso nicht bereits zu Lebzeiten?** Wieso erst dann, wenn es zu spät ist? Und nun erkennen sie, dass es genau das ist – zu spät. Deshalb weinen Menschen. **Sie weinen um das, was sie falsch gemacht haben, oder um die Chancen, die sie nicht genutzt haben.** In über 80 Prozent der Fälle weinen sie um sich selbst.

Selbige redeten dann plötzlich über die bevorstehende Beerdigung und über „die Tote". Ich korrigierte sie: nicht „die Tote", sondern „Oma". Ich sagte: „Wir reden über Oma. Wenn ihr was zu sagen habt, dann sagt es auch so. Dort liegt sie." Da ruhte nicht nur eine namenlose oder bedeutungslose

Tote, sondern die Person, der Körper, den wir als Oma wahrgenommen hatten.

Mein Onkel verdiente in diesen Tagen meine höchste Anerkennung. Die wenigsten hätten sich das getraut, und er gab am ersten Abend auch zu, dass er Angst gehabt hatte. Er war zwei Nächte nach Omas Dahinscheiden ganz allein mit ihr gewesen, bis wir alle von überallher ankamen. Es war niemand mit ihm im Haus gewesen und niemand von den Verwandten oder Nachbarn hatte bei ihm über Nacht bleiben wollen. Das wäre für viele, mich selbst eingeschlossen, sicherlich kein sehr angenehmer Gedanke gewesen. Und hier erkennen wir wieder, wie unser Umgang damit ist: Wir sehen den Tod nicht wirklich als etwas Natürliches, eher als etwas Beängstigendes oder zumindest Unangenehmes.

Der einzige Moment, in dem mir dann doch ein paar Tränen übers Gesicht rollten, war der, als die Sargträger kamen und den Deckel für die Beisetzung zuschraubten. Es klingt irgendwie surreal und extrem nüchtern. Doch selbst da – warum Tränen? Weil wir in der Tiefe auch mit unserer eigenen Sterblichkeit konfrontiert werden und mit dem, was uns, sprich diesem Körper, in dem wir leben, früher oder später bevorsteht. Du siehst deinen eigenen Abschied vor Augen. Zwar ist es der Körper eines geliebten Menschen, von dem du dich verabschiedest, dennoch ist es gleichzeitig auch deine eigene Zukunft. Und tief in uns wissen wir das. Deshalb weinen wir. Wir leben bedauerlicherweise immer nur so oberflächlich, als würden wir ewig in unserem Körper sitzen und weiterleben, als würde es nie zu Ende gehen. Deshalb trifft uns der Tod immer so unvermittelt und schüttelt uns dann kräftig durch. Den einen mehr, den anderen weniger.

Wir gingen im Trauerzug zum Friedhof. Der Sarg mit Omas Körper, den ich nun bald nicht mehr „beschützen" musste, wurde vor uns her getragen. Als wir dann alle auf dem Friedhof ankamen, der Pfarrer die Zeremonie hielt, der Sarg in das offene Grab gelassen wurde und ein paar Menschen weinten, während das Grab mit Erde zugeschüttet wurde, konnte ich es kaum fassen – zeitgleich spielte unten im Dorf, an einem Samstagnachmittag um ca. 13:30 Uhr, eine Live-Band die volle Partymusik. Der erste Impuls war auch bei mir, diese „Idioten" schnellstmöglich zum Schweigen zu bringen.

Doch dann, etwa eine Minute später, verstand ich. Auf der einen Seite das blühende Leben – die Party, die Musik –, auf der anderen Seite der Tod – die Trauer, die Stille. Wie nahe lag doch beides beieinander. Und ich verstand die Botschaft: Es gab keinen wirklichen Grund, traurig zu sein, und ich musste mich nicht bemühen, Tränen zu finden. Meiner Oma ging es gut. Sie wollte seit Monaten heim, so hatte sie es stets gesagt, und nun war sie daheim. Der Song „We will rock you" von Queen, der zu diesem Zeitpunkt so laut gespielt wurde, dass man die Worte des Pfarrers kaum verstand, hat für mich an jenem Tag am Grab meiner Oma eine neue Bedeutung bekommen.

Und noch etwas wurde mir wieder einmal deutlich vor Augen geführt: Du lebst, du machst und tust, du stirbst. Mit etwas Glück weinen ein paar Menschen und trauern wahrhaftig um dich, während der Rest so sehr mit sich selbst beschäftigt ist und vielleicht lediglich gekommen ist, um eventuell der Familie einen letzten Gefallen zu erweisen. Am nächsten Tag sind sie schon wieder mitten in ihrem Alltag. Und wofür? Wofür hast du alles geopfert und dabei immer wieder dich und deine Entwicklung so oft vergessen?

Den Tag nach der Beerdigung verbrachte ich noch bei meiner Mutter. Wieder kamen mir dieselben Dinge in Erinnerung, an die ich gedacht hatte, bevor ich nach Rumänien geflogen war. Ich hatte vieles getan und erreicht in meinem Leben, darunter einiges, um unter anderem auch meiner

Oma ein besseres Leben zu ermöglichen. Jeder von uns tut manchmal etwas für diejenigen, die er liebt, ob für die Kinder, den eigenen Partner, die Familie ... Dieser Grund, für den ich liebend gerne so viel getan hatte, war nun aus meinem Leben verschwunden. Und da weinte ich.

Ich weinte nicht wirklich um sie. Meiner Oma ging es gut, sie war nun daheim. Ich weinte, weil ich erkannte, dass von den wirklich wichtigen Menschen in meinem Leben nur noch sehr wenige da sind, für die es sich lohnt, sich anzustrengen und sein Bestes zu geben. Lange Zeit war meine Oma – neben der Tatsache, dass ich es natürlich auch für mich selbst getan hatte – einer meiner wichtigsten Gründe gewesen. Nichts liebte ich mehr, als ihr eine Überraschung zu bereiten oder mit ihr im Spaß zu streiten. Sie war so gut darin. :) Ich denke an sie und muss dabei immer wieder lächeln. Es war köstlich.

Meine Oma hatte einen sehr lockeren Umgang mit dem Tod. Als Kind musste ich oft mir ihr zum Friedhof gehen. Ich fragte sie dann manchmal: „Hast du Angst?", und sie antwortete stets: „Nein, warum denn?"

Als ich mit ihr vor etwa fünf Jahren ein paar Urlaubstage in einem schönen Hotel verbrachte, erklärte sie mir: „Hör mal, mein Kind: Sollte ich heute Nacht hier sterben, brauchst du keine Angst zu haben. Versprichst du mir das?" Meine Antwort war: „Oma, warte lieber damit, bis wir wieder daheim sind ... hier wollen wir lieber zusammen Urlaub machen." So prickelnd fand ich das dann doch nicht.

In den letzten Monaten fragte ich sie, wie es ihr damit ging, dass sie bald gehen würde. Sie blieb ruhig und erwiderte: „Wenn es denn endlich mal so weit wäre!" Sie hatte es satt. Ich fragte weiter: „Hast du denn noch einen Wunsch?" Und ihre Antwort war: „Ja, ich möchte dich noch einmal sehen." Also flog ich nach Rumänien.

Ich fragte sie: „Hast du Angst?", und sie erklärte mir zum wiederholten Male: „Nein, wieso denn? Da gehen wir doch alle eines Tages hin." Und so konnte ich mich für sie freuen.

Selbst wenige Wochen vor ihrem Weggehen scherzten wir noch miteinander und ließen uns im Spaß über Männer aus. Und als ich darüber weinte, dass ich nun diesen Grund nicht mehr habe, wurde gleichzeitig eine Menge Energie freigesetzt. Eine weitere Prägung verabschiedete sich aus meinem Leben. Ich konnte nun noch etwas mehr entspannen und durfte weniger für jemanden, den ich liebte, leisten.

So gerne ich es getan hatte, so wundervoll wurde es jetzt. Du siehst, es kann unglaublich bereichernd sein, wenn du untersuchst, was dich und natürlich auch warum dich dies so berührt. Du kannst so viel daraus für dich erkennen und lernen.

Ich war dankbar, dass sie mir während ihres Lebens so viel gegeben hatte und dass sogar jetzt im Tod weitere tiefe Erkenntnisse auf mich zukamen und mich noch weiter befreiten. Ja, ich liebe sie so wie immer – nur jetzt eben noch etwas anders und freier.

Danke, liebe Oma.

VI Danksagung

Bei den Oscar-Verleihungen in Hollywood erscheint es einfach: Du gehst auf die Bühne, nimmst den Oscar entgegen, sagst ein paarmal Danke, hoffst, du vergisst niemanden, und gehst anschließend wieder von der Bühne runter.

Bei einem Buch ist es etwas anderes. Du hast Zeit zum Nachzudenken, weißt aber trotzdem nicht, wo und bei wem du anfangen sollst. So geht es mir gerade.

Dennoch würde so ein Buch ohne diese unglaublich vielen Einflüsse – gewollte wie ungewollte, geplante als auch ungeplante – niemals entstehen können. Schon allein deshalb ist alles und jeder, ob Umstand, Situation oder Person, nennenswert.

Ich bin sehr dankbar und glücklich, dass dieses Buch nun vorerst zu einem Abschluss gekommen ist. Ich weiß allerdings auch, dass es nie wirklich fertig sein wird und ich bereits in zwei Monaten wiederum so viel mehr hätte einbringen können. Es hört nie auf, denn die Erfahrungen gehen immer weiter und tiefer. Das macht das Leben so einzigartig.

Hier könnte ich es mit einem Zitat von Gandhi verdeutlichen:

„Konsequenz ist keine absolute Tugend. Wenn ich heute eine andere Ansicht habe als gestern, ist es dann für mich nicht konsequent, meine Richtung zu ändern? Ich bin dann inkonsequent meiner Vergangenheit gegenüber, aber konsequent gegenüber der Wahrheit. Konsequenz besteht darin, dass man der Wahrheit folgt, wie man sie von Mal zu Mal erkennt."

Im Klartext bedeutet dies nichts anderes, als dass ich in zwei oder sechs oder zwölf Monaten neue Einsichten haben kann und werde, die tiefer gehen und wodurch ich das eine oder andere noch einmal auf eine völlig andere Weise erklären würde.

Vielleicht wird es weitere Bücher von mir geben, in denen ich noch intensiver auf viele Dinge eingehen kann, und wenn nicht, dann soll es so sein, dann reicht auch das hier. Dieses Werk wird die richtigen Menschen zum richtigen Zeitpunkt erreichen, damit sie auf ihre Weise von meinen Erfahrungen profitieren können, wenn sie es wollen.

Somit möchte ich mich zuerst bei allen meinen Leserinnen und Lesern bedanken, die dieses Buch erwerben und für sich und ihr Leben etwas herausholen werden. Danke für euer Vertrauen. Selbst das beste Buch auf dieser Welt wäre nutzlos, würde es in einer Ecke liegen, ohne jemals zur Hand genommen und gelesen zu werden. Deshalb bedanke ich mich bei allen, die dieses Buch weiterempfehlen und es als Anregung für sich und ihr Leben nutzen werden.

Bedanken möchte ich mich auch bei meinem sympathischen Lektor Peter Gura aus Wien. Ich bin sehr glücklich, ihn gefunden zu haben. Er hat wie niemand in den Jahren davor verstanden, meine Texte zu korrigieren, ohne meine Sätze oder den Sinn dessen, was ich sagen wollte, zu verändern. Das ist eine wirkliche Kunst. In der Vergangenheit habe ich auch mit anderen gearbeitet und war überrascht, wie die Aussage von etwas, das ich ursprünglich gedacht und geschrieben hatte, missverstanden oder geändert werden kann. Da kam so manches Mal etwas ganz anderes heraus, als ich eigentlich transportieren wollte. Also, lieben Dank, Peter Gura, für diese wunderbare Arbeit. Einer dieser seltenen Menschen, die ihr Wort halten, pünktlich und stets freundlich sind.

Ein herzliches Dankeschön an Thomas Haak für all die wertvollen Impulse in Teil II und Teil III, insbesondere für diverse Statistiken, die er mir hat zukommen lassen. Vielen Dank auch für die großartige Grafik und die Covergestaltung von Laura B., die ebenfalls durch die Zusammenarbeit mit Thomas zustande kam.

Danke an alle Teilnehmerinnen und Teilnehmer meiner Seminare und Coachings, ohne die es einige Beispiele in diesem Buch nicht geben würde. Sie haben mich, wie ich dies nun in Teil IV dieses Buches getan habe, immer wieder gebeten, auch über diese andere Seite von mir zu schreiben, die man sonst nur in den „Go4Values"-Bewusstseinsseminaren oder in meinen Einzel-Intensivcoachings kennenlernt.

Danke an die Topführungskräfte und Firmen, die meine Erfolgscoachings genutzt haben und durch die ich immer wieder erkennen konnte, wie sich Menschen in die eine oder andere Richtung verändern können.

Bedanken möchte ich mich von ganzem Herzen bei meiner wunderbaren Familie. Ich liebe euch, jeden Einzelnen. Was wäre mein Leben gewesen ohne euch … Ihr wart eine Bereicherung in jeglicher Hinsicht, und ein großer Teil dieses Buches hätte ohne euch und unsere gemeinsamen Erfahrungen gar nicht geschrieben werden können. Ich freue mich, euch zu haben.

Jemand, der mich seit bald zehn Jahren selbst in den schwierigsten Momenten begleitet, unterstützt und stärkt, ist mein Schatz Daniel. Du bist der wertvollste Teil meines Lebens. Du warst immer für mich da, wenn sich manche Menschen, die ihr Ziel erreicht hatten, anschließend mir gegenüber wie das Allerletzte benahmen. Jedes Mal, wenn ich mich fragte, ob es gewisse Personen, in denen nur Falschheit oder die Gier nach mehr vorherrscht, überhaupt verdienen würden, Hilfe und Unterstützung oder den ein oder anderen Tipp für eine Abkürzung zu bekommen, und ich alles hinwerfen wollte, hast du mich aufgefangen. Du hast mir stets gesagt, dass es die anderen, die wenigen ganz besonderen Menschen auf alle Fälle wert sind und dass ich unbedingt für sie weitermachen und den Rest vergessen soll.

Jedes Mal, wenn ich ein Risiko einging und dafür unsere Sicherheiten aufgab (wie zum Beispiel zweimal mein hohes monatliches Network-Marketing-Einkommen), warst du bereit, mit mir den Weg zu gehen, ungeachtet der Konsequenzen, die dadurch auf uns zukamen. Oder wenn ich bereit war, mal wieder alles und jeden hinter mir zu lassen, neue Erfahrungen zu sammeln, umzuziehen in fremde Länder und neue Kulturen kennenzulernen, hast du dich ohne das geringste Zögern darauf eingelassen. Wie viele hätten da nicht nur gezögert, sondern alles darangesetzt, es ihrem Partner auszureden! Danke, dass du mir nie den Weg blockiert, sondern meine Vorhaben immer unterstützt hast. Und als ich nach über 15 Jahren meine Idee, meinen Traum, ein Haus zu bauen, nun endlich umsetzen wollte, hast du genauso Ja gesagt, obwohl es nicht eine deiner Lieblingsbeschäftigungen war. Es gibt keinen Bereich, in dem du, wenn ich es mir gewünscht hätte, gezögert hättest.

Mit niemandem kann ich besser streiten, diskutieren, lachen und weinen oder wahrhaftiger, direkter und ehrlicher sein als mit dir. Es ist so befreiend, nicht aufpassen zu müssen, was man sagt; das kann ich bei dir. Der wildeste Aspekt und auch der sanfteste Teil von mir dürfen zu jeder Zeit immer wieder sein. Mit niemandem kann ich mehr ich selbst sein als mit dir. Mit niemandem kann ich so offen und intensiv über Himmel und Erde reden und über all das dazwischen, was unser Leben ausmacht, als mit dir. Dafür meinen tiefsten Dank! Du bist mein Herz. Ich liebe dich.

Genauso ist es mir immer wieder eine riesige Freude, deine Ideen, Verrücktheiten und Projekte zu unterstützen. Wie lange auch immer unsere gemeinsame Zeit andauern wird, mein Schatz, ob kurz oder für immer – ich liebe und genieße sie, denn, wie gesagt, du bist mein Herz.

Zu guter Letzt möchte ich mich beim Leben selbst für all die intensiven, traurigen und schönen Erfahrungen und die vielen Geschenke bedanken, die mir zuteilwurden. Nichts ist selbstverständlich im Leben, weder meine Gesundheit noch die Liebe in meinem Leben, weder die Erfolge, die ich erreichen durfte, noch das Geld, das ich dabei verdient habe, weder meine persönliche Entwicklung noch meine reichhaltigen Erfahrungen.

Nicht ich habe mir das alles verdient. Ich tat, was ich tun konnte, und als Ergebnis durfte ich all das haben und erleben. Das Leben hat mich stets in meinen Vorhaben unterstützt. Danke, dass sich über 80 Prozent meiner Wünsche, Träume und Ziele erfüllt haben. Danke an das Leben dafür, dass es (im Vergleich zur Wirtschaft und zu unserem System) so unglaublich fair und gerecht ist und ich dies so oft bestätigt bekommen habe.

Vahlud doolmar Aheden, Ehley nog Spirit – Tamme!

Ein paar weitere Stimmen verschiedener Seminarteilnehmer

An dieser Stelle folgen noch ein paar weitere und für mich sehr wertvolle Feedbacks von Teilnehmerinnen und Teilnehmern meiner „Go4Values"-Seminare und Coachings. Es ist immer wieder schön, ab und zu meinen Ordner, der voll von solchen Feedbacks ist, zu öffnen und so wie jetzt darin zu lesen ...

Liebe Dany,
ich möchte Dir/euch noch mal von ganzem Herzen danken. Ich weiß auch, dass die wundervolle Arbeit, die Du geleistet hast, so viel mehr wert ist, wenn wir ehrlich sind: unbezahlbar – deswegen möchte ich Dir noch mehr danken, dass Du es möglich gemacht hast.
Es ist komisch, aber ja, ich kann sagen, dass ich endlich das Gefühl hatte, nach Hause zu kommen. Strahlend betrat ich die Tür meines Hauses, spürte riesige Vorfreude auf das, was mich erwartet, und innerlich wusste ich, dass es gut sein wird. Neben dem Vertrauen und der Freude empfand ich unendliche Dankbarkeit, die mich jeden Tag begleitet und gleichzeitig berührt. Ich bin ein anderer Mensch, oder besser gesagt: Ich habe endlich den echten, wahrhaften Menschen in mir gefunden. Die Schutzmaske ist aus dem Gesicht gefallen und das ehrliche, zufriedene Lächeln ersetzt jetzt das oberflächliche. Menschen, die mir wichtig sind, merken meine Veränderung und teilen mit mir das Gefühl der Lebensfreude und „Freiheit" ... [aufgrund der Länge und des persönlichen Inhalts gekürzt]
Drücke Dich herzlich und erfüllt mit positiver Energie.
– Joanna G.

Liebe Daniela,
mit gelöstem und strahlendem Blick halte ich Rückschau. Zu diesem Coaching habe ich mich entschieden, weil ich

immer mehr spürte, dass es ein freieres Leben geben muss. Ohne genau zu wissen, was da auf mich zukommt, habe ich mich angemeldet. Die 3 ½ Tage bei Dir im schönen Tirol waren eine Reise mit sehr beeindruckendem Tiefgang. Du hast mich mit deiner ruhigen, klaren und sehr kompetenten Art an Dinge herangeführt, die ich sonst nie als zusammenhängend gesehen hätte.

Schon nach dem ersten Tag hörte ich Glocken läuten, obwohl es ganz still war. (War wohl ein Zeichen, dass da einiges auf mich wartete.) Du hast es mir möglich gemacht zu spüren, zu fühlen, zu entscheiden und loszulassen. Die sehr intensiven Stunden haben von mir viel Mut und Energie abverlangt, doch durch Dein grosses Wissen und Deine Fähigkeiten habe ich ein Vielfaches an Mut und Energie zurückbekommen. Die vertrauensvolle Atmosphäre und Deine wundervolle Art haben mich in Sicherheit gehüllt, und ich konnte das Schmerzliche zulassen. Es wird noch einige Zeit brauchen, um die ganze Fülle des NEUEN Lebens zuzulassen und zu geniessen.

Ich bin so dankbar, dass ich Dich kennenlernen durfte. Du hast mir gezeigt, was Liebe ist. Ich bin ein Leben lang der Liebe und Anerkennung meiner Mutter hinterhergerannt, habe durch Dich erkannt, dass mein Herz sehr hart und verschlossen war und auch keine Liebe zuliess. Durch Deine liebevolle, weise Begleitung konnte ich meine harte Schale öffnen und den weichen Kern mit Liebe füllen. Ich danke Dir von ganzem Herzen, liebe Daniela, dass ich bei Dir sein durfte. Es erfüllt mich immer mit Wärme und Sicherheit, wenn ich an die Tage bei Dir denke. Die neue Sichtweise und das Wissen, immer die Wahl zu haben, wie ich mich entscheide – egal, in welcher Hinsicht –, steigern meine Lebensqualität. Ich weiss jetzt, dass ich wichtig bin und für mein Leben das Wichtigste. Ich freu mich, Dich wieder zu hören und sicher auch wieder zu sehen. Es ist schön, dass es Dich gibt. Ganz herzliche Grüsse – Hedy

Guten Tag, liebe Dany!
Gestern Abend sind wir von München zurückgekommen. Ich war seit längerer Zeit wieder einmal bei meinem Arzt. Ich glaube, ich erzählte Dir, dass ich damals, als der Krebs diagnostiziert wurde, einen alternativen Weg eingeschlagen habe: ohne OP, ohne Chemo und Bestrahlung. So bin ich nun noch jeweils in 1- oder 2-Jahres-Abständen in München zu einem Check. Meine Werte werden mittels Organometrie (Elektroakupunktur nach Voll) ermittelt. Es wird über die Fingerkuppen an den Meridianen der Hände und Füsse der Widerstand von Organen, Haut, Nervensystem und toxischen Belastungen gemessen. So können Veränderungen schon im feinstofflichen Bereich aufgespürt werden, bevor es zu einer Manifestation im physischen Bereich kommt. Behandelt wird mit Homöopathie, Pflanzen, Bachblüten, mental ...
Liebe Dany, seit ich das erste Mal getestet wurde (1996) bis Dienstagnachmittag hatte ich NOCH NIE so wunderbare Werte. Habe ihm von Dir erzählt, Deiner/unserer Arbeit mit mir. Mein Arzt war erfreut und erstaunt über die ausgeglichenen Werte – und dies nach 5 Std. Autofahrt und bei einer Hitze von 39 Grad. Alle Werte sind in Harmonie! (Mittelwert um die 50, habe Dir Fotos meiner letzten zwei Testungen zur Ansicht mitgeschickt.) :-) DANKE! :-)))))))))))))) Dem Leben und Dir! (-: DAS wollte ich Dir unbedingt berichten! Ich wünsche euch glückliche Tage, grüsse und wedle kräftig mit dem roten Tuch nach Osten. Herzlich – Inez

Liebe Dany,
von ganzem Herzen möchte ich mich bei dir bedanken. Vor knapp 1 ½ Jahren hat mein Weg mit dir begonnen. Ich habe die gesamte Seminarreihe bei dir besucht und bis heute drei Intensives zu jeweils 3 ½ Tagen bei dir besucht. Zudem bin ich weiterhin in der Gruppe der All-in-Ones, bei Teil eins und zwei war ich dabei und Teil drei folgt im Frühjahr 2016.
Mein Leben hat sich in dieser Zeit zum Besten verändert. Heute lebe ich ein Leben in Selbstbestimmung und in Entscheidungs-

freiheit. Ich kann die Herausforderungen des Alltags auf meine Art und Weise meistern und dabei meistens bei mir bleiben, das heisst, mir treu bleiben. Dies ist eine grosse Bereicherung für mich, denn ich war vorher andauernd allen möglichen Fremdeinflüssen ausgeliefert. Heute kann ich meine Emotionen wahrnehmen und in die Richtung lenken, dass niemand Schaden nimmt. Mehr und mehr baue ich mir ein vertrauensvolles und liebevolles Umfeld mit Menschen, die mich bereichern und von denen ich täglich lernen kann und umgekehrt.
Ich gehe mit einer Verantwortungsbewusstheit durch das Leben, die mir ermöglicht, für all mein Tun hinzustehen und dafür geradezustehen. Ich lebe mein Leben und kann, was immer ich umsetzen möchte, auch in Angriff nehmen und meine weiteren Schritte in meinem Sinn planen. Heute hole ich mir die Unterstützung, die ich brauche, und komme so meiner Berufung näher und näher. Danke für alles, liebe Dany. – Olivia

Allerliebste Dany,
ich weiß gar nicht, wo ich anfangen soll. Also, würde man es mit einem Schmetterling vergleichen, wäre ich definitiv keine Raupe mehr ... eher mehr eine Puppe, die kurz davorsteht, als Schmetterling den Kokon zu verlassen und als Schmetterling auf die Reise in das wahre Leben mit allem, was dazugehört, zu fliegen. Und das verdanke ich dir und deinen wundervollen „Helfern". Ich weiss, dass noch viel mehr dazugehört und ich erst ganz am Anfang einer wundervollen Entwicklung stehe ... aber ich bin bereit, mich allem zu stellen und jeden Tag mehr dieses neue Lebensgefühl zu vertiefen.
Es waren sehr berührende Tage mit dir ... Wie schön es ist, sich selbst zu begegnen und sich selbst zu spüren, erlebe ich nun endlich, und es gibt so eine Kraft und Ruhe ... Ich erkenne mich kaum wieder ... Ich bin sehr zufrieden mit meinem wahren ICH. Du hast mich mit deiner Art und Weise so verzaubert, Dany. Ich war so unwissend, auch in Bezug auf dich, und bin sehr glücklich, dass ich dich gefunden habe und du einen Platz in meinem Leben hast (ich könnte schon wieder weinen). Ich habe

*in deinen Augen etwas wahrgenommen, was ich davor noch nie gesehen habe ... Du hast die Gabe, dich so intensiv auf dein Gegenüber einzulassen, dass es einen so tief berührt und man sich bei dir unglaublich behütet und beschützt fühlt.
DANKE für ALLES, ich bin unendlich dankbar für die Begegnung mit dir! Ich kann JEDEM Menschen da draussen nur ans Herz legen, sich auf die Tage mit dir einzulassen, um sein wahres ICH zu finden. Es ist mehr als lebensverändernd! – Romy*

*Liebe Dany,
ein Seminar der besonderen Art: tiefgreifend, aufrüttelnd, direkt, heftig, brutal, aber mit viel Herz und noch mehr Verstand. Ein Seminar vom Inhalt, das ich nicht bei jedem x-beliebigen Trainer machen wollte. Bei Dir fühlt man sich trotz des heftigen Pieksens und Aufrüttelns gut aufgehoben. Erweckt die Neugierde und gleichzeitig das Bewusstsein, dass es noch viiiiiiiiiel mehr in sich selbst zu entdecken und aufzuräumen gibt. Danke Dir für die tiefgreifenden und konstruktiven Hiebe! ;-) Herzliche Umarmung :) – Heike*

*Hallo, Dany,
es war sehr tiefgehend in unsere unbewussten Strukturen. Die drei Tage haben mir bewusstgemacht, wie stark ich vom Unbewussten gesteuert bin. Kann ich jedem empfehlen, der wirklich in seinem eigenen Leben Ordnung machen will. – Alek*

*Hi, Dany!
In diesem Seminar hast Du mir den Spiegel vorgehalten. Was ich darin sah, war nicht angenehm. Schon nach kurzer Zeit erkannte ich, dass ich noch gar nicht angefangen habe zu leben. Ich funktioniere, bin fremdbestimmt und stelle fest, dass ich keine Werte habe – oder dass diese komplett zugemüllt sind. Ich weiß jetzt, dass ich noch einen langen Weg vor mir habe und noch sehr viel lernen muss. Danke, Dany, für den Spiegel. – Bruno*

Liebe Dany!
Ich bedanke mich wirklich von ganzem Herzen für die drei tollen Tage, in denen ich sehr viel über mich herausgefunden habe. Im Nachhinein frage ich mich, warum ich diesen Schritt nicht schon früher unternommen habe. Es war das erste Mal in meiner Erinnerung, dass ich mich so intensiv mit mir selbst auseinandergesetzt habe und in mich gegangen bin. Auch wenn es sicherlich nicht einfach wird, werde ich dranbleiben ... Wir sehen uns sicherlich wieder ... und das nicht erst in 6 Jahren. ;-) Vielen Dank für Deine ehrlichen und direkten Worte. Liebe Grüße – Matthias

Quellenverzeichnis

- http://www.computerwoche.de/a/erfolgreiche-leben-laenger,2507056
- http://www.diw.de/sixcms/detail.php?id=diw_01.c.376534.de
- http://www.duw-berlin.de/de/presse/duw-studien/studie-zur-mitarbeitermotivation.html
- http://www.innovations-report.de/html/berichte/studien/online_umfrage_www_lohnspiegel_de_verdienen_170271.html
- http://www.markengold.de/news/erfahrung-zahlt-sich-aus-top-arbeitgeber-zahlen-3-jahre-nach-abschluss-rund-25-hohere-akademiker-gehalter-%E2%80%93-tendenz-steigend/
- http://www.mittelstanddirekt.de/home/gruendung_und_nachfolge/nachrichten/hoehere_pleitequote_bei_jungunternehmen_verzeichnet.html
- http://www.mittelstanddirekt.de/home/strategie_und_management/nachrichten/mangelnde_entscheidungsfreude_deutscher_chef
- http://www.nzz.ch/geld-macht-nur-gluecklich-wennman-reicher-ist-als-andere-1.5276962
- http://www.perspektive-mittelstand.de/Erfolgsstudie-Beruflicher-Erfolg-entscheidet-sich-an-Volution/management-wissen/4408.html

- Die Long-Life-Formel (ISBN 978-3407859396)
- Die Welt, 27.04.2005
- NWZ, 02.05.06
- WamS; Nr. 53; 30.12.2012; Wirtschaft; Seite 27

Bildnachweis:
Seiten 15, 20, 21, 45, 94, 102, 110–188, 192, 232, 270, 366, 370, 386, 390, 396, 448
in Lizenz erworben von Fotolia.com